그리스 로마 신화
인물사전

신화는 **아직도** 우리 곁에
끝나지 않은 이야기로 존재한다

그리스 로마 신화
인물사전 10 ㅍㅎ

박규호 · 성현숙 · 이민수 · 김형민 지음

한국인문고전연구소

차례

일러두기

1. 본문의 인명 및 지명은 그리스어와 라틴어를 혼용하여 쓰고 있으나 원전을 살리되, 통용되는 명칭은 그대로 사용하였다.

2. 본문의 서명書名은 『 』, 음악 미술 등의 작품명은 〈 〉로 표기한다.

3. 본문의 그림 설명은 작품 제목, 종류, 작가 이름, 제작 시기, 보관처출처, 기타 설명 순이다.

ㅍ

그 리 스 로 마 신 화 인 물 사 전

Greek Roman mythology Dictionary

포세이돈 **Poseidon**

요약

바다의 신이다.

그의 힘을 상징하는 것은 삼지창으로 바다에 파도를 일으키거나 대지에 지진을 일으키고, 혹은 하천과 샘을 솟아나게 한다. 포세이돈을 상징하는 성스러운 동물은 말이다. 그래서 말의 신이라 불리기도 한다.

기본정보

구분	올림포스 12신, 바다의 신
상징	바다
외국어 표기	그리스어: Ποσειδών
어원	대지의 주인, 대지의 남편
별칭	넵튠(Neptune)
관련 상징	삼지창, 말, 돌고래, 물고기, 소
로마 신화	넵투누스(Neptunus)
가족관계	크로노스의 아들, 제우스의 형제

인물관계

크로노스와 레아 사이에서 태어난 아들이다. 올림포스 신들 중에서 최고의 신 제우스, 저승의 신 하데스와 형제지간이며 헤스티아, 데메테르 및 헤라와는 남매 사이다.

(포세이돈의 여자들 및 자식들에 관한 가계도는 뒤에 별도로 다룬다)

```
                              카오스
                               │
            가이아 ───────────────────────────── 우라노스의 피
              │
  모자이자 부부 │
              │
            우라노스
              │
   ┌──────────┼──────────────┬──────────────┐
헤카톤케이레스      티탄 12신      복수의 여신들    24명의 기간테스
                                              그중  에우리메돈
 브리아레오스      오케아노스        알렉토
   기게스        코이오스         티시포네
   코토스        크리오스         메가이라
                히페리온
    키클로페스     이아페토스                   물푸레나무 요정들
                크로노스
                 레아
                테티스              헤라   포세이돈    헤스티아
                테이아
                테미스
                포이베            제우스          하데스    데메테르
                므네모시네
```

π

13

신화이야기

출생 신화

　포세이돈은 올림포스 신들 중에서 제우스에 버금가는 힘을 가진 신이며 『신들의 계보』에서는 "굉음을 울리며 대지를 흔드는 이"라고 묘사되어 있다. 포세이돈의 아버지 크로노스는 자신의 아버지 우라노스를 몰아내고 세상을 다스렸는데 자신 또한 아들에 의해 쫓겨날 것이

라는 예언을 듣고는 자식들이 태어나자마자 삼켜버렸다. 포세이돈 또한 태어나자마자 햇빛도 보지 못한 채 아버지의 뱃속으로 삼켜졌다. 크로노스의 아내 레아는 막내인 여섯 번째 자식 제우스를 몰래 숨기고 대신 돌덩이를 강보에 싸서 남편인 크로노스에게 건네주었다. 그렇게 해서 유일하게 살아남은 제우스는 형제들과 자매들을 구하기 위해 "신과 인간 중에서 가장 지혜로운" 메티스로부터 구토제를 얻어 어머니 레아에게 건네주었다. 크로노스는 구토제를 먹고 자신이 삼킨 자식들을 토해내었다. 이들이 바로 포세이돈, 하데스, 헤라, 데메테르, 헤스티아였다.

말의 신 포세이돈

포세이돈은 '말의 신'이기도 하고 '바다의 신'이기도 하다. 그리스인들의 조상은 원래는 초원에서 사는 유목민이었고, 따라서 이들은 지금의 그리스가 있는 발칸반도에 와서 처음으로 바다를 보았을 것이다. 이러한 맥락에서 볼 때 그리스인들의 조상에게 말은 중요한 교통 및 운송 수단이었고, 그뿐 아니라 말이 *끄는* 전차는 가장 중요한 무기였을 것이다. 따라서 포세이돈은 말의 신으로서 중요한 의미를 갖고 있었다.

전해지는 한 이야기에 의하면 말을 최초로 창조한 신이 포세이돈이라고 한다. 포세이돈은 심지어 말로 변신한 적도 있었다. 포세이돈이 데메테르 여신에게 욕정을 품고 접근했을 때 데메테르 여신은 포세이돈으로부터 벗어나기 위해서 암말로 변신했는데 포세이돈 또한 숫말로 변신하여 데메테르와 관계를 맺었다. 이로부터 바람처럼 빨리 달리고 말도 할 줄 아는 신마 아레이온이 태어났다.

포세이돈은 메두사와의 사이에서도 신마를 낳았다. 보기만 해도 돌로 변해버리는 무시무시한 괴물 메두사는 일설에 의하면 원래는 아름다운 여인이었다. 포세이돈은 아테네에 있는 아테나 여신의 신전에서

넵투누스의 말
월터 크레인(Walter Crane), 1893년, 뮌헨 노이에 피나코텍

메두사와 사랑을 나눈 적이 있다. 이는 다분히 아테네 시를 두고 경쟁 관계에 있는 아테나 여신을 도발하기 위한 행위였다. 아테나 여신이 포세이돈을 벌할 수는 없는 일이므로 아테나 여신은 메두사를 끔찍스러운 괴물로 만들어버렸다. 『비블리오테케』에 의하면 메두사는 아테나의 도움을 받은 페르세우스에 의해 목이 잘렸다고 한다. 목이 잘리는 순간 메두사는 포세이돈과의 관계에서 생긴 날개 달린 말 페가수스를 낳았다.

바다의 신 포세이돈

이와 같이 고대 그리스 초기에는 '말의 신'이 중요한 의미를 지니고 있었다. 그러나 그리스인들이 바다로 진출하여 해양민족이 된 이후에는 말의 신은 그 역할이 약화되었고, 그 이후로 '막강한' 포세이돈은 말의 신 보다는 바다의 신으로 숭배되었을 것이다. 이때부터 포세이돈의 힘을 상징하는 것은 어부들이 커다란 고기를 잡을 때 사용하는 작살 모양의 삼지창이었다. 그리스 신화에서 포세이돈이 바다의 지배권을 갖게 된 시기는 제우스를 중심으로 한 포세이돈의 형제들, 즉 올림포스 신들이 티탄 신족을 물리친 이후였다. 티탄 신족들과의 싸움에서 승리한 후 포세이돈은 형제인 제우스, 하데스와 각자의 지배영역을 제비를 뽑아 결정하기로 했다. 그 결과 제우스는 하늘, 포세이돈은 바다, 하데스는 지하세계를 맡게 되었고, 땅 위는 공동으로 맡기로 했다.

포세이돈의 여자들 및 자식들

올림포스 신들 중에서 제우스 다음가는 권력을 가진 포세이돈은 여자 문제에 있어서도 제우스와 견줄 만큼 많은 여신들 및 님페, 여자들과 관계하여 엄청나게 많은 자식들을 낳았다. 앞에서 언급한 바와 같이 포세이돈은

넵튠(포세이돈)과 암피트리테의 개선
모자이크, 3세기경, 루브르 박물관

말로 변신하여 데메테르와 관계를 맺었고 메두사와의 사이에 날개 달린 말 페가수스를 낳았다. 그런데 포세이돈의 자식들은 엄청난 거인이거나 괴물 혹은 동물인 경우가 많았고 대개의 경우 악명이 높았다. 앞에서 언급한 페가수스, 오디세우스에 의해 눈이 찔린 외눈박이 거인 폴리페모스 그리고 악명 높은 어부 나우플리오스 등이 그의 자손들이다. 포세이돈의 아들들은 대개의 경우 올림포스 신들이나 그 자손들(예를 들자면 헤라클레스 등등)에 의해 처단되었다.

포세이돈의 정식 아내는 바다의 님페 암피트리테이다. 포세이돈은 대양의 신 네레우스의 딸 암피트리테에게 청혼했는데 그녀는 포세이돈을 피해 몸을 감추었다. 포세이돈은 돌고래 덕분에 그녀와 결혼할 수 있었고 이에 고마움의 표시로 돌고래를 별자리로 만들어주었

다.('암피트리테' 참조) 포세이돈과 암피트리테와의 사이에 트리톤이 태어났다. 『신들의 계보』에 의하면 트리톤은 "광대한 지역에 힘을 미치는 위대한" 신으로 묘사되어 있다. 트리톤은 바다 바닥에 있는 황금 궁전에서 부모인 포세이돈과 암피트리테와 함께 살았다.

포세이돈과 여신들 및 여자들과의 관계도

포세이돈과 여신들의 관계	
관계한 여신	자식
암피트리테	트리톤, 벤테시키메네
가이아	안타이오스, 카립디스
데메테르	데스포이나, 아리온
아프로디테	로도스, 헤로필로스
페리보이아	나우시토오스
토오사	폴리페모스
메두사	페가수스, 크리사오르
할리아	로데, 6명의 아들
클레오도라(요정)	파르나소스
포세이돈과 여자들의 관계	
관계한 여자	자식
리비에	아게노르, 벨로스
리시아낫사	안타이오스, 부시리스
아미모네	나우플리오스
키오네	에우몰포스
에우리알레	오리온
멜라니페	아이올로스, 보이오토스
티로	펠리아스, 넬레우스, 페리클리메노스
크리소게네이아	크리세스
아이트라	테세우스
살라미스	키크레우스
히포토에	타피오스
칼리케	키크노스
알로페	히포토오스
이피메데이아	에피알테스, 오토스
페로	아소포스
아스티팔라이아	에우리필로스
알키오네	안타스
오네아이아	아리온

아테나와의 대결

포세이돈이 바다의 지배권을 차지하고 난 후에 올림포스의 신들은 포세이돈의 영향력을 바다에 국한시키고자 했으나 정작 포세이돈은 몇몇 지역에 대해서는 지배권을 고수하고자 했다. 이에 포세이돈은 특정 지역에 대한 지배권을 두고 다른 신들과 충돌을 빚게 되었고, 그 대표적인 예로 아테나 여신과의 갈등을 들 수 있다. 이 사건은 『변신 이야기』 제6권에 기록되어 있다. 아테나 여신이 아라크네와 벌인 베짜기 경쟁에서 이 장면을 무늬로 넣어 베를 짰는데 『변신이야기』는 이에 대해 다음과 같이 서술하고 있다.

> "아티카의 한 도시를 놓고 포세이돈과 아테나가 경쟁을 벌이자 신들이 중재하여 사람들에게 더 이로운 선물을 주는 신이 그 도시의 수호신이 되기로 했다. 포세이돈은 삼지창으로 바위를 쳐서 짠 바닷물이 솟아나게 했는데 아테나는 열매를 주렁주렁 맺은 올리브 나무를 자라게 해서 신들을 경탄하게 했다. 결국 아테나 여신이 경합에서 승리하여 그 도시의 수호신이 되고 도시의 이름도 여신의 이름을 따 아테네라 불리게 되었다."

아테네에 있는 파르테논 신전은 아테나를 모시는 신전인데 이 신전의 서쪽 기둥에는 경합을 벌이는 두 신의 모습이 새겨져 있다.

포이닉스 Phoenix

요약

그리스 신화에는 두 명의 포이닉스가 주요 인물로 등장한다.

한 명은 페니키아라는 지명에 이름을 붙여준 왕이고, 다른 한 명은 아킬레우스의 스승으로 트로이 전쟁에 참여한 영웅이다. 그리스 신화에는 같은 이름의 불사조도 언급된다.

기본정보

구분	아게노르의 아들 포이닉스 – 왕 아민토르의 아들 포이닉스 – 영웅 불사조 포이닉스 – 상상의 동물
상징	불사조 포이닉스 – 태양, 영원불멸
외국어 표기	그리스어: $\Phi o \tilde{\imath} v \iota \xi$
별칭	피닉스
관련 동물	불사조

인물관계

아게노르의 아들 포이닉스

페니키아의 시조인 포이닉스는 아게노르와 텔레파사 사이에서 태어난 아들로 카드모스, 킬릭스, 에우로페와 형제지간이다. 하지만 이들의 가족관계에 대해서는 여러 가지 이야기가 전해지고 있다.

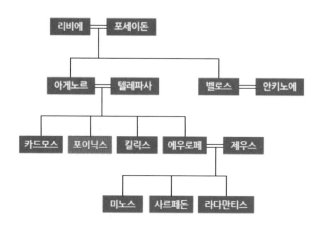

아민토르의 아들 포이닉스

트로이 전쟁의 영웅 포이닉스는 오르미니온의 왕 아민토르와 클레오불레의 아들로 아킬레우스와 함께 미르미도네스 병사들을 이끌고 트로이 전쟁에 참여했다.

신화이야기

아게노르와 텔레파사의 아들 포이닉스

황소로 변신한 제우스에게 유괴되어 딸 에우로페가 종적을 감추자 아게노르는 아들들에게 누이의 행방을 찾아보라고 시키면서 만약 누이를 찾지 못하면 아예 돌아오지도 말라고 명하였다. 길을 떠난 세 아들 포이닉스, 카드모스, 킬릭스는 누이를 찾을 길이 막막해지자 고국으로 돌아가지 않고 자신들이 머문 곳에 새로운 도시를 건설했다. 포이닉스는 아프리카 쪽으로 가서 그곳에 자신의 이름을 딴 페니키아라는 지명을 붙였고, 카드모스는 용의 이빨에서 생겨난 전사들과 함께 그리스의 도시 테바이를 건설했고, 킬릭스는 소아시아 동남부로 가서 자신의 이름을 딴 킬리키아 왕국을 건설하고 왕이 되었다. 아게노르의 아내 텔레파사도 카드모스와 함께 딸을 찾아나섰지만 끝

아게노르의 아들 포이닉스
16세기 출간된 위인전기 모음(Promptuarii Iconum Insigniorum)에 수록된 삽화

내 딸을 보지 못하고 트라키아에서 죽었다. 딸 에우로페는 황소로 변한 제우스의 등에 실려 크레타 섬까지 가서 그곳에서 제우스와 사이에서 세 아들 미노스, 라다만티스, 사르페돈을 낳은 뒤 크레타의 왕 아스테리오스의 아내가 되어 있었다.

포이닉스의 계보에 관해서는 여러 이야기가 전해진다. 포이닉스는 아게노르의 아들이 아니라 그의 형제인 벨로스의 아들이라고도 하고, 아게노르의 아들이 아니라 형제이며 에우로페, 카드모스, 킬릭스는 포이닉스의 자식들이라고도 한다. 호메로스는 일리아스에서 에우로페를 포이닉스의 딸로 언급하고 있다.

그밖에도 포이닉스는 카시오페이아와 사이에서 딸 카르메와 세 아들 킬릭스, 피네우스, 도리클루스를 낳았다고도 하고, 알페시보이아와의 사이에서 아도니스를 낳았다고도 한다.

아민토르와 클레오불레의 아들 포이닉스

아민토르 왕이 첩을 들이자 왕비 클레오불레는 이를 시샘하여 아들 포이닉스에게 아비의 첩을 유혹하라고 명했다. 그러면 아민토르 왕의 사랑이 다시 자신에게 돌아오리라는 이유에서였다. 어머니에게 설득

당한 포이닉스는 지시대로 아버지의 첩을 유혹하였고, 그 현장을 목격한 아민토르는 아들이 앞으로 자식을 볼 수 없게 해달라고 복수의 여신 에리니에스에게 빌었다. 에리니에스는 아민토르의 기도를 들어주었다. 포이닉스는 아버지를 죽이려다 실패하고는 프티아의 펠레우스에게로 도망쳤다.

에우리피데스의 소실된 비극 작품에 따르면 오히려 아민토르의 첩이 포이닉스를 유혹하려다 뜻을 이루지 못하자 거짓으로 모함을 하였고, 이에 격분한 아민토르가 아들을 장님으로 만들어버렸다. 장님이 된 포이닉스는 펠레우스의 도움으로 반인반마의 켄타우로스 케이론에 의해 시력을 되찾았다.

프티아로 도망친 포이닉스는 펠레우스의 환대를 받으며 드로프스인들의 왕이 되었다. 그는 칼리돈의 멧돼지 사냥에 참가한 뒤 펠레우스의 아들 아킬레우스의 스승이 되었다. 자식이 없었던 포이닉스는 아킬레우스를 자식처럼 여기며 돌보아주었는데, 포이닉스는 나중에 오디세우스가 아킬레우스를 찾아가 트로이 전쟁에 참여하도록 설득할 때 동행하였으며, 아킬레우스가 참전을 결정하자 자신도 늙은 몸을 이끌고 제자의 부관이 되어 함께 트로이로 향했다. 포이닉스는 아킬레우스가 아가멤논과 사이가 벌어졌을 때도 사절단의 일원으로 그를 찾아가 화해를 청했다. 하지만 아킬레우스가 끝내 자신의 말을 듣지 않자 이를 몹시 서운하게 여겼다.

포이닉스는 트로이 전쟁이 끝난 뒤 아킬레우스의 아들 네오프톨레모스와 함께 귀국하다가 도중에 숨을 거두었다.

아킬레우스의 연인 브리세이스와 포이닉스
적색상 도기, 기원전 490년, 루브르 박물관

불사조 포이닉스

포이닉스는 자기 몸을 불태워 그 재에서 새롭게 태어난다는 전설적인 새로 이집트의 태양 숭배에 등장하는 상상의 새 베누(Benu)에서 유래한 것으로 보인다.

포이닉스는 세상에 단 한 마리밖에 없는 새라고 한다. 이 새는 다른 동물들처럼 새끼를 낳지 않고 홀로 오백 년을 살다가 죽을 때가 되면 이집트의 헬리오폴리스(태양의 나라)에 있는 태양 신전에 향나무를 쌓아 만든 제단으로 날아와 날갯짓으로 제단에 불을 붙여 제 몸을 불사른다. 그리고 다 타고난 잿더미 속에서 다시 태어난다. 그래서 불사조 혹은 불새라고 불린다. 포이닉스는 매일 같이 활활 타는 불덩이로 솟아올랐다가 다시 물 속으로 가라앉아 꺼지기를 반복하는 태양을 상징한다.

불사조 포이닉스와 신화의 등장인물 포이닉스 사이에 직접적인 연관성은 없다.

포이베 Phoebe, Phoibe

요약

대지의 여신 가이아와 하늘의 의인화된 신 우라노스 사이에서 태어난 티탄 신족 중 티탄 12신의 한 명이다.

남매 사이인 코이오스와의 사이에서 두 딸 레토와 아스테리아를 낳았다. 가이아와 테미스의 뒤를 이은 제3대 델포이 신전의 주인이다.

기본정보

구분	티탄 신족
외국어 표기	그리스어: Φοίβη
어원	밝은, 밝게 빛나는
별자리	토성의 포이베 위성
가족관계	우라노스의 딸, 가이아의 딸, 레토의 어머니

인물관계

포이베는 그리스 신화의 제2세대 신으로 대지의 여신 가이아와 하늘의 신 우라노스 사이에서 태어났다. 그녀는 티탄 12신 중 한 명이며, 남매지간인 코이오스의 구애를 받아들여 두 딸 레토와 아스테리아를 낳았다. 그녀는 크로노스와 레아 사이에서 태어난 헤스티아, 데메테르, 헤라, 하데스, 포세이돈, 제우스의 고모이자 이모이다.

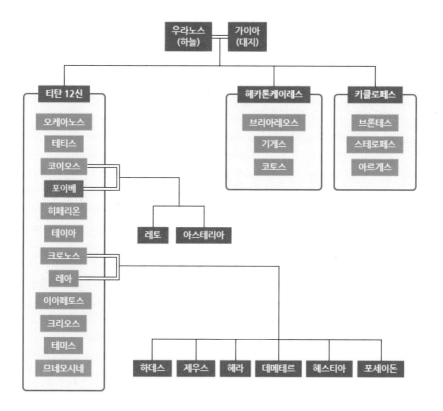

신화이야기

포이베의 계보

『신들의 계보』와『비블리오테케』는 가이아와 우라노스 사이에서 태어난 자식들의 순서와 관련하여 차이를 보인다.

『신들의 계보』에 따르면, 가이아와 우라노스 사이에서 12명의 티탄 신족이 가장 먼저 태어나고, 그 다음에 외눈박이 삼형제 키클로페스가, ㄱ 다음에 헤카톤케이레스 삼형제가 태어난다. 이 계보에 따르면 포이베는 키클로페스 삼형제와 헤카톤케이레스 삼형제의 누나이며, 동생 크로노스를 폐위시키고 신계와 인간계의 통치자가 된 제우스의 이모이자 고모이다.

한편『비블리오테케』에 따르면, 가이아와 우라노스 사이에서 헤카톤 케이레스 삼형제가 가장 먼저 태어나고, 그 다음에 키클로페스 삼형 제가, 그 다음에 12명의 티탄 신족이 태어난다. 이 계보에 따르면 포이 베는 키클로페스 삼형제와 헤카톤케이레스 삼형제의 누이동생이며, 동생 크로노스를 폐위시키고 신계와 인간계의 통치자가 된 제우스의 이모이자 고모이다.

포이베의 자식들

티타니데스 중의 한 명인 포이베는 남매 관계인 코이오스의 구애를 받아들여 그와의 사이에서 두 딸 레토와 아스테리아를 낳았다. 레토 는 제우스와의 사이에서 아폴론과 아르테미스를 낳았고, 아스테리아 는 지혜가 뛰어난 페르세스와의 사이에서 딸 헤카테를 낳았다.

> "포이베는 그녀를 갈망하는 코이오스의 잠자리에 올라 그의 포옹 을 받아들인다. 그녀는 그의 사랑으로 수태를 하여 어두운 색의 옷을 입는 레토를 낳는다. 레토는 인간과 불멸의 신들에게 항상 친 절하고 온화하다. 그녀는 천성적으로 온화하며 올림포스에서 마음 이 가장 따뜻하고 부드럽다. 포이베는 딸을 한 명 더 낳는데, 그 딸 의 이름은 행복을 가져오는 아스테리아이다. 페르세스가 훗날 그 녀를 자신 소유의 큰 집으로 데려가 사랑하는 아내라고 부른다."
>
> (『신들의 계보』)

제3대 델포이 신전의 주인 포이베

포이베는 제3대 델포이 신전의 주인이 된다. 그녀에 앞서 어머니 가 이아가 제1대 델포이 신전의 주인이었고, 언니 테미스가 제2대 델포이 신전의 주인이었다. 포이베는 델포이 신전을 외손자 아폴론에게 생일 선물로 물려주었다. 이와 관련된 내용은 고대 그리스 3대 비극 시인 중의 한 명인 아이스킬로스가 B.C 458년에 초연한 비극 『오레스테이아』에 나온다. 이 비극은 『아가멤논』, 『코에포로이』(제주를 바치는 여인들), 『에우메니데스』(자비로운 여신들)의 3부작 중에서 『에우메니데스』에서 전해진다. 이 작품에 등장하는 델포이 아폴론 신전의 여성 예언자가 다음과 같이 말한다.

"내가 기도를 통해 경의를 표해야 할 이들이 있습니다. 나는 신들 중에서 가장 먼저 최초의 예언자인 대지의 여신 가이아에게 최대의 경의를 표합니다. 전설에 따르면 어머니 가이아의 뒤를 이어 테미스가 신전을 맡았습니다. 나는 그녀에게도 경의를 표합니다. 세 번째로 신전을 맡은 이는 강요에 의해서가 아니라 테미스의 동의를 얻어 이곳에 자리를 잡으셨습니다. 그 분이 바로 대지의 여신 가이아의 딸이자 티탄 신족의 여신인 포이베입니다. 그녀는 신전을 손자 포이보스 아폴론에게 생일선물로 주셨습니다."

(아이스킬로스, 『자비로운 여신들』)

페르가몬 대제단
기간테스들과 싸우는 아스테리아(가운데)
©Miguel Hermoso Cuesta@Wikimedia(CC BY-SA)

포토스 Pothos

요약

  그리스 신화에서 애욕, 성적 갈망이 의인화된 신이다.
  에로스의 형제 혹은 아들로 간주되며, 에로스가 프시케와 사랑을
이루어 천상으로 떠난 뒤에도 지상에 남아 사랑의 신으로서 인간세
계를 지배했다.

기본정보

구분	개념이 의인화된 신
상징	애욕, 부재하는 대상에 대한 욕망
외국어 표기	그리스어: Πόθος
어원	욕망
가족관계	아프로디테의 아들, 아레스의 아들, 에로스의 형제

인물관계

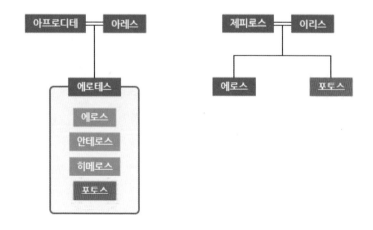

포토스는 아프로디테와 아레스 사이에서 태어난 아들이며, 형제지 간인 에로스, 히메로스, 안테로스와 함께 에로테스라고 불린다. 하지 만 다른 이야기에 따르면 포토스는 에로스의 아들 혹은 한 속성으로 여겨지기도 하고, 서풍의 신 제피로스와 무지개의 여신 이리스 사이에 서 에로스와 함께 태어난 아들이라고도 한다.

신화이야기

에로스에 뒤이어 인간 세계를 지배한 포토스

포토스는 이성을 향한 성적 욕망이 의인화된 신으로 에로스의 형제 혹은 아들로 여겨지거나, 에로스의 한 속성으로써 부재하는 대상을 향한 갈망과 애욕을 표현한다. 아프로 디테의 행렬에서 포토스는 에로테스의 하나로 에로스, 히메로스와 나란히 등 장한다.

포토스
그리스 작품을 모사한 로마 시대 조각,
2세기, 카피톨리노 박물관
©Marie-Lan Nguyen@Wikimedia
(CC BY-SA 2.5)

고대 로마의 작가 아풀레이우스의 『변신이야기』에서 포토스는 아모르(에 로스)의 형제로 그에 뒤이어 인간에 대 한 지배권을 행사하는 인물로 묘사된 다. 그에 따르면 아모르는 사랑스런 프 시케와 행복한 결합을 이룬 뒤 함께 천상으로 떠나버리고, 그의 동생 포토 스가 인간 세계에서 사랑의 신으로서 의 역할을 계속해 나간다는 것이다.

포토스는 또한 술의 신(酒神) 디오니 소스와도 연결되어 다른 에로테스들과 달리 디오니소스처럼 포도송이나 포도넝쿨을 손에 든 모습으로 표현되기도 한다.

에로테스

　에로테스는 그리스 신화에서 사랑과 성을 관장하는 3명 혹은 4명의 정령들로, 대개 날개가 달린 모습으로 미의 여신 아프로디테와 함께 등장한다. 개별적으로 에로테스는 사랑의 한 부분적인 특성과 연결되거나 사랑의 신 에로스의 다양한 측면을 나타내는 존재로 여겨지기도 한다. 이때 안테로스는 응답을 요구하는 사랑, 포토스는 부재하는 대상에 대한 욕망, 히메로스는 통제되지 않는 갈망을 대표한다. 개별적인 신으로서 에로테스는 모두 아프로디테와 아레스 사이에서 태어난 형제들로 간주된다.

아프로디테와 에로테스
윌리암 아돌프 부그로(William Adolphe Bouguereau), 1892년, 개인 소장

　에로테스는 헬레니즘 시대 미술가들이 즐겨 다룬 모티브로 벌거벗은 몸에 날개가 달린 아름다운 소년의 모습으로 표현되었다. 에로테스는 에로스의 복수형이기도 하므로 로마 신화에서는 아모르의 복수형인 아모레티 혹은 아모리니로 불렸다.

　초기 기독교 미술에서도 벌거벗은 미소년의 모습을 한 에로테스는 천상의 사랑을 상징하는 이미지로써 표현되었다.

폰스 Fons

요약

로마 신화에 등장하는 우물과 샘의 신
이다.

로마에서는 폰스를 정화와 부활의 상
징으로 숭배하였으며, 매년 10월 13일에
는 그를 기리는 '폰타날리아' 축제가 열
렸다.

폰스의 제단
베르조 산 미켈레 교회 벽에서 발견
베르가모 고고학 박물관
©Luca Giarelli(CC BY–SA 3.0)

기본정보

구분	전원의 신
상징	샘물, 원천
어원	샘
별칭	폰투스(Fontus)
관련 신화	폰타날리아 축제
가족관계	야누스의 아들, 유투르나의 아들

인물관계

폰스는 두 얼굴을 가진 문의 수호신
야누스와 물의 님페 유투르나 사이에서
태어났다.

신화이야기

폰타날리아

폰스는 야누스와 유투르나의 아들로 알려져 있지만 그가 독자적인 역할로 등장하는 신화는 전해지지 않는다. 로마에서는 매년 10월 13일에 폰스를 기리는 '폰타날리아' 축제가 열렸는데 이때가 되면 로마의 도시와 마을들은 샘과 우물을 화환으로 장식하였다.

포르타 폰티날리스

포르타 폰티날리스
©Matteo Tani@Wikimedia(CC BY-SA)

순수한 물의 신으로서 폰스는 술의 신 바쿠스(리베르)와 대비되었으며, 그의 신전은 로마 도처에 세워졌다. 로마의 카피톨리노 언덕 북쪽에 있는 세르비우스 성벽의 문 '포르타 폰티날리스'는 그의 이름에서 따온 것으로 그의 신전이 있었던 자리로 추측된다. 로마의 2대 왕 누마 폼필리우스는 폰스의 제단 옆에 묻혔다.

폰스 페레니스

로마 제국에서 번성했던 미트라교는 폰스를 '폰스 페레니스(Fons Perennis: 영원히 샘솟는 물)'라고 부르며 정화와 부활의 신으로 숭배하였다.

농사의 여신 데아디아를 모시는 사제들인 아르발레스 형제단은 서기 224년 데아디아 여신의 신성한 숲이 벼락을 맞아 불타버린 뒤부터 그들이 희생 제물을 바치는 신들의 목록에 폰스를 포함시켰다. 하지만 로마의 동전에 새겨진 신들 중에서는 폰스를 찾아볼 수 없다.

폰토스 Pontus

요약

그리스 신화 제1세대 신으로 '바다의 신'이다.

그의 이름은 그리스어로 '바다'를 뜻하며 바다의 의인화된 신이다. 대지의 여신 가이아가 사랑의 짝 없이 홀로 낳은 아들로, 형제로는 '하늘'의 의인화된 신 우라노스와 '산(山)들'의 의인화된 신 우레아가 있다.

기본정보

구분	태초의 신, 개념이 의인화된 신
상징	'바다'의 남성적 의인화로 '바다' 자체를 상징
외국어 표기	그리스어: Πόντος
어원	바다
가족관계	가이아의 아들, 가이아의 남편

인물관계

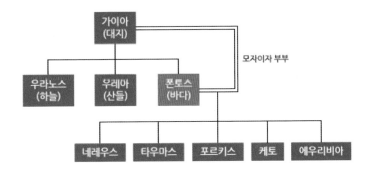

폰토스는 대지의 신 가이아가 사랑을 나누지 않고 혼자 힘으로 낳은 아들이다. 남자 형제는 우라노스(하늘)와 우레아(산들)이다. 어머니 가이아와의 사이에서 아들로 네레우스, 타우마스와 포르키스를 낳고, 딸로 케토와 에우리비아를 낳았다.

신화이야기

폰토스의 탄생

폰토스는 그리스 신화 제1세대 신으로 '바다의 신'이다. 그의 이름은 그리스어로 '바다'를 뜻하며 이름에서 알 수 있듯이 바다의 의인화된 신이다. 『신들의 계보』에 따르면, 그리스의 천지창조 신화에서 카오스와 더불어 주역의 역할을 하는 대지의 여신 가이아가 사랑의 짝 없이 홀로 낳은 아들 중의 한 명이다. 가이아가 사랑을 나누지 않고 혼자 힘으로 낳은 다른 아들로는 '하늘'의 의인화된 신 우라노스와 '산(山)들'의 의인화된 신 우레아가 있다.

『이야기』의 서문에 의하면 폰토스는 그리스 신화의 창조신화에 나오는 태초의 신 가이아와 아이테르의 아들이다.

폰토스의 머리
모자이크, 미상, 후기 로마시대, 튀니지 바르도 박물관
: 해초의 머리카락, 바다가재 집게발 모양의 뿔, 파도를 형상
화한 수염, 물고기의 등에 탄 날개 달린 한 쌍의 에로테스
©Jerzystrzelecki@Wikimedia(CC BY-SA)

폰토스의 자식들

폰토스는 어머니 가이아의 두 번째 남편이 된다. 가이아의 첫 번째 남편은 그녀의 아들이며 하늘의 신인 우라노스이다. 폰토스와 가이아 사이에서 '바다의 노인'으로 불리는 네레우스, 타우마스, '바다의 괴물'로 불리는 케토, 포르키스, 에우리비아가 태어났다.

아들 타우마스는 이리스와 하르피이아이의 아버지다. 포르키스는 여동생 케토와 사이에서 포르키데스와 고르고네스 등과 같은 괴물을 낳았다. 에우리비아는 티탄 12신 중 한 명인 크레이오스와 결혼하여 아스트라이오스, 팔라스, 페르세스를 낳았다.

폰토스
2세기경. 루마니아 국립역사고고학박물관

35

폴리네이케스 Polynices, Polyneices

요약

그리스 신화에 등장하는 테바이의 왕이다.

아버지 오이디푸스가 죽은 뒤 테바이의 왕권을 놓고 쌍둥이 형제 에테오클레스와 결투를 벌이다 둘 다 죽고 말았다. 안티고네는 오라비 폴리네이케스의 장례 문제를 놓고 테바이의 섭정 크레온과 대립하다가 사형선고를 받고 지하 감옥에서 자살했다.

기본정보

구분	테바이의 왕
상징	형제간의 다툼
외국어 표기	그리스어: Πολυνείκης
어원	여러 투쟁, 대투쟁
관련 신화	오이디푸스의 비극, 테바이 공략 7장군
가족관계	오이디푸스의 아들, 이오카스테의 아들, 아르게이아의 남편, 테르산드로스의 아버지

인물관계

폴리네이케스는 테바이의 왕 오이디푸스가 자기 생모인 이오카스테와 근친상간을 통해 낳은 4명의 자식 중 하나다. 나머지는 쌍둥이 형제 에테오클레스, 누이동생 안티고네와 이스메네다.

그는 아드라토스 왕의 딸 아르게이아와 결혼하여 아들 테르산드로스를 낳았다.

카드모스 ━━ 하르모니아

아우토노에 ━━ 아리스타이오스   아가우에 ━━ 에키온   닉테이스 ━━ 폴리도로스

악타이온   아타마스 ━━ 이노   펜테우스   세멜레 ━━ 제우스   라브다코스   하이몬

메노이케우스   디오니소스

에우리디케 ━━ 크레온   이오카스테 ━━ 라이오스

하이몬   모자관계이자 연인   오이디푸스

안티고네   이스메네   에테오클레스   폴리네이케스 ━━ 아르게이아

라오다마스   테르산드로스

신화이야기

장님이 된 오이디푸스

테바이의 왕 오이디푸스는 자기 생부(生父)인 라이오스 왕을 미처 알아보지 못하고 살해한 뒤 역시 자기 생모(生母)인줄 모르고 선왕의 왕비였던 이오카스테와 결혼하여 자식까지 낳았다. 오이디푸스는 예언자 테이레시아스의 신탁으로 뒤늦게 이 사실을 알고 자기 눈을 스스로 도려냈고 이오카스테는 목을 매어 자살하였다.

오이디푸스는 라이오스 왕의 살인범을 추방해야 한다는 신탁의 지시에 따라 테바이에서 추방되기 전에 두 아들 폴리네이케스와 에테오클레스가 자신을 모욕했다며 세 번에 걸쳐 저주를 퍼부었는데, 이로 인해 두 형제는 나중에 죽음의 결투를 벌이게 된다.

오이디푸스의 저주

첫 번째 저주는 그가 자신의 죄를 알고 스스로 눈을 도려냈을 때 두 아들이 자신의 명을 어기고 카드모스의 은식탁과 금잔으로 음식을 올렸기 때문에 내려졌다. 이것은 원래 선친 라이오스 왕이 쓰던 것으로 오이디푸스에게 생부 살해를 떠올리게 하는 부정한 물건이었던 것이다. 오이디푸스는 두 아들에게 이승에서도 저승에서도 편히 살 수 없을 것이라고 저주하였다.

아들 폴리네이케스를 저주하는 오이디푸스
헨리 푸젤리(Henry Fuseli), 1786년, 워싱턴 내셔널갤러리
©Daderot@Wikimedia(CC BY-SA)

누 번째는 두 아들이 제사를 올린 뒤 그에게 희생 제물의 가장 좋은 부위인 어깨 고기가 아니라 엉덩이 고기를 주었을 때로, 그는 두 아들이 서로를 죽이게 되리라고 저주했다.

마지막 저주는 두 아들이 제 생모와 결혼한 아버지를 치욕스럽게 여겨 감옥에 가두었을 때 나왔다. 오이디푸스는 두 아들에게 손에 칼을 들고서야 자신의 유산을 나누게 되리라고 저주하였다.

하지만 소포클레스에 따르면 오이디푸스가 자식들을 저주한 이유는 그에 뒤이어 섭정에 오른 크레온이 자신을 테바이에서 추방시키려 할 때 두 아들이 이를 저지하지 않았기 때문이라고 한다.

테바이의 왕권을 둘러싼 다툼

오이디푸스가 테바이에서 추방된 뒤 두 아들은 테바이의 왕권을 1년씩 번갈아가며 차지하기로 약속하였다. 먼저 에테오클레스가 왕위에 올랐지만 그는 1년이 지난 뒤 왕권을 넘겨주지 않고 오히려 폴리네이케스를 추방하였다.(혹은 폴리네이케스가 먼저 테바이를 다스렸지만 1년이 지난 뒤에 왕권을 약속대로 에테오클레스에게 넘겨주려 하지 않다가 테바이에서 추방되었다고도 한다) 테바이에서 추방된 폴리네이케스는 아르고스의 아드라스토스 왕을 찾아갔다. 아트라스토스 왕은 그를 자신의 딸 아르게이아와 결혼시키고 왕국을 되찾는 일도 도와주기로 하였다.

테바이 공략 7장군

아드라스토스 왕은 약속대로 폴리네이케스를 도와 테바이를 공격하기 위해 군대를 소집하였다. 하지만 예언자 암피아라오스는 이 전쟁에 참가한 장군들 중 아드라스토스 한 명만 빼고 모두 죽게 되리라는 것을 내다보고는 참전을 거부하였다. 뿐만 아니라 그는 아드라스토스와 다른 장군들도 만류하려 하였다. 그러자 폴리네이케스가 암피아라오스를 전쟁에 참여시킬 방법을 모색하였고, 알렉토르의 아들 이피스로부터 암피아라오스가 아내 에리필레의 말을 절대로 거역하지 못한다는 사실을 듣게 된다. 폴리네이케스는 테바이에서 가져온 귀중한 하르모니아의 목걸이를 에리필레에게 선물하면서 남편을 설득해달라고 부탁하였고, 결국 암피아라오스가 참전으로 돌아서면서 테바이 원정은 성사되었다.

폴리네이케스의 장례

아드라스토스와 폴리네이케스가 이끄는 아르고스군과 7장군의 테바이 공략은 결국 실패로 돌아갔고, 폴리네이케스와 에테오클레스는 아버지 오이디푸스의 저주대로 마지막 결투를 벌이다 서로를 찔러 죽이고 말았다. 두 형제가 죽은 뒤 다시 테바이의 섭정이 된 외숙부 크레온은 에테오클레스를 위해서는 성대한 장례식을 치러주었지만 폴리네이케스는 외국의 군대를 이끌고 조국을 공격한 반역자로 규정하여 매장을 불허하였다.

안티고네와 폴리네이케스
니키포로스 리트라스(Nikiforos Lytras), 1865년
그리스 국립 미술관

하지만 안티고네는 오라비 폴리네이케스의 시체가 장례도 받지 못하고 들판에 버려진 채 그대로 썩어가는 것을 지켜보고만 있지 않았다. 그녀는 죽은 가족의 매장은 신들이 부과한 신성한 의무라고 주장하며 크레온의 명령을 어기고 폴리네이케스의 시체에 모래를 뿌려 장례를 치러주었다.

폴리담나 Polydamna

요약

그리스 신화에 나오는 이집트 왕 톤의 아내이다.

헬레네와 메넬라오스가 귀향길에 이집트에 표착했을 때 이들을 환대하고, 헬레네에게 뱀의 공격을 피하고 근심걱정을 잊게 해주는 약초를 주었다.

기본정보

구분	왕비
상징	치유의 묘약
외국어 표기	그리스어: Πολύδαμνα
어원	많은 이들을 길들이는 여인
관련 상징	뱀, 약초
관련 신화	트로이 전쟁, 헬레네

인물관계

폴리담나는 헬레네 일행이 이집트에 도착했을 때 이들을 환대한 이집트 왕 톤의 아내로, 헬레네에게

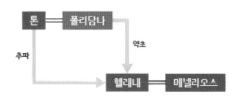

신비의 약초들을 건네준 여인이라고만 알려져 있다.

신화이야기

이집트에 도착한 헬레네와 메넬라오스

트로이 전쟁에서 승리한 메넬라오스는 파리스와 함께 트로이로 도망쳤던(혹은 납치되었던) 아내 헬레네를 데리고 귀향길에 올랐다. 헬레네와 메넬라오스의 귀향은 오디세우스의 귀향 못지않게 험난하여 두 사람은 무려 8년을 떠돌다 스파르타로 돌아가게 되는데, 그 중 7년을 이집트에서 보냈다. 메넬라오스는 이집트에 머무는 동안 에티오피아 원정길에 오른 적이 있는데, 에티오피아로 떠나면서 아내 헬레네의 안전을 걱정하여 그녀를 이집트 왕 톤에게 맡겼다. 톤은 헬레네와 메넬라오스 일행이 풍랑에 밀려 이집트에 처음 표착했을 때 이들을 극진히 환대한 인물이다.

헬레네를 도피시킨 폴리담나

하지만 톤의 아내 폴리담나는 남편이 헬레네에게 추파를 던지는 것을 눈치 채고는 그녀를 나일 강 어귀에 있는 파로스 섬으로 보냈다. 파로스 섬은 뱀들이 득실거려서 사람이 살기 어려운 곳이었지만 폴리담나는 헬레네에게 파로스에서 뱀들의 공격을 피하고 마음 편히 지낼 수 있게 해주는 좋은 약초들을 주었다. 하지만 또 다른 이야기에 따르면 톤 왕이 헬레네의 미모에 반해 그녀를 겁탈하려다 메넬라오스의 손에 죽임을 당했다고 한다.

폴리담나의 약초

헬레네는 나중에 스파르타로 귀향할 때 폴리담나로부터 받은 약초들도 챙겨갔다. 호메로스의 『오디세이아』에는 텔레마코스가 아버지 오디세우스의 안부를 묻기 위해 스파르타로 메넬라오스 왕을 찾아갔을 때 헬레네가 텔레마코스의 근심을 달래주기 위해 폴리담나의 약초를 사용하는 장면이 나온다.

"그때 제우스의 딸 헬레네는 다른 생각이 떠올라 그들이 마시고 있는 포도주에다 약을, 고통과 노여움을 달래고 모든 불행을 잊게 해주는 약을 지체 없이 집어넣었다. 그 약이 희석용 동이에서 섞이게 되면 그것을 한 모금이라도 마시는 자는 누구든 설사 부모가 죽는다 해도 그리고 그가 보는 앞에서 사람들이 그의 형제나 사랑하는 아들을 청동으로 죽인다 해도 그날은 그의 뺨에 눈물이 흐르지 않는다. 제우스의 딸은 여러 모로 도움이 되는 이런 훌륭한 약들을 갖고 있었는데 아이깁토스에서 톤의 아내 폴리담나가 그녀에게 준 것이었다."

폴리담나가 헬레네에게 준 약초에 대한 언급은 그밖에도 헤로도토스의 『역사』, 스트라본의 『지리지』, 디오도로스 시켈로스의 『역사 총서』 등 여러 문헌에 등장한다.

텔레마코스를 만나는 헬레네
장 자크 라그르네(Jean Jacques Lagrenee), 1795년, 예르미타시 미술관

폴리데우케스 Polydeuces

요약

 그리스 신화에 등장하는 영웅으로 '디오스쿠로이(제우스의 자식들)'라
고 불렸던 쌍둥이 형제 중 한 명이다.
 디오스쿠로이는 아르고호 원정, 칼리돈의 멧돼지 사냥, 헤라클레스
의 12과업 등 그리스 신화의 유명한 모험에 단골로 이름을 올리는 형
제다.

기본정보

구분	영웅
상징	형제간의 우애, 가족적 연대
원어 표기	그리스어: Διόσκουροι
로마 신화	폴룩스(Pollux)
별칭	폴룩스(Pollux)
별자리	쌍둥이자리
관련 신화	아르고호 원정, 레우키피데스의 납치

인물관계

 폴리데우케스의 명목상 아버지인 스파르타의 왕 틴다레오스는 오이
발로스(혹은 페리에레스)와 고르고포네 사이에서 태어난 아들로, 이카
리오스, 아파레우스, 레우키포스 등과 형제지간이다. 그러므로 폴리데
우케스와 카스토르 형제는 아내로 맞은 힐라에이라와 포이베 자매뿐

만 아니라 서로 죽고 죽이는 싸움을 벌인 이다스와 린케우스 형제와
도 사촌지간이다.

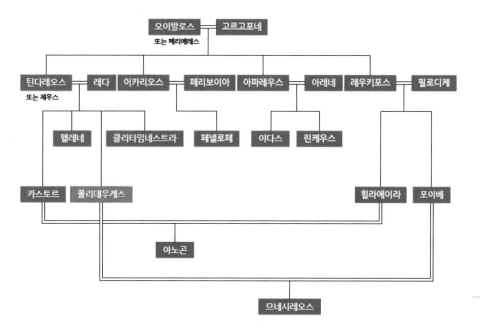

신화이야기

출생

폴리데우케스는 스파르타의 왕 틴다레오스의 아내 레다가 백조로
변신한 제우스와 사랑을 나누어 낳은 아들로 카스토르, 헬레네, 클리
타임네스트라와 형제지간이다. 이들 사형제의 탄생에 관해서는 여러
가지 이야기가 있다. 레다는 백조로 변신한 제우스에게 유혹되어 관
계한 뒤 같은 날 밤 틴다레오스 왕과도 잠자리를 가졌다. 그러고 나서
두 개의 알과 두 명의 아기를 낳았는데, 두 아기는 카스토르와 클리타
임네스트라이고 두 개의 알에서는 폴리데우케스와 헬레네가 태어났
다. 그리하여 카스토르와 클리타임네스트라는 틴다레오스 왕의 자식
이고 알에서 태어난 폴리데우케스와 헬레네는 백조로 변신한 제우스

의 자식이라고 한다.

다른 이야기에 따르면 그냥 제우스하고만 관계한 뒤 알을 두 개 낳았는데, 한쪽 알에서는 쌍둥이 형제 폴리데우케스와 카스토르가 태어났고 다른 알에서는 쌍둥이 자매 클리타임네스트라와 헬레네가 태어났다고 한다. 이 경우 넷 모두 제우스의 자식이다. 또 다른 이야기에서는 클리타임네스트라만 틴다레오스의 딸이고 나머지는 모두 제우스의 자식이라고도 한다.

카스토르와 폴리데우케스
로마 시대 조각 복사품. 영국 박물관
©ketrin1407@Wikimedia(CC BY-SA)

디오스쿠로이

아버지가 같거나 다르거나 폴리데우케스와 카스토르는 동시에 태어난 쌍둥이 형제로 '디오스쿠로이(제우스의 자식들)'라고 불리며 남다른 우애를 과시했다. 폴리데우케스와 카스토르는 거친 모험을 즐기는 건장하고 용감한 청년으로 성장한 뒤 늘 함께 붙어다니며 신화 속의 각종 유명한 모험과 사건에 이름을 올렸다.

그들은 이아손이 이끄는 아르고호 원정대의 일원이 되어 황금 양털을 찾으러 콜키스에 다녀왔고, 칼리돈의 멧돼지 사냥에도 참가했다. 또 테세우스가 누이 헬레네를 납치해 가자 아테네를 공격하여 직접 누이를 찾아오기도 했다. 이때 테세우스는 친구 페이리토오스와 함께 페르세포네를 얻기 위해 하계로 내려가 있는 중이었다. 디오스쿠로이 형제는 헬레네를 데려올 때 테세우스의 어머니 아이트라를 포로로 끌고 오고, 테세우스의 아들들을 쫓아내고 메네스테우스를 아테네의 왕위에 앉히기도 했다.

폴리데우케스와 아미코스의 권투 시합

디오스쿠로이와 별개로 폴리데우케스의 이름을 유명하게 만든 사건은 아르고호 원정길에서 벌어졌던 아미코스와의 권투 시합이다. 아미코스는 해신 포세이돈의 아들로 비티니아 지방에 사는 전설적인 부족인 베브리케스족의 왕이었다. 성질이 포악하고 권투를 아주 좋아했던 아미코스는 이방인이 나타나면 항상 권투 시합을 강요했는데 아직 한 번도 진 적이 없었다. 그때 마침 식량을 조달하기 위해 그의 나라에 도착한 아르고호 원정대도 예외는 아니었다. 아미코스는 원정대에게 권투 시합을 제안하면서 자신을 이기면 식량과 필요한 물품을 주겠지만 지거나 권투 시합을 피하면 살아서 자신의 나라를 떠날 수 없을 것이라고 말했다. 그러자 원정대의 일원인 폴리데우케스가 나서서 그 제안을 받아들였다. 폴리데우케스는 각종 제전에서 열린 권투 시합을 모두 휩쓴 권투의 명수였다. 시합에서 폴리데우케스는 무쇠 같은 주먹으로 아미코스의 머리를 으스러뜨려 즉사시켰다.

또 다른 이야기에 따르면 아미코스 왕은 권투 시합에 졌지만 죽지는 않았다고 한다. 시합에 이긴 폴리데우케스는 아미코스에게 앞으로는 이방인들을 괴롭히지 않겠다는 약속을 받아내고 그를 살려주었다고 한다.

포이베와 힐라에이라의 납치

폴리데우케스와 카스토르는 숙부 레우키포스의 딸들(레우키피데스)인 사촌 누이 포이베와 힐라에이라와 결혼하기를 원했다. 하지만 또 다른 숙부이자 메세네의 왕 아파레우스의 쌍둥이 아들인 이다스와 린케우스가 이미 이들과 약혼한 사이였다. 두 처녀는 메세네에서 살고 있었다. 하지만 폴리데우케스와 카스토르는 이에 개의치 않고 둘을 납치하여 스파르타로 데려와서 아내로 삼았다. 그리하여 포이베는 폴리데우케스의 아들 므네시레오스를 낳았고, 힐라에이라는 카스토르의 아들 아노곤을 낳았다.

죽음

물론 이다스와 린케우스
형제도 가만히 있지는 않
았다. 그들은 약혼녀를 빼
앗긴 것에 크게 개의치 않
는 척하면서 디오스쿠로
이 형제와 함께 소떼를 훔
쳤는데 훔친 소떼를 분배
하는 과정에서 문제를 일
으켰다. 소를 한 마리 잡
아서 넷이 함께 식사를

레우키포스 딸들의 납치
페테르 파울 루벤스(Peter Paul Rubens), 1617년
알테 피나코테크

할 때 이다스가 느닷없이 한 가지 제안을 한 것이다. 자신의 몫인 소
4분의 1마리를 가장 빨리 먹어 치우는 사람이 소떼의 반을 갖고 두
번째로 빨리 먹은 사람이 나머지 반을 갖도록 하자는 제안이었다. 그
런데 이다스의 제안은 거의 선언에 가까운 것이었고, 식성에 관한 한
이다스와 린케우스를 도저히 따를 수 없었던 폴리데우케스와 카스토
르 형제는 고스란히 소떼를 빼앗기고 말았다.

화가 난 폴리데우케스와 카스토르는 얼마 뒤 이다스와 린케우스에
게서 소떼를 다시 훔쳐서 달아났다. 하지만 둘은 곧 천리안을 자랑하
는 린케우스의 눈에 발각되었고, 사촌형제들간에 피 튀기는 싸움이
벌어졌다. 이 싸움에서 카스토르가 천하장사로 알려진 이다스의 손에
죽었고, 폴리데우케스는 린케우스를 창으로 찔러 죽였다. 하지만 이미
몸에 상처를 입은 폴리데우케스는 이다스의 상대가 되지 못했고 죽
음은 코앞에 있었다. 이때 제우스가 개입하였다. 제우스는 이다스를
벼락으로 내리쳐 죽인 뒤 폴리데우케스를 천상으로 데려가 불사신으

로 만들려고 했다. 하지만 폴리데우케스는 카스토르가 하계의 어둠 속에 갇혀 있는데 자기만 불사의 행복을 누릴 수 없다며 아버지 제우스에게 그들이 함께 있을 수 있게 해달라고 간청했다. 제우스는 아들의 청을 받아들여 형제가 함께 절반은 하계에서 지내고 절반은 올림포스에서 지낼 수 있도록 허락하였다.

　나중에 제우스는 이들 형제를 하늘에 올려 보내 별자리로 만들었다.(쌍둥이자리)

로마의 디오스쿠로이 숭배

　로마인들은 기원전 5세기에 이미 디오스쿠로이 숭배를 받아들였다. 로마의 전설에 따르면 아우로스 포스푸미우스가 이끄는 젊은 공화제의 로마와 타르퀴니우스 스페르부스의 군대 사이에 벌어진 레기루스호(湖) 전투 때 이 쌍둥이 영웅이 나타나 로마 기병의 선두에 서서 적진으로 진격했다고 한다. 그 후 형제는 로마의 광장에도 똑같은 복장

카스토르와 폴룩스 신전
서쪽에서 바라본 풍경. 18세기 중반. 조반니 바티스타 피라네시의 스케치

으로 나타나 베스타 신전 근처의 샘에서 말에게 물을 먹인 뒤 로마의 승리를 고했다고 한다. 이 일을 기념하여 광장에는 카스토르와 폴룩스(폴리데우케스의 로마식 명칭)의 신전이 세워졌고, 그들은 로마 기사단의 보호자가 되었다. 이 신전의 기둥은 아직도 그곳에 남아 있다.

신화해설

제우스의 아들들인 디오스쿠로이 형제는 고대인들에게 누구보다 큰 사랑을 받았던 인물들이다. 그 이유는 이들이 신화시대의 젊은 귀족 무사들의 삶을 누구보다 잘 보여주는 영웅들이었기 때문이다. 이들은 늘 함께 붙어 다니면서 온갖 모험에 주저없이 뛰어들고 재미로 소떼를 훔치거나 사랑하는 여인을 납치하여 아내로 삼는 등 모험과 위험을 즐기는 거칠고 낭만적인 사내들이었다. 이들의 열렬한 팬들이 생겨나기 시작했던 그리스 고전시대에는 그러한 무사적인 생활양식은 이미 흘러간 과거의 일이 되었지만, 고대의 청소년들은 마치 오늘날의 청소년들이 중세의 기사를 꿈꾸듯 이들을 동경했다고 한다.

음악작품

장 필립 라모: 〈카스토르와 폴룩스〉, 오페라, 1737년

폴리덱테스 Polydectes

요약

그리스 신화에 나오는 세리포스 섬의 왕이다.

아이올로스의 아들인 마그네스와 강의 님페인 나이아스의 한 사람 사이에서 태어난 아들로, 다나에를 보호한 딕티스와 형제지간이다. 다나에와 결혼하기 위해 방해가 되는 페르세우스를 제거하고자 그에게 고르곤의 목을 베어오게 했다. 그러나 페르세우스가 베어온 고르곤의 목을 보고 돌이 되어버렸다.

기본정보

구분	세리포스의 왕
상징	돌이 된 사람
외국어 표기	그리스어: Πολυδέκτης
어원	많은 것을 받은 사람
관련 신화	다나에, 페르세우스

인물관계

『비블리오테케』에 의하면 폴리덱테스는 아이올로스의 아들인 마그네스가 강의 님 페 즉, 물의 요정인 나이아스의 한 명과 결혼하여 낳은 아들이다.

신화이야기

개요

다나에의 아버지 아크리시오스 왕은 딸이 낳은 아들에게 살해될 것이라는 신탁 때문에 다나에와 그녀의 아들 페르세우스를 상자에 넣어 바다에 띄워 보냈다. 상자는 바다를 떠다니 폴리덱테스가 통치하는 세리포스 섬에 닿았다. 폴리덱테스의 동생인 딕티스가 모자를 구조해 보살펴주었다. 폴리덱테스는 다나에를 사랑하여 그녀와 결혼하고자 했으나 그 사이 성인이 된 페르세우스가 어머니 다나에를 철저하게 보호하며 폴리덱테스의 접근을 막았다. 폴리덱테스는 결혼에 방해가 되는 페르세우스를 제거하기 위해 음모를 꾸몄다. 그는 피사의 공주 히포다메이아와 결혼한다는 핑계로 음모를 꾸며 페르세우스에게 보기만 하면 돌이 되어버리는 고르곤 메두사의 목을 구해오게 했다.

페르세우스는 아테나 여신의 도움으로 메두사의 목을 베어 세리포스 섬으로 돌아왔다. 페르페우스가 없는 동안 어머니 다나에는 폴리덱테스의 협박과 박해 때문에 신전에 숨어서 지내고 있었다. 페르세우스는 왕에게 메두사의 목을 베어왔다고 말했지만 왕은 그의 말을 믿지 않았을 뿐 아니라 페르세우스에 대한 분노와 증오심은 더욱 커졌다. 『변신이야기』는 이에 대해 다음과 같이 전한다.

> "당신은 한 젊은이가 그토록 피나는 노력을 들여 용기와 시련을 검증했음에도 불구하고 마음의 응어리를 풀지 않고 오히려 그에게 가혹했고 누를 수 없는 증오심을 갖고 있으며 당신의 부당한 분노는 끝이 보이지 않소. 게다가 당신은 그의 영광을 하찮은 것으로 만들어버리고 메두사를 죽였다는 말도 거짓이라 했소."

폴리덱테스 왕의 처사에 분노한 페르세우스는 메두사의 목을 꺼내 들어 올렸고, 그 순간 왕은 단단한 돌로 변해버렸다. 이후 폴리덱테스가 다스리던 나라는 딕티스가 통치하게 되었다.

또 다른 이야기

그런데 히기누스가 전하는 또 다른 이야기에 의하면 폴리덱테스는 다나에와 페르세우스를 잘 보살펴주었다고 한다. 그는 다나에와 결혼하여 페르세우스를 아테나 신전에서 길렀고 오히려 다나에의 아버지 아크리시오스 왕으로부터 다나에 모자를 보호해주었다고 전해진다. 아크리시오스 왕이 그 두 사람이 살아있다는 것을 알고 그들을 죽이기 위해 세리포스 섬에 왔을 때 폴리덱테스는 그 두 사람을 보호해주었다고 한다. 그런데 폭풍우 때문에 아크리시오스 왕이 세리포스 섬을 떠나지 못하고 섬에 머물게 되었는데 갑작스런 죽음을 맞이했다. 장례식에서 벌어진 경기에서 페르세우스가 원반을 던졌는데 아크리시오스 왕이 하필이면 그 원반에 맞았기 때문이다. 아크리시오스 왕의 운명이 결국 신탁대로 결정된 것이다.

폴리도로스 Polydorus, 테바이의 왕

요약

테바이를 건설한 카드모스의 아들로 테바이의 3대 왕이다.

닉테우스의 딸인 닉테이스와 결혼하여 라브다코스를 낳았는데 라브다코스가 젊은 나이에 요절하자 장인 닉테우스가 라브다코스를 대신하여 테바이를 섭정했다.

기본정보

구분	테바이의 왕
외국어 표기	그리스어: Πολύδωρος
어원	많은 재능을 부여받은
관련 신화	라브다코스, 닉테우스, 카드모스, 닉테이스
가족관계	카드모스의 아들, 하르모니아의 아들, 닉테이스의 남편, 라브다코스의 아버지

인물관계

카드모스와 하르모니아 사이에 태어난 아들이다. 이노, 세멜레, 아우토노에, 아가우에가 폴리도로스의 누이들이다. 닉테이스와 결혼하여 라브다코스를 낳았다.

신화이야기

개요

폴리도로스는 테바이를 건설한 카드모스와 그의 아내 하르모니아 사이에서 태어난 아들이다. 그는 닉테우스의 딸 닉테이스와 결혼하였다. 장인 닉테우스는 '스파르토이' 즉 '씨뿌려 나온 자들' 중의 한 명인 크토니우스의 아들이다. 스파르토이란 테바이의 건설자 카드모스가 죽여 없앤 용의 이빨에서 나온 무장한 병사들을 지칭하는 말인데, 이들은 자기네들끼리 싸우다 이 중 다섯 명만이 살아남았다. 이들은 카드모스를 도와 테바이를 건설하고 테바이 귀족들의 조상이 된 사람들이다.('스파르토이' 참조)

그런데 『비블리오테케』에 의하면 폴리도로스의 아버지 카드모스는 아들이 아니라 외손자인 펜테우스에게, 다시 말해서 폴리도로스의 누이 아가우에의 아들에게 왕위를 물려주고 테바이를 떠났다. 그러나 펜테우스는 왕이 된지 얼마 되지 않아 디오니소스의 노여움을 사게 되어 끔찍한 최후를 맞았다. 펜테우스의 뒤를 이어 카드모스의 아들이자 펜테우스의 외삼촌인 폴리도로스가 왕위를 물려받아 테바이의 제 3대왕이 되었지만 폴리도로스 또한 왕이 된 지 얼마 되지 않아 죽었다.

대부분의 신화 작가들이 아폴로도로스와 같이 카드모스가 외손자인 펜테우스에게 왕위를 물려주었다고 전하고 있지만 파우사니아스의 『그리스 안내』는 카드모스가 아들 폴리도로스에게 왕권을 주었다고 전하고 있다.

닉테우스와 리코스 형제의 섭정

카드모스는 외손자인 펜테우스에게 왕위를 물려주고 테바이를 떠나지만 펜테우스는 왕이 된 지 얼마 되지 않아 죽고 펜테우스의 뒤를 이은 폴리도로스 또한 얼마 되지 않아 죽었다. 이렇게 해서 폴리도로스의 아들 라브다코스가 어린 나이에 왕위를 잇게 되자 외할아버지인 닉테우스가 라브다코스를 대신하여 테바이를 섭정하게 되었고, 외할아버지 닉테우스가 죽은 후에는 그의 형제인 리코스가 통치권을 행사했다. 라브다코스가 성인이 되자 리코스는 통치권을 돌려주었는데 『비블리오테케』에 의하면 라브다코스 역시 젊은 나이에 죽어버렸고 그때 아들 라이오스의 나이가 겨우 한 살이었다고 한다. 이번에도 리코스가 라이오스 대신에 테바이를 섭정하였다.

폴리도로스 Polydorus, 프리아모스의 아들

요약

트로이의 마지막 왕 프리아모스의 막내아들이다.

그의 죽음에 대한 이야기는 여러 가지가 전해진다. 프리아모스 왕이 트로이 전쟁 중에 막내아들이라도 살아남기를 바라는 마음에 그를 친구(혹은 사위) 폴리메스토르에게 많은 재산과 함께 맡겼으나, 트로이가 멸망하려 하자 폴리메스토르는 황금에 눈이 멀어 폴리도로스를 죽였다. 그러자 폴리도로스의 어머니 헤카베가 폴리메스토르에게 잔인하게 복수하였다.

기본정보

구분	왕자
외국어 표기	그리스어: Πολύδωρος
어원	많은 재능을 부여 받은
관련 신화	트로이 전쟁, 폴리메스토르

인물관계

아폴로도로스와 오비디우스, 에우리피데스 등은 폴리도로스가 트로이 왕 프리아모스와 왕비 헤카베의 막내아들이라고 한다. 반면 호메로스는 폴리도로스가 렐레게스의 왕인 알테스의 딸 라오토에의 아들이라고 말한다.

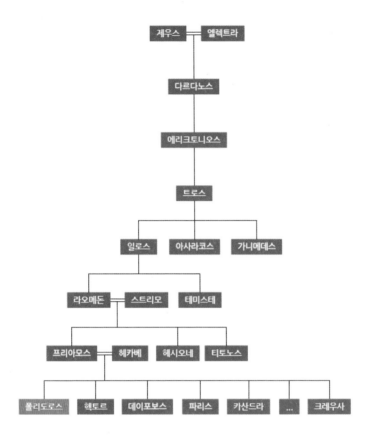

신화이야기

폴리도로스의 죽음과 헤카베의 복수

호메로스에 따르면 프리아모스는 자식 중에서 막내이고 가장 귀여운 폴리도로스를 특별히 사랑했다. 프리아모스는 폴리도로스가 트로이 전쟁에 출전하는 것을 한사코 막았다. 하지만 폴리도로스는 자신의 빠른 발을 믿고 선두에 섰다가 아킬레우스에게 목숨을 잃었다. 그는 아킬레우스의 창에 등 한가운데를 찔려 내장까지 튀어나올 정도의 부상을 입고 숨을 거두었다. 에우리피데스는 그의 작품 『헤카베』에서 사랑하는 막내아들 폴리도로스를 잃고 잔인한 복수도 마다하지 않는 어머니 헤카베의 저질한 모습을 그리고 있다.

트로이 전쟁 중 폴리도로스의 부모는 적어도 막내아들만은 살아남기를 바랐다. 그래서 아버지 프리아모스는 막내아들을 친구인 폴리메스토르(베르길리우스는 폴리메스토르를 프리아모스의 딸 일리오네의 남편이라고 한다)에게 많은 황금과 함께 맡겼다. 그러나 이 재산에 눈독을 들인 폴리메스토르는 트로이가 멸망하려 하자 자신이 보호해야 할 폴리도로스를 죽여서 바다에 던져버렸다. 헤카베

폴리메스토르가 폴리도로스를 죽인다
동판화, 요한 빌헬름 바우어(Johann Wilhelm Bauer), 1659년,
오비디우스의 『변신이야기』 삽화
©Perhelion@Wikimedia(CC BY-SA)

는 아킬레우스에게 제물로 바쳐진 폴릭세네의 장례를 준비하다 아들 폴리도로스의 시신을 보게 된다.(오비디우스의 『변신이야기』에서 헤카베는 폴릭세네를 씻기기 위해 항아리에 바닷물을 뜨려는 순간 난도질당한 막내아들의 시체를 발견한다) 헤카베는 어이없게 죽은 불쌍한 아들의 복수를 다짐하고 아가멤논에게 그의 여자가 된 자신의 딸 카산드라를 들먹이며 자신이 복수할 수 있도록 도와달라고 청하였다.

아가멤논은 적극적이지는 않았지만 폴리메스토르 부자를 헤카베의 막사로 불러올 수 있도록 도왔다. 욕심 많은 폴리메스토르는 헤카베의 계략에 쉽게 걸려들어 두 아들과 경호원을 데리고 헤카베가 있는 곳으로 왔다. 헤카베는 폴리메스토르에게 그와 아들들에게 개인적인 볼일이 있으니 경호원들을 막사에 내보내달라고 청하였다. 헤카베는 그들을 왜 이곳으로 불렀는지 궁금해하는 폴리메스토르에게 프리

아모스 가문의 오래된 황금과 자신의 돈을 맡아달라고 부탁했다. 그 말에 욕심 많은 폴리메스토르는 귀가 솔깃해졌다. 헤카베는 황금은 트로이의 아테나 여신의 신전에 있고 자신의 돈은 포로로 잡힌 트로이 여인들의 막사에 있다고 말하며, 그의 탐욕을 이용해 그들을 쉽게 트로이 여인들의 막사로 유인하였다.

트로이의 여인들은 폴리메스토르 부자를 안심시켜 무방비 상태에 있을 때 그들을 공격하였는데, 우선 폴리메스토르의 아들들을 단도로 무자비하게 찔러 죽였다. 이어 아들의 잔인한 죽음을 목격하고 발버둥치는 폴리메스토르의 두 눈을 브로치로 피가 철철 넘칠 때까지 찔러댔다.(『변신이야기』를 보면 헤카베가 직접 폴리메스토르의 두 눈에 손가락을 쑤셔 넣어 그의 눈알을 빼낸다. 이어서 그녀는 폴리메스토르의 두 눈에 두 손을 집어넣어 눈이 있던 곳을 뜯어낸다)

폴리메스토르의 눈을 멀게 하는 헤카베
주세페 크레스피(Giuseppe Maria Crespi), 18세기 중반
벨기에 왕립미술관

폴리도로스의 망령이 나타나다

프리아모스의 딸 크레우사와 결혼한 아이네이아스는 트로이가 멸망한 후 조국을 떠나 트로이에서 조금 떨어진 마보르스의 넓은 들판의 만에다 성벽을 쌓고 도시를 건설하려 했다. 그는 신들에게 그의 계획을 축복해주도록 제사를 지내기 위해 윤이 나는 하얀 황소를 제물로 잡았다. 아이네이아스가 제단을 장식하고자 초록 덤불에서 나무 하나를 뽑았는데 나무에서 시커먼 핏방울이 뚝뚝 떨어졌다. 뜻밖의 광

경에 아이네이아스는 공포에 질렸지만 다른 나뭇가지 하나를 더 꺾었다. 또 다시 시커먼 피가 흘러나오자 그는 자신이 본 장면이 좋은 전조이기를 혹은 나쁜 일을 완화시켜주기를 기도하면서 세 번째 가지를 꺾으려고 했다. 그때 땅 속 깊은 곳에서 신음소리가 들렸다. 그것은 트라키아의 왕 폴리메스토르에게 살해당한 프리아모스 왕의 막내아들 폴리도로스의 목소리였다. 그곳이 바로 폴리도로스의 무덤이었던 것이다. 폴리도로스의 몸에 꽂힌 창에서 뿌리가 나면서 많은 가지들이 생긴 것이었다.

폴리도로스는 아이네이아스에게 이 잔혹한 나라를, 이 탐욕스런 해안을 떠나라고 말했다. 아이네이아스는 프리아모스 왕을 배반한 배신의 땅을 떠나기 전에 폴리도로스를 엄숙히 장사지냈다. 그는 프리아모스 왕의 막내아들을 위해 제단을 세우고 제물을 바치고 마지막으로 목청껏 폴리도로스의 이름을 부르고 범죄의 땅을 떠났다.(베르길리우스, 『아이네이스』)

헤카베가 폴리도로스를 발견하다
목판화, 비르길 졸리스(Virgil Solis), 1581년, 오비디우스의 『변신이야기』 삽화

누나 일리오네와 폴리도로스

히기누스의 『이야기』에 따르면 폴리도로스는 폴리메스토르의 아내이자 자신의 누나인 일리오네 밑에서 조카 데이필로스와 같이 자랐다. 동생을 사랑했던 누나 일리오네는 만일에 있을 일에 대비해 남편 모르게 아들과 동생의 이름을 바꾸었다.

트로이 전쟁이 끝나고 그리스인은 폴리메스토르에게 아가멤논의 딸 엘렉트라를 줄 테니 폴리도로스를 죽이라고 말했다. 폴리메스토르는 그리스인들의 제안대로 했는데, 결국 그는 폴리도로스가 아닌 자신의 친아들인 데이필로스를 죽인 것이다.

한편 폴리도로스는 자신이 데이필로스라 믿고 살았다. 그러던 어느 날 아폴론 신전에서 자신의 혈통과 관계된 이상한 말을 듣게 되었다. 그의 조국은 파괴되었고 아버지는 살해당했고 어머니는 노예가 되었다는 내용이었다. 자신의 혈통에 의문을 품은 폴리도로스는 집으로 돌아와 일리오네에게 자기 자신에 대해 물었고, 일리오네가 그에게 가문의 비밀을 밝히자 폴리도로스는 누나와 함께 폴리메스토르를 죽였다.

폴리카온 Polycaon

요약

그리스 신화에 나오는 메세니아의 왕이다.

렐레게스족의 시조이자 라코니아 초대 왕인 렐렉스의 둘째 아들이다. 폴리카온은 라코니아의 왕위가 렐렉스의 맏아들인 밀레스에게 돌아가자 아내 메세네와 함께 펠로폰네소스 반도 남서부로 이주하여 메세니아 왕국을 건설하였다.

기본정보

구분	메세니아의 왕
외국어 표기	그리스어: Πολυκάων
관련 신화	메세니아 건국
가족관계	렐렉스의 아들, 밀레스의 형제, 메세네의 남편

인물관계

폴리카온은 '땅에서 태어난 자'인 라코니아 최초의 왕 렐렉스와 물의 님페 클레오카레이아(혹은 페리다이아) 사이의 아들로 밀레스, 보몰로코스, 테라프네, 클레손, 비아스 등과 형제이다. 폴리카온은 포르바스의 아들인 아르고스 왕 트리오파스의 딸 메세네와 결혼하여 메세니아 왕국을 건설하였다.

포르바스
└ 트리오파스
  ├ 이아소스
  ├ 펠라스고스
  ├ 아게노르
  └ 메세네 ═ 폴리카온

렐렉스
  ├ 폴리카온
  └ 밀레스
     └ 에우로타스
        └ 스파르타

신화이야기

메세니아의 건설

　폴리카온은 라코니아 최초의 왕이자 렐레게스족의 시조인 렐렉스 왕의 아들이다. 파우사니아스의 『그리스 안내』에 따르면 그는 아르고스 왕 트리오파스의 딸 메세네와 결혼하였는데, 메세네는 왕녀로서의 자부심과 야심이 큰 여인이었다고 한다. 그녀는 렐렉스 왕이 맏아들 밀레스에게 라코니아의 왕위를 물려주자 자신과 남편 폴리카온이 아무런 영토도 없이 그냥 왕족으로만 남게 된 것에 크게 실망하였다. 그녀는 남편에게 다른 지역으로 가서 새로운 왕국을 건설하여 왕이 되라고 부추겼다. 이에 폴리카온은 라코니아와 아르고스의 병사들을 이끌고 펠로폰네소스 반도 남서부를 공격하여 식민지를 건설하고 그 지역을 아내의 이름을 따서 메세니아라고 명명하였다

데메테르 숭배의식의 확산

　폴리카온은 새로 정복한 왕국에 안다니아라는 도시를 세우고 그곳

에 자신의 궁을 지었다. 폴리카온과 메세네는 이곳에서 대지의 여신 데메테르와 그녀의 딸 페르세포네를 나라의 수호신으로 모시는 제사를 올리고, 켈라이노의 아들 카오콘이 엘레우시스에서 메세니아로 들여온 데메테르 숭배의식을 온 나라에 퍼뜨렸다. 메세네와 폴리카온은 훗날 메세니아 주민들에 의해 신으로 숭배되었다고 한다.

부테스의 아들 폴리카온

파우사니아스는 렐렉스의 아들 폴리카온의 이야기를 전하면서 같은 이름을 지닌 또 다른 인물에 대해서도 언급하였다. 그는 부테스의 아들이라고 하는데 어떤 부테스의 아들인지는 정확하지 않다. 부테스의 아들 폴리카온은 헤라클레스의 아들 힐로스와 이올레 사이에서 태어난 딸 에우아이크메와 결혼했다고 하며 더 이상 알려진 이야기는 없다.

폴리페모스 Polyphemus

요약

　그리스 신화에 나오는 외눈박이 거인족 키클로페스 중 한 명이다.
　트로이 전쟁을 끝내고 귀향하던 오디세우스 일행을 잡아먹으려다
눈을 찔려 장님이 되었다. 눈이 멀기 전에 아름다운 님페 갈라테이아
를 사랑하였지만 그녀가 다른 연인 아키스와 함께 있는 것을 보고는
바위를 던져 아키스를 죽였다.

기본정보

구분	키클로페스
상징	야만, 폭력, 미녀와 야수
외국어 표기	그리스어: Πολύφημος
어원	많이 칭찬받는 자
관련 신화	오디세우스의 모험
가족관계	포세이돈의 아들, 토오사의 아들, 갈라테이아의 남편

인물관계

　폴리페모스는 포세이돈과 바다의 님페 토오사 사이에서 태어난 아
들이다. 토오사는 바다의 신(혹은 바다 괴물) 포르키스의 딸로 괴물 에
키드나, 고르곤, 그라이아이 등과 자매지간이다. 폴리페모스는 갈라테
이아에게서 세 아들 갈라테스, 켈토스, 일리리오스를 얻었다고 한다.

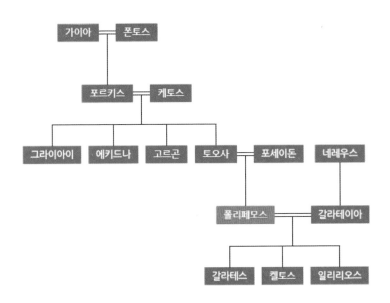

신화이야기

오디세우스와 폴리페모스

폴리페모스는 외눈박이 거인족 키클로페스의 하나로 포세이돈과 바다의 님페 토오사 사이에서 태어난 아들이다. 폴리페모스는 호메로스의 『오디세이아』에 등장하면서 유명해졌는데, 호메로스에 따르면 그는 키클로페스 중에서도 가장 야만적이고 무시무시한 식인 거인이라고 한다

폴리페모스는 시칠리아 섬의 동굴에서 양떼를 치며 살았는데, 트로이 전쟁을 끝내고 귀향하던 오

키클롭스 폴리페모스의 머리
대리석상, 기원전 2세기경
: 그리스의 타소스 섬에서 발견

디세우스 일행이 우연히 이 섬에 들르게 되었다. 일행은 폴리페모스가 양떼를 몰고 나간 사이에 그의 동굴에 들어갔다가 그만 안에 갇히고 말았는데, 저녁에 돌아온 폴리페모스가 양떼를 동굴 안으로 몰아넣은 뒤 입구를 거대한 바위로 막아버렸기 때문이었다. 폴리페모스는 동굴에서 일행을 발견하고는 두 명을 붙잡아 바닥에 패대기를 쳐서 잡아먹더니 곧 코를 골며 잠이 들었다. 오디세우스가 칼을 뽑아 잠든 폴리페모스를 죽이려 했지만 곧 마음을 바꿀 수밖에 없었다. 동굴 입구를 막아 놓은 거대한 바위를 움직일 힘이 그의 일행에게는 없었던 것이다.

이에 오디세우스는 다른 꾀를 내었다. 그는 폴리페모스에게 맛있는 포도주를 권한 뒤 그가 술에 취해 곯아떨어지자 끝을 뾰족하게 깎은

폴리페모스의 눈을 찌르는 오디세우스 일행
아티카 항아리 그림, 기원전 660년경
엘레우시스 고고학박물관

말뚝으로 눈을 찔러 장님을 만들었다. 장님이 된 폴리페모스는 아침에 양떼가 풀을 뜯으러 나갈 때가 되자 동굴 입구를 조금만 열고 양떼를 일일이 손으로 만져보면서 밖으로 내보내야 했다. 오디세우스 일행은 양의 배 밑에 몸을 묶고 무사히 밖으로 나갈 수 있었다. 다시 배에 오른 오디세우스는 큰 소리로 폴리

페모스를 조롱했다. 분노한 폴리페모스는 바위를 번쩍 들어 소리 나는 곳을 향해 던졌지만 오디세우스의 배를 맞히지는 못했다. 하지만 이 일로 오디세우스는 폴리페모스의 아버지인 바다의 신 포세이돈의 미움을 사 더욱 험난한 귀향길을 맞게 되었다.

갈라테이아와 폴리페모스

　오디세우스에 의해 눈이 멀기 전에 폴리페모스는 바다의 님페 갈라테이아를 사랑하고 있었다. 우윳빛 살결의 갈라테이아는 바다의 신 네레우스의 딸들인 50명(혹은 100명)의 아름다운 네레이데스 중에서도 가장 아름다운 님페였다. 폴리페모스는 예언자 텔레모스가 그에게 오디세우스라는 자에게 시력을 빼앗기게 될 것이라고 경고하자, 이미 자신은 사랑에 눈이 멀어 아무것도 보이지 않는다고 대답했다고 한다.

　그런데 갈라테이아에게는 사랑하는 다른 연인이 있었다. '부드러운 턱에 보일 듯 말 듯 솜털이 나기 시작'한 열여섯 살의 아름다운 소년 아키스였다. 갈라테이아가 아키스를 사랑하는 것을 알게 된 폴리페모스는 질투심에 더욱 안달을 하였고, 그럴수록 갈라테이아의 마음은 폴리페모스에게서 더욱 멀어졌다. 갈라테이아는 폴리페모스를 싫어하는 마음과 아키스를 사랑하는 마음 중 어느 것이 더 큰 지 모르겠다고 했다. 그러던 어느 날 폴리페모스는 여느 때처럼 노을이 지는 해변 바위에 홀로 앉아 애타는 마음을 피리로 달래고 있었다. 그러다 북받쳐 오르는 감정을 주체하지 못하고 자리에서 일어나 이리저리 거닐던 중 해변에서 아키스의 가슴에 머리를 기대고 잠들어 있는 갈라테이아를 발견하고는 분노가 폭발했다. 그의 성난 목소리에 잠이 깬 연인 갈라테이아는 놀라 달아났고 폴리페모스는 산에서 커다란 바위를 뽑아 아키스를 향해서 던졌다. 바위는 그대로 아키스를 깔아뭉갰고, 바위 밑으로 붉은 피가 흘러나왔다. 슬픔에 잠긴 갈라테이아는 연인의 피를 맑은 강물이 되어 흐르게 하였다. 이렇게 하여 아키스는 강의 신이 되었다.

폴리페모스의 자손들

　폴리페모스는 간혹 갈라테이아의 마음을 얻기도 했던 것 같다. 그와 갈라테이아 사이에는 갈라테스라는 이름의 아들이 태어났다고 한

다. 다른 설에 따르면 폴리페모스와 갈라테이아 사이에는 세 아들 갈
라테스, 켈토스, 일리리오스가 태어났으며, 이들은 각각 갈라토이족,
켈토이족, 일리리오이족의 시조가 되었다고도 한다.

또 다른 폴리페모스

테살리아 출신으로 아르고호 원정대의 일원이다. 헤라클레스가 힐
라스를 잃었을 때 그와 함께 미시아에 남아 나중에 키오스 시를 건설
했다. 소아시아 동부에 사는 칼리베스족과의 전쟁에서 죽었다.

신화해설

외눈박이 괴수 폴리페모스가 아름다운 요정 갈라테이아를 사랑하
여 애태우는 이야기는 그리스 고전시대부터 시와 연극의 흥미로운 소
재가 되었다. 키티아 출신의 고대 시인 필로크세노스는 디티람보스(합
창시)에서 동굴에 갇힌 오디세우스가 폴리페모스의 짝사랑을 눈치 채
고 이를 이용하여 탈출을 시도하는 이야기를 희극적으로 노래하기도
했다. 시에서 오디세우스는 폴리페모스에게 자신은 뛰어난 마법사이
므로 콧대 높은 갈라테이아를 욕정에 몸이 단 요부로 변하게 하는 것
쯤은 식은 죽 먹기라고 하면서, 자신을 그녀에게 보내달라고 말한다.
자신이 다녀오는 동안 옷도 깨끗한 것으로 갈아입고 수염도 다듬고
향수도 뿌리고 있으라고 하면서 말이다. 하지만 유감스럽게도 폴리페
모스는 오디세우스의 술수에 넘어가지 않았다.

로마의 시인 오비디우스는 둘 사이에 아키스라는 미소년을 끼워 넣
어 폴리페모스와 갈라테이아의 이야기를 더욱 흥미롭게 만들었다. 오
늘날 폴리페모스는 오디세우스의 모험보다 갈라테이아와 아키스의 신
화와 관련해서 더 자주 이야기되고 있다.

폴리힘니아 Polyhymnia

요약

그리스 신화에 나오는 무사이
(뮤즈) 중 한 명이다.

시와 찬가, 춤, 판토마임, 웅변,
기하학, 농업 등 다양한 분야를
관장하는 여신이다. 그녀는 대개
긴 망토와 베일을 걸치고 머리에
는 진주로 엮은 관을 쓰고 진지
한 표정으로 상념에 잠긴 모습으
로 표현된다.

폴리힘니아
지우세페 파냐니(Giuseppe Fagnani), 1869년,
메트로폴리탄 미술관

기본정보

구분	무사이
상징	거룩한 찬미의 노래, 불멸의 명성
외국어 표기	그리스어: Πολυύμνια, Πολύμνια
어원	풍성한 노래
별칭	폴림니아(Polhymnia)
관련 상징	화관, 리라
가족관계	제우스의 딸, 므네모시네의 딸, 오르페우스의 어머니

인물관계

폴리힘니아는 우라노스와 가이아의 딸인 티탄 신족 므네모시네가

제우스와 결합하여 낳은 아홉 명의 무사이 자매 중 한 명이다.

그녀는 아레스의 아들 켈레오스 혹은 케이마로오스와 사이에서 아들 트리프톨레모스를 낳았다고 한다. 한 고립된 전승에 따르면 그녀는 오이아그로스와 결합하여 오르페우스를 낳았다고도 하지만 오르페우스는 일반적으로 칼리오페의 아들로 간주된다.

플라톤은 『향연』에서 폴리힘니아가 에로스의 어머니라는 전설도 있다고 언급하였다.

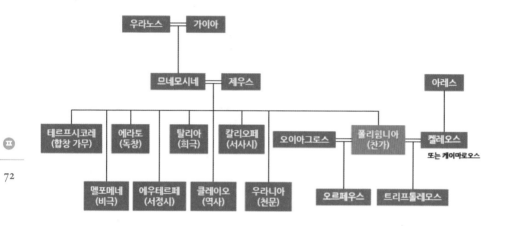

신화이야기

거룩한 찬미의 노래

폴리힘니아의 이름은 많음을 뜻하는 그리스어 '폴리(poly)'와 성스러운 찬미의 노래를 뜻하는 그리스어 '힘노스(hymnos)'가 합쳐져서 만들어졌다.

무사이 여신들이 대부분 그렇듯이 그녀에게 부여되는 속성도 일정치 않다. 그녀는 이름처럼 거룩한 찬가의 여신으로서 작가들에게 불멸의 명성을 가져다주는 여신이지만, 또한 판토마임, 웅변, 암기술, 기하학, 역사, 농업 등 다양한 영역을 담당하는 여신으로도 묘사된다.

농업의 여신으로서 폴리힘니아는 인간에게 곡물과 경작술을 전파한 트리프톨레모스의 어머니이기도 하다.

무사이 여신

폴리힘니아는 아홉 명의 무사이 자매 중 한 명이다. '무사이'는 '무사(뮤즈)'의 복수형으로 아홉 자매를 통칭할 때 쓰는 표현이다. 무사이는 기억의 여신 므네모시네와 제우스 사이에서 난 딸들인데, 므네모시네는 올림포스 산 동쪽 피에리아에서 제우스와 9일 밤낮을

폴리힘니아
프란체스코 델 코사(Francesco del Cossa),
1455~1460년, 베를린 국립회화관

폴리힘니아
로마 시대 대리석상, 2세기
글립토테크 미술관
©ChrisO@Wikimedia(CC
BY–SA)

관계를 맺어 이들을 낳았다고 한다. 아홉 명의 무사이는 음악, 미술, 문학, 철학, 역사 등 광범위한 지적 활동을 관장하는 여신들로 시인, 음악가, 미술가 등에게 영감을 불어넣는 역할을 했다.

처음에 무사이는 멜레테(수행), 므네메(기억), 아오이데(노래) 세 명이었는데, 헤시오도스가 이들을 아홉 명으로 언급한 뒤로 이들 자매의 수는 아홉 명으로 굳어졌다. 후대로 가면서 이들 아홉 자매가 관장하는 영역도 구체적으로 지정되었다.

우라니아는 천문, 칼리오페는 서사시, 클레이오는 역사, 에우테르페는 서정시, 멜포메네

는 비극, 테르프시코레는 합창가무, 에라토는 독창, 폴리힘니아는 찬가, 탈리아는 연극을 관장한다.

무사이는 음악과 예언의 신으로서 그녀들의 지도자 격인 아폴론 신과 함께 묘사될 때가 많으며, 올림포스에서 열리는 신들의 연회에서 우미의 세 여신 카리테스, 계절의 여신 호라이 등과 함께 춤을 추기도 한다.

폴리힘니아
지오반니 발리오네(Giovanni Baglione),
1620년, 프랑스 아라스 미술관

폴릭세네 Polyxena

요약

트로이의 마지막 왕 프리아모스의
막내딸로, 영웅 아킬레우스를 죽음
으로 이끈 트로이의 공주이다.

폴릭세네의 죽음
미상, 보카치오(Giovanni Boccaccio)의
『유명한 여성에 관하여』의 삽화

기본정보

구분	공주
상징	자유, 명예
외국어 표기	그리스어: Πολυξένη
어원	많은 낯선 이들에게 잠자리를 제공하는, 손님을 후하게 대접하는
관련 신화	아킬레우스, 헤카베

인물관계

트로이 왕 프리아모스와 헤카베의 딸로 헥토르, 파리스, 카산드라,
트로일로스와 남매지간이다.

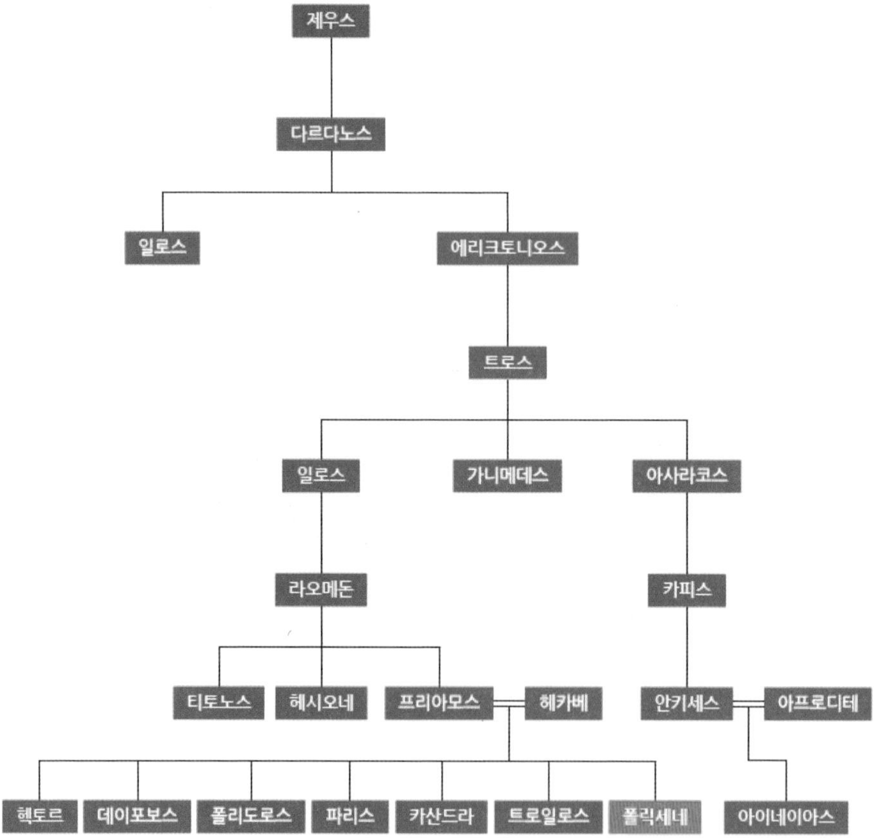

제우스

다르다노스

일로스　　　에리크토니오스

트로스

일로스　　　가니메데스　　　아사라코스

라오메돈　　　카피스

티토노스　헤시오네　프리아모스 ― 헤카베　　　안키세스 ― 아프로디테

헥토르　데이포보스　폴리도로스　파리스　카산드라　트로일로스　폴릭세네　　　아이네이아스

신화이야기

아킬레우스와 폴릭세네의 만남

　트로이의 마지막 왕 프리아모스의 막내딸인 폴릭세네는 정작 트로이와 그리스의 전쟁을 다루는 『일리아스』에는 등장하지 않고 후세에 쓰여진 비극 작품에서 아킬레우스의 죽음과 관련하여 등장한다.

　폴릭세네와 아킬레우스의 만남에 관해서는 서로 다른 이야기들이 전해 내려온다. 그 중 한 이야기에 의하면 친남매인 트로일로스가 샘터에서 말에게 물을 먹이다 아킬레우스에 의해 죽임을 당하자 폴릭세네가 복수를 결심하고는 자신에게 마음을 뺏긴 아킬레우스로부터 그의 치명적 약점이 발뒤꿈치에 있다는 것을 알아낸다. 폴릭세네는 결혼을 약속하면서 아킬레우스를 아폴론 신전으로 유인하고, 미리 신전 안에 숨어있던 파리스가 아킬레우스의 발뒤꿈치를 독화살로 쏘아 죽였다.

그런데 또 다른 이야기에 의하면 폴릭세네 자신도 아킬레우스에게 마음이 있었고, 따라서 그를 죽일 의도는 없었다고 한다. 이밖에도 폴릭세네와 아킬레우스의 만남에 관해서는 또 다른 이야기들이 있다.

그러나 폴릭세네에 관한 이야기는 아킬레우스와의 만남보다는 비극적인 운명을 맞이한 폴릭세네가 죽음의 순간에 보여준 용기와 의연한 태도 때문에 더욱 유명하다. 『변신이야기』는 이 장면에 대해 생생하게 전달하고 있다.

트로이가 망하고 아킬레우스가 죽은 후에 그리스 군인들이 트로이 여인들을 전리품으로 나누어가질 때 아킬레우스의 망령이 나타났다. 그리스의 승리에 가장 큰 공적을 세웠지만 이미 죽은 아킬레우스가 그리스인들 앞에 망령으로 나타나 폴릭세네를 자신의 '전리품'으로 요구하면서 그녀를 자신의 무덤 앞에 제물로 바치라고 말했다.

> "나를 두고 그대들은 떠나는구나. 내 용기에 대해 감사하는 마음
> 은 나와 함께 묻어버리고. 이럴 수는 없는 일. 내 무덤은 적절한 명
> 예를 누려야 한다. 폴릭세네를 제물로 바쳐 아킬레우스의 혼을 달
> 래고 떠나거라!"

공주로서, 자유인으로 죽게 해달라

'전리품'이 된다는 것은 노예의 몸이 된다는 것을 의미하고, 전리품이 되어 '제물'이 된다는 것은 노예의 몸으로 죽는 것을 의미한다. 폴릭세네는 이제 모든 것을 다 잃고 비참한 죽음을 당해야 했다. 그러나

제물로 바쳐지는 폴릭세네
기원전 570~550년, 이탈리아에서 발굴, 영국 박물관
©Jastrow@Wikimedia(CC BY-SA)

그녀는 이러한 상황에서도 의연한 태도를 잃지 않고 당당하게 아킬레
우스의 아들 네오프톨레모스의 눈을 똑바로 쳐다보며 말했다. 노예로
서가 아니라 자유인으로서, 공주로서 죽게 해달라고, 그리고 죽어서
도 순결한 몸을 지키게 해달라고 요청했다.

> "나 폴릭세네는 노예로 죽지는 않을 것이다. 너희는 알아야 한다.
> 이런 의식으로는 어떤 신의 분노도 가라앉힐 수 없다는 것을… 내
> 게 단 하나의 소원이 있다. (중략) 부디 자유인 처녀의 몸으로 스틱
> 스의 망령들에게 내려가게 해주기 바란다. 그리고 나는 처녀의 몸
> 이니 내 몸에는 남자의 손이 닿지 않게 해주기 바란다. 너희들이
> 나를 죽여 달래려 하는 사람이 있다면 그 사람도 자유인의 피가
> 더 낫지 않겠는가. (중략) 너희들에게 간청하는 것은 노예 폴릭세네
> 가 아니고 프리아모스 왕의 딸 폴릭세네이다."

이 장면을 지켜보던 그리스인들은 모두 눈물을 흘렸고, 네오프톨레

모스조차도 폴릭세네를 차마 죽이지 못하고 망설였다. 그러나 그는 결국 그녀의 가슴을 칼로 찔렀다. 그녀는 쓰러져 죽어가면서도 공주로서, 자유인으로 죽는다는 것을 알았기에 평온한 표정을 잃지 않았다. 그리고는 숨이 끊어지는 마지막 순간에도 가슴이 풀어진 채 쓰러지지 않으려고 옷깃을 여미었다. 이처럼 폴릭세네는 모든 것을 다 잃고 제물로 바쳐져야 하는 순간에도 마지막까지도 모멸감만이 남아있는 순간에도 품위와 명예를 지키고자 했다. 그리고 그리스인들이 이 비극적인 운명의 여인에게 느낀 감동은 폴릭세네가 명예로운 인간이라는 것을 입증해 준 것이다.

제물로 바쳐지는 폴릭세네
샤를 르브룅(Charles Le Brun), 1647년
메트로폴리탄 미술관

폴릭소 Polyxo, 신화 속 여인

요약

그리스 신화에 나오는 렘노스 섬의 여왕 힙시필레의 유모이다.

렘노스 섬의 여인들이 자신들과의 동침을 거부한 섬의 남자들을 모두 죽이는 사건이 있고 얼마 뒤 아르고호 원정대가 섬에 도착했을 때 섬의 여인들을 설득하여 원정대의 남자들을 맞아들이게 하였다. 그 덕에 렘노스 섬 주민들은 계속해서 자손을 이어나갈 수 있었다.

기본정보

구분	신화 속 인물
상징	현명한 지혜
외국어 표기	그리스어: Πολυξώ
관련 신화	아르고호 원정대, 힙시필레

인물관계

폴릭소는 디오니소스와 아리아드네 사이에서 태어난 토아스 왕의 딸 힙시필레의 유모다.

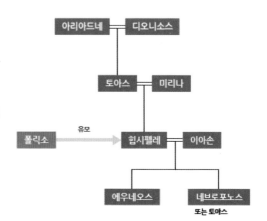

신화이야기

렘노스 섬의 대학살

　폴릭소는 렘노스 섬의 여왕 힙시필레의 유모로 예언력을 지닌 여인이었다. 힙시필레의 아버지 토아스 왕 치세에 렘노스 섬에서는 남자들이 섬의 여자들과 동침을 거부하는 사태가 발생하였다. 렘노스 섬의 여인들이 아프로디테의 숭배를 게을리 한 벌로 몸에서 몹시 심한 악취가 풍기게 되었기 때문이다. 섬의 남자들은 섬의 여자들 대신 포로로 끌려온 여자들이나 다른 섬의 여자들과 동침하였다. 그러자 분노한 렘노스 섬 여자들이 섬의 남자들을 모조리 죽여버렸다.

아르고호 원정대를 환대한 렘노스 섬의 여인들

　아버지 토아스 왕에 이어 힙시필레가 왕위에 오르고 얼마 지나지 않아 이아손이 이끄는 아르고호 원정대가 렘노스 섬에 도착하였다. 그러자 폴릭소는 섬의 여인들에게 영원히 자식 없이 살아가지 않으려면 원정대의 남자들을 환대하라고 설득하였다.

　그렇지 않아도 남자들이 없어 쓸쓸했던 섬의 여자들은 폴릭소의 조언을 받아들여 남자들을 집으로 맞아들였다. 힙시필레 여왕은 이때 이아손과 사이에서 두 아들 에우네오스와 네브로포노스(혹은 토아스)를 낳았다. 에우네오스는 나중에 트로이 전쟁에 참여하여 호메로스의 『일리아스』에도 이름을 올렸다.

렘노스 섬의 여인들
피에로 디 코지모(Piero di Cosimo), 1490년경,
워즈워드 아테나움 박물관

　일설에는 섬의 여자들이 원

정대를 1년 동안이나 놓아주지 않았다고 하지만 이는 원정 기간이 4달 정도로 계산되는 아르고호 신화의 전체 줄거리와는 맞지 않는다. 아무튼 그 후로 섬에는 다시 남자들이 많아지게 되었다고 한다.

아버지 토아스의 목숨을 구하는 힙시필레
보카치오(Giovanni Boccaccio)의
『유명한 여성에 관하여』의 삽화

힙시필레의 추방

　남자들에 대한 대학살이 이루어지던 날 밤에 힙시필레는 아버지 토아스를 궤짝에 숨겨 바다에 던져 목숨을 구해주었다고 한다. 하지만 나중에 이 일이 탄로나는 바람에 힙시필레는 렘노스 섬에서 쫓겨나 네메아 왕 리쿠르고스의 아들 오펠테스를 돌보는 유모가 되는 등 파란만장한 삶을 살아가게 된다.('힙시필레' 참조)

폴릭소 Polyxo, 왕비

요약

그리스 신화에 나오는 로도스 왕 틀레폴레모스의 아내이다.

남편 틀레폴레모스가 트로이 전쟁에 참전했다가 전사하자 이를 헬레네의 탓으로 돌려 복수를 다짐하였다.

헬레네는 전승에 따라 남편 메넬라오스의 기지로 폴릭소의 복수를 피했다는 설도 있고, 결국 폴릭소에 의해 죽음을 맞았다는 설도 있다.

기본정보

구분	왕비
상징	복수의 화신
외국어 표기	그리스어: Πολυξώ
관련 신화	트로이 전쟁, 헬레네의 죽음

인물관계

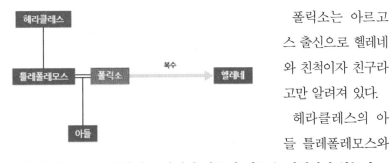

폴릭소는 아르고스 출신으로 헬레네와 친척이자 친구라고만 알려져 있다.

헤라클레스의 아들 틀레폴레모스와 결혼하여 아들을 낳았다고 하지만 아들의 이름은 전해지지 않는다.

신화이야기

틀레폴레모스의 죽음

폴릭소는 아르고스 출신의 여인으로 미녀 헬레네의 친척이자 어린 시절 친구였다. 폴릭소는 헤라클레스의 자손들인 헤라클레이다이의 1차 펠로폰네소스 원정 때 헤라클레스의 아들 중 한 명인 틀레폴레모스와 결혼하여 함께 로도스 섬에 정착하였다. 두 사람 사이에서는 아들이 한 명 태어났다고 하지만 이름은 알려지지 않았다. 헬레네의 구혼자 중 한 명이었던 틀레폴레모스는 트로이 전쟁이 터지자 구혼자의 서약에 따라 그리스군의 일원으로 참전하였다. 하지만 그는 트로이의 용장 사르페돈과 일대일 대결에서 패해 목숨을 잃고 말았다.

남편에 이어 로도스의 여왕이 된 폴릭소는 남편의 죽음이 헬레네 탓이라고 여겨 복수를 다짐했다. 옛 친구 헬레네에 대한 폴릭소의 복수에 대해서는 두 가지 설이 전해진다.

가짜 헬레네의 죽음

트로이 전쟁이 끝난 뒤 스파르타로 귀향하던 헬레네와 메넬라오스 일행은 이집트를 거쳐 로도스 섬에 정박하였다. 그러자 폴릭소는 헬레네 일행을 공격하기 위해 섬 주민들을 소집하였다. 이 사실을 안 메넬라오스가 배를 다시 바다에 띄우려 했으나 거센 바람 때문에 출항할 수가 없었다. 이에 메넬라오스는 헬레네를 배 안에 감추고 시녀 중 가장 아름다운 여자를 골라 헬레네의 옷과 장신구로 치장하게 하였다. 그리고는 로도스 사람들이 쳐들어오자 순순히 가짜 헬레네를 내주어 그들의 손에 죽게 하였다. 복수에 만족한 폴릭소와 로도스 주민들은 메넬라오스 일행을 무사히 돌려보내주었고, 헬레네는 사지에서 빠져나올 수 있었다.

헬레네의 죽음

하지만 또 다른 설에 따르면 헬레네는 결국 폴릭소에 의해 죽음을 맞는다.

메넬라오스와 함께 스파르타로 돌아온 헬레네는 메넬라오스가 죽은 뒤 그의 아들들(메넬라오스가 시녀에게서 낳은 자식들이다)에 의해 스파르타에서 쫓겨났다. 그러자 헬레네는 로도스 섬으로 피신하여 옛 친구인 폴릭소에게 몸을 의탁했다. 헬레네는 폴릭소가 남편의 죽음으로 자신에게 원한을 품고 있는 줄을 꿈에도 몰랐다. 폴릭소는 일단 헬레네를 반기는 척하였다. 하지만 헬레네가 목욕을 하는 사이에 시녀들을 복수의 여신 에리니에스로 변장시켜 헬레네에게 달려들게 하였다. 헬레네는 결국 폴릭소의 시녀들이 변장한 복수의 여신 에리니에스에게 시달리다 실성하여 스스로 목을 매고 죽었다. 그밖에도 폴릭소의 시녀들이 헬레네를 나무에 목 매달아 죽였다는 설도 있다.

그밖의 폴릭소

그리스 신화에는 그밖에도 여러 명의 폴릭소가 등장한다.

1) 테바이 섭정 닉테우스의 아내.

닉테우스와 사이에서 안티오페를 낳았다. 안티오페는 사티로스로 변신한 제우스와 관계하여 암피온과 제토스를 낳았다.

2) 아틀라스의 딸들인 님페 히아데스 자매 중 한 명.

3) 나일 강의 하신 닐루스의 딸인 물의 님페.

다나오스의 여러 아내 중 한 명이 되었다.

프로이토스 Proetus, Proitos, Proetos

요약

　그리스 신화에 등장하는 티린스의 왕이다.

　쌍둥이 형제 아크리시오스와 아버지 아바스의 왕국을 놓고 다투다가 결국 영토를 분할하여 티린스 왕국을 세웠다. 아크리시오스의 손자인 영웅 페르세우스에 의해 돌로 변하여 죽었다고 한다.

기본정보

구분	티린스의 왕
상징	형제간의 유산 다툼
외국어 표기	그리스어: Προῖτος
관련 신화	아르고스의 분할, 벨레로폰의 모험

인물관계

　프로이토스는 아르고스의 왕 아바스와 아글라이아 사이에서 태어난 아들로 다나오스와 아이깁토스의 후손이다. 영웅 페르세우스의 조부 아크리시오스와는 쌍둥이 형제다. 프로이토스는 리키아의 왕 이오바테스의 딸 스테네보이아(혹은 안테이아)와 결혼하여 세 딸 이피노에, 리시페, 이피아나사와 아들 메가펜테스를 낳았다.

포세이돈 — 리비에
├─ 아게노르 — 텔레파사
│   ├─ 카드모스
│   ├─ 포이닉스
│   └─ 에우로페
└─ 벨로스 — 안키노에
    ├─ 다나오스
    │   └─ 히페름네스트라 — 린케우스
    │   └─ 아바스 — 아글라이아
    │   ├─ 아크리시오스
    │   │   └─ 다나에 — 제우스 (또는 프로이토스)
    │   │   └─ 페르세우스
    │   └─ 프로이토스 — 스테네보이아 (또는 안테이아) · 이오바테스
    │   ├─ 메가펜테스
    │   ├─ 리시페
    │   ├─ 이피아나사
    │   └─ 이피노에
    └─ 아이깁토스

신화이야기

리키아로의 도피

　프로이토스와 그의 쌍둥이 형제 아크리시오스는 조상인 다나오스와 아이깁토스 사이의 증오를 물려받아('다나오스' 참조) 어머니의 뱃속에 있을 때부터 다툼이 그치지 않았다고 한다. 부왕 아바스는 임종할 때 형제간의 불화를 걱정하여 왕국을 함께 다스리라고 유언하였다. 하지만 쌍둥이 형제는 아버지의 유언에도 불구하고 서로 나라를 독점하려 했다. 결국 아크리시오스는 프로이토스가 자신의 딸 다나에를

겁탈하려 했다는 구실로 전쟁을 일으켰고, 전쟁에 패한 프로이토스는 소아시아의 리키아로 도망쳤다.

다른 설에 의하면 프로이토스는 아크리시오스의 딸이자 자신의 질녀인 다나에를 의도적으로 겁탈하여 아들 페르세우스를 낳게 했다고 한다. 아크리시오스가 자신의 손자에 의해 죽게 될 거라는 신탁의 예언을 들었기 때문이다. 이 경우 페르세우스는 제우스가 아니라 프로이토스의 아들이 된다.

리키아로 도망친 프로이토스는 그곳의 왕 이오바테스의 딸 스테네보이아(혹은 안테이아)와 결혼하여 세 딸 이피노에, 리시페, 이피아나사와 아들 메가펜테스를 낳았다.

아르고스로의 귀환

프로이토스는 장인 이오바테스의 도움을 얻어 리키아 군을 이끌고 다시 아크리시오스를 공격했다. 쌍둥이는 전투에서 직접 일대일 결투까지 벌였지만 결국 승부가 나지 않아 왕국을 둘로 나누기로 했다.

아크리시오스는 수도를 그대로 아르고스로 하는 남쪽 왕국을 차지했고, 프로이토스는 북부에 새로운 도시를 건설하고 이름을 티린스라고 붙였다. 프로이토스는 티린스에 두터운 성벽을 쌓았는데 일설에 따르면 그는 외눈박이 거인족 키클로페스를 시켜서 성벽을 건설했다고 한다. '키클롭스의 성벽'은 오늘날에도 일부 남아 있다.

미케네의 키클롭스 성벽
1884~1885년 발굴
: 그리스 남부 아르골리스 주 중부에 있는 고대 도시 유적으로 펠로폰네소스 섬 동쪽, 아르골리코스 만에 있다. 기원전 11~10세기에 번창했다가 기원전 468년 아르고스의 공격을 받아 멸망하였다.

벨레로폰과 스테네보이아

프로이토스가 티린스를 다스리고 있을 때 코린토스의 왕자 벨레로폰이 살인을 저지르고 티린스로 피신해 와서 살인죄를 정화해달라고 청했다. 프로이토스는 벨레로폰을 환대하고 죄를 정화시켜주었다. 그런데 그의 아내 스테네보이아가 벨레로폰에게 반해 몰래 그를 유혹하려 했다. 벨레로폰이 이를 거절하자 스테네보이아는 앙심을 품고 그가 자신을 유혹하려 했다고 프로이토스에게 거짓말을 했다. 아내의 말에 속은 프로이토스는 편지를 가져온 자를 죽이라는 봉인된 편지와 함께 벨레로폰을 장인 이오바테스에게 보냈고, 이오바테스는 사위의 요청을 실행하기 위해 벨레로폰에게 괴물 키마이라를 죽이라는 지시를 내렸다. 벨레로폰은 자신을 죽이기 위한 이오바테스의 모든 명령을 성공적으로 수행하고 위대한 영웅의 반열에 올랐다.

프로이토스의 세 딸들

프로이토스의 세 딸 이피노에, 리시페, 이피아나사는 디오니소스(혹은 헤라)에 대한 숭배를 소홀히 한 벌로 저주를 받아 광기에 빠지고 말았다. 그들은 자신을 암소라고 여기며 아르고스와 펠로폰네소스 전역을 휘젓고 다녔다. 프로이토스는 이런 딸들 때문에 걱정이 이만저만이 아니었다. 이때 예언자 멜람푸스가 찾아와 문제를 해결해주겠다고 했지만 프로이토스는 그의 제안을 거절하였다. 멜람푸스가 그 대가로 왕국의 절반을 요구했기 때문이다. 하지만 딸들의 광기가 점점 더 심해질 뿐만 아니라 티린스의 다른 여인들에게까지 광기를 전염시키자 프로이토스는 멜람푸스의 제안을 받아들이겠다고 했다. 하지만 멜람푸스는 이번에는 왕국을 삼등분하여 자신과 동생 비아스에게 각각 3분의 1씩 떼어달라고 요구했고, 왕은 그의 요구를 들어주었다.

 딸들이 미쳐 있는 동안 프로이토스는 스테네보이아에게서 아들 메가펜테스를 얻었다. 메가펜테스는 '큰 슬픔'이라는 뜻이다. 메가펜테스는 나중에 프로이토스가 죽고 나서 티린스의 왕위에 오르게 된다.

 한편 페르세우스는 신탁의 예언대로 뜻하지 않게 할아버지 아크리시오스를 죽이게 된다. 우연히 참가한 원반던지기 대회에서 그가 던진 원반이 세찬 돌풍에 밀려 관중석으로 날아가 웬 노인의 머리를 맞혔는데, 그 노인이 바로 경기를 구경하던 아크리시오스였던 것이다. 이 일로 페르세우스는 할아버지의 왕국을 물려받기를 꺼려하여 메가펜테스와 왕국을 맞바꾸기로 했다. 이때부터 아르고스는 프로이토스의 후손들이 다스리게 되었다.

 프로이토스는 아르고스 성을 포위하고 아크리시오스를 공격하던 중 메두사의 머리를 베어가지고 돌아온 페르세우스에 의해 돌로 변하였다고 한다. 페르세우스가 프로이토스가 질녀 다나에를 겁탈하여 낳은 아들이라는 설을 따른다면 프로이토스는 자기 아들의 손에 목숨을 잃은 것이 된다. 하지만 이것은 페르세우스의 유명한 일화들을 바탕으로 후대에 만들어진 이야기일 가능성이 크다.

페르세우스와 메두사
벤베누토 첼리니(Benvenuto Cellini), 16세기

프로크네 Procne

요약

아테네의 왕 판디온의 딸로 필로멜라의 언니이며 트라키아의 왕 테레우스의 아내이다.

남편 테레우스가 동생 필로멜라를 겁탈하고 동생의 혀를 잘라내고 그녀를 외딴 오두막집에 가두었다는 사실을 알고 동생과 함께 남편에게 끔찍한 복수를 했다.

기본정보

구분	왕비
상징	분노, 복수, 아들 살해
외국어표기	그리스어: Πρόκνη
관련 신화	필로멜라, 테레우스
관련 동물	제비

인물관계

프로크네는 아테네 왕 판디온과 물의 요정 제욱시페의 딸이다. 필로멜라의 언니이자 트라키아의 왕 테레우스의 아내로 테레우스와 사이에서 아들 이티스를 낳았다.

신화이야기

개요

　프로크네의 남편이자 트라키아의 왕 테레우스는 아내의 동생 필로멜라를 탐하여 그녀를 유린했다. 그는 필로멜라가 진실을 밝힐까 두려워하여 그녀의 혀를 잘라낸 뒤 외딴 집에 감금했다. 필로멜라는 베를 짜면서 은밀하게 자신의 사연을 짜서 넣어 언니인 프로크네에게 전했다. 이 참혹한 진실을 알게 된 프로크네는 복수를 다짐한다.

　트라키아에서 3년마다 열리는 디오니소스 축제기간을 기회로 프로크네는 밤중에 집을 떠나서 필로멜라를 궁으로 데려왔다. 프로크네는 복수심에 사로잡혀 남편과 꼭 닮은 아들 이티스(이튀스, 이투스)를 죽여 음식으로 만든 후 남편에게 먹였다. 테레우스가 한참을 먹고 나서 아들을 찾자 프로크네는 진실을 암시해주고, 바로 그때 필로멜라가 산발한 채 피가 떨어지는 이티스의 머리를 테레우스에게 던졌다. 테레우스가 칼을 뽑아들고 자매를 뒤쫓았지만 그들은 이미 날개를 펴서 하늘로 올라갔다. 자매는 신들에게 새로 변해서 테레우스로부터 도망가게 해달라고 기도했고, 신들은 프로크네를 제비로 필로멜라를 나이팅게일로 변하게 했다. 그리고 그들을 뒤쫓던 테레우스도 후투티(오디새)로 변하게 했다. 오디새는 지금도 칼날처럼 긴 부리를 갖고 있다.

프로크네 결혼식에 나타난 에리니에스

　끔찍한 결말로 끝난 프로크네와 테레우스의 결혼식에는 가정의 여신 유노도 혼인의 여신 히메나이오스도 은총의 여신도 오지 않고, 에우메니데스(자비로운 여신들: 복수의 여신들 에리니에스의 별칭)가 화장터에서 옮겨 붙인 횃불을 들고 왔다고 한다. 그리고 올빼미가 지붕에 앉아 신방을 한참 동안 바라보았다고 한다. 그리고 첫 아들을 낳을 때도 첫날밤과 같은 불길한 조짐이 나타났다고 한다.

프로크루스테스 Procrustes

요약

　그리스 신화에 나오는 악당이다.
　자기 집에 들어온 손님을 침대에 눕히고 침대보다 키가 크면 다리나 머리를 자르고, 작으면 사지를 잡아 늘여서 죽였다. 테세우스에게 똑같은 방식으로 머리가 잘려 죽었다.

기본정보

구분	신화 속 인물
상징	독단. 자신의 기준만 고집하는 횡포
외국어 표기	그리스어: Προκρούστης
어원	잡아 늘이는 자
관련 상징	침대
관련 신화	테세우스의 모험

신화이야기

테세우스의 모험

　프로크루스테스는 테세우스가 아버지를 찾아 아테네로 가는 모험에서 등장하는 인물이다. 테세우스는 아테네의 왕 아이게우스가 신탁의 의미를 물으러 트로이젠의 예언자 피테우스를 찾아갔을 때 그의 딸 아이트라와 관계하여 낳은 아들이다. 아이게우스는 아이트라가 임신한 것을 알고는 커다란 바위가 있는 곳으로 데려가 바위 밑에 칼과 신발을 넣은 다음 아이가 바위를 들어 올릴 수 있을 만큼 자라면 아테네로 보내라고 말하고 트로이젠을 떠났다.

테세우스는 열여섯 살 때 벌써 그 바위를 들어 올려 그 밑에 있던 칼과 신발을 꺼내 들고 아버지에게로 떠났다. 이때 테세우스는 헤라클레스와 같은 업적을 쌓으려는 야심을 품고 손쉬운 바닷길 대신 온갖 괴물과 악당들이 들끓는 육로를 선택했다. 프로크루스테스는 테세우스가 이 모험에서 마지막으로 만난 악당이다.

프로크루스테스의 침대

프로크루스테스는 '잡아 늘이는 자'라는 뜻을 지닌 이름이다. 그는 또 '유해한 자'라는 뜻의 폴리페몬이나 '얌전하게 하는 자'라는 뜻의 다마스테스라는 이름으로도 불렸다. 포세이돈의 아들로 알려진 프로크루스테스는 아테네 인근 케피소스 강가에서 살았다. 이곳에 그는 여인숙을 차려 놓고 손님이 들어오면 집 안에 있는 쇠 침대에 눕혔다. 쇠 침대는 큰 것과 작은 것 두 개가 있었는

테세우스와 프로크루스테스
아티카 적색상 도기, 기원전 460년경
뮌헨 국립고대미술박물관

데, 키가 큰 사람에게는 작은 침대를 내주고 작은 사람에게는 큰 침대를 내주었다. 그래서 키가 침대보다 커서 밖으로 튀어나오면 침대의 크기에 알맞게 머리나 다리를 톱으로 잘라내고, 작으면 몸을 잡아 늘여서 죽였다. 테세우스는 이 악당의 여인숙에 들어가서 그를 똑같은 방식으로, 침대 밖으로 튀어나온 머리를 잘라서 죽였다.

트로이젠에서 아테네에 이르는 코린토스 만 주변의 악당과 괴물을 모두 퇴치한 테세우스는 이미 위대한 업적을 쌓은 영웅으로 알려져 주민들의 환호를 받으며 아테네에 입성했다.

신화해설

요즘에도 일상 언어에서 자주 쓰이는 '프로크루스테스의 침대'라는 표현은 이 신화에서 유래하였다. 자신의 원칙이나 기준을 막무가내로 고집하면서 다른 사람의 생각을 억지로 자신에게 맞추려고 하는 폭력적이거나 극도로 융통성이 부족한 태도를 이르는 말이다.

이 표현은 마르크스가 헤겔의 관념론적 사유 방식을 프로크루스테스의 침대와도 같다고 비꼬면서부터 널리 인용되기 시작했다고 한다.

"Now then, you fellows; I mean to fit you all to my little bed!"
현대의 프로크루스테스 침대
존 테니얼(John Tenniel). 1891년.
영국의 풍자만화 잡지 《펀치(Punch)》에 실린 삽화

프로크리스 Procris

요약

  프로크리스는 바람의 왕 아이올로스의 손자 케팔로스의 아내로 행복한 결혼생활을 했다. 그러나 남편을 사랑한 새벽의 신 에오스의 저주로 그들의 결혼은 비극적인 종말을 맞았다. 사냥을 나간 케팔로스가 바람을 핀다고 오해한 프로크리스가 그를 쫓아가 숲 속에서 그의 동정을 살폈고, 잠시 더위를 식히고 있던 케팔로스는 덤불 속에서 나는 소리에 그녀를 동물로 오해하고 창을 던졌다. 프로크리스는 남편의 창에 명중되어 숨을 거두고 말았다.

기본정보

구분	공주
상징	의심과 질투
외국어 표기	그리스어: Πρόκρις
어원	먼저 선택받은 여자
관련 신화	케팔로스, 에오스

인물관계

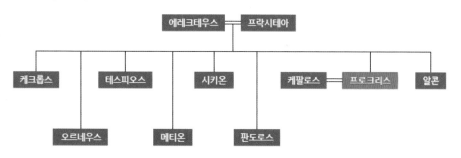

신화이야기

아테네의 왕 에레크테우스의 딸 프로크리스는 그녀의 이름처럼(먼저 선택받은 여자) 많은 남자의 마음을 흔들 정도로 아름다운 여자였던 것 같다. 그녀를 둘러싼 이야기는 작가마다 조금씩 다르다. 그중 많은 예술가들에게 영감을 준 오비디우스의 『변신이야기』 속의 비극적인 사랑 이야기를 살펴보자.

잘 생겨서 괴로운 케팔로스

오비디우스는 프로크리스와 케팔로스의 사랑과 질투로 인해 벌어진 비극적인 사건을 남편 케팔로스의 입을 통해 사실적으로 묘사한다. 프로크리스와 케팔로스의 결혼은 누가 봐도 잘 어울리는 선남선녀의 만남이었다. 그러나 잘생긴 케팔로스의 외모로 인해 이들 결혼에 위기가 찾아왔다. 케팔로스는 새벽의 여신 에오스의 마음을 순식간에 훔칠 정도로 잘생긴 사냥꾼이었다. 에오스는 비너스가 인간 아도니스에게 매혹된 것처럼 잘생기고 건강한 케팔로스에게 한순간에 마음을 뺏기고 말았다. 사랑에 불타는 에오스는 신혼 2개월의 단꿈에 빠져 있는 케팔로스를 히메투스 산정으로 납치하였다. 하지만 케팔로스는 여신 에오스의 사랑을 거절하고 오로지 인간 아내 프로크리스만 절절히 그리워했다. 한참 신혼의 단꿈에 빠져 있는 케팔로스에게 에오스는 프로크리스를 대체할 수 없었다. 사랑 앞에서는 신이기보다는 여자일 수밖에 없는 에오스는 질투심이 폭발하여 케팔로스를 아내에게 보내면서 독설을 퍼부었다. 신의 질투에 인간의 사랑이 무릎을 끊게 되는 비극의 서막이 서서히 열리게 되는 것이었다. 에오스는 그가 프로크리스를 다시 갖게 되는 대신 그녀와 연을 맺은 것을 후회하게 될 것이라고 저주하였다.

케팔로스와 프로크리스
장 오노레 프라고나르(Jean Honore Fragonard), 1755년, 프랑스 국립박물관

그대의 배우자를 의심하지 말지니

집으로 돌아오는 길에 케팔로스의 영혼은 여신의 저주 탓인지 심술을 부렸다. 일종의 의처증이 그의 마음 속에 또아리를 튼 것이다. 한 번 마음 속으로 파고든 의심의 씨앗은 점점 커졌고, 그는 결국 여신 에오스의 도움을 받아 프로크리스를 시험해보려고 했다. 프로크리스는 남편의 무사 귀환을 애타게 기다리고 있었지만 이미 의심의 불꽃이 활활 타오른 케팔로스는 결국 계획을 실행에 옮겼다.

케팔로스는 다른 사람으로 변장을 하고 프로크리스에게 선물 공세를 퍼부으며 그녀의 마음을 흔들었다. 프로크리스는 자신의 사랑은 오직 한 사람만을 위한 것이라고 말하며 변장한 케팔로스를 밀어냈다. 그러나 케팔로스는 무슨 생각인지 포기하지 않고 계속 선물 공세를 하였고 프로크리스는 마침내 하룻밤을 허락하고 말았다. 남편일 것이라고는 꿈에도 상상을 못한 프로크리스에게 케팔로스는 기다렸다는 듯이 자신의 정체를 드러내며 부정을 저지른 사악한 여인이라고 비난을 퍼부었다. 이런 순간 어떤 여자가 평정심을 유지할 수 있겠는가? 그토록 기다리던 남편이 불륜을 저지르도록 자신을 유혹하고 모든 잘못을 자신에게 뒤집어 씌우자 깊은 배신감을 느낀 프로크리스는 집을 떠나 산중으로 들어가 아르테미스 옆에 머물렀다.

화해의 선물이 가져다 준 비극

케팔로스는 아내가 떠나고 나서 후회에 몸서리쳤다. 프로크리스를 향한 사랑의 마음은 더욱 활활 불타 올랐고, 아내의 사랑을 미친 듯이 확인하고 싶었던 그는 프로크리스에게 잘못을 싹싹 빌었고 다시 화해한 그들은 행복한 나날을 보냈다. 프로크리스는 아르테미스에게서 선물로 받은 세상에서 가장 빠른 개와 백발백중 투창을 케팔로스에게 선물로 주었다. 이 두 선물은 사냥꾼 케팔로스에게는 더 바랄 것이 없는 선물이었다. 하지만 그는 마법의 개를 사냥터에 데려가지는 못하였다. 테미스의 저주로 그가 사는 아오니아의 테바이에 맹수가 출몰해 마법의 개 라이랍스가 출동해야 했기 때문이었다.

왜 테바이는 여신의 저주를 받게 되었을까. 사건의 전말은 이렇다. 오이디푸스가 스핑크스의 두 가지 수수께끼를 풀자 스핑크스는 절망하여 절벽에서 떨어져 죽었다. 테미스가 그 일을 벌하기 위해 케팔로스가 살고 있는 아오니아의 테바이에 맹수를 보냈고, 어떤 개도 이 맹수를 잡지 못하자 케팔로스는 아내가 선물로 준 개 라이랍스를 풀었다. 개는 사슬에서 풀려나자마자 쏜살같이 달려갔고 두 마리 야수는 눈에 보이지도 않을 정도로 서로 쫓고 쫓았다. 이를 지켜보고 있던 케팔로스는 창을 던져 야수들의 팽팽한 추격전을 끝내려고 했는데, 그가 잠시 창의 균형을 잡고 숨을 고르는 사이 놀라운 일이 벌어졌다. 맹수들이 내달리던 들판의 한 가운데에 두 마리 동물은 온데 간 데 없고 두 개의 대리석상만 세워져 있었던 것이다. 그것은 달아나려는 동물과 잡으려는 동물의 모습을 하고 있었는데, 이 동물을 만든 하늘의 신이 어떤 동물도 패자가 되기를 원치 않아서 그들을 달리는 모습 그대로 돌로 만들어버린 것이었다. 이제 케팔로스에게는 마법의 창만이 남았다. 이 창은 어떤 목표물이든 놓치는 법이 없고 부메랑처럼 주인에게 다시 돌아오는 신기한 힘을 가지고 있었다.

케팔로스는 훗날 바로 이 놀라운 창이 자신의 눈에서 눈물을 빼고 자신과 사랑하는 아내를 파멸시켰다고 말했다. 하지만 이 창을 선물로 받았을 때 어찌 이런 비극적인 운명을 예상했겠는가?

케팔로스는 항상 이른 새벽이면 마법의 창을 들고 숲 속으로 사냥을 나갔다. 사냥을 하다 지치면 그는 시원한 그늘 아래에서 산들바람을 맞으며 쉬었는데, 사냥의 열기를 식혀주는 산들바람(아우라)에게 마치 사랑하는 연인에게 하듯 말을 걸었다. 사냥에 지친 자신을 상큼하게 애무해주는 산들바람이야 말로 자신의 큰 즐거움이고 그 입술을 언제나 느끼고 싶다고 말하면서. 그러나 하필 그때 누군가가 케팔로스의 말을 엿들었고, 케팔로스의 말을 사랑고백으로 들은 그는 황급히 프로크리스에게 달려가 모든 상황을 낱낱이 고해바쳤다.

사랑의 또 다른 이름은 질투라고 했던가. 그토록 큰 일을 겪고도 또다시 이들에게 질투가 잉태되었다. 사랑에 빠진 사람은 귀가 얇아진다. 프로크리스의 마음 속에 자신의 목숨을 앗아갈 질투가 자리를 잡기 시작했다. 실체가 없는 대상을 향한 강한 질투에 프로크리스는 마음이 산란해지고 참담해지기까지 했다. 그녀는 상상 속의 질투를 그만두고 자신이 직접 나서서 남편의 불륜을 확인하고자 했다. 그녀는 이른 새벽에 사냥을 나서는 남편의 뒤를 쫓았다. 해가 중천에 뜨고 사냥으로 더워진 케팔로스는 풀밭에 누워 "오라, 내 사랑이여!"라고 노래를 불렀다. 그때 나뭇잎이 바스락거리는 소리가 났고 케팔로스는 사냥꾼의 직감으로 마법의 창을 날렸다. 역시 이번에도 과녁을 정확하게 맞추었다. 그때 케팔로스의 귀에 익숙한 외마디 외침이 들려왔다. 놀란 케팔로스가 소리가 난 곳으로 달려가니 그의 눈앞에는 믿을 수 없는 장면이 펼쳐졌다. 사랑하는 아내 프로크리스가 가슴을 부여잡고 쓰러져 있었다. 짐승이 아니라 프로크리스가 그의 창에 명중된 것이었다. 프로크리스는 사랑하는 남편의 품에 안겨 아우라(산들바람)와 결혼하지 말 것을 간청하며 숨을 거두었다. 첫 마음을 잃은 두 사람의 의심과 질투가 지상에서의 사랑에 영원히 종지부를 찍은 것이다.

또 다른 이야기

1) 프로크리스와 프텔레온

아폴로도로스는 『비블리오테케』에서 케팔로스와 프로크리스의 불화의 원인을 남편이 아닌 아내에게서 찾는다. 아티카의 프텔레아의 영웅인 프텔레온은 황금관으로 프로크리스를 유혹하고 프로크리스는 남편을 배반하였다. 한순간의 외도였지만 남편에게 발각되자 프로크리스는 크레타로 줄행랑을 쳤다.

2) 프로크리스와 미노스

크레타에서도 프로크리스를 유혹할 한 남자가 기다리고 있었다. 여자를 좋아하는 미노스 왕이 아름다운 프로크리스를 그냥 보아 넘기지 않을 것은 자명하다. 하지만 여자와 사랑을 나누기에는 미노스에게 치명적인 약점이 있었다. 그가 수많은 여자와 동침을 하자 화가 난 그의 아내 파시파에가 그에게 마법을 걸어, 그와 동침을 한 여자의 음부에 뱀, 전갈 등이 들어가 그 여자를 결국 죽게 만든 것이다. 프로크

프로크리스의 죽음
피에로 드 코시모(Piero di Cosimo), 1495년경, 런던 국립미술관
: 쓰러져 있는 프로크리스를 쓰다듬고 있는 남자의 모습이 이채롭다. 그는 반인반수의 사티로스의 모습을 하고 있고 그 옆에 개가 그들을 지켜보고 있다. 프로크로스의 죽음과 대비될 정도로 잔디는 푸르고 봄꽃이 여기저기 피어있다.

리스는 이런 저주를 풀 방법을 알고 있었다. 그녀는 미노스가 가지고 있는 두 가지 물건인 마법의 개와 마법의 창을 가지고 싶었던 차에 미노스와 흥정을 했다. 그녀는 키르카이온 뿌리로 해독제를 제조해 그의 저주를 풀고 그와 동침을 한 후 두 가지 물건을 손에 넣었다.(오비디우스와 벌핀치는 프로크리스가 미노스가 아닌 아르테미스 여신에게 발이 빠른 사냥개와 절대로 과녁을 빗나가는 법이 없는 투창을 선물 받았다고 한다)

원하는 선물을 획득한 프로크리스는 미노스의 아내 파시파에의 질투가 무서워 아테네로 돌아갔고, 남편 케팔로스와 화해하고 그가 사냥을 나갈 때 동행했다. 그녀 역시 훌륭한 사냥꾼이었기 때문이다. 프로크리스가 짐승을 쫓아 덤불 속으로 들어갔고 케팔로스는 덤불 속에서 소리가 나자 사냥꾼의 직감으로 마법의 창을 날렸다. 하지만 들려오는 소리는 아내 프로크리스의 외침이었다. 실수로 아내를 죽인 케팔로스는 아레이오스 파고스에서 재판을 받고 추방형을 선고 받았다.

프로테우스 Proteus

요약

그리스 신화에 나오는 '바다의 노인'이라고 불리는 해신들 중 한 명
이다. 뛰어난 예언 능력을 가지고 있어 찾아오는 이들이 많았지만 이
방인을 싫어하여 여러 가지 형태로 몸을 바꾸어가며 도망치는 것으
로 유명하다. 후대로 가면서 바다의 신이 아니라 이집트의 왕으로 묘
사되기도 하였다.

기본정보

구분	바다의 신
상징	변화무쌍한 변신, 예언
외국어 표기	그리스어: Πρωτεύς
어원	첫 번째 후손
관련 동물	물개
관련 신화	트로이 전쟁, 헬레네, 메넬라오스, 아리스타이오스
가족관계	포세이돈의 아들

인물관계

프로테우스는 포세이돈의 신하 또는 아들로 간주되며, 바다의 님페
에이도테아가 그의 딸이다. 하지만 또 다른 이야기에서는 이집트의 왕
으로 파로스의 아들이고 네레이데스의 하나인 님페 프사마테와 사이
에서 아들 테오클리메노스를 낳았다.

포세이돈

아들 또는 신하

프로테우스

에이도테아

파로스

프로테우스 ── 프사마테

테오클리메노스

신화이야기

개요

그리스 신화에서 프로테우스는 바다의 노인이라고 불리는 해신들 중 한 명으로 등장한다. 프로테우스 외에 네레우스와 포르키스가 바다의 노인으로 불린다. 신화학자 카를 케레니는 똑같은 별칭으로 불리는 포르키스, 네레우스, 프로테우스를 동일한 신으로 보았다.

프로테우스는 흔히 포세이돈의 신하나 아들로 묘사되지만 포세이돈 이전부터 있었을 것으로 추측된다. 프로테우스는 주로 포세이돈의 바다 짐승들을 돌보는 일을 맡았으며 가장 큰 특징은 예언 능력과 변신 능력이다. 그는 원하는 어떤 모습으로도 변할 수 있었는데, 비단 짐승뿐만 아니라 물이나 불같은 원소로도 변할 수 있었다. 그는 예언하기를 싫어해서 누가 예언을 들으러 찾아오면 변신 능력을 이용하여 도망쳤다. 주된 거처는 나일 강 유역의 파로스 섬이지만 수시로 이리저리 옮겨 다니며 살았다고 한다.

메넬라오스의 귀향

트로이 전쟁을 끝내고 귀향하던 메넬라오스는 풍랑에 밀려 이집트에 도착한 뒤 바람이 불지 않아 파로스 섬에 발이 묶여 있었다. 그러자 프로테우스의 딸인 바다의 님페 에이도테아가 그를 가엾게 여겨 자기 아버지 프로테우스를 찾아가서 다시 바다로 나가 고향으로 돌아 갈 수 있는 방법을 물어보라고 말해 주었다. 에이도테아는 메넬라오스에 게 프로테우스가 거처하는 동굴로 찾아가 물개 가죽을 뒤집어쓰고 누 워 있다가 프로테우스가 나타나면 꽉 붙들고 그가 무엇으로 변신하든 절대로 놓지 말라고 했다.

에이도테아의 말대로 프로테우스 는 메넬라오스에게 붙잡히자 사자, 호랑이, 멧돼지, 물, 나무 등으로 변 신하며 그에게서 도망치려 하였다.

프로테우스
외르크 브로이(Jorg Breu the Elder),
1531년

하지만 메넬라오스가 끝내 놓아주지 않자 하는 수 없이 메넬라오스 의 물음에 답해주었다. 메넬라오스는 프로테우스가 일러준 대로 신들 에게 신성한 제물을 바치고 난 뒤 순풍을 얻어 다시 고향으로 돌아갈 수 있었다.

아리스타이오스의 벌떼

프로테우스는 양봉의 신 아리스타이오스의 신화에도 등장한다. 아 리스타이오스는 오르페우스의 아내 에우리디케를 죽음에 이르게 한 장본인이었다. 에우리디케는 강가에서 자신을 뒤따라오는 아리스타이 오스를 피해 달아나다가 그만 독사에 발을 물려 죽고 말았기 때문이 다. 오르페우스는 저승에까지 내려가서 사랑하는 아내 에우리디케를 다시 살려내려 하였지만 결국 실패하고 실의에 빠져 지냈다.

그 무렵 아리스타이오스가 기르는 벌떼들이 모두 죽어버리는 일이 벌어졌다. 낙담한 아리스타이오스는 페네이오스 강 아래 강의 신의 수정 궁전에 살고 있는 어머니 키레네를 찾아가 도움을 청했다. 키레네는 아들에게 바다의 신 프로테우스에게 물으면 불행의 원인과 해법을 가르쳐줄 것이라고 말했다. 그러나 프로테우스는 메넬라오스 때와 마찬가지로 이방인을 만나기 싫어해서 갖가지 형태로 모습을 바꾸면서 아리스타이오스를 피했다. 아리스타이오스는 포기하지 않고 프로테우스가 잠든 틈을 타서 그를 밧줄로 꽁꽁 묶은 다음 자신의 물음에 답하게 하였다. 프로테우스는 에우리디케의 죽음으로 신들이 노해서 벌떼가 전멸했으니 황소 4마리와 송아지 4마리를 제물로 바치고 검은 양 한 마리를 슬픔에 잠긴 오르페우스에게 보내라고 했다. 아리스타이오스가 프로테우스의 조언대로 행한 뒤 9일 뒤에 다시 템페로 돌아와 보니 제물로 바친 소들의 주검 주위에 다시 꿀벌들이 무리지어 있는 것을 발견할 수 있었다.

이집트의 왕

후대로 가면서 프로테우스는 해신이 아니라 메넬라오스와 동시대인인 이집트 왕으로 묘사되었다. 그는 트로이로 도망치던 헬레네와 파리스가 폭풍우에 떠밀려 이집트 나일 강 유역에 도착했을 때 그곳을 다스리는 왕이었다. 처음에 프로테우스는 파리스 일행을 환대하였지만 이들이 스파르타에서 도망친 이야기를 전해 듣고는 분노하여 파리스를 자기 왕국에서 추방하고 헬레네는 남편 메넬라오스가 찾으러 올 때까지 자기 곁에 가두었다. 이때 프로테우스는 파리스가 순순히 트로이로 출발하도록 만들기 위해 마법으로 헬레네의 허상을 만들어 동행하게 하였다는 설도 있다. 또 파리스의 선택에 분노한 헤라가 헬레네를 빼앗기로 마음먹고 구름으로 그녀의 모습을 빚어 파리스와 동행하게 하고 진짜 헬레네는 이집트로 데려가 프로테우스 왕에게 맡겼다는 설도 있다. 프로테우스는 메넬라오스가 트로이 전쟁을 끝내고 귀향길에 이집트에 들렀을 때 헬레네를 남편에게 돌려주었다.

프리아모스 Priamos

요약

프리아모스는 트로이의 마지막 왕으로 헥토르, 파리스, 카산드라, 폴릭세네 등의 아버지이다. 헤카베와 결혼하여 많은 자식들을 두고 부귀영화를 누렸으나 트로이 전쟁으로 대부분의 자식들을 잃었다. 트로이의 멸망과 더불어 아킬레우스의 아들 네오프톨레모스(필로스라고도 불린다)에게 죽었다.

기본정보

구분	트로이의 왕
외국어 표기	그리스어: Πρίαμος
어원	팔린 자
별칭	포다르케스 –'빠른 발'이라는 뜻
관련 신화	트로이 전쟁, 헥토르
가족관계	라오메돈의 아들, 헥토르의 아버지, 파리스의 아버지, 카산드라의 아버지

인물관계

아폴로도로스에 따르면, 트로이의 마지막 왕 프리아모스는 라오메돈과 강의 신인 스카만드로스의 딸 스트리모 사이에서 태어났다고 한다. 혹은 그의 어머니가 오트레오스의 딸 플라키아 혹은 레우키페라고도 한다.

프리아모스는 처음에는 메롭스의 딸 아리스베와 결혼했다. 그들 사이에서 아들 아이사코스가 태어났다. 그러나 프리아모스는 아리스베를 히르타이오스에게 넘기고 디마스의 딸 헤카베와 다시 결혼했다. 이 결혼으로 트로이 전쟁에서 유명해진 자식들이 태어났다.

큰아들이 헥토르이고 둘째 아들이 파리스이다. 헤카베는 파리스를 낳은 후 크레우사, 라오디케, 폴릭세네, 카산드라를 낳았다. 그 뒤 데이포보스, 헬레노스, 팜몬, 폴리테스, 안티포스, 히포노오스, 폴리도로스, 트로일로스 등 여러 명의 아들을 낳았다. 그 중 트로일로스는 아폴론의 아들이라고도 한다.

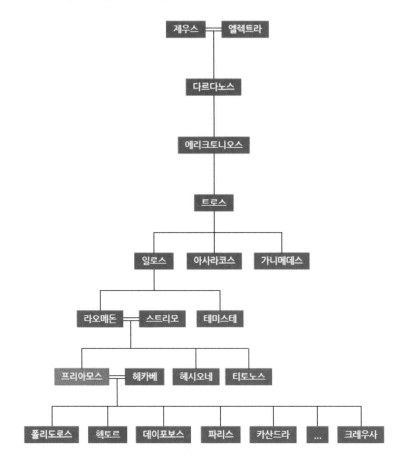

프리아모스는 다른 여자와의 사이에서도 많은 자식들을 두었는데, 멜라니포스, 고르기티온, 필라이몬, 히포토오스, 글라우코스, 아가톤, 케르시다마스, 에우아고라스, 에포다마스, 메스토르, 아타스, 도리클로스, 리카온, 드리옵스, 비아스, 크로미오스, 아스티고노스, 텔레스타스, 에우안드로스, 케브리오네스, 밀리오스, 아르케마코스, 라오도코스, 에케프론, 이도메네우스, 히페리온, 아스카니오스, 데모코온, 아레토스, 데이오피테스, 클로니오스, 에켐몬, 히페이로코스, 아이게오네우스, 리시토로스 및 폴리메돈과 딸들 메두사, 메데시카스테, 리시메케 및 아리스토데메가 그들이다.

신화이야기

프리아모스 이름의 유래

프리아모스의 원래 이름은 포다르케스(Ποδάρκης, 빠른 발)이었다. 헤라클레스가 트로이 원정 중 텔라몬과 함께 트로이를 함락시켰을 때 라오메돈의 딸 헤시오네는 포다르케스와 함께 포로가 되었다. 헤라클레스는 텔라몬에게 헤시오네를 주면서 포로 중 한 명을 자유인으로 만들어줄 수 있다고 말했다. 그러자 헤시오네는 자신의 동생 포다르케스를 택하였다. 그러나 포다르케스는 노예였기 때문에 우선 헤시오네가 대가를 지불하고 그를 사야했다. 그녀는 왕가의 보물을 주고 포다르케스를 샀고, 그 후 포다르케스는 '팔린 자'라는 뜻의 프리아모스라는 이름을 가지게 되었다.

오비디우스가 노래한 헤라클레스의 트로이 정복은 위의 이야기와 관련이 있다. 그는 라오메돈 왕 시절 헤라클레스가 왜 트로이를 정복했는지 이야기한다. 아폴론은 포세이돈과 함께 트로이의 성벽을 쌓아주고 라오메돈 왕에게 그 대가로 황금을 받기로 했다. 그러나 라오메돈이 약속을 지키자 않자 분노한 포세이돈은 파도를 일으켜 트로이의 농토를 모두 물에 잠기게 하였고, 그뿐 아니라 라오메돈의 딸 헤시오네를 바다의 괴물에게 제물로 바치도록 했다. 이때 헤라클레스가 나타나 헤시오네를 구해주고 그 대신 말들을 달라고 요구했다. 라오메돈은 이번에도 또 배신을 하였고, 헤라클레스는 배신의 대가로 트로이를 정복하고 헤시오네를 텔라몬에게 주었다.

트로이 전쟁을 잉태하다

아폴로도로스와 히기누스는 프리아모스와 둘째 아들 파리스의 만남과 헤어짐을 다음과 같이 이야기한다.

헤카베가 파리스를 임신했을 때 불이 붙은 나무토막을 낳자 그 나무토막이 트로이 전체를 태우는 불길한 꿈을 꾸었다. 헤카베로부터 꿈 이야기를 들은 프리아모스 왕은 외할아버지에게 꿈 해몽을 배운 아들 아이사코스(프리아모스 왕의 첫 번째 아내 아리스베의 아들이다)를 불렀다. 아이사코스는 자신의 동생이 트로이를 멸망시킬 수 있으니 내다 버리라고 충고했다. 자식보다 나라의 앞날이 걱정된 프리아모스는 갓난아이를 신하인 아겔라오스에게 이다 산에 갖다 버리라고 했다. 암곰의 젖을 먹고 5일 동안 살아남은 파리스는 아겔라오스의 보호하에 훌륭하게 성장하고 알렉산드로스라고도 불렸다.

히기누스는 프리아모스 왕 내외와 파리스의 재회를 그의 작품 『이야기』에 기록하고 있다. 프리아모스 왕 내외는 갓난아기 때 버린 아들의 제사에 쓸 황소를 구하기 위해 신하들을 이다 산으로 보냈는데 하필 그들은 파리스가 각별하게 아낀 황소를 가져갔다. 파리스는 자신의 황소가 희생제식과 더불어 열리는 경기에 상으로 쓰일 것임을 알게 되었고, 황소를 되찾기 위해 이 경기에 참가하여 발군을 실력을 발휘하여 모든 종목에서 왕의 아들들과 트로이의 청년들을 이겼다. 화가 난 프리아모스의 아들 데이포보스는 파리스가 그의 동생이라는 것을 모르고 그를 죽이려고 했다. 살기를 느낀 파리스는 제우스 신전으로 피신했는데 마침 제우스 신전에 있던 카산드라가 부모조차 알아보지 못한 파리스를 바로 알아보았고, 파리스를 쫓아 제우스 신전까지 온 데이포보스에게 이 청년이 바로 그들의 동생임을 알려주었다. 아들을 버렸다는 죄책감을 갖고 있던 프리아모스 왕과 헤카베 왕비는 기쁨을 감추지 못했다.('데이포보스', '카산드라' 참조)

트로이 전쟁 중의 프리아모스

호메로스는 『일리아스』에서 프리아모스를 온화한 인물로 기록하고 있다. 프리아모스는 많은 가족을 거느린 존경을 받는 "신과 같은", "노령의 문턱에 선", "위대한" 왕으로 묘사되고 있다.

아킬레우스는 아들 헥토르를 찾으러 온 프리아모스 왕의 고상한 용모와 말솜씨에 감탄하였다. 하지만 그는 노령으로 트로이 전쟁에 직접 참여하지 못하고 회의를 주재하는 등의 역할에 그쳤다.

프리아모스는 헤카베와 사이에서 많은 아들과 딸을 낳고 부귀영화를 누렸지만 헬레네로 인해 트로이 전쟁이 일어나면서 많은 자식들을 잃고 이루 말할 수 없는 고통을 당하게 된다. 그럼에도 불구하고 그는 헬레네를 원망하지 않고 그녀를 따뜻하게 품어주었다. 그는 참혹한 전쟁은 그녀 탓이 아니라 신들의 탓이라고 말하며 그녀를 위로할 정도로 자상했다. 헬레네도 헥토르의 죽음을 애도하는 자리에서 시아버지 프리아모스가 자신을 친딸처럼 대해주었다고 말했다.

프리아모스와 헥토르

『일리아스』에서 정의롭고 책임감이 강한 아들로 등장하는 프리아모스의 큰아들 헥토르는 프리아모스가 가장 자랑스러워하는 아들이다.

전쟁이 막바지로 접어들 무렵 영웅 헥토르에게 죽음의 그림자가 다가왔다. 아가멤논과의 불화로 전쟁에서 발을 뺀 아킬레우스는 친구

파트로클로스가 헥토르의 손에 죽었다는 소식을 듣고 원수를 갚고자 다시 전쟁에 참여했다. 아킬레우스가 무장을 하고 나타나자 트로이 병사들은 겁을 먹고 성 안으로 숨어 버렸고, 아킬레우스는 성 앞에서 헥토르와의 결전을 요구했다. 아버지 프리아모스와 헥토르의 아내 안드로마케는 분노한 아킬레우스와의 일전을 말렸지만, 헥토르는 이런 만류에도 불구하고 사랑하는 가족을 뒤로 한 채 성문을 열고 나가 아킬레우스와의 일전을 준비했다.

헥토르는 친구의 죽음에 분노한 아킬레우스를 맞아 힘겹게 싸웠다. 아킬레우스와 헥토르는 트로이 성곽을 세 바퀴나 도는 추격전을 벌였다. 그러나 트로이 전쟁에서 중립을 유지하던 제우스가 헥토르의 운명의 저울을 아래로 내려오게 하자 더 이상 아폴론의 보호를 받지 못한 헥토르는 아킬레우스의 창에 목숨을 잃었다. 그는 죽어가면서 아킬레우스 역시 파리스와 아폴론에게 곧 죽게 될 것임을 예언했다.

이렇게 프리아모스 집안의 장남이자 트로이의 영웅 헥토르는 죽음을 맞았다. 그러나 분이 안 풀린 아킬레우스는 헥토르의 시신을 머리가 뒤에 오도록 전차에 매달고 먼지가 자욱하게 일 때까지 끌고 다녔다. 트로이의 영웅이자 프리아모스와 헤카베의 자랑인 헥토르의 시신은 온갖 먼지와 쓰레기로 뒤덮였다. 아킬레우스는 헥토르의 시신을 자갈밭을 끌고 다니며 유린했지만 그의 시신은 신들이 보호한 탓에 손상되지는 않았다.

아폴론은 아킬레우스가 열이틀 동안이나 밤낮으로 마차로 끌고 다니며 헥토르의 시신을 모욕을 하자 더 이상 참지 못하고 신들의 회의를 소집하여 불편한 심기를 노골적으로 드러냈다. 그는 헥토르가 신들을 섬기는데 있어서 게을리 한 적이 없는데 왜 그의 가족들이 그의 장례조차 치를 수 없냐고 항의했다. 이에 제우스가 나서 아킬레우스의 어머니인 테티스를 불러 아들을 달래서 헥토르의 시신을 가족의 품에 돌려주라고 말했다.

무지개 여신 이리스는 제우스의 전령으로 프리아모스 왕에게 가서 아킬레우스를 기쁘게 해 줄 선물을 가지고 아카이오이족의 함선을 찾아가 헥토르의 시신을 돌려받으라고 말했다. 프리아모스가 이리스의 말을 헤카베에게 전하자 헤카베는 울며 남편을 말렸다. 그녀는 잔인한 아킬레우스가 프리아모스에게 존경심은 물론 일말의 동정심도 가지지 않을 것이니 그를 찾아갈 엄두도 내지 말라고 흐느꼈다. 헤카베는 남편마저 아킬레우스의 손에 죽는 것을 막고 싶었던 것이다. 그러나 프리아모스 왕의 귀에는 아무 말도 들리지 않았고 오로지 아들의 시신이나마 되찾겠다는 생각 밖에는 없었다.

　프리아모스 왕은 제우스 신에게 제사를 지낸 후 아들의 시신을 찾기 위해 막대한 몸값을 수레에 가득 싣고 전령 한 명과 아킬레우스의

프리아모스와 아킬레우스
알렉산더 안드레이비치 이바노프(Alexander Andreyevich Ivanov), 1824년
러시아 트레티야코프 미술관
: 프리아모스 왕이 아들 헥토르의 시신을 돌려줄 것을 애원한다.

프리아모스가 아킬레우스에게 아들 헥토르의 시신을 돌려달라고 부탁한다
베르텔 토르발젠(Bertel Thorvaldsen), 1815년

막사를 찾아갔다. 아킬레우스는 자신을 찾아온 프리아모스를 보고 놀랐다. 프리아모스는 아킬레우스에게 헥토르의 시신을 돌려달라고 애원하였고, 아킬레우스는 제우스의 명령대로 헥토르의 시신을 아버지 프리아모스에게 돌려주며 헥토르의 장례 기간 동안 휴전을 약속했다. 프리아모스 왕은 헤르메스의 도움으로 헥토르의 시신을 가지고 아킬레우스의 진영을 무사히 빠져나와 헥토르의 장례를 성대하게 치렀다.

프리아모스의 죽음

『일리아스』에는 프리아모스의 죽음에 대해 서술되어 있지 않다. 그보다 후에 나온 작품들에 그의 죽음에 대한 내용이 실려 있다.

프리아모스 왕은 그리스군이 성 안으로 들어오는 소리를 듣고 무기를 들고 가족을 지키려고 했다. 하지만 왕비 헤카베는 그를 말리고 그들은 제우스의 제단으로 몸을 피했다. 아킬레우스의 아들 네오프톨레모스가 숨을 곳을 찾아온 프리아모스의 어린 아들 폴리테스를 아버지 프리아모스 왕이 보는 앞에서 죽였다. 프리아모스는 네오프톨레모스를 신랄히 비난하며 그에게 창을 날렸지만 창은 맥없이 그의 방패에 막고 떨어졌고, 네오프톨레모스는 그를 끌어내어 목을 벴다.

일설에 의하면 네오프톨레모스는 프리아모스를 성 밖의 아킬레우스 무덤으로 끌고 가서 죽였다고 한다.

프리아모스를 죽이는 네오프톨레모스
암포라식 흑색 도기, 기원전 520~510년
루브르 박물관

프리아포스 Priapus

요약

그리스 신화에 등장하는 풍요와 생산력의 신이다.

거대한 남근을 가진 모습으로 묘사되며 가축, 벌, 과수나무 등의 수호자로서 숭배되어 정원과 과수원에 파수로 세워졌다.

프리아포스
에트루리아에서 출토된
고대 그리스 시대 조각

기본정보

구분	전원의 신
상징	풍요, 생산력, 결실
외국어 표기	그리스어: Πρίαπος
로마 신화	무투누스 투투누스(Mutunus Tutunus)
관련 상징	거대한 남근
관련 동물	당나귀
가족관계	아프로디테의 아들, 아레스의 아들, 헤르메스의 아들

인물관계

프리아포스의 출생에 관해서는 여러 가지 이야기가 있다.

대개 아프로디테와 아레스 혹은 헤르메스 사이에서 태어난 아들로 간주되는 프리아포스는 추한 모습 때문에 어머니 아프로디테로부터 버림을 받고 양치기들에 의해 길러져 디오니소스의 시종이 되었다고 한다. 하지만 그가 아프로디테(혹은 님페 키오네)와 디오니소스 사이에서 태어난 아들이라는 이야기도 있다. 또 아프로디테와 아도니스 사이에서 태어난 아들이라는 이야기도 있지만 둘의 관계는 미소년에 대한 아프로디테의 그리스적 소년애로 보는 것이 일반적이다.

그밖에도 아프로디테와 제우스의 아들이라는 이야기도 있다. 이 경우 아프로디테는 제우스와 디오네의 딸이 아니라 우라노스의 성기에서 흘러나온 피가 바다에 떨어져 생겨난 거품에서 태어났다고 봐야 한다.

신화이야기

거대한 남근을 달고 태어나 디오니소스의 시종이 된 아프로디테의 아들

아시아의 도시 람프사코스에서 아프로디테의 아들로 태어난 프리아포스는 몸에 수없이 많은 혹들이 돋아나 있고 지나치게 거대한 남근이 달린 추한 모습 때문에 어머니로부터 버림받고 양치기들에 의해 길러져 나중에 디오니소스의 시종이 되었다. 디오니소스 제례에

헤르메스의 상징물인 지팡이를 손에 들고 있는 프리아포스
폼페이 벽화, 기원전 89~79년경, 나폴리 고고학박물관

서 프리아포스는 실레노스나 사티로스와 비슷하게 음탕한 역할을 하는 존재로서 빳빳하게 발기된 거대한 남근을 앞세우고 행렬에 참가하였다.

프리아포스는 특히 로마 시대의 회화와 문학에 단골로 등장하는 인물이 되었다. 프리아포스는 로마 신화에서 '무투누스 투투누스'라는 이름으로도 등장한다.

남성의 성기가 병적으로 지속해서 발기되는 증상을 뜻하는 '지속발기증(Priapism)' 개념도 프리아포스의 이름에서 유래하였다.

프리아포스
폼페이 베티 저택의 벽화, 1세기경

프리아포스와 당나귀

그리스 로마 신화에서 프리아포스는 실레노스처럼 종종 당나귀를 데리고 있는 모습으로 표현된다. 여기에는 다음과 같은 이유가 있다.

프리아포스는 디오니소스 축제 기간에 로티스라는 님페를 만나 사랑에 빠졌다. 그는 밤이 되자 그녀의 침실에 몰래 숨어들어가 겁탈하려고 했지만 옆에 있던 당나귀가 우는 바람에 로티스가 그만 잠에서 깨고 말았다. 프리아포스의 의도를 알아챈 로티스는 도망치기 시작했고 프리아포스는 필사적으로 그녀를 쫓아갔다. 하지만 로티스는 프리아포스의 손에 잡히기 직전에 그녀를 불쌍히 여긴 신들에 의해 연꽃(lotus)로 변하였다. 그 후로 프리아포스는 당나귀를 몹시 싫어하여 이 동물이 희생 제물로 바쳐지는 것을 보면 무척 기뻐하였다고 한다.

헤라와 프리아포스

일설에 따르면 프리아포스가 그렇게 기이한 생김새를 갖게 된 것은 헤라 여신 때문이라고 한다. 이와 관련하여 프리아포스는 제우스의 아들로 소개되기도 한다.

우라노스의 잘린 성기에서 흘러나온 피가 바다에 떨어져 생겨난 거품에서 태어난 아프로디테가 올림포스에 입성하자 신들은 그녀의 빼어난 미모에 모두 감탄하였다. 아프로디테에게 반한 제우스는 그녀를 유혹하여 사랑을 나누었다. 제우스의 아이를 임신한 아프로디테가 출산할 때가 되자 질투심에 사로잡힌 헤라는 아프로디테의 배를 건드려 아이를 기형으로 태어나게 만들었다. 헤라의 행동에는 질투심 외에도 아이가 어머니의 미모와 아버지의 권능을 모두 물려받을 경우 올림포스의 신들에게 위협이 될 수 있으리라는 두려움도 작용하였다고 한다.

기형적으로 거대한 남근을 달고 태어난 우스꽝스러운 아기를 본 아프로디테는 신들의 웃음거리가 될까봐 아이를 숲 속에 버렸고, 아이는 양치기들에게 발견되어 자랐다. 나중에 양치기들은 프리아포스의 거대한 남근을 숭배하여 프리아포스를 자신들의 수호신으로 삼았다.

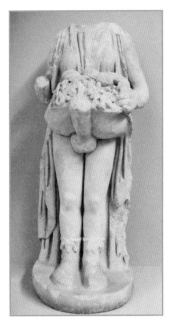

머리가 없는 프리아포스 상
미상, 2세기경
터키, 에페소스 고고학박물관
©Sandstein@Wikimedia(CC BY-SA)

프릭소스 Phrixus

요약

그리스 신화에 나오는 인물로 계모의 박해를 피해 황금빛 털을 가진 숫양의 등에 올라타고 그리스 보이오티아에서 코카서스의 콜키스로 날아갔다. 프릭소스가 타고 간 숫양의 황금빛 털은 나중에 아르고호 원정대를 결성하는 계기가 되었다.

기본정보

구분	왕자
외국어 표기	그리스어: Φρίξος
관련 지명	헬레스폰투스 해협(현재의 다르다넬스 해협)
관련 동물	숫양
관련 신화	아르고호 원정대의 모험

인물관계

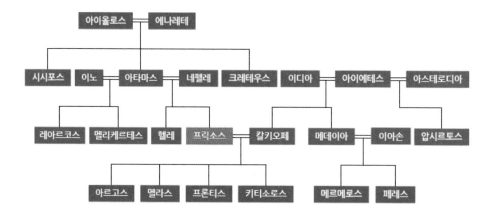

프릭소스는 오르코메노스의 왕 아타마스가 구름의 님페 네펠레와 결혼하여 낳은 쌍둥이 남매 중 아들이고 누이는 헬레다. 프릭소스와 헬레는 계모 이노의 박해를 피해 콜키스로 도망치다 헬레는 바다에 빠져 죽고, 프릭소스는 콜키스에 도착하였다. 아이에테스 왕의 딸 칼키오페와 결혼하여 아르고스, 멜라스, 프론티스, 키티소로스 등의 아들을 낳았다.

신화이야기

계모의 박해를 피해 도망친 오누이

프릭소스는 보이오티아 지방의 오르코메노스 왕국을 다스리는 아타마스 왕이 구름의 님페 네펠레와 결혼하여 낳은 아들이다. 프릭소스에게는 쌍둥이 누이 헬레가 있었다. 그런데 아타마스 왕은 카드모스 왕의 딸 이노에게 반하여 쌍둥이 남매의 어머니 네펠레를 버리고 그녀와 재혼하였다. 이노는 전처가 낳은 남매를 미워하여 죽이려고 계략을 꾸몄다.

이노는 시종들을 시켜 이듬해에 밭에 뿌릴 밀알 종자를 사람들 몰래 볶게 했다. 농부들이 밭에 뿌린 밀알은 당연히 하나도 싹을 틔우지 못했다. 굶어 죽게 될까 봐 겁이 난 오르코메노스 사람들은 신탁에 재앙의 원인을 묻기로 했고, 이노는 신탁을 물으러 파견된 사람들을 미리 매수하여 프릭소스를 죽여 제우스에게 제물로 바치라는 신탁이 내려졌다고 거짓을 말하게 했다. 아타마스 왕은 어쩔 수 없이 아들을 제물로 바치려 했는데(일설에는 프릭소스가 스스로 제물이 되기를 자청했다고도 한다) 그때 어디선가 금빛 털을 지닌 숫양 한 마리가 나타나 프릭소스와 헬레를 등에 태우고 하늘로 날아올라 사라져버렸다. 크리소말로스라는 이름의 이 숫양은 헤르메스(혹은 제우스)가 두 남매의 어머니 네펠레의 부탁으로 아이들을 구하기 위해 보낸 것이었다. 숫양은 두 남매를 태우고 바다를 건너 코카서스 지방으로 날아갔는데, 가는 도중 헬레가 그만 바다에 떨어져 죽고 말았다. 이때부터 그곳은 헬레의 바다, 즉 헬레스폰토스라고 불리기 시작했다.

프릭소스와 헬레
폼페이의 벽화를 모사하여 1902년에 그린 삽화.
벽화 원본은 나폴리 고고학박물관에 있다

콜키스의 황금 양털

프릭소스는 숫양을 타고 계속 날아가서 콜키스 왕국의 수도 아이아에 도착했다. 콜키스의 왕 아이에테스는 황금빛 숫양을 타고 하늘에서 내려온 프릭소스를 환대하고 자신의 딸 칼키오페와 결혼시켰다. 프릭소스는 어머니 네펠레가 일러 준 대로 숫양을 죽여 제우스 신께 제물로 바치고 황금 양털은 아이에테스 왕에게 선사했다. 아이에테스 왕은 이 신비한 물건을 신성한 아레스의 숲에 있는 떡갈나무에 걸어 놓고 결코 잠들지 않는 용을 시켜 지키게 하였다.

프릭소스는 칼키오페와의 사이에서 아르고스, 멜라스, 프론티스, 키티소로스 등 여러 자식을 낳고 한동안 잘 살았다. 하지만 나중에 아이에테스 왕은 그리스에서 온 이방인을 조심하라는 신탁을 듣고 두려운 마음이 들어 프릭소스를 죽였다.(다른 이야기에 따르면 프릭소스는 콜키스에서 늙어 죽었다고 한다) 하지만 프릭소스의 네 아들은 뗏목을 타고 아이아를 탈출하는 데 성공했고, 바다를 표류하다 아르고호 원정대를 만나 합류하게 된다. 이들은 원정대의 길잡이가 되어 할아버지 아이에테스에게서 황금 양털을 빼앗아 오는 데 일조하였다.

신화해설

프릭소스의 신화는 유명한 황금 양털의 기원을 설명하고 있다. 황금 양털의 제공자인 숫양 크리소말로스는 바다의 신 포세이돈이 태양신 헬리오스의 딸인 님페 테오파네와 양으로 모습을 바꾸고 정을 통하여 낳은 아들이다. 양의 모습을 하고 있지만 등에 날개가 달리고 털은 온통 황금으로 되어 있으며 심지어 사람처럼 말도 하는 것으로 묘사된다.

이아손이 그리스 각지의 온갖 영웅들로 구성된 아르고호 원정대를 이끌고 찾아나서는 황금 양털은 신화에서 왕권을 상징하는 물건으로 간주된다. 하지만 이 신비한 물건에 어떤 구체적인 마력이나 힘이 있었던 것은 아닌 듯하다. 황금 양털이 어떤 신비한 능력을 발휘했다는 이야기는 전해지지 않는다.

학자들은 황금 양털과 아르고호 원정대의 신화를 콜키스 지방의 금과 연결시켜서 주로 해석하고 있다. 오늘날의 그루지아(조지아) 서부에 위치한 이 지역은 예로부터 금 산지로 유명했다. 고대인들은 강물에서 사금을 캘 때 양털 뭉치를 물 속에 넣어 금가루를 골라냈는데, 양털 뭉치 사이사이에 사금이 잔뜩 달라붙은 모습은 말 그대로 황금 양털이었을 것이다. 원정과 관련해서는 그리스 본토의 테살리아 지방 사람들이 주로 콜키스 지역으로 가서 금을 캤다고도 하고 두 지역 사이에 금 무역이 활발했다고도 한다.

일부 학자들은 이 신화에 아테나 여신의 이야기가 많이 등장하는 점을 들어 아르고호 원정이 지중해 연안에 흩어져 있는 아테나 여신의 성소를 순방하는 순례 여행을 상징한다고 종교적으로 해석하기도 한다.

프사마테 Psamathe

요약

그리스 신화에 등장하는 바다의 님페로, 바다의 신 네레우스와 대양의 신 오케아노스의 딸 도리스 사이에서 태어난 딸들인 네레이데스 중 한 명이다.

제우스의 아들 아이아코스의 구애를 피하려고 여러 가지 모습으로 변신하지만 결국에는 그와 사이에서 아들 포코스를 낳았다. 이집트 왕 프로테우스와 재혼하여 아들 테오클리메노스와 딸 에이도를 낳았다.

기본정보

구분	님페, 네레이데스
상징	해안의 모래
외국어 표기	그리스어: Ψαμαθη
어원	'모래'란 뜻을 지닌 그리스어 psammos와 '여신'이란 뜻을 지닌 그리스어 theia에서 유래. 이름의 어원적 의미는 '모래의 여신'이다.
관련 신화	아이아코스, 포코스

인물관계

네레우스와 도리스 사이에서 태어난 딸들인 네레이데스 중 한 명이다. 첫 번째 남편으로 제우스의 아들 아이아코스와의 사이에서 아들 포코스를 낳았다. 두 번째 남편인 이집트 왕 프로테우스와의 사이에서 아들 테오클리메노스와 딸 에이도를 낳았다.

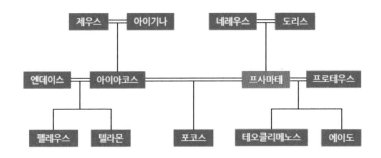

신화이야기

네레이스 프사마테의 탄생

『신들의 계보』와『비블리오테케』에 따르면, 네레이스 프사마테의 아버지는 그리스 신화의 제1세대 신에 속하는 바다의 신 폰토스, 그리스 신화의 태초의 신이며 폰토스의 어머니인 대지의 신 가이아 사이에서 태어난 바다의 신 네레우스이다. 어머니는 티탄 신족에 속하는 대양(大洋)의 신 오케아노스와 바다의 여신이며 오케아노스의 누이인 테티스 사이에서 태어난 바다의 여신 도리스이다.

네레우스와 도리스 사이에서 네레이데스가 태어난다. 이들은 아버지 네레우스와 함께 해저, 특히 에게 해 밑에서 살았다.『신들의 계보』와 히기누스의『이야기』서문에 따르면, 네레이데스는 네레우스의 딸인 50명의 님페들이다.『신들의 계보』에서는 프사마테를 포함하여 50명의 네레이데스의 이름이 일일이 언급되지만,『이야기』서문은 네레이데스의 수와 관련하여『신들의 계보』와 마찬가지로 50명이라고 적고 있으나, 실제로는 49명의 바다 님페들 이름만이 열거된다. 이 전승 문헌에서는 네레이스 프사마테의 이름이 언급되지 않는다.

"네레우스와 도리스 사이에서 50명의 네레이데스가 태어난다. 그들은 글라우케, 탈리아, 키모도케, 네사이아, 스페이오, 토에, [⋯] 레

우코토에 등이다."(히기누스, 『이야기』, 서문)

『비블리오테케』는 네레이데스의 수에 대한 언급은 없으나, 네레이스 프사마테를 포함하여 45명의 네레이데스의 이름을 일일이 열거한다.

"네레우스와 도리스 사이에서 네레이데스가 태어난다. 그들의 이름 은 키모토에, 스페이오, 글라우코노메, [⋯], 프사마테, [⋯], 케토와 림노레이아이다."

호메로스의 『일리아스』에서는 네레우스의 딸들인 네레이데스 중 34명의 이름이 일일이 열거된다. 그러나 네레이스 프사마테의 이름은 언급되지 않는다.

"바닷속 깊은 곳에 있는 네레우스의 딸들이 모두 테티스 주변으로 몰려든다. 거기에는 글라우케, 탈레이아, 키모도케 [⋯] 오레이티이 아, 아름다운 머릿결을 지닌 아마테이아 그리고 바닷속 깊은 곳에 있는 그밖의 다른 네레이데스들도 있다."

도미티우스 아헤노바르부스 제단
프리즈, 기원전 2세기 후반부, 뮌헨 글립토테크(뮌헨 국립고대미술관의 조각전시관)
: 히포캄프(Hippocamp), 그리스 신화에 나오는 상반신은 말의 모습이고 하반신은 물고기 의 모습을 한 괴물을 탄 네레이데스의 모습을 형상화한 작품이다

오늘날 네레이데스의 이름과 수에 관한 정보를 제공하는 가장 대표적인 전승 문헌은 호메로스의 『일리아스』, 헤시오도스의 『신들의 계보』, 아폴로도로스의 『비블리오테케』 그리고 히기누스의 『이야기』이다. 이 4편의 전승 문헌에 등장하는 네레이데스의 명단을 상호보완적으로 작성하면, 총 95명의 네레이데스 명단을 얻는다. 따라서 오늘날 일반적으로 신화학자

네레이데스
카스통 뷔시에르(Gaston Bussiere), 1927년, 개인 소장

들이 받아들이고 있는 네레이데스의 수는 50~100명 사이이다.

프사마테의 자식들

전승 문헌들에 따르면, 네레이스 프사마테는 두 차례 결혼을 한다. 첫 번째 결혼 상대자는 아이기나 섬의 왕 아이아코스이고, 그와의 사이에서 아들 포코스를 낳았다. 두 번째 결혼 상대자는 이집트 왕 프로테우스이고, 그와의 사이에서 아들 테오클리메노스와 딸 에이도 또는 테오노에를 낳았다.

『신들의 계보』와 『비블리오테케』 그리고 『변신이야기』에 따르면, 프사마테는 제우스와 강의 신 아소포스의 딸인 아이기나 사이에서 태어난 아이아코스의 끈질긴 구애를 받았다. 그녀는 자신의 변신 능력을 발휘하여 아이아코스의 구애를 피하려고 했으나, 결국에는 그의 사랑을 받아들여 아들 포코스를 낳았다. 한편 아이아코스는 프사마

테를 만나기 전에 이미 스키론의 딸 엔데이스와의 사이에서 펠레우스와 텔라몬이란 두 아들을 낳았다. 따라서 그들은 프사마테의 아들 포코스의 이복형제이다.

에우리피데스가 쓴 『헬레네』에 따르면, 프사마테는 첫 번째 남편 아이아코스와 이혼하고, 이집트의 왕인 프로테우스와 재혼했다. 그들 사이에서 아들 테오클리메노스와 딸 에이도가 태어난다. 『헬레네』는 탄원자 헬레네가 이집트의 파로스 섬에 있는 프로테우스의 무덤가에서 프사마테와 그녀의 두 번째 남편인 이집트 왕 프로테우스에 대한 이야기를 하는 것으로 시작된다.

"이곳은 아이깁토스(오늘날의 이집트)입니다. 여기에는 처녀처럼 깨끗한 강, 사랑스러운 네일로스 강(오늘날의 나일 강)이 흐릅니다. 이 강은 하늘에서 내리는 비 대신에 눈이 녹은 물을 가져와 아이깁토스의 대지를 촉촉이 적셔줍니다. 프로테우스께서는 살아계시는 동안 이곳을 통치하는 왕이셨습니다. 그는 파로스 섬에 있는 궁전에서 아이깁토스 전역을 다스렸습니다. 그분은 바다의 님페들 중의 한 명인 프사마테와 결혼하셨습니다. 그녀는 그 전에는 아이아코스의 아내였습니다. 그녀는 프로테우스 왕과의 사이에서 아이 둘을 낳았습니다. 그들 중 한 명은 테오클리메노스라고 불리는 아들입니다. 그의 이름과 그의 불경스러운 삶은 서로 모순되었습니다. 또 다른 자식은 어릴 적에 에이도라고 불렸던 딸이었습니다. 그녀는 어머니 프사마테의 눈에는 사과와 같이 사랑스러운 자식이었습니다. 그녀가 성장하여 결혼 적령기에 이르렀을 때 사람들이 그녀를 테오노에라고 불렀습니다. 왜냐하면 그녀는 신에 관련된 일이라면 현재의 것과 미래의 것을 모두 알고 있었기 때문입니다. 이런 재능은 외할아버지 네레우스로부터 물려받은 것입니다."

아들 포코스의 죽음에 분노한 프사마테

프사마테의 아들 포코스는 그의 이복형제인 텔라몬과 펠레우스에 의해 살해되었다. 아버지 아이아코스가 그들보다 포코스를 더 총애하자, 이복형제들이 시기심에 사로잡혀 살인을 저지른 것이다. 프사마테는 자신이 낳은 아들의 죽음을 크게 슬퍼하며, 아이기나에서 추방당한 아이아코스의 두 아들에게 원한과 분노를 멈추지 않았다.『변신이야기』는 이와 관련된 이야기를 전해준다.

프사마테는 괴물 늑대를 보내 추방당한 펠레우스가 보살피는 가축 떼를 짓밟게 했다. 이에 펠레우스는 프사마테에게 자신이 저지른 죄에 대한 용서를 구하나 소용이 없었다. 그러자 펠레우스의 아내이자 아킬레우스의 어머니이며, 네레우스의 딸이기도 한 테티스가 자매지간인 프사마테에게 그녀의 남편이 저지른 죄를 용서해 달라고 간청했다. 이에 프사마테는 펠레우스에 향한 분노를 가라앉혔다.

> "펠레우스는 탁 트인 바다를 향해 두 손을 내밀고, 검푸른 파도의 요정 프사마테에게 이제는 노여움을 거두고 도와 달라는 간절한 기도를 올린다. 그의 기도에 그녀는 아무런 반응을 보이지 않는다. 그러자 테티스는 자신의 남편을 위해 탄원하여 프사마테의 용서를 받아낸다. 이제 늑대는 잔혹한 살육에서 물러서라고 명령을 받는다. 그러나 늑대는 달콤한 피의 맛을 보고 사나워져 살육을 멈추지 않고 계속한다. 그래서 괴물 늑대가 암송아지 한 마리의 목을 찢고 그곳에 매달려 있을 때, 프사마테는 그 늑대를 대리석으로 변신시킨다." (오비디우스, 『변신이야기』, 제11권)

이 이야기는 프사마테가 이집트의 왕 프로테우스와 재혼하기 전에 일어난 사건의 내용을 담고 있다.

프시케 **Psyche**

요약

그리스 신화에 나오는 사랑의 신 에로스의 연인이다.

지나친 호기심으로 에로스와의 사랑이 파국을 맞고 죽음과 같은
잠에 빠졌으나 에로스가 제우스에게 빌어 잠에서 깨어났고 불멸의 여
신이 되었다. 프시케는 '영혼', '심리', '정신' 등을 뜻하는 단어로도 쓰
인다. 영어로는 '사이키(psyche)'다.

기본정보

구분	신의 반열에 오른 인간
상징	영혼, 호기심
외국어 표기	그리스어: ψυχή
어원	숨, 호흡
관련 자연현상	서풍, 봄바람
가족관계	에로스의 아내, 볼룹타스의 어머니

인물관계

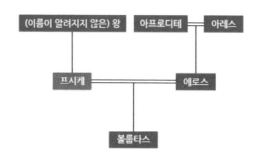

프시케는 이름이 알려지지 않은 '어느' 왕의 딸로 인간에서 불사의 존재로 변한 뒤 사랑의 신 에로스와 관계하여 쾌락의 여신 볼룹타스를 낳았다.

신화이야기

괴물에게 시집간 프시케

어느 왕의 딸 프시케 공주는 너무나 아름다워 도저히 인간이라고 생각되지 않을 정도였다. 심지어 그녀를 여신으로 숭배하는 사람들조차 있었다. 하지만 그런 탓에 아무도 감히 청혼하는 사람이 없었다. 낙심한 아버지는 신탁에 조언을 구했고, 신탁은 그녀를 신부로 단장하여 암벽에 버리면 무서운 괴물이 나타나 그녀의 신랑이 될 것이라고 말했다. 왕은 몹시 슬펐지만 신탁을 따를 수밖에 없었다.

프시케의 유괴
윌리암 아돌프 부그로(William Adolphe Bouguereau), 1895년, 개인 소장

여기에는 감추어진 뒷이야기도 있다. 프시케가 사람들에게 미의 여신으로 추앙받는 것을 보고 질투심에 사로잡힌 아프로디테가 아들 에로스를 시켜 그녀를 가장 추한 남자와 사랑에 빠지게 하라고 시켰다. 하지만 어머니의 명을 실행하러 간 에로스는 막상 프시케를 보자 자신이 사랑에 빠지고 말았다. 그래서 에로스는 자신이 프시케를 차지하기 위해 아폴론에게 부탁하여 프시케의

아버지에게 그와 같은 신탁을 내려달라고 했다는 것이다.

예쁘게 신부로 단장하고 홀로 암벽에 남겨진 프시케가 두려움과 슬픔에 떨고 있었는데 홀연히 서풍 제피로스가 불어와 그녀를 인적이 없는 깊은 골짜기의 아늑한 풀밭 위에 내려놓았다. 프시케는 곧 잠이 들었다. 얼마 후 잠에서 깬 프시케는 자신이 황금과 상아로 지은 호화로운 궁전에 있음을 알았다. 그리고 어디선가 자신을 그녀의 노예라고 소개하는 음성이 들려오더니 그녀의 시중을 드는 것이었다. 그런 신기한 일들이 이어지는 가운데 어느덧 밤이 되었다. 프시케는 곁에 누군가 와서 눕는 것이 느껴졌다. 신탁이 말한 그녀의 남편이었다. 비록 얼굴을 볼 수는 없었지만 겁내던 괴물은 아닌 듯했다. 그는 프시케에게 다정하게 대해 주었다. 하지만 얼굴은 한사코 보여주려 하지 않았다. 그러면서 그녀가 얼굴을 보려 하면 영영 그를 잃게 될 것이라고 경고했다. 그 뒤로 남편은 자신의 정체를 드러내지 않은 채 밤마다 찾아와 그녀를 기쁘게 해주었다. 프시케는 낮이면 화려한 궁전에서 음성들의 시중을 받으며 부족함이 없이 생활했고, 밤이면 어둠 속에서 남편과 즐겁게 보냈다.

프시케의 호기심

이렇게 행복한 나날을 보내는 가운데 프시케는 문득 가족이 그리워졌다. 자신이 괴물에게 끌려가 죽었을 것이라고 믿고 있을 부모를 생각하니 가슴이 미어졌다. 그녀는 남편에게 부모를 만나러 가고 싶다고 말했다. 하지만 남편은 그것은 너무나 위험한 일이니 가지 말라고 만류했다. 그래도 프시케는 뜻을 굽히지 않았고 마침내 남편의 내키지 않는 승낙을 얻어냈다. 다시 제피로스가 날아와 프시케를 처음의 암벽으로 데려다주었고, 그녀는 손쉽게 집을 찾아갈 수 있었다.

프시케가 살아 돌아오자 집안에는 경사가 났다. 그 사이 시집간 그녀의 언니들도 모두 그녀를 보러 친정을 찾아왔다. 하지만 언니들은 그녀의 행복한 모습과 그녀가 가져온 값비싼 선물들을 보자 곧 질투심에 사로잡혔다. 언니들은 동생의 마음속에 의심을 불어넣었고, 프시케는 결국 아직 남편의 얼굴을 한 번도 보지 못했다는 고백을 하고 만다. 언니들은 몰래 등불을 숨겨 두었다가 밤중에 남편의 얼굴을 비춰보라고 그녀를 꾀었다.

프시케와 에로스
폼페이 벽화, 서기 1세기, 나폴리 국립고고학박물관

프시케는 집으로 돌아가 언니들이 시킨 대로 잠든 남편의 얼굴을 등불로 비춰 보았다. 남편은 너무나도 아름다운 소년의 모습을 한 사랑의 신 에로스였다. 프시케는 그 아름다움에 취하여 하염없이 바라보다 그만 뜨거운 기름 한 방울을 남편의 몸에 떨어뜨렸고, 잠에서 깬 에로스는 그대로 사라지고 말았다.

프시케는 잃어버린 에로스를 찾아 온 세상을 헤맸다. 그녀는 에로스의 어머니인 아프로디테 여신의 궁전까지 찾아갔지만 프시케의 아름다움을 질투한 아프로디테는 남편이 있는 곳을 가르쳐 주지 않고, 온갖 씨앗들이 뒤섞인 더미에서 곡식 낟알을 가려내는 일, 사나운 야생 양들의 등에 자라는 황금 양털을 거두는 일, 심지어 하계의 입구에 흐르는 스틱스 강물을 퍼오는 일 등 온갖 힘든 일로 그녀를 괴롭혔다. 아프로디테는 프시케가 이 모든 일들을 척척 해내자 이번에는 아예 저승에 들어가서 페르세포네로부터 젊음의 샘물이 든 물병을 얻어오라고 시켰다. 프시케는 이것이 자신의 죽음을 뜻하는 일이라는 것을 알았지만, 다시 온갖 역경을 극복하고 저승에 가서 페르세포네에게서 물병을 얻는 데 성공한다. 페르세포네는 물병을 주면서 절대로 뚜껑을 열어보지 말라고 했지만, 프시케는 다시 호기심을 참지 못하고 뚜껑을 열었고, 그 벌로 깊은 잠에 빠지고 말았다.

불사의 여신이 된 프시케

한편 어머니 아프로디테의 궁전에 갇혀 지내고 있던 에로스는 프시케를 잊을 수가 없었다. 그는 다시 프시케를 찾기로 결심하고 어머니의 궁전을 빠져나왔다. 에로스는 프시케가 마법의 잠에 빠져 있는 것을 보고는 자신의 화살을 쏘아 그녀의 잠을 깨우고 올림포스로 날아가 제우스에게 인간 여성과의 결합을 허락해달라고 간청했다. 제우스는 기꺼이 이를 허락하고

프시케와 에로스
안토니오 카노바(Antonio canova), 1793년
루브르 박물관
©Sailko@Wikimedia(CC BY-SA 3.0)

프시케를 불사의 몸으로 만들어주었다. 불사의 여신이 된 프시케는 아프로디테와도 화해했고, 올림포스에서는 두 신의 성대한 결혼식이 거행되었다. 프시케와 에로스 사이에서는 쾌락의 여신 볼룹타스가 태어났다.

신화해설

프시케의 신화는 그리스 신화 중에서 특히 허구적 요소가 강하다.

신화의 등장인물들이 대부분 구체적인 혈통을 지닌 데 반해 프시케는 그냥 어느 왕의 딸이라고만 전해진다. 이는 프시케와 에로스의 이야기가 로마의 문인 아풀레이우스가 서기 2세기경에 쓴 작품『변신이야기, 혹은 황금 나귀』에 실린 우화적인 에피소드로만 전해진 탓이기도 하다. 하지만 기원전 4세기의 헬레니즘 조각에도 프시케와 에로스가 커플로 등장하고 있으므로 이 신화를 단지 아풀레이우스의 허구적 창작물로 간주하기는 힘들어 보인다.

사랑(에로스)을 접한 인간의 영혼(프시케)이 지나친 호기심을 억제하지 못해 파국을 맞이하지만 진정한 사랑의 간절함과 노력으로 이를 극복하고 행복한 결말에 이른다는 아풀레이우스의 스토리는 일종의 비유이자 철학적 동화로 후대에 커다란 반향을 일으켰다.

플라타노스 Platanus

요약

 거인 형제 알로아다이의 누이이다.
 신들에게 도전하고 신들을 조롱한 알로아다이가 신들에 의해 죽임
을 당하자 너무나 슬퍼한 나머지 플라타너스 나무가 되었다.

기본정보

구분	신화 속 인물
외국어 표기	그리스어: Πλάτανος
관련 식물	플라타너스 나무
관련 신화	알로아다이, 오토스, 에피알테스, 이피메데이아, 알로에우스

인물관계

 이피메데이아와 포세이돈의
아들 알로에우스 사이에 태어
난 딸이다. 오토스와 에피알
테스라는 두 명의 남자 형제
와 판크라티스라는 여자 형제
가 있다.

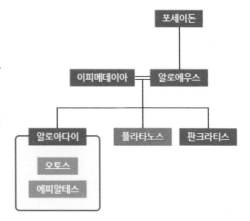

신화이야기

플라타노스는 이피메데이아와 포세이돈의 아들 알로에우스 사이에 태어난 딸이다. 어머니 이피메데이아는 태양의 신 헬리오스의 손녀이고 아버지 알로에우스는 포세이돈과 카나케의 아들이다. 플라타노스는 신화 속에 거의 등장하지 않는데 아주 짤막하게 오빠들과 관련되어 언급된다.

플라타노스에게는 오토스와 에피알테스라는 두 명의 오빠가 있다. 이 두 사람은 알로아다이라고 불리는데 이는 '알로에우스의 아들들'이라는 뜻이다. 그러나 실제로 알로아다이는 알로에우스의 아들들이 아니라 포세이돈의 아들들이다. 이피메데이아는 알로에우스와 결혼했지만 포세이돈을 연모하여 "자꾸만 바닷가로 가 양 손으로 파도를 담아 사타구니 속으로 쏟았다.(『비블리오테케』)" 알로아다이는 이렇게 태어난 포세이돈의 자식들로 이미 아홉 살 때 키가 16미터나 되는 엄청난 거인이 되었다. 신들까지 괴롭힐 정도로 막강한 힘을 갖고 있던 이 거인들은 『일리아스』에 의하면 전쟁의 신 아레스를 감금하여 하마터면 불멸의 아레스가 죽을 뻔 했다고 한다.

> " … 알로에우스의 두 아들인 오토스와 막강한 에피알테스가 아레스를 단단한 사슬로 묶은 적이 있었지. 아레스는 청동 항아리 안에 열세 달 동안이나 묶여 있었지. 그리하여 전쟁에 싫증내지 않는 아레스는 거기에서 죽었을 텐데, 때 마침 그들의 아름다운 계모인 에리보이아가 헤르메스에게 알려주었지. 헤르메스는 끔찍한 사슬에 짓눌러 이미 탈진 상태에 있는 아레스를 살그머니 빼내주었지."

심지어 거인 형제들은 여신들에게도 거침없이 구애를 했다. 오토스는 아르테미스 여신에게 구혼을 하고 에피알테스는 제우스의 아내인 헤라에게까지 구혼을 했다. 신들을 능멸하며 신들에게 도전한 알로아다이는 결국 신들에 의해 죽임을 당하였다. 이들의 죽음에 대해서는 여러 다른 이야기들이 전해오는데 『비블리오테케』에 의하면 이들은 아르테미스의 계략에 의해 죽었다고 한다.

> "아르테미스가 사슴으로 변해 두 사람 사이로 뛰어들자, 그들은 사냥감을 잡으려다 서로에게 창을 던져 맞혔다."

그러나 『오디세이아』에 의하면 이 두 사람은 신들에 도전하기 위해 하늘로 오르려 시도했다고 한다.

> "알로아다이는 심지어는 올림포스에 사는 불멸의 신들에게도 맹렬한 전쟁을 일으키겠다고 위협하기도 했소. 그리고는 하늘에 오르기 위해 올림포스 산 위에 옷사 산을 얹고, 옷사 산 위에 바람에 잎이 살랑거리는 펠리온 산을 얹으려 했소. 만약 그들이 어른이 될 때까지 살았더라면 그들은 해내고야 말았을 거요."

그러나 이들은 어른이 되기 전에 아폴론에 의해 죽임을 당했다고 한다. 신들에 도전하다 노여움을 사게 되어 결국 비참하게 오빠들이 죽자 너무 슬퍼한 나머지 플라타노스는 플라타너스 나무가 되었다고 한다.

플라타너스 나무는 그리스 신화에서 신성한 나무로 여겨진 듯하다. 아가멤논과 일행이 트로이 원정을 떠나기 전 신에게 제물을 바칠 때도 플라타너스 나무를 사용했다.

플레게톤 Phlegethon

요약

그리스 신화에서 저승을 감싸고 흐르는 강, 혹은 강의 신이다.

플레게톤은 물이 아니라 불이 흐르는 강으로 망자는 이 강을 지나는 동안 불에 의해 영혼이 정화되어 하데스의 나라로 들어간다.

불의 강 플레게톤은 슬픔의 강 아케론, 탄식의 강 코키투스, 망각의 강 레테, 증오의 강 스틱스와 함께 하데스의 나라를 아홉 물굽이로 감싸고 흐른다.

기본정보

구분	하계의 신
상징	불의 정화
외국어 표기	그리스어: Φλεγέθων
어원	'타오르는', '불타는'
별칭	피리플라게톤(Pyriphlegethon, 불의 플라게톤, 불길이 타오르는)
관련 자연현상	화산, 용암

신화이야기

저승을 흐르는 강

호메로스는 죽은 사람이 저승으로 가려면 슬픔의 강 아케론, 탄식의 강 코키토스, 불의 강 플레게톤, 망각의 강 레테, 증오의 강 스틱스 등 다섯 개의 강을 차례로 건너야 한다고 했다. 망자의 영혼은 슬픔과 탄식에 젖어 아케론과 코키토스를 건넌 뒤 플레게톤의 불길 속에서 영혼을 정화하고 망각의 강 레테의 강물을 마셔 이승에서의 일들을 모두 뒤로 한 채 증오의 강을 건너 영원히 하데스의 나라로 들어가는 것이다.(전승에 따라 레테와 스틱스는 순서가 바뀌기도 한다)

망자의 영혼은 저승의 강을 건널 때 뱃사공 카론의 배를 타야 하는데 이때 반드시 뱃삯을 지불해야 한다. 장례 때 망자의 입에 동전을 물려주는 것은 그 때문이다. 그렇지 않으면 영원히 저승에 들어가지 못하고 스틱스 강가에 머물러 있어야 하므로 망자에게 카론의 뱃삯을 챙겨주는 일은 장례에서 매우 중요한 의식이었다.

플레게톤에 관한 후대 작가들의 언급

플라톤은 『파이돈』에서 '피리플라게톤'(불의 플라게톤)이 오케아노스와 아케론 두 강의 중간 지점에서 솟아올라 온통 불길이 이글거리는 광활한 지역으로 쏟아져 내려서는 물과 진흙이 끓어오르는 거대한 호수를 이룬다고 했다. 그런 다음 피리플라게톤의 질퍽한 진흙 물줄기는 원을 그리며 땅 주변을 돌아 타르타로스로 흘러 들어간다고 했다.

로마의 시인 세네카는 비극 『오이디푸스』에서 테바이를 휩쓸고 있는 역병을 묘사할 때 저승의 강 플레게톤이 흐름을 바꾸어 테바이의 시냇물과 합류했다고 표현하였다. 저승에서 솟아오르는 뜨거운 죽음의 기운이 테바이를 감싸고 흐르는 탓에 도시에 역병이 창궐했다는 것이다. 또 단테는 『신곡』「지옥편」에서 플레게톤을 펄펄 끓는 피가 흐르는 강으로 묘사하면서, 이승에서 눈먼 탐욕과 어리석은 분노에 사로잡혀 타인을 해친 폭군, 살인자, 강도 등이 이곳에서 영원한 고통을 받고 있다고 했다.

영국의 시인 밀턴도 〈실락원〉에서 지옥을 흐르는 다섯 개의 강을 언급하였다. 그에 따르면 천상에서 반란을 일으켰다가 지옥으로 떨어진 악마의 무리들은 우두머리인 사탄이 지상으로 떠난 사이 "저 험악한

저승의 강을 건너는 망자들
판화, 귀스타브 도레(Paul Gustave Dore), 1861년

세계(지옥)를 탐험코자 대담한 모험에 나서" 지옥을 흐르는 강을 따라
사방으로 나아갔는데, 그 강들은 "죽음 같은 미움의 물결인 증오의
강, 검고 깊고 뼈저린 비애의 강, 회한의 통곡 소리 드높은 비탄의 강,
폭포 같은 불길이 분노로 이글거리며 용솟음치는 무시무시한 불의 강,
그리고 멀찌감치 떨어져 조용히 흐르는 망각의 강"이라고 했다.

플레이아데스 Pleiades

요약

  그리스 신화에 나오는 님페 자매로 아틀라스의 딸이다.
  오리온에게 쫓기다 모두 별자리가 되어 플레이아데스 성단을 이루
었다.

기본정보

구분	님페
상징	출항, 밤의 축제
외국어 표기	그리스어: Πλειάδες
어원	출항하다
별자리	플레이아데스 성단: 황소자리의 산개성단(散開星團)
가족관계	아틀라스의 딸, 플레이오네의 딸

인물관계

  플레이아데스는 티탄 신족인 아틀라스와 오케아니스(오케아노스의
딸) 플레이오네 사이에서 태어난 일곱 명의 딸들로 아틀란티데스라고
도 불린다.
  플레이아데스는 한 명을 제외하고 모두 올림포스 신들과 사이에서
자녀를 낳았다. 마이아는 제우스와의 사이에서 헤르메스를 낳았고,
엘렉트라는 제우스와의 사이에서 트로이의 건설자 다르다노스와 이
아손을, 타이게테는 제우스와의 사이에서 스파르타의 시조 라케다이

몬을 낳았다. 알키오네는 포세이돈과의 사이에서 히리에우스, 아이투
사를, 켈라이노는 포세이돈과의 사이에서 리코스를 낳았다. 스테로페
는 아레스와의 사이에서 오이노마오스를 낳았고, 메로페는 인간인 시
시포스와의 사이에서 글라우코스를 낳았다.

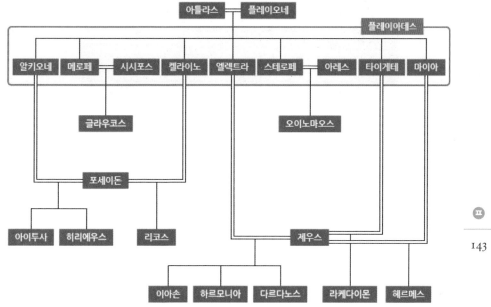

신화이야기

하늘의 별자리가 된 플레이아데스

플레이아데스가 하늘의 별자리가 된 것에 관해서는 여러 가지 이야
기가 전해진다. 먼저 플레이아데스는 사냥의 여신이자 처녀신인 아르
테미스의 시중을 드는 님페인데, 구애하며 쫓아오는 오리온을 피해
7년이나 도망 다니는 것을 측은히 여긴 제우스가 모두 비둘기로 바꾸
었다가 나중에 하늘의 별자리가 되게 하였다고 한다.
다른 이야기에 따르면 동생 히아스가 죽자 슬픔을 이기지 못하고

일곱 명의 플레이아데스
엘리후 베더(Elihu Vedder), 1885년, 메트로폴리탄 미술관

이복자매들인 히아데스와 함께 모두 자살하여 하늘의 별자리가 되었다고도 한다. 나중에 오리온도 별자리가 되었는데, 오리온자리는 플레이아데스 성단을 뒤쫓는 듯한 형태를 하고 있다.

그런데 일곱 개의 별 중 유독 하나가 다른 별들보다 빛이 약하다. 이것은 저 혼자만 인간과 결혼한 것을 수치스럽게 여겨 몸을 숨겼던 메로페가 변한 별이라고도 하고, 아들 다르다노스가 건설한 트로이가 그리스군에 패해 멸망한 것을 탄식하는 엘렉트라가 변하여 만들어진 별이라고도 한다.

출항을 알리는 별

플레이아데스라는 이름은 그리스어의 '출항하다'에서 유래한 것인데, 이는 플레이아데스 성단의 별 일곱 개가 고대 그리스인들이 항해에 나서던 시즌에만 볼 수 있기 때문에 붙여진 이름이라고 한다. 플레이아데스 성단이 하늘에 나타나면 고대인들은 수확을 위한 낫을 갈고 바다에 배를 띄웠다고 한다.

아마조네스 여왕의 딸 플레이아데스

또 다른 신화에 의하면 플레이아데스
는 아마조네스 여왕의 딸들로, 춤추며
노래하는 합창대나 밤에 벌어지는 축제
등은 모두 그녀들이 처음 만든 것이라고
한다. 이 이야기에 등장하는 플레이아데
스의 이름은 코키모, 글라우키아, 프로티
스, 파르테니아, 마이아, 스토니카아, 람파
도이며, 칼립소와 디오네 등도 종종 플레
이아데스의 하나로 소개되기도 한다.

잃어버린 플레이아데스
윌리엄 아돌프 부그로(William
Adolphe Bouguereau), 1884년,
개인 소장

플레이오네 Pleione

요약

티탄 신족에 속하는 오케아노스와 테티스 사이에서 태어난 딸로 아틀라스의 아내이다. 아틀라스와의 사이에서 일곱 명의 딸을 낳았는데 이 딸들을 총칭하여 플레이아데스라고 부른다.

기본정보

구분	님페
외국어 표기	그리스어: Πληιονη, 라틴어: Pleione
어원	'다수, 풍부, 풍요'란 의미의 그리스어 pleiôn에서 유래. 이름의 어원적 의미는 '풍부한 자, 풍요로운 자'이다.
관련 신화	플레이아데스, 오리온
가족관계	아틀라스의 아내, 오케아노스의 딸, 테티스의 딸, 플레이아데스의 어머니

인물관계

아폴로도로스의 『비블리오테케』와 오비디우스의 『달력』에 따른 계보

아버지와 어머니는 둘 다 하늘의 신 우라노스와 대지의 여신 가이아 사이에서 태어난 자식들로 티탄 신족에 속한다.

아버지는 대양의 신 오케아노스이며, 어머니는 바다의 여신 테티스이다. 아틀라스와 결혼하여 일곱 명의 딸을 낳는데, 이들을 '플레이아데스'라고 부른다.

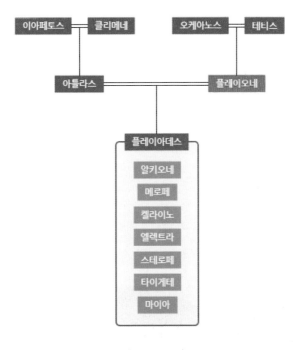

히기누스의 『이야기』 192에 따른 계보

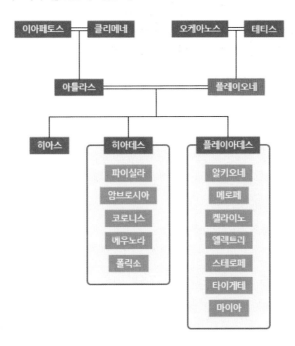

아틀라스와 결혼하여 1남 12녀를 낳는다. 아들은 히아스이다. 열두 명의 딸 중 다섯 명을 '히아데스', 나머지 일곱 명을 '플레이아데스'라고 부른다.

신화이야기

플레이오네의 가계

오비디우스는 『달력』에서 플레이오네의 부모, 남편, 자식들에 관한 정보를 제공한다. 그녀의 부모는 티탄 신족이며 남매지간인 오케아노스와 테티스이며, 남편은 하늘을 어깨에 떠받치는 아틀라스이다. 그녀는 아틀라스와의 사이에서 일곱 명의 딸을 낳는데 이들이 플레이아데스이다.

오케아노스와 테티스
모자이크, 4세기경, 터키 안타키아 박물관
: 게의 집게발 모양의 뿔을 가진 오케아노스(오른쪽)가 아내 테티스(왼쪽)와 함께 있는 모습이다

『비블리오테케』에서도 아틀라스와 오케아노스의 딸 플레이오네 사이에서 플레이아데스라고 불리는 일곱 명의 딸이 태어났다고 했다. 특히 이 문헌에서는 플레이아데스의 거주지이자 플레이아데스의 출생지에 대한 정보를 제공하는데 그 장소는 오늘날 그리스 남부에 위치한 아르카디아 지방의 키레네 산이다.

"아틀라스와 오케아노스의 딸 플레이오네는 아르카디아의 키레네에서 플레이아데스라고 불리는 일곱 명의 딸을 낳았다. 그들이 바

로 알키오네, 메로페, 켈라이노, 엘렉드라, 스데로페, 타이게테, 마
이아이다."(아폴로도로스, 『비블리오테케』)

한편 『이야기』에 따르면 플레이오네는 아틀라스와 결혼하여 1남
12녀를 낳는다. 그중 외동아들의 이름은 히아스인데 열두 명의 딸들
중 다섯 명은 남자 형제 히아스가 불의의 사고로 죽자 슬픔을 이기지
못하고 자살했다. 그래서 그들은 히아스의 이름을 따 히아데스로 불
린다. 그리고 나머지 일곱 명의 딸들은 플레이아데스라고 불린다.

> "아틀라스는 플레이오네 또는 한 오케아니데스(오케아니데스의 단수
> 형)에게서 열두 명의 딸과 한 명의 아들을 낳았다. 아들의 이름은
> 히아스이다. 그가 야생 수퇘지 또는 사자에게 죽자 누이들이 그의
> 죽음을 슬퍼하고 그 슬픔으로 인해 죽었다. 그들 중 다섯 명은 먼
> 저 별이 되어 하늘에 자리를 잡는데 그들의 위치는 황소자리의 뿔
> 사이이다. 그들이 바로 파이실라, 암브로시아, 코로니스, 에우도라
> 그리고 폴릭소이다. 그들은 남자 형제의 이름에 따라 히아데스라고
> 불린다. […] 나머지 여자 형제들도 나중에 슬픔으로 인해 죽었다.
> 그들 역시 별이 되었으며, […] 플레이아데스로 불렸다."
>
> (히기누스, 『이야기』)

별이 된 플레이오네

히기누스의 『천문서』에 따르면 플레이오네는 그녀의 딸들 플레이아
데스와 함께 보이오티아 지방을 여행하였는데, 여행 중 그들은 포세이
돈의 아들로 뛰어난 용모를 지닌 거인 사냥꾼 오리온을 만나 동행하
게 되었다. 이때 오리온이 플레이오네에게 반해 그녀를 겁탈하려고 하
였고, 플레이오네는 오리온을 간신히 피해 도망쳤으나 그 후 7년 동안
쫓겨다녔다.

항성 플레이오네(빨간 화살표가 가리키는 별)는 플레이아데스 성단의 일원이다. 항성 플레이오네는 황소자리 28이라고도 불리며, 항성 아틀라스 또는 황소자리 27 바로 위에 위치한다.

제우스가 플레이오네와 플레이아데스를 불쌍히 여겨 하늘의 별로 만들어주었는데 이것이 플레이아데스 성단이다.

플렉시포스 Plexippus, 테스티오스의 아들

요약

  그리스 신화에 나오는 플레우론의 왕 테스티오스의 아들이다.
  칼리돈의 멧돼지 사냥에 참가하였다가 멧돼지 가죽의 소유를 놓고
벌어진 다툼에서 형제인 톡세우스와 함께 조카 멜레아그로스의 창에
죽임을 당했다. 멜레아그로스의 어머니 알타이아는 아들을 죽여 동생
플렉시포스와 톡세우스의 원수를 갚고 스스로 목숨을 끊었다.

기본정보

구분	왕자
상징	친족 살해
외국어 표기	그리스어: Πλήξιππος
별칭	테스티아다이(테스티오스의 아들들)
관련 신화	칼리돈의 멧돼지 사냥, 멜레아그로스

인물관계

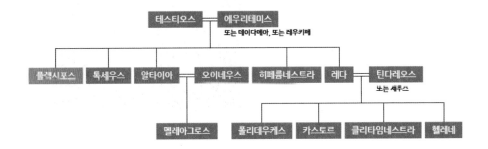

플렉시포스는 아이톨리아 지방 플레우론의 왕 테스티오스와 클레오보이아의 딸 에우리테미스(혹은 데이다메이아, 혹은 레우키페) 사이에서 태어난 아들로 톡세우스와 형제이고 레다, 알타이아, 히페름네스트라 등과 남매이다.

알타이아는 칼리돈의 왕 오이네우스와 결혼하여 멜레아그로스를 낳았고, 레다는 틴다레오스(혹은 제우스)와 사이에서 미녀 헬레네를 낳았다. 플레시포스와 톡세우스는 알타이아의 아들인 조카 멜레아그로스에게 죽임을 당했다.

신화이야기

칼리돈의 멧돼지 사냥

플렉시포스는 형제 톡세우스와 함께 칼리돈의 멧돼지 사냥에 참가했다가 누이 알타이아의 아들인 조카 멜레아그로스에게 살해당했다. 칼리돈의 멧돼지 사냥은 칼리돈의 들판을 마구 파헤치고 사람을 해치는 거대한 괴물 멧돼지를 잡기 위해 칼리돈의 왕 오이네우스의 아들인 멜레아그로스가 그리스 전역에서 영웅들을 불러들여 거행한 행사이다. 오이네우스 왕은 어느 해 추수를 끝마친 뒤 모든 신들에게 제물을 바치면서 그만 아르테미스 여신을 깜빡 잊고 빠뜨린 적이 있는데, 이에 분노한 여신이 칼리돈 들판에 괴물 멧돼지를 풀어놓았던 것이다. 멧돼지

칼리돈의 멧돼지 사냥
라코니아 흑색상 도기, 기원전 555년
루브르 박물관

사냥에는 유명한 처녀 사냥꾼 아탈란테도 참가하였다. 참가자들은 오이네우스 왕의 궁에서 9일 동안 성대한 향연을 벌인 뒤 사냥을 시작하였다.

멜레아그로스와 아탈란테
페테르 파울 루벤스(Peter Paul Rubens),
1640년, 리버풀 워커 미술관

톡세우스와 플렉시포스의 죽음

수많은 사상자들이 발생한 이 사냥에서 처음으로 멧돼지에 화살을 명중시킨 이는 처녀 사냥꾼 아탈란테였다('아탈란테' 참조). 그러자 옆에 있던 멜레아그로스가 재빨리 부상당한 멧돼지의 허리에 칼을 꽂아 넣어 숨통을 끊어버렸다. 멜레아그로스는 멧돼지를 죽인 자에게 돌아가기로 된 멧돼지 가죽을 아탈란테에게 주었다. 그는 사냥이 시작되기 전부터 이미 아탈란테에게 마음을 빼앗기고 있었던 것이다.

하지만 멜레아그로스의 이런 행동은 그렇지 않아도 여자가 사냥에 동참한 것을 못마땅해하던 플렉시포스와 톡세우스를 화나게 만들었다. 그들은 멜레아그로스가 가죽을 원치 않는다면 가장 가까운 친척인 자신들이 그것을 차지하는 게 마땅하다며 아탈란테에게서 가죽을 빼앗았다. 그러자 자신이 모욕당했다고 여겨 화가 머리끝까지 난 멜레아그로스는 외숙부 플렉시포스와 톡세우스를 창으로 찔러 죽이고 말았다.

아들 멜레아그로스를 죽인 알타이아

동생들의 죽음을 전해들은 멜레아그로스의 어머니 알타이아는 아들에게 무서운 저주를 퍼부으며 그의 운명이 연결된 장작을 불 속에 던져버렸다. 그것은 멜레아그로스가 태어난 지 7일째 되던 날 운명의 여신 모이라이 자매의 예언을 듣고 알타이아가 항아리에 담아 소중히 보관하고 있던 장작이었다. 당시 모이라이는 알타이아에게 아이의 운명이 아궁이에 타고 있는 장작에 연결되어 있으니 장작이 모두 타버리면 아이도 죽게 될 거라고 했었다. 그런데 동생들을 살해한 아들의 만행에 분노한 알타이아가 이 운명의 장작을 다시 꺼내 태워버린 것이다. 장작이 아궁이 속에서 타들어가자 멜레아그로스는 아무런 이유도 없이 온 몸에 불이 붙어 결국 타 죽고 말았다. 얼마 후 제정신이 든 알타이아는 자신이 무슨 짓을 저질렀는지 깨닫고는 스스로 목을 매고 죽었다.

또 다른 플렉시포스

그리스 신화에는 그밖에도 여러 명의 플렉시포스가 등장한다.

1) 다나오스의 딸들인 다나이데스 중 한 명인 암피코모네와 결혼하여 첫날밤에 그녀에 의해 살해당한 아이깁토스의 아들 중 한 명('다나이데스' 참조)이다.

2) 아르카디아 왕 코리코스의 아들로 레슬링 경기를 창안한 여성으로 알려진 팔라이스트라와 남매이다.

3) 트라키아 지방 사르미데소스의 왕이자 장님 예언자인 피네우스의 아들이다. 전처의 자식인 플렉시포스와 판디온 형제가 자신을 겁탈하려 했다는 피네우스의 새 아내 이다이아의 모함으로 아버지의 손에 의해 장님이 되었다.

플루토스 Plutus

요약

그리스 신화에서 부와 풍요가 인
격화된 신이다.

대지의 여신 데메테르의 아들로
어머니와 같이 대지의 풍요로움과
곡물의 수확을 관장하는 신으로
숭배되었다. 그는 하계의 신 하데
스의 별칭인 플루톤(로마식 플루토)
과 자주 혼동된다.

플루토스
기원전 4세기 그리스 조각을 모사한 로마
시대 석상. 1세기, 아테네 국립고고학 박물관

기본정보

구분	개념이 의인화된 신
상징	풍요, 부, 곡물의 수확
외국어 표기	그리스어: Πλοῦτος
어원	부, 풍만
관련 상징	풍요의 뿔
관련 신화	데메테르
가족관계	이아시온의 아들, 데메테르의 아들

인물관계

플루토스는 제우스와 님페 엘렉트라 사이에서 태어난 이아시온이

누이 하르모니아의 결혼식장에서 만난 대지의 여신 데메테르와 결합
하여 낳은 아들이다.

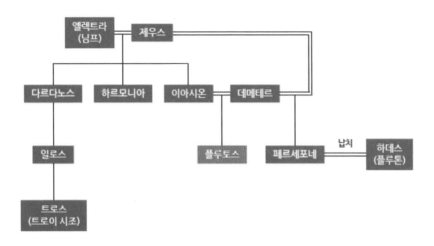

신화이야기

출생

플루토스는 대지의 여신 데메테
르가 제우스의 아들인 미남자 이
아시온과 정을 통해서 낳은 아들
이다. 데메테르와 이아시온은 이아
시온의 누이 하르모니아와 테바이
의 건설자 카드모스의 결혼식에
하객으로 참석했다가 서로 눈이
맞아서 갈아놓은 경작지에서 세
차례 사랑을 나눈 뒤에 플루토스

플루토스
제라드 데 레이세(Gerard de Lairesse),
1665~1685년, 암스테르담 박물관

를 낳았다고 한다. 하지만 호메로스는 『오디세이아』에서 이아시온은
인간이 여신과 동침한 사실에 분노한 제우스에 의해 벼락을 맞고 죽

었다고 했다.

또 다른 이야기에 따르면 이아시온은 누이의 결혼식에서 만난 데메테르에게 반해 그녀를 겁탈하려다 제우스의 벼락에 맞아죽었다고도 하지만, 이는 둘 사이에서 플루토스가 태어났다는 신화와 일치하지 않는다.

부의 신 플루토스
안젤름 플라멩(Anselme Flamen),
1708년, 루브르 박물관
©Pierre-Yves Beaudouin@
Wikimedia(CC BY-SA)

부의 화신

플루토스라는 이름은 부와 넉넉함을 의미하는 것으로, 그는 기름진 땅이 가져다주는 풍요로움(곡물과 지하의 보물들)을 주관하는 신으로 간주된다. 엘레우시스 비교에서 플루토스는 어머니 데메테르와 함께 숭배되었는데, 데메테르와 페르세포네를 기리는 행렬에서 그는 풍요의 뿔을 든 어린아이의 모습으로 등장하였다. 시간이 지나면서 땅에서 직접 생겨나는 것 이외의 부가 증가하자 플루토스는 대지의 여신 데메테르의 무리에서 떨어져 나와 일반적인 부를 의인화하는 신이 되었다.

플루토스는 종종 눈이 먼 장님으로 등장한다. 이는 제우스가 부의 공평한 분배를 위해 그를 장님으로 만든 것이라고 한다. 하지만 그 때문에 부는 선인과 악인도 가리지 않고 찾아오게 되었다고 한다. 고대 그리스의 희극

에이레네와 플루토스
케피소도토스(Kephisodotos, 그리스 조각가),
기원전 4세기, 뮌헨 글립토테크 미술관

작가 아리스토파네스는 『플루토스』에서 그가 정직한 사람과 그렇지 못한 사람을 구별할 수 있게 다시 시력이 회복되는 것으로 묘사하였다.

고대 예술에서 플루토스는 종종 평화의 여신 에이레네나 운명의 여신 티케의 팔에 안긴 어린아이로 표현되기도 하였다.

티케와 플루토스
로마 시대 석상, 2세기, 이스탄불 고고학 박물관
©Auturbin@Wikimedia(CC BY-SA)

플루토스와 플루톤

플루토스는 종종 하계의 신 하데스의 별칭인 플루톤(로마식 플루토)과 혼동되기도 하는데 하데스 역시 지하의 보물을 관장하는 신으로 간주되었으므로 두 명칭의 기원은 서로 일치하는 부분이 있다고 하겠다.('하데스' 참조) 실제로 후대에 가면서 두 신은 자주 동일시되었다.

지옥의 플루토스
귀스타브 도레(Gustave Dore), 1883년
: 단테의 『신곡』 지옥편 제7곡의 삽화.
그림 아래의 글 내용은 "망할 놈의 늑대야, 입 다물어라! 네 몸을 불태우는 분노로 먹고사는 놈아"이다.

가령 단테는 『신곡』 「지옥편」에서 플루토스를 무절제한 낭비와 탐욕을 일삼던 자들을 감시하는 늑대와 같은 맹수로 표현하고 있다. 그에 관한 더 자세한 설명은 없지만 단테는 여기서 플루토스를 플루톤과 혼동하거나 동일시하고 있는 것으로 보인다.

피그말리온 Pygmalion

요약

그리스 신화에 나오는 키프로스의 조각가이다.

성적으로 문란한 키프로스의 여인들에게 혐오감을 느껴서 여인들을 멀리한 채 조각을 하는 데만 몰두하다가 마침내 이상적인 여인 그 자체인 조각상을 만들게 되었다. 그는 자신이 만든 조각상을 사랑하게 되었는데 사랑의 여신 아프로디테에 의해 그 조각상은 실제 여인이 되었고, 피그말리온은 이 여인과 결혼하여 행복한 삶을 누렸다.

기본정보

구분	신화 속 인물
상징	피그말리온 효과
외국어 표기	그리스어: Πυγμαλίων
관련 신화 및 인물	갈라테이아, 아프로디테, 키니라스

인물관계

피그말리온은 키프로스의 왕이었다는 이야기도 있다. 그는 벨로스와 안키노에 사이에 태어난 이들로 다나오스, 아이깁토스 등과 형제이다. 피그말리온은 자신이 만든 조각상 여인과 결혼하여 파포스라는 딸을 낳았다.

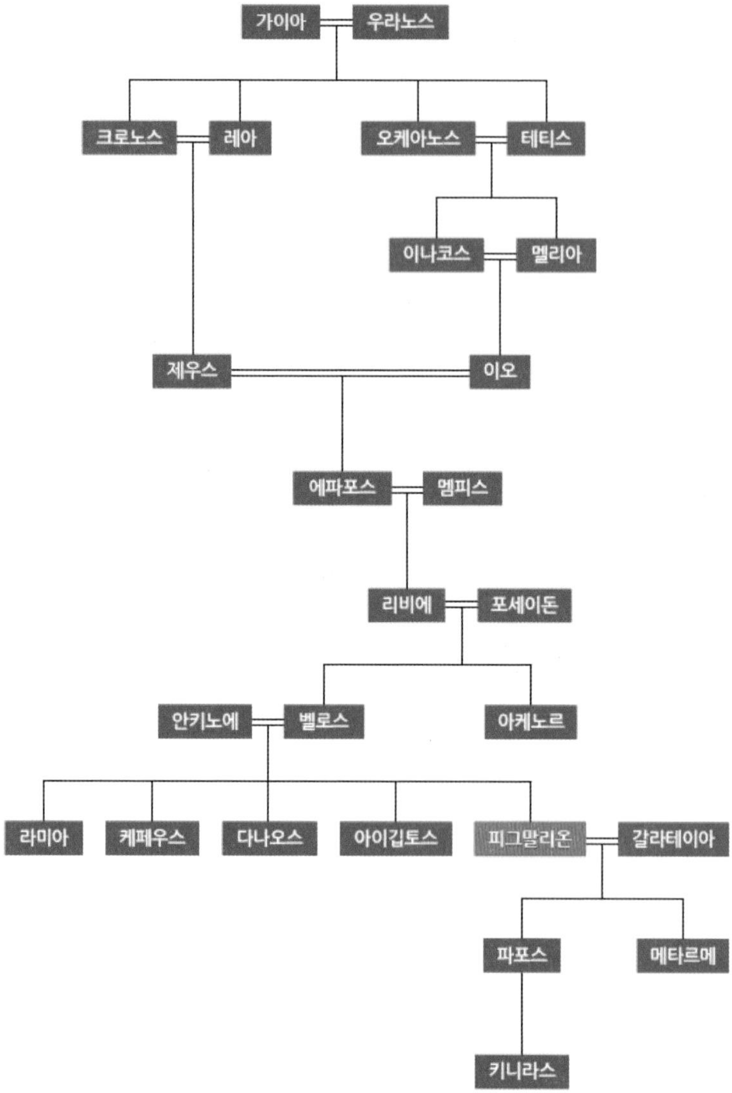

가이아 — 우라노스

크로노스 — 레아   오케아노스 — 테티스

이나코스 — 멜리아

제우스 — 이오

에파포스 — 멤피스

리비에 — 포세이돈

안키노에 — 벨로스   아케노르

라미아   케페우스   다나오스   아이깁토스   피그말리온 — 갈라테이아

파포스   메타르메

키니라스

신화이야기

개요

피그말리온은 키프로스 섬의 뛰어난 예술가였다. 일설에 의하면 그

는 키프로스 섬의 왕이었다고 한
다. 키프로스 섬은 사랑과 미의 여
신 아프로디테를 수호신으로 모시
고 있었다. 피그말리온은 거리낌
없이 매춘을 하는 부도덕하고 문란
한 섬의 여인들에게 혐오감을 느
껴 독신으로 살면서 오로지 조각
을 하는 데만 몰두했다.

피그말리온과 갈라테이아
에티엔느 모리스 팔코네(Etienne Maurice
Falconet), 1763년
©Yair-haklai@Wikimedia(CC BY-SA)

그는 현실의 여인들을 외면한 채
자연의 고귀한 재료인 '백설처럼
흰' 상아로 실물과 같은 크기의 여
인을 조각하기 시작했다. 그런데
완성된 조각상이 마치 실제로 살
아있는 여인처럼 보였다. 그 조각상은 그 자체로 피그말리온의 이상형
이었다. 피그말리온은 자신이 만든 조각상을 점점 실제 여인으로 느
끼게 되면서 밤낮으로 조각상을 어루만지고 입술에 입맞춤을 하기도
했다. 그리고는 마침내 조각상을 깊이 사랑하게 되면서 그녀를 '뜨겁
게 열망'했다.

키프로스 섬의 수호신인 사랑의 여신 아프로디테의 축제일을 맞이
하여 피그말리온은 정성을 다해 귀중한 제물을 제단에 바치고는 간절
하게 기도했다. 그는 자신이 만든 조각상을 아내가 되게 해달라고 기
도하고 싶었지만 차마 그렇게는 하지 못하고, 이 조각상과 같은 여인
을 아내로 맞게 해달라고 기도했다. 그 후 피그말리온은 집으로 돌아
와 여느 때와 마찬가지로 조각상에 입을 맞추었다. 순간 입술에 온기
가 느껴지면서 조각상이 서서히 살아있는 여인이 되어갔다. 마침내 아
프로디테가 그의 기도를 들어준 것이다. 오비디우스는 『변신이야기』
10권에서 인간이 된 조각상 여인의 모습을 생생하게 묘사하고 있다.

피그말리온과 갈라테이아
장 레옹 제롬(Jean Leon Gerome), 1890년, 메트로폴리탄 미술관

"소녀는 피그말리온의 입맞춤을 느끼고 얼굴을 붉히며 수줍어하면
서 눈망울을 들어 올려 (중략) 하늘과 햇살을 바라보았습니다."

이 둘을 맺어준 아프로디테는 친히 이들의 결혼식에 참석해 축하해
주었다. 아홉 달 후 둘 사이에 아이가 태어났는데 피그말리온은 이 아
이에게 파포스라는 이름을 지어주었다. 이 아이는 아들이라는 이야기
도 있고 딸이라는 이야기도 있는데 『변신이야기』에는 딸로 기록되어
있다.

피그말리온 신화의 전후 이야기

『변신이야기』에서 피그말리온 이야기 바로 앞에는 아프로디테가 키프로스의 여인들을 벌하는 이야기가 나오며 여기에는 키프로스 섬의 수호신이자 사랑과 미의 여신 아프로디테가 자신에게 불경한 섬 여인들에게 벌을 내려 수치심도 없이 매춘을 하게 한다는 내용이 있다. 그리고 피그말리온 이야기 뒤에는 피그말리온의 자손인 뮈라의 이야기가 나오고, 그 다음에는 뮈라의 아들인 아도니스 이야기가 나온다.

이렇게 피그말리온 이야기는 앞뒤의 이야기들과 하나의 시리즈처럼 연결되어 있다. 이러한 방식과 관련하여 게롤트 돔머르트 구드리히는 오비디우스가 신화 속의 여러 이야기들을 자연스럽게 이어 연결하는 방식을 통해 『변신이야기』를 탁월한 문학작품으로 승화시켰다고 평가한다.

조각상의 이름

조각상에 붙여진 갈라테이아라는 이름은 고전문헌에서는 전해지는 바가 없으며 그 이름은 18세기에 들어와서 등장한다.

또 다른 피그말리온

카르타고의 전설적인 여왕 디도는 아이네이아스를 사랑하다가 그가 떠나자 불 속에 뛰어들어 자살했는데 디도의 오빠 이름도 피그말리온이다.

신화해설

피그말리온 효과

자신이 만든 창작물을 실제로 사랑하여 결혼하게 된 피그말리온 이

야기는 회화 및 미술과 오페
라, 영화에 이르기까지 널리
예술창작의 소재로 이용되었
을 뿐 아니라 심리학에서도
피그말리온 효과라는 용어를
만들어냈다. 피그말리온 효과
란 타인의 기대나 관심으로
능률이 오르거나 결과가 좋
아지는 현상을 의미한다. 특
히 교육심리학에서 교사의
기대에 부응하여 학습자의
성적이 향상되는 것을 지칭
한다.

조각상을 숭배하는 피그말리온
장 라우(Jean Raoux), 1717년
프랑스 파브레 박물관

예술에 등장하는 피그말리온 소재

자신이 만든 완벽한 여인상과 실제로 사랑을 하게 되는 피그말리온
신화의 기본 줄거리는 예술의 여러 분야에서 매력적인 소재로 이용되
어 왔다. 그러나 다른 한 편으로는 예술가와 창작품 및 주체와 객체의
구도가 남성과 여성의 구도라는 사실에 대해 비판적인 관점에서 문제
가 되기도 했다.

피그말리온 이야기를 소재로 한 작품 중에서 가장 유명한 문학 작
품은 아일랜드의 작가 버나드 쇼의 희곡『피그말리온』일 것이다. 영국
상류사회의 사교계를 풍자적으로 비판하기 위해 쓴 이 작품에는 조각
가 피그말리온 대신 언어학자 헨리 히긴스가 등장하는데 그는 한 인
간의 가치는 그 사람이 구사하는 언어의 아름다움으로 결정된다고 믿
는다. 그리고 조각상에 해당하는 인물로 비천한 속어를 사용하는 꽃
파는 처녀 엘리자가 등장한다. 히긴스는 엘리자에게 고급 언어를 구사

하도록 훈련시켜 사교계의 우아한 여성으로 만들 수 있을지에 대해 동료인 피처링 대령과 내기를 건다.

영국 사교계에 대한 비판적 관점에서 『피그말리온』을 쓴 버나드 쇼는 엘리자에 초점을 맞춤으로써 즉 엘리자의 자유의지에 초점을 맞춤으로써 이 작품의 소재가 된 피그말리온 신화와는 다른 결말을 이끌어냈다. 엘리자는 히킨스의 지도로 상류사회의 사교계에 우아하고 매력적인 여성으로 변신했지만 인간에 대한 배려와 이해가 없는 히킨스에 실망하여 그녀를 새로이 태어나게 한 주인의 곁을 떠난다. 버나드 쇼가 이끌어낸 이 결말은 앞에서 언급한 바와 같이 이 작품의 소재인 피그말리온 신화에 비판적으로 제기되었던 문제에 대해 하나의 대답을 준 것이라 할 수 있다.

버나드 쇼의 『피그말리온』은 〈마이 페어 레이디〉라는 뮤지컬로 만들

조각상에 사랑을 느끼고 비너스에게 조각상에게 삶을 줄 것을 기도드리는 피그말리온
장 밥티스트 레뇨(Jean Baptiste Regnault) 백작, 1786년, 베르사이유 궁

어졌고, 이 뮤지컬은 1956년 브로드웨이에서 초연되어 오랫동안 공연되었다. 브로드웨이 초연에서는 후에 〈사운드 오브 뮤직〉에 출연한 쥴리 앤드류스가 주인공을 맡았다. 〈마이 페어 레이디〉는 또 같은 제목의 영화로도 제작되었는데 영화에서는 오드리 헵번이 주인공으로 등장한다.

피네우스 Phineus

요약

   그리스 신화에 나오는 사르미데소스의 왕이자 장님 예언자이다.
   피네우스는 신들의 분노를 사게 되어 음식을 먹으려고만 하면 날개
달린 괴수 하르피이아들이 나타나 음식을 빼앗거나 배설물로 더럽혀
먹을 수 없게 만드는 저주를 받았다. 나중에 아르고호 원정대가 자신
들의 모험에 대한 예언을 해주는 대가로 피네우스 곁에서 하르피이아
를 퇴치해 주었다.

기본정보

구분	왕
상징	장님 예언자
외국어 표기	그리스어: Φινεύς
관련 신화	아르고호 원정대의 모험

인물관계

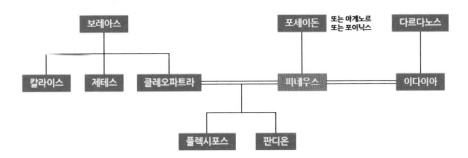

피네우스는 포세이돈의 아들이라고도 하고, 페니키아의 왕 아게노르의 아들이라고도 하고, 포이닉스와 카시오페이아 사이에서 태어났다고도 한다. 피네우스는 북풍의 신 보레아스의 딸 클레오파트라와 결혼하여 두 아들 판디온과 플렉시포스를 낳았다.

신화이야기

장님이 된 피네우스

트라키아 지방 사르미데소스의 왕 피네우스는 보레아스의 딸 클레오파트라와 결혼하여 두 아들 판디온과 플렉시포스를 낳았다. 클레오파트라가 죽자 피네우스는 다르다노스 왕의 딸 이다이아와 재혼했다. 그런데 이다이아는 이복 자식들을 미워하여 그들이 자신을 겁탈하려 했다고 피네우스에게 모함하였다. 피네우스는 새 아내의 말을 그대로 믿고 두 아들을 장님으로 만들어 투옥해버렸다.

하지만 무정한 아비의 이런 부당한 짓은 제우스의 진노를 샀다. 제우스는 피네우스에게 두 아들과 똑같이 장님이 되든지 아니면 죽음을 택하라고 했고, 피네우스는 시력을 잃더라도 오래 살기를 택했다. 그런데 이번에는 이 선택이 태양신 헬리오스를 노하게 만들었다. 헬리오스는 피네우스가 밝은 빛보다 장

피네우스와 하르피이아이
윌리 포게니(Willy Pogany), 1921년
페트라익 콜럼(Padraic Colum)의 아동용 신화집에
실린 삽화

수를 원한 것에 분노하여 그에게 날개 달린 괴수 하르피이아를 보내 이중고에 시달리게 하였다. 하르피이아는 피네우스가 음식을 먹으려 고만 하면 어디선가 나타나서 음식을 빼앗거나 더럽혀서 먹을 수 없게 만들었던 것이다.

다른 이야기에 따르면 피네우스가 하르피이아에게 고통을 당하게 된 것은 그가 예언 능력을 함부로 써서 신들의 의도를 인간에게 알려준 것 때문에 제우스의 진노를 산 탓이라고도 한다.

피네우스와 보레아스의 아들들
세바스티아노 리치(Sebastiano Ricci), 1695년, 보스턴 미술관

피네우스가 장님이 된 이유에 대해서도 다른 이야기가 있다. 그에 따르면 피네우스의 첫 번째 아내 클레오파트라는 죽은 것이 아니라 피네우스가 이다이아와 결혼하려고 그녀를 버린 것이라고 한다. 그리고 나중에 아르고호 원정대가 피네우스의 나라에 들렀을 때 원정대의 일원인 보레아스의 두 아들 칼라이스와 제테스가 누이 클레오파트라와 조카들에 대한 복수로 피네우스의 눈을 멀게 했다는 것이다. 그 뒤 사르미데소스의 왕이 된 클레오파트라는 이다이아를 그녀의 아버지 다르다노스에게 쫓아보냈다.

기조 하르피이아의 퇴치

아르고호 원정대가 콜키스로 가는 길에 폭풍을 피해 잠시 피네우스의 나라에 들렀을 때 장님이 된 피네우스는 하르피이아 때문에 굶어죽기 직전의 비참한 상태에 있었다. 아르고호 원정대가 예언자 피네우스에게 자신들의 모험이 어떻게 끝나게 될 지 알려달라고 청하자 피네우스는 하르피이아의 괴롭힘을 물리쳐주면 알려주겠다고 대답했다. 아르고호 원정대는 그 조건을 받아들여 그를 자신들의 식탁에 초대하였다. 피네우스가 음식을 입으로 가져가려 하자 또 하르피이아가 어디선가 날아왔다. 그러자 북풍의 신 보레아스의 두 아들 칼라이스와 제테스가 하늘로 날아올라 하르피이아를 뒤쫓았다. 그들은 도망치는 하르피이아를 펠로폰네소스 반도 상공까지 쫓아가서 스틱스 강에 걸고 다시는 피네우스 왕을 괴롭히지 않겠다는 맹세를 받아냈다.

부딪치는 바위 심플레가데스

하르피이아의 저주에서 풀려난 피네우스는 약속대로 아르고호 원정대가 만나게 될 위험을 알려주었다. 그는 원정대에게 바다에서 '서로 맞부딪치는 바위' 심플레가데스를 지나게 될 텐데, 먼저 비둘기를 날려서 이곳을 무사히 통과할 수 있는지 알아보라고 했다. 비둘기가 무사히 통과하면 그들도 별 탈 없이 통과할 수 있겠지만 길이 막혀 비둘기가 되돌아오면 그것은 신들의 뜻이니 그들도 되돌아가야 한다는 것이다. 그밖에도 피네우스는 원정길의 주요 이정표들도 가르쳐주었다.

아르고호 원정대는 실제로 심플레가데스라고 불리는 푸른 빛 암초에 이르러 비둘기를 날려 보았다. 비둘기는 꼬리 깃털만 조금 손상된 채로 암초 사이를 무사히 통과했다. 아르고호는 암초들 사이가 벌어지기를 기다렸다 빠르게 노를 저어 나갔고, 비둘기처럼 선미만 가볍게 부서진 채로 통과할 수 있었다. 그 뒤로 심플레가데스는 더 이상 움직이지 않는 고정된 바위가 되었다.

피데스 Fides

요약

로마 신화에 등장하는 믿음과 신뢰의 여신이다.

로마 원로원은 외
국과의 조약이나 국
가의 중요한 협정 문
서들을 약속의 수호
자인 피데스 여신의
신전에 보관하였다.

로마 시대 동전(서기 106–117년)
앞면은 트라야누스 황제의 비 폼메이아 플로티나, 뒷면은 이삭과
과일접시를 들고 있는 피데스 여신이다

기본정보

구분	개념이 의인화된 신
상징	약속과 신뢰
어원	믿음, 신뢰
그리스 신화	피스티스(Πίστις)
관련 상징	올리브 가지, 월계관, 군대 깃발, 흰 옷

신화이야기

개요

피데스는 로마 신화에서 약속, 신뢰, 서약 등의 개념이 의인화된 신
이다. 피데스는 '피데스 푸블리카 포풀리 로마니'(Fides Publica Populi
Romani: 로마인의 공적인 믿음)라는 이름으로 숭배되었다.

기원전 254년에 집정관 아울루스 아틸리우스 카이아티누스에 의해 로마에 건립된 피데스 신전은 카피톨리노 언덕의 제우스 신전 바로 옆에 있다. 로마의 원로원은 외국과 체결한 조약이나 다른 중요한 국가 협정문들을 이곳 약속의 수호자인 피데스 여신의 신전에 보관하였다.

피데스 여신상
©HubertSt@Wikimedia(CC BY-SA)

피데스 여신상

피데스 여신은 머리에 승리의 상징인 올리브 가지나 월계수로 만든 관을 쓰고, 긴 스톨라(로마 시대의 대표적인 여자 복장으로 남자의 토가에 해당한다)를 걸치고, 손에는 곡식과 과일이 든 그릇이나 풍요의 뿔을 들거나 군대의 깃발을 쥐고 있는 젊은 여성의 모습으로 표현된다. 하지만 종종 그녀는 주신인 유피테르(그리스 신화의 제우스)보다도 더 늙은 백발이 성성한 노파로 묘사되기도 한다. 이는 약속을 이행하는 일이 무엇보다도 우선되어야 하는 사회적 정치적 질서의 기반임을 강조하는 의미라고 한다. 피데스 여신을 모시는 사제는 유피테르 신의 사제와 마찬가지로 흰 옷을 입었다.

피데스 축제

전승에 따르면 로마의 제2대 왕 누마 폼필리우스는 매년 피데스 여신을 기리는 축제를 개최하는 전통을 수립하였다고 한다. 축제가 시작되면 3명의 대사제가 두 마리의 말이 끄는 지붕이 달린 마차를 타고 신전으로 들어와 여신에게 제례를 올리는데, 이때 대사제들은 머리에 두건을 쓰고 오른손을 흰 천으로 감싸야 했다. 이것은 피데스 여신에 대한 절대적 복종과 신뢰를 의미한다고 한다.

피라 Pyrrha

요약

그리스 신화에 나오는 에피메테우스의 딸이다.

제우스가 일으킨 대홍수 이후에 남편 데우칼리온과 함께 유일하게 살아남아 인류의 어머니가 되었다.

기본정보

구분	신의 반열에 오른 인간
상징	인류의 어머니
외국어 표기	그리스어: Πύρρα
어원	빨강머리
관련 신화	대홍수, 일명 데우칼리온의 홍수
가족관계	판도라의 딸, 에피메테우스의 딸, 데우칼리온의 아내, 헬렌의 어머니

인물관계

피라는 에피메테우스와 판도라 사이에서 태어난 딸로, 프로메테우스의 아들인 데우칼리온과 결혼하여 헬렌, 프로토게네이아, 그라이코스, 티이아, 오레스테우스, 암픽티온 등을 낳았다. 맏아들 헬렌은 모든 그리스인의 조상으로 여겨진다.

판도라 ── 에피메테우스   프로메테우스

피라 ── 데우칼리온

헬렌 ── 오르세이스 │ 프로토게네이아 │ 그라이코스 │ 티이아 │ 오레스테우스 │ 암픽티온

도로스 │ 크수토스 │ 아이올로스

이온 │ 아카이오스

도리스인 │ 이오니아인 │ 아카이아인 │ 아이올리스인

신화이야기

대홍수

제우스는 대홍수를 일으켜 사악한 인간들로 넘쳐나는 청동시대를
끝내고자 했다.(일설에는 제우스
가 아르카디아의 왕 리카온의 극
악무도한 짓을 보고 인류를 대홍수
로 멸망시키려 했다고 한다) 하지
만 앞일을 내다보는 능력이 있
었던 프로메테우스는 아들 부
부 데우칼리온과 피라에게 커
다란 배를 만들어 대홍수에 대
비하게 하였다.

데우칼리온과 피라
지오반니 마리아 보탈라(Giovanni Maria Bottalla),
1635년경, 브라질 국립미술관

홍수가 시작되자 배는 9일 밤낮을 표류하다가 파르나소스 정상에 도착했다. 대홍수에서 살아남은 데우칼리온과 피라는 배에서 내려 제우스에게 제물을 바치고 감사를 드렸다.

돌을 던져 생겨난 인류

데우칼리온과 피라는 자신들이 유일한 생존자라는 사실을 알고 난 뒤 테미스 여신의 신전을 찾아가 지상을 다시 인류로 채울 수 있는 방법을 물었다. 그러자 "베일로 얼굴을 가리고 어머니의 뼈를 어깨 너머로 던지라"는 신탁이 내려졌다. 처음에 두 사람은 신탁이 죽은 부모의 뼈를 파내는 불경스러운 짓을 지시하는 줄 알고 당황하였으나 곧 어머니는 대지의 여신 가이아를, 그 뼈는 돌을 뜻한다는 걸 알아차렸다.

피라
장 피에르 앙투안 타새르트(Jean
Pierre Antoine Tassaert), 1770년,
루브르 박물관

데우칼리온과 피라
파울 루벤스(Peter Paul Rubens), 1636년, 프라도 미술관

두 사람은 돌을 주어 어깨 너머로 던졌다. 그러자 데우칼리온이 던진 돌은 남자로 변하고 피라가 던진 돌은 여자로 변했다. 이렇게 해서 새로 생겨난 사람들은 대지에서 솟아났다고 하여 렐레기아인이라고 불렸다.

그 후 데우칼리온과 피라는 로크리스 지방에 정착하여 헬렌, 프로토게네이아, 암픽티온 등 여러 자식을 낳았는데, 맏아들 헬렌은 모든 그리스인의 조상으로 통한다. 그리스인을 통칭하는 '헬레네스'는 '헬렌의 후손'이라는 뜻이다.

또 다른 피라

트로이의 영웅 아킬레우스도 피라라는 여자 이름으로 불린 적이 있었다. 그는 트로이 전쟁에 나가면 죽는다는 예언을 듣고 참전을 피하려고 스키로스 왕 리코메데스의 궁정에 숨어들어가 여장을 하고 지냈는데, 그 시절에 궁정의 여인들이 그를 피라라고 불렀다. 아킬레우스의 머리카락이 유난히 붉었기 때문이다.(피라는 '빨강머리'라는 뜻이다) 이때 그가 리코메데스의 딸 데이다메이아를 임신시켜서 얻은 아들 네오프톨레모스는 피로스, 즉 '빨강머리 사내'라고 불렸다.

피라모스 Pyramus

요약

바빌론에 사는 피라모스와 티스베는 서로 사랑하는 사이이다. 그러나 양가 아버지의 반대로 사랑을 이룰 수 없자 그들은 도망가기로 결심했다. 두 사람은 한밤중에 무덤가에서 만나기로 약속했는데 먼저 도착한 티스베가 무덤가의 뽕나무 아래에서 피라모스를 기다리다 무서운 사자가 나타나자 근처의 동굴로 도망갔다. 이때 그녀는 자신의 베일이 떨어진 것을 알아채지 못하였고, 사자는 목을 축이고 돌아가는 길에 그녀의 베일을 발견하고 갈기갈기 찢어버렸다. 뒤늦게 도착한 피라모스가 피묻은 베일을 발견하고 티스베가 죽은 것으로 오해하여 자신도 자결했다. 동굴에서 나와 죽어가는 연인 피라미스를 발견한 티스베는 피라모스의 칼로 자결했다.

기본정보

구분	신화 속 인물
상징	이루어지지 못한 사랑
외국어 표기	라틴어: Pýrămus
관련 신화	티스베

인물관계

연인
피라모스 .... 티스베

신화이야기

사랑을 위한 도피

　피라모스와 티스베는 바빌론의 여왕 세미라미스가 성벽을 높이 쌓은 도시에 살고 있었다. 그들은 누구나 인정하는 도시의 선남선녀였다. 이웃사촌인 피라모스와 티스베는 처음에는 친구로 지내다가 연인이 되었는데, 이들은 결혼을 원했으나 아버지들의 격렬한 반대에 부딪혔다. 장애가 있는 사랑일수록 뜨겁게 불타오르는 법이다. 그들의 사랑은 점점 뜨거워졌고 두 사람은 양쪽 집의 담장에 생긴 구멍을 통해 사랑의 밀어를 속삭이고 만날 수 없는 아쉬움을 토해냈다. 그들은 애틋하게 사랑을 속삭이다가 밤이 되면 담벼락에 입을 맞추고 아쉬운 이별을 하였다. 마침내 두 사람은 같이 도망가기로 하고 외곽에 있는 니누스(세미라미스의 남편)의 무덤에서 만나기로 했다. 그곳에는

티스베
존 윌리엄 워터하우스(John William
Waterhouse), 1909년, 개인 소장

샘이 있었고 샘 옆에는 열매가 탐스럽게 매달린 큰 뽕나무 한 그루가 서 있었다. 그곳은 숨어서 누군가를 기다리가 딱 좋은 장소였다.

이루어질 수 없는 사랑

　해가 지고 밤이 찾아오자 티스베는 얼굴을 베일로 가리고 조심스럽게 집을 빠져 나갔다. 그녀는 약속 장소인 무덤가로 가서 나무 아래에 앉아 있었다. 한밤중에 무덤가라면 무서울 법도 하지만 사랑 앞에서

는 아무 것도 문제가 되지 않았다. 그때 암사자 한 마리가 나타났다. 사자가 목을 축이고자 하필이면 티스베가 숨어 있는 나무 근처의 우물가로 다가왔다. 암사자는 소떼들을 잡아먹고 온 직후여서 주둥이가 피로 시뻘겋게 물들어 있었다. 밝은 달빛 아래에서 사자를 본 티스베는 두려움에 떨며 조심조심 근처의 동굴로 도망갔다. 하지만 너무 놀란 나머지 베일이 떨어지는 것을 눈치 채지 못했다. 사나운 사자는 물을 양껏 마신 후에 숲으로 돌아갔다. 그런데 무슨 운명의 장난인지 사자는 땅에 떨어진 티스베의 베일을 피투성이가 된 입으로 갈기갈기 찢어버렸다. 잠시 후 약속 장소에 도착한 피라모스는 모래에 남아 있는 짐승의 선명한 발자국을 보고 얼굴이 창백하게 질렸고, 이어 피로 물든 티스베의 베일을 발견하고 오열했다.

"같은 날 밤에 연인이 함께 죽는구나. 아, 그녀는 오래 살아야했는데! 모든 게 내 잘못이야. 가련한 내 사랑, 내가 그대를 죽인 거나 다름없다오. 이 밤에 이런 무서운 곳에 그대를 오게 하고 나는 늦게 왔으니 말이오. 나의 몸을 갈기갈기 물어뜯어라. 그리고 사나운 이빨로 나의 흉악한 내장을 먹어버려라. 여기 절벽 아래 살고 있는 모든 사자들이여! 하지만 이렇게 죽기만을 소원하는 것은 겁쟁이나 할 짓이지."

피라모스와 티스베
한스 발둥 그리엔(Hans Baldung), 1530년경
베를린 국립 회화관

말을 마친 후 그는 뽕나무 아래로 가서 베일을 집어들었다. 그는 눈물을 흘리며 익숙한 베일에 입을 맞춘 후 "쏟아

지는 나의 피도 들이마셔라."라고 외쳤다. 그리고 칼을 꺼내 자신의 옆구리를 깊게 찔렀다. 그는 숨이 거의 넘어가는 순간 지체없이 칼을 옆구리에서 뽑아냈다. 그가 쓰러지자 피가 높이 치솟아 올랐는데 마치 손상된 수도관이 터져서 작은 틈새로 강력하게 물을 뿜어내는 것과 같았다. 그의 피는 뽕나무의 열매와 뿌리를 자주색으로 물들였다. 그 순간 티스베가 약속 장소로 돌아오고 있었다. 그녀는 연인에게 자신이 얼마나 위험했었는지를 말해주고 싶었다.

티스베의 절규와 뽕나무 열매

무덤가로 돌아온 티스베는 그러나 나무를 금방 찾지 못하였다. 자주빛으로 변해버린 열매 색깔 때문에 헷갈렸던 것이다. 그때 그녀는 뽕나무 아래에서 피투성이가 된 채 발버둥치는 뭔가를 발견하고 흠칫 놀라 뒤로 물러섰다. 하지만 그녀는 금방 연인을 알아보았고 죄 없는 자신의 팔을 내리치고 머리를 쥐어뜯었다. 그녀는 연인을 껴안고 눈물

피라모스와 티스베
피에르 클로드 고테로(Pierre Gautherot), 1799년, 멜룬 미술역사관

을 쏟으며 싸늘한 그의 얼굴에 입을 맞추며 울부짖었다.

"피라모스, 이게 무슨 운명인가요. 어떤 운명이 나에게서 당신을 빼앗아갔나요? 피라모스, 말 좀 해봐요! 당신이 지극히 사랑하는 티스베가 당신을 부르고 있어요, 내 말 좀 들어봐요. 얼굴 좀 들어봐요!"

피라모스는 티스베의 절규에 무거운 눈꺼풀을 뜨고 그녀를 쳐다보더니 이내 눈을 감았다. 티스베는 "나도 당신을 따라 죽겠어요. (…) 죽음도 나에게서 당신을 빼앗아갈 수 없어요. 오, 불행한 우리들의 아버지. 우리의 단 하나의 소원을 들어주세요. 죽음의 순간에 결연한 사랑으로 하나가 된 우리가 한 무덤에서 영면하는 것을 시샘하지 말아주세요." 그리고 그녀는 뽕나무 열매가 그들의 사랑을 기억하도록 어두운 색으로 맺어 있으라고 말했다. 이어 그녀는 연인의 피로 아직도 온기가 남은 칼로 자신을 찔렀다. 그녀의 소원은 신들과 그들의 아버지를 감동시켰다. 그 후 뽕나무 열매는 검은 색이 되었다고 한다.

피레네우스 Pyreneus

요약

  그리스 신화에 나오는 다울리스의 폭군이다.

  폭풍우가 몰아치는 어느 날 자기 나라를 지나가는 무사이 여신들에게 자신의 궁전에서 비를 피하고 가라고 권하고는 궁 안에 들어온 여신들을 겁탈하려 했다. 여신들이 피해 날아가자 그는 여신들을 뒤쫓으려다 높은 성벽에서 떨어져 죽고 말았다.

기본정보

구분	다울리스의 왕
상징	흑심
외국어 표기	그리스어: Πυρηνεύς
어원	불 피우는 자
관련 신화	무사이 여신

신화이야기

무사이 여신들을 겁탈하려 한 피레네우스

  피레네우스는 트라키아 군대로 다울리스와 포키스의 들판을 불법으로 점령한 후 왕이 되어 이곳을 다스리는 폭군이었다. 그는 폭풍우가 몰아치는 가운데 그의 나라를 가로질러 헬리콘 산(혹은 파르나소스 산)으로 가는 무사이 여신들을 발견하고는 자신의 궁전에서 비를 피했다가 가라고 권했다. 여신들은 그의 호의를 고맙게 받아들였다. 그러나 그는 무사이 여신들을 공경하는 적하며 친절을 베풀었지만 속으로는 아름다운 여신들에게 흑심을 품고 있었다.

폭풍우가 그치고 여신들이 궁전을 떠날 채비를 하자 그는 궁전의 문을 닫아걸고 여신들을 겁탈하려고 했다. 하지만 여신들은 곧 날개를 펴고 하늘로 날아올랐고, 피레네우스는 그 뒤를 쫓아 성벽 꼭대기까지 올라가서는 여신을 잡으려 몸을 날렸다. 결국 그는 거꾸로 떨어져 두개골이 박살나면서 땅을 자신의 사악한 피로 물들이고 말았다.

또 다른 전해지는 이야기에 따르면 피레네우스의 궁에 잠시 들렀던 여신들은 백조의 모습을 하고 있었으며, 그 중 한 명은 피레네우스에게 희생되었다고 한다.

피에로스 Pierus

요약

그리스 신화에 나오는 마케도니아의 왕으로 자기 나라에 무사이(뮤즈) 숭배를 도입하였다. 올림포스 산 북쪽에 있는 피에로스 산은 그의 이름에서 유래한다. 그가 아내 에우히페와 사이에서 낳은 아홉 명의 딸(피에리데스)들은 무사이 여신들과 노래 실력을 겨루다 까마귀로 변하고 말았다.

기본정보

구분	마케도니아의 왕
외국어 표기	그리스어: Πίερος
관련 신화	무사이 여신, 피에리데스

인물관계

피에로스는 마케도니아의 시조인 마케돈의 아들이라고도 하고, 마케돈의 형제인 마그네시아 왕 마그네스와 멜리보이아의 아들이라고도 한다. 그는 트라키아 지방 파이오니아 출신의 처녀 에우히페와 결혼하여 피에리데스라고 불리는 아홉 명의 딸을 낳았다. 피에로스는 또 무사이 중 한 명인 클리오와 사이에서 히아킨토스를 낳았으며, 오르페우스의 아버지로 간주되기도 하는 트라키아의 왕 오이아그로스도 그와 클리오의 아들이라고 한다.

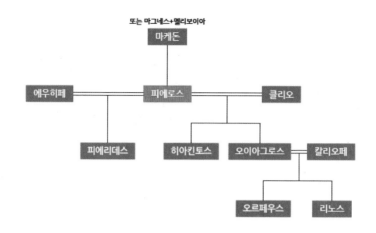

또는 마그네스+멜리보이아

마케돈

에우히페 ─── 피에로스 ─── 클리오

피에리데스 히아킨토스 오이아그로스 ─ 칼리오페

오르페우스 리노스

신화이야기

피에로스와 무사이 여신들

피에로스는 마케도니아의 도시 펠라를 다스리던 왕으로 트라키아 신화를 통해 무사이 여신들을 알게 된 뒤 자기 나라에 무사이(뮤즈) 숭배를 도입하였다고 알려져 있다.

그는 무사이 가운데 하나인 클리오의 사랑을 받았는데, 클리오가 피에로스를 사랑하게 된 것은 그녀가 미소년 아도니스에 대한 아프로디테의 사랑을 우습게 여긴 벌이었다고 한다. 피에로스와 클리오 사이에서는 아폴론의 사랑을 받은 미소년으로 유명한 히아킨토스가 태어났다.(하지만 히아킨토스는 라케다이몬의 아들 아미클라스와 디오메데 사이의 자식이라는 이야기도 있다)

무사이 칼리오페와 사이에서 오르페우스와 리노스를 낳았다고 알려진 트라키아이 왕 오이아그로스도 그의 아들이라고 한다.

피에리데스

피에로스는 트라키아 여인 에우히페와 결혼하여 피에리데스라고 불

피에리데스의 경연 대회
로소 피오렌티노(Rosso Fiorentino), 1540년, 루브르 박물관

리는 아홉 명의 딸을 낳았다. 피에리데스는 모두 예술적 재능과 노래 실력이 아주 뛰어났는데, 자신들의 재능을 과신한 나머지 무사이 여신들이 사는 헬리콘 산으로 가서 여신들에게 노래 실력을 겨루자고 도전장을 냈다. 숲의 님페들을 심판으로 삼아 열린 피에리데스와 무사이의 노래 대결은 결국 무사이의 승리로 끝이 났다. 하지만 피에리데스는 패배를 인정하지 않고 계속해서 무사이를 헐뜯다가 분노한 여신들에 의해 까마귀로 변하고 말았다.

피에리데스 Pierides

요약

그리스 신화에 나오는 마케도니아의 왕 피에로스의 아홉 딸들로 무사이 여신들과 노래를 겨루다 여신들의 분노를 사게 되어 까마귀로 변했다. 하지만 고대 로마의 시인들은 피에리데스라는 이름을 무사이 여신들을 가리키는 수식어로 사용하기도 했다.

기본정보

구분	공주
상징	오만
외국어 표기	그리스어: Πιερίδες
어원	피에로스의 딸들
관련 동물	까마귀
관련 신화	피에로스, 무사이 여신

인물관계

피에리데스는 마케도니아 왕 피에로스와 트라키아의 처녀 에우히페 사이에서 태어난 아홉 명의 딸들이다.

안토니누스 리베랄리스에 따르면 피에리데스는 각기 다른 새로 변신했으며 이름은 콜림바스, 잉크스, 켕크리스, 킷사, 클로리스, 아칼란티스, 네사, 피포, 드라콘티스였다고 한다.

신화이야기

무사이의 다른 이름

피에리데스는 고대 로마의 시인들에 의해
종종 무사이 여신을 지칭하는 말로 사용되
었다. 일설에 따르면 무사이 여신들은 크게
두 부류로 나뉘는데, 트라키아 지방 피에리
아의 무사이와 헬리콘 산의 무사이가 그들
이다. 그 중 첫 번째 부류의 무사이는 흔히
피에리데스라는 이름으로 불리었다. 헬리콘
산의 무사이 여신들이 주로 아폴론과 관련
하여 등장하는 데 비해 이들은 트라키아 지
방에서 중요시하던 오르페우스나 디오니소
스 신화에 자주 등장하였다.

파우사니아스의 『그리스 안내』에 따르면
피에리데스는 무사이와 같은 이름을 갖고 있던 것에 불과하며, 신화에
서 무사이 여신들의 자식으로 알려진 인물들은 실제로는 피에리데스

또는 마그네스+멜리보이아

마케돈

피에로스 ━ 에우히페

피에리데스

콜림바스
잉크스
켕크리스
킷사
클로리스
아칼란티스
네사
피포
드라콘티스

무사이에 의해 새가 된 피에리데스
도메니코 피올라(Domenico Piola), 1690∼1700년경, 로스앤젤레스카운티 미술관

가 낳은 자식들이었다고 한
다. 그러므로 무사이 여신들
의 처녀성은 영원히 유지되
었다는 게 그의 설명이다.

피에리데스의 변신
1606년, 오비디우스 『변신이야기』의 삽화
로스앤젤레스카운티 미술관

새로 변한 피에리데스

  또 다른 전설에 따르면 피
에리데스는 마케도니아의
왕 피에로스가 트라키아 여
인 에우히페와 결혼하여 낳
은 아홉 명의 딸이다. 피에
리데스는 모두 예술적 재능과 노래 실력이 아주 뛰어났는데, 자신들
의 재능을 과신한 나머지 무사이 여신들이 사는 헬리콘 산으로 가서
여신들에게 노래 실력을 겨루자고 도전장을 냈다.

  "그대들(무사이)은 공허한 달콤함으로 무식한 대중을 속이는 일일
  랑 그만두세요. 테스피아이의 여신들이여, 조금이라도 자신이 있으
  시면 우리와 노래 시합을 해요. 우리는 목소리에서도, 기술에서도
  그대들에게 지지 않을 것이며 숫자도 똑같아요. 그대들이 지면 데
  두사의 샘과 휘안테스족의 아가닙페 샘을 떠나세요.
  우리가 지면 에마티아의 들판에서 눈 덮인 파이오네스족의 나라까
  지 물러갈 거예요. 시합의 판정은 요정들에게 맡기도록 해요!"

  피에리데스와 무사이이 노래 대결에서 요정들은 결국 무사이의 손
을 들어주었다. 하지만 피에리데스는 패배를 인정하지 않고 계속해서
무사이를 헐뜯다가 분노한 여신들에 의해 까마귀로 변하고 말았다.

피쿠스 Picus

요약

로마 신화에 등장하는 라티움의 전설적인 왕이자 전원의 신이다.

마녀 키르케의 사랑을 받
았으나 오직 아내만을 사랑
하여 그녀의 구애를 거절하
였다. 이에 분노한 키르케가
피쿠스를 딱따구리로 만들
어버렸다.

피쿠스와 키르케
루카 지오다노(Luca Giordano)

기본정보

구분	전원의 신
상징	일편단심의 사랑
어원	딱따구리
관련 신화	마르스, 키르케
가족관계	사투르누스의 아들, 카넨스의 남편

인물관계

피쿠스는 사투르누스(그리스 신화의 크로노스)의 아들로 님페 카넨스
와 사이에서 목신 파우누스(그리스 신화의 판 혹은 사티로스)를 낳았다.
이 경우 그는 파우누스의 아들로 알려진 라티움의 왕 라티누스의 할
아버지가 된다.

신화이야기

개요

피쿠스는 라티움의 도시 라우렌툼을 건설한 전설적인 왕이자 숲과 정원의 신으로 숭배되었다. 그는 아들로 알려진 파우누스와 마찬가지로 예언능력이 있었는데, 딱따구리로 변신하여 마르스(그리스 신화의 아레스)의 신전 나무 기둥에 앉아 신탁을 내렸다고 한다. 딱따구리는 마르스를 상징하는 새다. 피쿠스에 대해서는 두 가지의 서로 다른 신화가 전해져 온다.

사투르누스　야누스 ━ 베닐리아
피쿠스 ━ 카넨스
파우누스
라티누스
라비니아 ━ 아이네이아스
실비우스
(...)
로물루스

딱따구리가 된 피쿠스

『변신이야기』에 따르면 피쿠스는 매우 잘생긴 왕으로 라티움의 숲에 사는 온갖 님페들의 사랑을 독차지하였다고 한다. 하지만 그에게는 누구보다도 사랑하는 아내 카넨스가 있었다. 카넨스는 야누스 신과 님페 베닐리아 사이에서 태어난 딸로 빼어난 미모를 지닌 님페였는데 그녀의 노랫소리는 얼굴보다 더 아름다웠다.

어느 날 피쿠스는 라우렌툼의 들판으로 사냥을 나갔다가 약초를 따러 나왔던 마녀 키르케의 눈에 띄게 된다. 키르케는 그에게 첫눈에 반해 사랑을 고백했지만 피쿠스는 그녀의 구애를 단호하고 쌀쌀맞게 거절하면서 자신은 오로지 아내 카넨스만을 사랑할 뿐이라고 하였다. 몇 번이고 간청해도 소용이 없자 키르케는 분노하여 다시는 사랑하는 카넨스에게 돌아가지 못할 거라고 소리치며 피쿠스를 딱따구리로 만들어버렸다.

카넨스는 남편 피쿠스가 사라진 뒤 그를 찾아 라티움은 물론 온 들판을 헤매고 다녔다. 먹지도 자지도 않고 정처 없이 돌아다니던 카넨스는 지친 몸으로 티베리스 강둑에 앉아 슬피 울며 노래를 부르다 몸이 녹아내려 샘이 되었다고 한다.

다른 전해지는 이야기에 따르면 키르케가 딱따구리로 변신시킨 피쿠스의 사랑하는 아내는 나무의 님페 포모나라고도 한다.

누마 폼필리우스 왕에게 사로잡힌 피쿠스

또 다른 전해지는 이야기에 따르면 피쿠스는 정원의 신으로 마음대로 모습을 바꿀 수 있었다고 한다. 그는 특히 군신 마르스의 신성한 새인 딱따구리로 변신하는 것을 좋아했는데, 새의 모습으로 마르스

피쿠스를 딱따구리로 변신시키는 키르케
요한 빌헬름 바우어(Johann Wilhelm Baur)의 판화, 1640년
오비디우스 『변신이야기』 수록 삽화

신전의 기둥에 앉아 신탁을 내리곤 했다.

피쿠스는 아들 파우누스와 함께 누마 폼필리우스 왕에게 사로잡힌 적이 있었다. 누마 왕은 로물루스에 이어 로마의 제2대 왕에 오른 전설적인 인물로 토착신인 피쿠스와 파우누스에게서 유피테르(그리스 신화의 제우스) 신을 하늘에서 내려오게 하는 방법을 알아내려 했다. 누마 왕은 피쿠스와 파우누스가 물을 마시러 오는 샘 근처에 포도주를 놓아 두어 그들을 취하게 한 다음 사로잡았다. 둘은 왕의 시도를 좌절시키려고 여러 가지 형태로 모습을 변하며 도망치려 했지만 결국 실패하고 유피테르를 하늘에서 끌어내리는 방법을 가르쳐주었다.

누마 왕은 하늘에서 내려온 유피테르에게 번개를 피할 수 있는 방법과 그에게 바칠 제물의 품목을 물었고, 유피테르는 산 사람을 바칠 것을 요구하였다. 하지만 누마 왕은 산 사람 대신 그와 비슷한 대용품을 제물로 바치게 함으로써 다시는 살아있는 사람이 제물로 바쳐지지 않게 하였다고 한다.

로물루스와 레무스가 강물에 버려졌을 때 이리와 함께 두 아이를 돌본 딱따구리도 피쿠스가 변신한 것이라고 한다.

피테우스 Pitteus, Pittheus

요약

그리스 신화에 나오는 트로이젠의 왕으로, 박식하고 지혜로운 예언
자로도 유명하다. 피테우스는 친구인 아테네의 왕 아이게우스가 델포
이에서 얻은 신탁의 의미를 간파하고 자기 딸을 그와 동침시켜 영웅
테세우스를 낳게 하였다.

기본정보

구분	트로이젠의 왕
상징	지혜, 예언
외국어 표기	그리스어: Πιτθεύς
관련 신화	테세우스

인물관계

피테우스는 제우스의 손자인 펠롭스가 피사의 왕 오이노마오스의
딸 히포다메이아와 결혼하여 태어난 아들로 아트레우스, 티에스테스,
트로이젠 등과 형제이며 아스티다메이아, 니키페와는 남매지간이다.
피테우스에게는 두 딸 아이트라와 헤니오케가 있었는데, 아이트라
는 아테네의 왕 아이게우스와 사이에서 테세우스를 낳았고, 헤니오케
는 포세이돈과 사이에서 스키론을 낳았다.

제우스 — 플루토

탄탈로스 — 디오네

다나이스 — 펠롭스 — 히포다메이아 — 브로테아스 — 니오베

크리시포스 · 아트레우스 · 티에스테스 · 아스티다메이아 · 피테우스 · 니키페 · 트로이젠

아가멤논 · 메넬라오스 · 아이기스토스 · 포세이돈 — 헤니오케 · 아이트라 — 아이게우스

오레스테스 · 스키론 · 테세우스

신화이야기

트로이젠의 건설

펠롭스의 아들 피테우스는 형제인 트로이젠과 함께 고향을 떠나 아르골리스 지방에 정착하였다. 그곳은 포세이돈의 후손으로 알려진 아에티오스가 다스리고 있었다. 아에티오스는 두 형제를 환대하였고, 나중에 자기 나라도 그들에게 물려주었다. 두 형제는 함께 나라를 다스렸는데 얼마 후 트로이젠이 죽자 피테우스 혼자 다스리게 되었다. 왕이 된 피테우스는 도시를 건설하고 도시 이름을 죽은 형제의 이름을 따서 트로이젠이라고 지었다.

딸을 아테네 왕과 동침시킨 피테우스

피테우스는 학식이 높고 지혜로웠으며 뛰어난 예언자로도 알려졌다.

그래서 아테네의 왕 아이게우스는 델포이의 신전에서 자신이 얻은 신탁의 의미를 알 수 없었을 때 절친한 친구이기도 한 피테우스를 찾았다. 그가 신탁을 구한 이유는 아내가 두 명이나 있는데도 도무지 대를 이을 자식이 태어나지 않았기 때문이었다. 아이게우스에게서 신탁의 내용을 들은 피테우스는 곧 위대한 인물이 아이게우스의 자식으로 태어나게 되리라는 의미임을 간파하였다. 피테우스는 성대한 주연을 벌여 아이게우스를 취하게 만든 뒤 자기 딸 아이트라를 그의 침실에 넣어 동침하게 하였다. 여기서 태어난 아이가 아테네의 영웅 테세우스이다.

아테네로 간 테세우스

아이트라가 자신과 동침하여 아이를 임신하자 아이게우스는 그녀를 커다란 바위가 있는 곳으로 데려갔다. 그는 바위 밑에 자신의 칼과 신발을 숨겨두면서 아이가 태어나 바위를 들어 올릴 수 있을 만큼 자라면 이 물건들과 함께 아테네로 보내라고 말하고 트로이젠을 떠났다. 피테우스의 궁에서 성장한 테세우스는 열여섯 살 때 벌써 그 바위를 들어 올려 그 밑에 있던 칼과 신발을 가지고 아테네로 가서 아이게우스에 뒤이어 아테네의 왕이 되었다.

아테네의 왕이 된 뒤 테세우스는 아마조네스의 여왕 히폴리테(혹은 그녀의 여동생 안티오페)와 사이에서 얻은 아들 히폴리토스를 트로이젠으로 보내 피테우스의 왕위를 계승하게 하였다.

피톤 Python

요약

  그리스 신화에 나오는 거대한 뱀이다.

  대지의 신 가이아가 홀로 낳은 자식으로 파르나소스 남쪽 기슭을 지배하다가 아폴론의 화살을 맞고 죽었다. 아폴론이 승리를 기념하여 델포이에서는 4년마다 피티아 제전이 열렸다.

기본정보

구분	괴물
상징	예언
외국어 표기	그리스어: Πύθων
어원	'썩다'란 뜻의 '피테인'에서 유래
별칭	파이선
관련 동물	뱀
관련 신화	델포이의 신탁
가족관계	가이아의 아들

인물관계

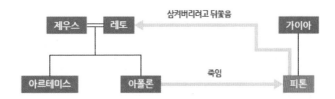

신화이야기

피톤의 탄생

피톤은 대지의 여신 가이아가 홀로 낳은 아들이다. 데우칼리온의 홍수가 지나가고 물이 빠지면서 대지에 남은 썩은 진흙과 수렁 속에서 기어 나왔다고 한다. 가이아는 그를 파르나소스 산기슭에 자리 잡은 피토(나중의 델포이)에서 살게 하였다.

피톤은 그곳 대지의 틈바구니에서 살면서 사람들을 괴롭혔고 또 가이아의 신탁을 전해주기도 했다. 피톤이 지배하던 이 신탁소는 그가 아폴론의 화살을 맞고 죽은 뒤 이곳이 델포이로 바뀌면서 아폴론을 모시는 유명한 델포이의 신탁소가 되었다. 피톤이 아폴론에게 죽임을 당하게 된 연유는 아폴론의 출생과 관계가 있다.

아폴론과 피톤

피톤은 어느 날 가이아로부터 다음에 태어나는 제우스의 자식이 자신을 죽일 것이라는 예언을 들었다. 마침 레토 여신이 제우스의 자식

아폴론과 피톤
파울 루벤스(Peter Paul Rubens), 1636~1637년, 프라도 미술관

을 임신했다는 것을 알게
된 피톤은 아이가 태어나
기 전에 레토를 통째로
삼켜 버리기로 작정했다.
한편 레토가 남편 제우스
와 정을 통하고 아이까지
임신한 것을 알게 된 헤
라 여신은 질투심에 사로
잡혀 레토가 태양이 비치
는 곳에서는 절대로 아이

피톤을 죽인 아폴론
비르길 졸리스(Virgil Solis), 1581년
오비디우스 『변신이야기』 수록 삽화

를 낳을 수 없게 하였다. 헤라는 부부생활의 여신으로 결혼과 출산을
관장한다. 일설에는 헤라 여신이 남편 제우스의 아이를 가진 레토를
죽이라고 피톤을 보냈다고도 한다.

피톤에게 쫓기는 레토를 돌봐 준 것은 바다의 신 포세이돈이었다.
포세이돈은 제우스의 은밀한 부탁을 받고 레토를 오르티기아 섬(델로
스 섬)에 숨겨주었고, 높은 파도로 햇볕을 가려 그녀가 출산할 수 있
도록 도왔다. 레토는 쌍둥이 남매 아폴론과 아르테미스를 낳았다.

피톤의 죽음

아폴론은 태어난 지 사흘 만에 화살을 쏘아 피톤을 죽였다고 한다.
이는 어머니를 괴롭힌 데에 대한 복수이기도 하지만 제우스로부터 예
언 능력을 부여받은 아폴론이 경쟁자를 제거한 사건이기도 했다. 피
톤이 지배하고 있던 예언의 땅을 자신의 성소로 만들기 위해서 아폴
론은 가이아가 예언한 대로 피톤을 죽일 수밖에 없었다. 이제 신탁의
권리는 아폴론에게로 넘어갔고, 피톤의 썩은 땅 피토는 '대지의 자궁'
을 뜻하는 델포이로 지명이 바뀌었다. 하지만 이곳에서 신탁을 전하
는 여사제들은 이후에도 계속해서 피티아라고 불렸다.

피톤을 무찌른 아폴론
귀스타브 모로(Gustave Moreau), 1885년
캐나다 국립 미술관

피톤을 죽이는 아폴론
외젠 들라크루아(Eugene Delacroix)
1850〜1851년, 루브르 박물관

아폴론은 피톤의 시체에서 껍질을 벗긴 다음 몸통은 석관에 넣어
세계의 배꼽 옴팔로스 밑에 묻고, 껍질은 피티아가 신탁을 받는 다리
셋 달린 솥을 감싸게 하였다. 그리고 가이아 여신의 진노를 피하기 위
해 피톤의 죽음을 애도하는 제사를 8년마다 열게 하였다.

신화해설

아폴론이 피톤을 죽이고 자신이 신탁소의 새로운 지배자임을 선포
하는 이 신화는 그리스 신들의 세대교체를 상징한다. 이제 인간들은
태초의 자연 신인 가이아의 뜻이 아니라 올림포스 시대의 이성적인
신 제우스와 아폴론의 뜻에 따라 살게 된 것이다. 아폴론이 예언의
신이자 동시에 빛과 예술과 학문을 관장하는 신이란 점은 앞으로 도
래하게 될 세상의 성격을 암시한다고 하겠다.

피톤에 대한 아폴론의 승리를 기념하여 델포이에서는 기원전 590년 경부터 예술과 스포츠의 향연인 피티아 제전이 4년마다 거행되었는데, 이 무렵 그리스는 철학과 문학과 예술이 활짝 꽃피는 고전시대로 들어서려 하고 있었다.

필라데스 Pylades

요약

   그리스 신화에서 아가멤논의 아들 오레스테스의 둘도 없는 친구다. 오레스테스가 아버지의 원수를 갚고 복수의 여신들에게 쫓길 때 충실한 동반자가 되어주었다.

기본정보

구분	왕
상징	친구, 우정, 충실한 동반자
외국어 표기	그리스어: Πυλάδης
관련 신화	탄탈로스 가문의 저주, 오레스테스의 모친 살해

인물관계

   필라데스는 포키스의 왕 스트로피오스와 아낙시비아 사이에서 난 아들이다. 그의 어머니 아낙시비아는 아트레우스의 딸로 아가멤논, 메넬라오스와 남매지간이다. 그러므로 오레스테스는 그의 사촌이 된다. 필라데스는 오레스테스의 누이 엘렉트라와 결혼하여 메돈과 스트로피오스 2세를 낳았다.

신화이야기

오레스테스와 필라데스

　미케네의 왕자 오레스테스는 어릴 때 고모부 스트로피오스 왕의 궁으로 보내져 그곳에서 자랐다. 그 이유는 그의 어머니 클리타임네스트라가 남편 아가멤논이 트로이 전쟁에 나간 동안 새 남편(혹은 정부) 아이기스토스와 함께 지내기 위해 보냈기 때문이다. 다른 이야기에 따르면 클리타임네스트라와 아이기스토스가 전쟁에서 귀환한 아가멤논을 살해하고 그의 외아들인 오레스테스마저도 죽이려 했기 때문에 피신한 것이라고도 한다. 이때 스트로피오스 왕에게는 아낙시비아와의 사이에서 난 비슷한 또래의 아들 필라데스가 있었는데, 사촌지간인 두 아이는 포키스 왕국의 궁전에서 함께 자라며 두터운 우정을 키워 나갔다.

아이기스토스와 클리타임네스트라의 살해

오레스테스는 어른이 되자 아버지의 죽음에 대해 자신이 어떻게 행동해야 할 지를 신탁에 물었고, 신탁은 그에게 복수를 명하였다. 필라데스는 오레스테스가 복수를 위해 미케네로 떠날 때 동행하여 친구를 도왔다. 미케네에 도착한 오레스테스는 아버지 아가멤논 무덤 앞에서 누이 엘렉트라와 재회하고 함께 아버지 아가멤논을 살해한 아이기스토스와 어머니 클리타임네스트라를 죽여 복수에

필라데스와 오레스테스
프랑수아 부쇼(Francois Bouchot), 1862년
크라이슬러 컬렉션

성공했다. 하지만 이것은 또한 오레스테스에게 모친 살해라는 반인륜의 죄를 의미했다. 오레스테스는 광기에 사로잡힌 채 복수의 여신 에리니에스에게 쫓기는 신세가 되지만 아무도 제 어미를 죽인 오레스테

타우리스의 오레스테스, 필라데스, 이피게네이아
캄파니아 적색상 도기, 기원전 330년, 루브르 박물관

스를 받아주려 하지 않았다. 오레스테스는 광기와 복수의 여신들에게 시달리며 스스로 목숨을 끊으려고까지 했지만 이를 막아준 사람은 끝까지 친구의 곁을 지키며 돌봐준 필라데스였다.

타우리스의 이피게네이아

 델포이의 신탁은 오레스테스에게 내려진 저주와 죄를 씻어내려면 야만족의 나라 타우리스에 가서 아르테미스 신전의 여신상을 가져와야 한다고 말했다. 오레스테스는 필라데스와 함께 타우리스로 향하였다. 그곳에서 둘은 이방인을 붙잡으면 아르테미스 여신의 제단에 인신 제물로 바치는 타우리스의 풍습에 따라 목숨을 잃을 위기에 처하지만 죽은 줄로 알았던 누이 이피게네이아와 극적으로 상봉하여 죽음을 면했다. 세 사람은 함께 여신상을 훔쳐 야만족의 나라를 빠져나왔다.

오레스테스의 누이 이피게네이아는 그리스군이 트로이 원정을 떠나는 출정식 때 순항을 기원하기 위해 아버지 아가멤논에 의해 아르테미스 여신께 제물로 바쳐졌는데, 여신이 불쌍히 여겨 그녀를 사슴과 맞바꾸어 타우리스로 데려와서 자기 신전의 여사제로 삼았던 것이다.

오레스테스, 엘렉트라, 필라데스
캄파니아 적색상 도기, 기원전 330년, 루브르 박물관

결혼과 동맹

 그리스로 돌아온 오레스테스는 아르테미스 여신상을 아티카의 브라우론에 있는 여신의 신전에 바치고 마침내 죄와 저주에서 정화되었고, 필라데스는 미케네에서 그들을 기다리고 있던 엘렉트라와 다시 만나 결혼하였다. 엘렉트라는 아이기스토스가 후환을 없애기 위해 억지로 시골의 농부와 결혼을 시킨 상태였지만, 농부는 엘렉트라가 왕가의 혈통이며 이 결혼이 강제에 의한 것임을 알고 그녀의 처녀성을 지켜주고 있었다. 필라데스와 엘렉트라 사이에서는 두 아들 메돈과 스

트로피오스 2세가 태어났다. 이후 필라데스는 아버지 스트로피오스의 뒤를 이어 포키스의 왕위에 올랐고, 마찬가지로 아이기스토스의 아들 알레테스를 몰아내고 미케네의 왕위를 되찾은 오레스테스와 변함없는 우정과 더불어 굳은 동맹 관계를 유지했다.

오레스테스와 필라데스
로마 시대 석상, 루브르 박물관

신화해설

필라데스는 오레스테스에게 말 그대로 둘도 없는 친구다. 오레스테스는 저주 받은 가문에서 태어나 어릴 때부터 이루 말할 수 없는 고통과 시련을 겪는 인물이다. 그러한 오레스테스에게 필라데스는 어린 시절에는 도피처이자 보금자리였고, 성인이 되어서는 더 없이 충실하고 헌신적인 동반자였다. 필라데스가 곁에 없는 오레스테스는 상상조차하기 힘들다. 비극이나 서사시를 통해 오레스테스의 혹독한 시련을 고통스럽게 지켜보는 고대 그리스인들이 필라데스로 인해 얼마나 위안을 느꼈을지 공감이 간다.

두 사람의 깊은 우정은 아킬레우스와 파트로클로스의 경우와 마찬가지로 동성애로 해석되기도 했다. 로마 시대의 그리스 작가 루키아노스는 대화집 『에로테스』에서 이성애와 동성애를 비교하면서 오레스테스와 필라데스의 관계를 대표적인 동성애적 우정으로 꼽았다.

관련 작품

문학

아이스킬로스: 『오레스테이아 3부작』

소포클레스: 『엘렉트라』

에우리피데스: 『엘렉트라』, 『이피게네이아』

키케로: 『우정에 관하여』

괴테: 『타우리스의 이피게니에』

사르트르: 『파리떼』

음악

헨델: 〈오레스테〉, 오페라

크리스토프 글루크: 〈타우리스의 이피게니에〉, 오페라

필라스 Pylas

요약

   그리스 신화에 나오는 메가라의 왕이다.

   아테네에서 쫓겨 온 케클롭스의 아들 판디온을 사위로 맞고 메가라의 왕위도 물려주었다. 판디온의 아들들은 나중에 아테네의 왕위도 되찾았다. 필라스는 메가라를 떠나 메세니아 지방과 엘레이아 지방에 도시 필로스를 건설하였다.

기본정보

구분	메가라의 왕
외국어 표기	그리스어: Πύλας, Πύλος
별칭	필로스(Pylus)
관련 신화	아테네 왕가

인물관계

   필라스는 클레손의 아들이고, 스파르타의 시조로 간주되는 렐렉스의 손자이다. 필라스의 딸 필리아는 아테네 왕 케크롭스의 아들인 판디온과 결혼하여 아이게우스, 니소스, 팔라스, 리코스 등의 아들을 낳았다. 아이게우스는 피테우스의 딸 아이트라 사이에서 테세우스를 낳았다.

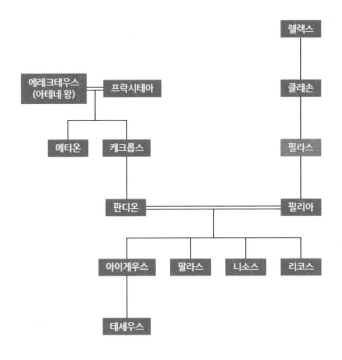

신화이야기

판디온과 필리아

메가라의 왕 필라스는 케크롭스의 아들인 아테네 왕 판디온이 숙부 메티온의 아들들이 일으킨 반란으로 왕좌에서 쫓겨나 메가라로 도망쳐왔을 때 그를 자기 딸 필리아와 결혼시켜 사위로 삼았다. 하지만 얼마 뒤 필라스는 숙부 비아스를 살해한 죄를 씻기 위해 메가라를 떠나 망명길에 오르게 되었다. 그는 메가라의 왕위를 사위 판디온에게 물려주었다.

필리아와 판디온 사이에서는 네 아들 아이게우스, 팔라스, 니소스, 리코스가 태어났다. 판디온이 죽은 뒤 메가라의 왕위에 오른 니소스는 다른 형제들과 함께 아테네로 쳐들어가 메티온의 자식들을 몰아내고 아이게우스를 아테네의 왕좌에 앉혔다. 아테네 왕조는 그 후 아이게우스의 아들 테세우스와 그 후손들로 이어졌다.

필로스 시를 건설한 필라스

메가라에서 추방된 필라스는 한 무리의 렐레게스인들을 이끌고 메세니아로 가서 도시 필로스를 건설했다. 하지만 필라스는 곧 넬레우스에 의해 메세니아에서도 쫓겨나게 되었다. 그러자 필라스는 엘레이아로 이주해서 다시 도시를 건설하였다.

필라스와 함께 도시를 건설한 렐레게스인들은 그리스 땅에 가장 먼저 들어와 살던 민족으로 간주된다.

필람몬 Philammon

요약

그리스 신화에 등장하는 음유시인이다.

아폴론의 아들로 리라 연주와 노래에 능하여 델포이에서 열리는 고대 최고의 음악 경연대회인 피티아 경기에서 우승을 차지하였다.

기본정보

구분	음유시인
외국어 표기	그리스어: Φιλάμμων
관련 신화	피티아 경기

인물관계

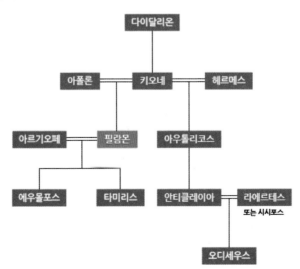

필람몬은 다이달리온의 딸 키오네가 아폴론, 헤르메스 사이에서 낳은 쌍둥이 아들 중 하나이며 다른 아들은 아우톨리코스다. 노래와 시에 능했던 필람몬은 아폴론의 씨를 받아 태어난 아들이고, 도둑질과 술수에 능했던 아우톨리코스는 헤르메스의 씨를 받아서 태어난 아들이라고 한다. 필람몬은 님페 아르기오페와 사이에서 두 아들 에우몰포스와 타미리스를 낳았다.

아우톨리코스는 트로이 전쟁에서 지략과 술수로 명성을 떨친 오디세우스의 외조부이다.

신화이야기

출생

다이달리온의 딸 키오네는 어릴 때부터 빼어난 미모로 유명해서 구혼자들의 발길이 끊이질 않았다. 아폴론과 헤르메스도 키오네의 미모에 반해 각각 그녀와 사랑을 나누었는데, 그러고 나서 키오네가 낳은 쌍둥이 아들이 필람몬과 아우톨리코스다. 두 아들은 각기 다른 성격을 지닌 청년으로 성장했는데 리라 연주와 노래에 뛰어난 필람몬은 음악의 신 아폴론의 자식이고, 민첩하고 교활한 아우톨리코스는 도둑과 전령의 신 헤르메스의 자식이라고 한다.

음유시인 필람몬

필람몬은 델포이에서 열리는 고대의 가장 유명한 노래 경연대회인 피티아 경기에서 두 번째로 우승을 차지한 인물이기도 하다. 피티아 경기의 첫 번째 우승자는 전설적인 음유시인 크리소테미스이고, 필람몬에 이어 세 번째 대회에서 우승을 차지한 사람은 그의 아들 타미리스다.

필람몬은 아폴론과 아르테미스를 출산한 레토 여신을 찬양하는 찬가를 작곡한 뒤 델포이의 신전에서 여성들로 이루어진 최초의 합창대를 만들어 이를 노래하게 하는 전통을 수립하였다. 일설에 따르면 레르네의 데메테르 신비의식도 그가 만든 것이라고 한다.

아르기오페와 타미리스

필람몬은 대단히 아름다운 외모를 지닌 남자였다. 그는 카르나소스 숲의 님페 아르기오페를 사랑하였지만 그녀가 자신의 아이를 임신하자 더 이상 가까이 하려 하지 않았다. 필람몬에게 버림받은 아르기오페는 트라키아로 가서 아들 타미리스를 낳았다.

타미리스는 아버지의 재능을 물려받아 뛰어난 음악가가 되었고 델포이에서 열리는 피티아 경연대회에서 우승도 하였다. 하지만 타미리스는 자신의 재능과 실력을 과신한 나머지 자만에 빠져 무사이 여신들과 음악 경연을 벌였다가 패하여 여신들에 의하여 시력과 목소리를 빼앗기고 말았다.

필람몬의 죽음

필람몬은 아르고호 원정대에도 참여한 용사이기도 했다. 그는 오르코메노스의 왕 플레기아스가 델포이로 쳐들어왔을 때 아르고스인들을 이끌고 도우러 갔다가 전사하였다고 한다.

필레몬 Philemon

요약

그리스 신화에 나오는 착한 농부이다.

필레몬과 그의 아내 바우키스는 나그네로 변신하여 인간세상을 여행하는 제우스와 헤르메스를 반갑게 맞아주고 정성스럽게 대접한 유일한 사람들이다. 제우스는 매정한 인간들을 홍수로 벌할 때 두 사람은 화를 피하게 해주었다.

기본정보

구분	신화 속 인물
상징	착한 사람, 친절한 손님접대
외국어 표기	그리스어: Φιλήμων
어원	친절한
관련 상징	떡갈나무와 보리수
관련 신화	바우키스

인물관계

필레몬은 프리기아 출신의 가난한 농부이고 바우키스의 남편이란 것 외에 달리 알려진 바가 없다.

신화이야기

나그네를 친절히 맞아준 필레몬과 바우키스

제우스는 아들 헤르메스와 함께 인간의 모습을 하고 프리기아 지방을 여행한 적이 있었다. 두 신은 집집마다 대문을 두드리며 하룻밤 쉬어 가기를 청하였지만 아무도 초라한 행색의 나그네에게 문을 열어주지 않았다. 딱 한 집이 그들에게 문을 열어주었는데, 산기슭에 있는 짚과 갈대로 지붕을 인 조그만 오두막이었다. 그곳에는 늙은 농부 필레몬과 그의 아내 바우키스가 살고 있었다.

노부부는 나그네를 대접하기 위해 온갖 정성을 다했지만 너무나 가난했기 때문에 식탁은 초라하기 짝이 없었다. 그래도 그들이 가진 것 중 제일 훌륭한 음식들로 마련된 식사였다. 그런데 어찌 된 일인지 한 병밖에 남지 않은 포도주는 잔에 따를 때마다 다시 병 안에 가득 찼다. 잠시 후 노부부가 손님에게 대접하기 위해 단 한 마리뿐인 거위를

필레몬과 바우키스의 집을 방문한 제우스와 헤르메스
아담 엘스하이머(Adam Elsheimer), 1610년, 알테 마이스터 회화관

잡으려 하자 두 나그네는 빛나는 모습으로 정체를 드러내며 이를 만류하였다.

홍수에 잠긴 프리기아

제우스와 헤르메스는 노부부에게 무례하고 불친절한 프리기아 사람들을 홍수로 벌하려는 그들의 의도를 말해주고 당장 집을 떠나 산꼭대기로 올라가라고 하였다. 노부부가 신들이 시키는 대로 산 정상에 오른 뒤 돌아보자 마을은 이미 모두 물에 잠기고 그들의 오두막만 남아 있었다.

필레몬의 소원

제우스는 필레몬에게 소원을 말해보라고 하였다. 그러자 필레몬은 아내와 함께 제우스 신전의 신관이 되어 여생을 보내고 싶다고 하면서 부부 중 어느 한 쪽이 먼저 죽어 다른 사람이 슬픔 속에 살아가지 않도록 두 사람이 한날한시에 죽게 해달라고 빌었다. 제우스는 필레몬의 소원을 들어주었다. 노부부의 오두막은 순식간에 화려한 제우스 신전으로 바뀌었고, 두 사람은 제우스의 신관이 되어 신전에서 살다가 함께 죽었다. 제우스는 노부부가 죽자 그들을 떡갈나무와 보리수로 변하게 하였다. 그 후로 그곳을 지나는 사람들은 신전 앞에 나란히 서 있는 두 그루의 나무

나그네로 변신하여 필레몬과 바우키스를 방문한 제우스와 헤르메스
오레스트 키프렌스키(Orest Kiprensky), 1802년
라트비아 국립미술관

필레몬과 바우키스가 있는 풍경
파울 루벤스(Peter Paul Rubens), 1620∼25년, 빈 미술사 박물관

를 보면서 천상의 손님들을 경건하게 대접한 선량한 노부부를 기억하였다고 한다.

관련 작품

필레몬과 바우키스의 신화는 후대의 수많은 작가와 예술가들이 즐겨 다룬 주제가 되었다.

문학

장 드 라퐁텐은 오비디우스의 신화를 토대로 우화 『필레몽과 보시스』를, 조나단 스위프트는 1709년에 필레몬과 바우키스를 소재로 한 시를 썼다. 괴테는 『파우스트』 2부(1832년)에서 필레몬과 바우키스를 등장인물로 내세웠으며 고골은 단편소설 『옛 기질의 지주』(1835년)에서 이 신화를 풍자적으로 재해석했다.

나다니엘 호손은 단편 『기적의 주전자』에서 이 신화를 차용했고, 브레히트는 이 신화를 토대로 드라마 『사천의 선인』을 썼고, 막스 프리슈는 소설 『내 이름은 간텐바인』에서 필레몬과 바우키스 캐릭터를 차용했다.

음악

요제프 하이든은 오페라 〈필레몬과 바우키스, 혹은 제우스의 지상 여행〉(1773년)을, 구노는 1860년에 코믹오페라 〈필레몽과 보시스〉를 썼다.

필레우스 Phyleus

요약

  그리스 신화에 나오는 엘리스의 왕 아우게이아스의 아들이다.

  헤라클레스의 12과업 중 하나인 축사 청소 문제를 놓고 아우게이아스 왕과 헤라클레스 사이에 분쟁이 발생했을 때 헤라클레스의 편을 들었다가 아버지의 나라에서 추방되었다. 나중에 헤라클레스는 아우게이아스를 죽이고 필레우스를 엘리스의 왕으로 삼았다.

기본정보

구분	엘리스의 왕
상징	신의, 정직한 증언
외국어 표기	그리스어: Φυλευς
관련 신화	헤라클레스의 12과업
가족관계	아우게이아스의 아들, 크티메네의 남편, 티만드라의 남편, 에우리다메이아의 아버지

인물관계

  필레우스는 헤라클레스에게 자신의 축사 청소를 맡긴 엘리스의 왕 아우게이아스의 아들로 아가스테네스, 에피카스테, 아가메데 등과 형제지간이다. 필레우스는 스파르타의 왕 틴다레오스의 딸인 티만드라(혹은 크티메네)와 결혼하여 아들 메게스와 딸 에우리다메이아를 낳았다. 필레우스와 결혼할 당시 티만드라에게는 남편 에케모스가 있었지만 티만드라는 남편을 버리고 필레우스에게로 갔다. 두 사람의 딸 에우리다메이아는 예언자 폴리에이도스와 결혼하였다.('벨레로폰' 참조)

```
                    헬리오스   또는 포세이돈, 또는 포르바스, 또는 엘레이오스

        악토르      아우게이아스  ◄········· 축사 청소 ·········  헤라클레스

    아가메데   아가스테네스   에피카스테   필레우스 ─── 티만드라
                                                    또는 크티메네

                              메게스      에우리다메이아 ═══ 폴리에이도스
```

신화이야기

아우게이아스의 축사를 청소한 헤라클레스

필레우스의 아버지인 엘리스의 왕 아우게이아스는 태양신 헬리오스로부터 아주 많은 가축을 물려받아 기르고 있었다. 하지만 천 마리가 넘는 가축의 배설물을 30년이 넘도록 한 번도 치우지 않고 그대로 방치한 바람에 더 이상 축사를 쓸 수 없게 되었을 뿐만 아니라 토지도 오물과 악취로 불모의 땅이 되어버렸다. 헤라 여신으로부터 헤라클레스에게 12과업을 부과할 권한을 받은 미케네의 왕 에우리스테우스는 천한 일을 시켜 헤라클레스를 모욕할 심산으로 아우게이

강물을 축사로 돌리는 헤라클레스
스페인 이리아에서 출토된 로마 시대 모자이크화,
3세기, 스페인 국립고고학 박물관

아스의 축사를 청소하게 하였다.

　헤라클레스는 아우게이아스 왕과 축사를 치워주는 대가를 놓고 협상을 벌였다. 헤라클레스는 자신이 단 하루 만에 축사를 치운다면 가축의 십분의 일을 달라고 하였다. 아우게이아스 왕은 그가 절대로 하루 만에 그 일을 하지 못하리라 믿고 기꺼이 그렇게 하겠다고 약속했다. 두 사람은 약속의 증인으로 왕의 아들 필레우스를 내세웠다.

　하지만 헤라클레스는 거짓말처럼 축사 청소를 하루 만에 끝냈다. 그는 축사의 벽에 구멍을 몇 개 뚫은 뒤 알페이오스 강과 페네이오스 강의 강물을 끌어들여 단박에 청소를 끝내고 구멍을 다시 막았던 것이다.

아우게이아스의 축사를 청소하는 헤라클레스
1808년, 「제우스와 알크메네의 아들 헤라클레스의 12과업」 삽화

아버지의 나라에서 쫓겨난 필레우스

　헤라클레스가 뜻밖에 일을 완수하자 아우게이아스는 헤라클레스의 노역이 에우리스테우스 왕의 지시에 따른 것이었으므로 애당초 계약이 성립하지 않는다는 트집을 잡아 약속을 이행하지 않았다. 증인을 섰던 필레우스는 사람들 앞에서 아버지가 헤라클레스에게 일의 대가로 가축의 십분의 일을 주기로 약속했다고 증언하면서 약속의 이행을 촉구하였다. 분노한 아우게이아스는 헤라클레스와 함께 아들 필레우스도 엘리스에서 추방시켰다.

　아버지에게 쫓겨난 필레우스는 둘리키움으로 가서 정착했다. 그곳에서 그는 티만드라(혹은 크티메네)와 결혼하여 아들 메게스를 얻었다.

　한편 헤라클레스는 아우게이아스에게 복수하기 위해 아르카디아의 군대를 이끌고 엘리스로 쳐들어왔다. 하지만 헤라클레스의 공격을 예상한 아우게이아스는 나라의 일부를 양도하는 조건으로 조카 몰리오네 형제와 아마린케우스를 끌어들여 헤라클레스의 군대를 물리쳤다. 잠시 후퇴했던 헤라클레스는 이스토미아 제전에 참가하러 가는 몰리오네 형제를 매복하였다가 살해하고 다시 엘리스로 쳐들어갔다. 헤라클레스는 엘리스를 점령한 뒤 아우게이아스와 그의 아들들을 죽이고 둘리키움에 있는 필레우스를 다시 불러들여 엘리스의 왕위에 앉혔다. 하지만 필레우스는 엘리스에 오래 머물지 않고 다른 형제들에게 엘리스의 왕위를 넘겨주고 다시 둘리키움으로 돌아갔다. 필레우스의 아들 메게스는 훗날 둘리키움의 병사들을 이끌고 트로이 전쟁에 참여하여 이름을 날렸다.

　오비디우스의 『변신이야기』에서 필레우스는 유명한 칼리돈의 멧돼지 사냥에 참가한 영웅들 목록에도 이름을 올리고 있다.

헤라클레스의 12과업
석관, 기원전 3세기 중반, 로마 국립박물관
: 왼쪽부터 네메아의 사자, 괴수 히드라, 에리만토스의 멧돼지, 케리네이아의 암사슴, 스팀팔로스 호수의 괴조, 히폴리테의 허리띠, 아우게이아스의 축사, 크레타의 황소, 디오메데스의 암말

필로멜라 Philomela

요약

그리스 신화에 등장하는 아테네의 공주이다.

언니 프로크네의 남편인 테레우스에게 겁탈당하고 혀까지 잘린 뒤 언니와 함께 테레우스의 아들 이티스를 죽여 복수하였다. 도끼를 들고 추격하는 테레우스에게 쫓기다 새로 변했다.

기본정보

구분	공주
외국어 표기	그리스어: Φιλομήλα
어원	음악을 사랑하는 여인
관련 동물	제비

인물관계

필로멜라는 아테네의 전설적인 왕 판디온이 제욱시페와 결혼하여 낳은 딸로 프로크네와 자매지간이고 남자형제로는 판디온에 뒤이어 아테네의 왕에 오르는 에레크테우스와 부테스가 있다. 필로멜라는 언니 프로크네의 남편인 테레우스에게 겁탈당한 뒤 언니의 아들이자 자신의 조카인 이티스를 죽여 복수하였다.

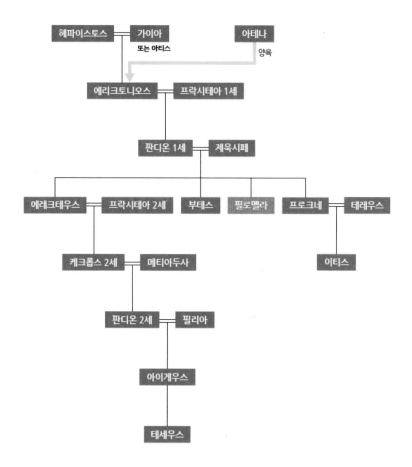

신화이야기

형부 테레우스에게 겁탈당한 필로멜라

필로멜라의 아버지 판디온 왕이 다스리던 시절에 아테네는 이웃나라 테바이와 국경 문제로 전쟁이 벌어졌다. 판디온은 막강한 테바이의 왕 라브다코스에 맞서기 위해 아레스의 아들인 트라키아의 왕 테레우스에게 도움을 청했고, 결국 전쟁은 아테네의 승리로 끝났다. 판디온은 테레우스에게 감사하기 위해 딸 프로크네를 아내로 주었다. 두 사람 사이에서는 곧 아들 이티스도 태어났다.

결혼한 지 5년쯤 지났을 때 프로크네는 동생 필로멜라가 보고 싶으니 자신이 만나러 아테네로 가거나, 아니면 필로멜라를 트라키아로 데려와 함께 지내게 해달라고 남편 테레우스에게 청했다. 테레우스는 아내를 보내기보다는 자신이 아테네로 가서 처제 필로멜라를 데려오기로 했다.

필로멜라, 테레우스, 복수의 여신들
비르길 졸리스(Virgil Solis), 16세기
오비디우스의 『변신이야기』에 실린 삽화

아테네의 판디온 궁에 도착한 테레우스는 빼어나게 아름다운 필로멜라를 보고 첫눈에 반하고 말았다. 하지만 그는 속마음을 감춘 채 언니 프로크네가 동생을 간절히 보고 싶어 하니 필로멜라를 트라키아로 데려가게 해달라고

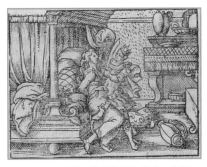

필로멜라의 혀를 자르는 테레우스
비르길 졸리스(Virgil Solis), 16세기
오비디우스의 『변신이야기』에 실린 삽화

판디온 왕에게 허락을 구하였다. 왕의 허락이 떨어지자 테레우스는 곧 필로멜라를 데리고 트라키아로 떠났다.

트라키아에 도착한 테레우스는 필로멜라를 숲 속에 있는 성채로 데려가 욕정을 채운 뒤 그녀가 아무에게도 사실을 말할 수 없도록 혀를 잘라버렸다. 그리고 필로멜라를 그곳에 감금해두고 프로크네에게는 그녀가 여행 중에 죽었다고 거짓말을 했다.

프로크네와 필로멜라의 복수

숲 속의 성채에 1년이 넘게 갇혀서 지내던 필로멜라는 자신의 불행

테레우스에게 이티스의 머리를 보여주는 필로멜라
요한 빌헬름 바우어(Johann Wilhelm Baur),
오비디우스의 『변신이야기』에 실린 삽화

을 한탄하면서 옷감에 수를 놓아 하인을 시켜 그것을 궁전에 있는 언니에게 보냈다. 프로크네는 동생이 수놓은 옷감을 보고 모든 사실을 알아차릴 수 있었다. 디오니소스 제전이 다가오자 프로크네는 신도로 변장하고 숲으로 가서 필로멜라가 갇혀 있는 성채를 찾아냈다. 동생과 만나 남편의 만행을 낱낱이 알게 된 프로크네는 미칠 듯한 분노에 치를 떨며 복수를 다짐했다.

그녀는 동생을 디오니소스 신도로 변장시켜서 궁으로 데려온 다음 테레우스를 꼭 닮은 아들 이티스를 죽여서 그의 후사를 없앴다. 두 자매는 이티스의 시체를 잘라 요리를 해서 테레우스의 식탁에 내놓았다. 식사가 끝나자 필로멜라는 이티스의 머리를 테레우스 앞에 내밀었다. 사태를 파악한 테레우스는 도끼를 들고 두 자매를 추격하여 포키스의 다울리스에서 이들을 따라잡았다. 다급해진 자매는 신들에게 도움을 청했고, 신들은 이를 측

필로멜라와 프로크네
엘리자베스 제인 가드너(Elizabeth Jane Gardner),
개인 소장, 아트 리뉴얼 센터 미술관

은히 여겨 세 사람을 새로 만들었다. 그리하여 프로크네는 나이팅게일로, 필로멜라는 제비로, 테레우스는 오디새(후투티)로 변하였다. 프로크네가 변한 나이팅게일의 울음소리는 마치 구슬픈 목소리로 '이티스, 이티스' 하고 부르는 것 같았다.

후대의 로마 시인들은 신화에서 필로멜라와 프로크네의 역할을 바꾸어 묘사하였는데, 이는 '음악을 사랑하는 여인'이라는 뜻을 지닌 필로멜라의 이름에 제비보다는 나이팅게일이 더 잘 어울리기 때문이었다고 한다.

필록테테스 Philoctetes

요약

그리스 신화에 등장하는 멜리보이아의 왕이다.

소년 시절 히드라의 독이 퍼져 고통 받는 헤라클레스의 죽음을 도운 뒤 그의 활과 화살을 받았다. 그리스 연합군의 일원으로 트로이 원정에 참가했으나 뱀에 물린 상처에서 나는 악취 때문에 도중에 렘노스 섬에 버려지는 신세가 된다.

228

기본정보

구분	멜리보이아의 왕
상징	버림받은 자
외국어 표기	그리스어: Φιλοκτήτης
관련 상징물	활과 화살, 악취나는 상처
관련 신화	헤라클레스의 모험, 트로이 전쟁

인물관계

필록테테스는 테살리아 멜리보이아의 왕 포이아스와 데모나사 사이에서 태어난 아들로 헤라클레스가 고통스런 죽음을 맞을 때 이를 도운 보답으로 그의 활과 화살을 얻었고 트로이 전쟁에도 참가하였다.

신화이야기

헤라클레스의 활과 화살을 얻은 필록테테스

 필록테테스는 소년 시절 양떼를 찾아 오이타 산을 지나다 장작더미 위에 누워 신음하고 있는 헤라클레스를 보게 되었다. 헤라클레스는 켄타우로스족 네소스의 계략에 빠져 히드라의 독이 묻은 옷을 무심코 입었다가 온몸이 썩어 들어가는 고통을 당했다. 엄청난 고통을 견디다 못한 헤라클레스가 스스로 장작더미 위에서 불에 타 죽고자 하였으나 부하들은 아무도 감히 그가 누운 장작더미에 불을 붙이지 못하였다. 이에 필록테테스가 장작더미에 불을 붙여주었고 헤라클레스는 감사의 뜻으로 자신의 활과 히드라의 독이 묻은 화살을 주었다. 헤라클레스는 또 필록테테스에게 자신이 죽은 장소를 비밀에 부칠 것을 당부했으나 훗날 필록테테스는 사람들의 추궁을 견디지 못하고 오이타 산으로 가서 발을 굴러 말 대신 행동으로 그 위치를 일러주었다.

 다른 설에 따르면 헤라클레스의 장작더미에 불을 붙이고 활과 화살을 받은 것은 그의 아버지 포이아스라고 한다. 포이아스가 나중에 그것들을 아들 필록테테스에게 물려주었다는 것이다.

필록테테스
장 제르맹 드루에(Jean Germain Drouais),
1788년, 샤르트르 순수미술관

홀로 버림받은 필록테테스

 필록테테스는 헬레네의 구혼자 중 한 사람이기도 했는데, 이때 맺은 '구혼자의 맹세'로 인해 그리스 연합군의 일원으로 트로이 전쟁에 참가하게 되었다. 그는 멜

필록테테스
제임스 배리(James Barry), 1770년
볼로냐 국립 사진갤러리

리보이아의 병사들을 일곱 척의 배에 태우고 트로이 원정길에 올랐지만 도중에 들른 테네도스 섬에서 제물을 바치다가 그만 물뱀에게 다리를 물리고 말았는데, 상처에서 심한 악취가 풍겼을 뿐만 아니라 통증이 너무 심하여 끊임없이 비명을 질러댔다. 악취와 소음을 견디지 못한 그리스군은 필록테테스를 근처 렘노스 섬에 버리고 가자는 오디세우스의 제안을 받아들여 그를 섬에 홀로 남겨두고 트로이로 향했다. 렘노스 섬에 버려진 필록테테스는 가지고 있던 헤라클레스의 활과 화살로 새와 짐승을 잡아먹으며 연명하였다.

일설에 따르면 필록테테스는 뱀에 물린 것이 아니라 헤라클레스의 독화살에 발을 다쳤다고 한다. 화살집에 들어 있던 히드라의 독이 묻은 화살이 실수로 발등에 떨어져 상처가 난 것인데, 이는 필록테테스가 맹세를 어기고 자신의 죽은 장소를 밝힌 데 대한 헤라클레스의 복수였다고 한다.

그리스 연합군에 복귀한 필록테테스

하지만 필록테테스는 10년의 세월을 홀로 렘노스 섬에서 지낸 뒤 다시 그리스군에 복귀하게 된다. 10년 동안이나 승패를 가리지 못하고 계속되는 전쟁에서 그리스군이 이기기 위해서는 필록테테스가 가지고

있는 헤라클레스의 활과 화살이 반드시 필요하다는 헬레노스의 예언 덕분이었다.('헬레노스' 참조)

헬레노스는 원래 트로이 왕 프리아모스의 아들로 뛰어난 용사이자 예언자였다. 그런데 파리스가 죽은 뒤 헬레네를 차지하기 위한 경쟁에서 데이포보스에게 밀리고 나서 낙담하여 홀로 산 속에 칩거하고 있다가 오디세우스에게 붙잡혀 그리스군이 전쟁에서 승리할 수 있는 비밀을 발설하게 되었던 것이다.

그리스군은 필록테테스를 다시 데려오는 임무도 오디세우스에게 맡겼다. 오디세우스는 필록테테스가 자신을 얼마나 원망할 지 알고 있었기 때문에 계략을 써서 헤라클레스의 활과 화살을 먼저 손에 넣은 뒤 필록테테스가 어쩔 수 없이 따라오게 만들었다. 하지만 그는 필록테테스에게 트로이에 가면 의술의 신 아스클레피오스의 아들 마카온

(혹은 포달레이리오스)의 치료를 받게 해주겠다고 약속했다. 실제로 마카온은 아폴론의 도움으로 필록테테스를 깊은 잠에 빠뜨린 뒤 상처 부위를 절개하여 썩은 살을 도려낸 다음 아스클레피오스가 케이론에게서 배운 비방

상처 입은 필록테테스
니콜라이 아빌고르(Nicolai Abildgaard), 1775년
덴마크 국립미술관

에 따라 제조한 약초를 환부에 붙여 상처를 치료하였다. 일각에서는 이를 인류 최초의 마취 수술로 보기도 한다.

필록테테스의 귀향

상처를 치료받은 필록테테스는 전투에 참가하여 파리스를 활로 쏘

아 죽이는 등 혁혁한 공로를 세웠다고 한다. 하지만 그가 파리스를 죽였다는 이야기는 앞뒤가 맞지 않는다. 렘노스 섬에 홀로 남겨진 필록테테스를 다시 그리스군 진영으로 데려오게 한 것이 헬레노스의 예언이었는데, 헬레노스의 예언은 파리스가 죽은 뒤에 나온 것이기 때문이다.

아무튼 호메로스의 『오디세이아』에 따르면 필록테테스는 그리스군의 장수들 중 트로이 전쟁이 끝난 뒤 무사히 귀환하여 행복한 여생을 보낸 드문 경우에 속한다. 하지만 또 다른 설에 의하면 그는 귀향길에 폭풍을 만나 이탈리아 남부로 떠밀려가서 크로토나 부근에 페텔리아와 마칼라 같은 도시들을 건설한 뒤 신전을 건립하고 나그네의 수호신인 아폴론에게 헤라클레스의 활과 화살을 바쳤다고 한다.

관련 문학 작품

필록테테스의 신화는 그리스 고전시대부터 많은 작가들의 관심을 끌었다. 그리스 3대 비극작가인 아이스킬로스, 소포클레스, 에우리피데스가 모두 동명의 비극을 썼지만 현재 온전히 남아 있는 것은 소포클레스의 『필록테테스』뿐이다.

그밖에 핀다로스, 베르길리우스, 오비디우스, 퀸틸리아누스 같은 고대의 작가들도 필록테테스를 작품 소재로 다루었다.

근대의 작품으로는 앙드레 지드의 희극 『필록테트』, 소포클레스의 작품을 개작한 동독 작가 하이너 뮐러의 『필록테테스』, 워즈워드의 소네트 『렘노스 섬의 필록테테스』, 조지 엘리엇의 소설 『플로스 강변의 물레방아』 등을 꼽을 수 있다.

필리라 Philyra

요약

그리스 신화에서 반인반마 종족인 켄타우로스족의 현자 케이론의 어머니이다. 말로 변신하여 크로노스와 관계를 가진 뒤 케이론을 낳았다. 반인반마로 태어난 아들을 보고 충격을 받아 보리수로 변했다고 한다.

기본정보

구분	님페
외국어 표기	그리스어: Φιλύρα
관련 상징	말, 보리수
관련 신화	케이론의 탄생
가족관계	크로노스의 아내, 오케아노스의 딸, 케이론의 어머니, 아프로스의 어머니

인물관계

오케아노스의 딸인 필리라는 크로노스와 사이에서 켄타우로스족의 현자 케이론을 낳았다. 일설에 따르면 크로노스와 필리라 사이에는 두 아들 돌롭스와 아프로스가 더 있었다고 한다. 아프로스는 나중에 리비아의 왕이 되었으며 아프로이라고 불린 그의 후손들이 바로 아프리카 북부에 거주한 카르타고인들이라고 한다.

케이론은 물의 님페 카리클로와 결혼하여 세 딸 히페, 엔데이스, 오키로에와 아들 카리스토스를 낳았다.

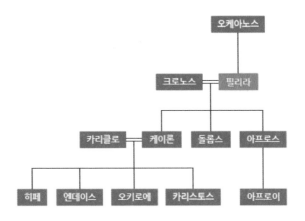

신화이야기

크로노스의 사랑을 받은 필리라

아름다운 오케아니데스(오케아노스의 딸) 필리라는 티탄 신족의 우두머리인 크로노스의 사랑을 받아 아들 케이론을 낳았는데, 여기에는 두 가지 이야기가 있다. 하나는 크로노스가 아내 레아의 질투를 두려워하여 필리라를 말로 변신시킨 뒤 자신도 말로 변하여 사랑을 나누었다는 설이다. 다른 이야기는 필리라가 크로노스의 구애를 피하기 위해 말로 변신하자 크로노스도 얼른 말로 변신하여 필리라를 겁탈했다는 것이다. 아무튼 이렇게 해서 케이론은 반인반마의 모습으로 태어나 켄타우로스족의 일원이 되었다.

보리수로 변한 필리라

필리라는 테살리아의 펠리론 산에 있는 동굴에서 케이론을 낳았는데 반인반마의 모습으로 태어난 아들을 보고 큰 충격을 받았다. 그녀는 갓 태어난 아이를 버리고 신들에게 자신을 인간이 아닌 모습으로 변하게 해달라고 빌었다. 제우스는 그녀의 기도를 들어 주어 보리수로 변신시켰다.

하지만 또 다른 이야기에 따르면 필리라는 나무로 변하지 않고 펠리온 산의 동굴에서 케이론과 함께 살면서 케이론이 그리스의 영웅들을 가르칠 때 며느리(케이론의 아내) 카리클로와 함께 케이론을 도왔다고도 한다. 그래서 케이론이 펠리온 산에서 영웅들을 가르치던 동굴은 필리라의 동굴이라고 불렀다.

크로노스와 필리라
파르미지아노(Parmigianino)

영웅들의 스승이 된 현자 케이론

케이론을 제외한 다른 켄타우로스들은 모두 테살리아의 왕 익시온이 구름의 님페 네펠레와 결합하여 낳은 자손들로 성질이 거칠고 난폭했지만, 케이론은 그들과 달리 선량하고 지혜롭고 온화한 성품을 지녔다. 그는 친구인 아폴론으로부터 의술과 궁술을 전수받았을 뿐만 아니라 음악과 예언에도 뛰어나 헤라클레스, 이아손, 아스클레피오스, 아킬레우스, 디오스쿠로이, 악타이온 등 숱한 영웅들을 가르친 스승이 되었다. 그리스 신화에 등장하는 최고의 영웅들 중 그의 제자로 언급되지 않는 사람은 테세우스 정도가 유일하다.

필리스 Phyllis

요약

  그리스 신화에 나오는 트라키아의 공주이다.

  아테네로 떠나가서 돌아오지 않는 연인 데모폰을 기다리다 절망하여 목을 매고 죽은 뒤 아몬드나무로 변하였다. 오비디우스의 『헤로이데스』에 따르면 필리스가 변신한 앙상한 아몬드나무는 데모폰이 돌아와 어루만지자 비로소 푸른 잎을 틔웠다고 한다.

기본정보

구분	공주
상징	버림받은 사랑, 기다림
외국어 표기	그리스어:Ὑψιπύλη
어원	나뭇잎, 꽃잎
관련 신화	데모폰, 트로이 전쟁

인물관계

  필리스는 트라키아 왕 시톤(혹은 필레우스, 혹은 키아소스, 혹은 텔로스)의 딸로 아테네 왕 데모폰(혹은 아카마스)과 결혼하였다. 두 사람 사이에서는 두 아들 아카마스와 암피폴리스가 태어났다는 이야기가 있다.

  데모폰은 테세우스와 파이드라 사이에서 태어났으며 아카마스와 형제지간이다.

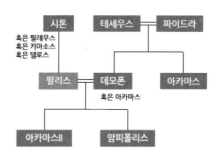

```
                  테세우스 ──── 파이드라
        시톤
    혹은 필레우스
    혹은 키아소스
    혹은 텔로스
               필리스    데모폰         아카마스
                      혹은 아카마스

          아카마스II      암피폴리스
```

신화이야기

데모폰과 필리스

　데모폰은 영웅 테세우스와 파이드라의 아들로 아카마스와 형제간이다. 데모폰과 아카마스는 트로이 전쟁에 참전하여 목마 속에 숨어서 트로이 성에 잠입한 그리스군 장수로서 트로이 함락을 주도했다.

　전쟁이 끝나고 귀향하는 길에 데모폰 일행은 폭풍을 만나 트라키아 해안에 표류하게 되는데 이때 트라키아 왕 시톤의 딸 필리스와 사랑에 빠져 그녀와 결혼하고 왕위도 물려받았다. 하지만 데모폰은 고향으로 돌아가기를 소망하여 필리스에게 꼭 다시 돌아오겠다는 약속을 하고 아테네로 떠났다.

필리스와 데모폰
오비디우스의 『헤로이데스』를 묘사한 16세기 목판화

　필리스는 남편에게 레아 여신의 성물이 들어 있다는 작은 상자를 건네며 자기 곁으로 돌아올 모든 가능성이 사라지기 전까지는 절대로 열어 보지 말라고 당부했다. 하지만 데모폰은 약속한 날이 지나도 돌아오지 않았고 필리스는 아홉 번이나 항구에 나가 데모폰의 배를 기다리다가 낙담하여 목을 매고 죽었다. 필리스가 사랑하는 이를 기다리던 트라키아의 항구에는 그녀의 기다림을 기념하여 '아홉 번의 길'이라는 이름이 붙여졌다.

한편 데모폰은 크레타 섬에 정착하여 이미 다른 여자와 함께 살고 있었다. 필리스가 목숨을 끊던 날 데모폰은 그녀가 준 작은 상자를 열어 보았는데 거기서 튀어나온 유령에 놀라 타고 있던 말이 뛰어오르는 바람에 말에서 떨어지면서 자기 칼에 찔려 죽고 말았다.

오비디우스가 전하는 결말

오비디우스는 『헤로이데스』에서 필리스의 애틋하고 절절한 사연을 그녀의 관점에서 들려주고 있다. 그에 따르면 필리스는 죽어서 아몬드나무로 변하였다고 한다. 그런데 필리스가 변한 아몬드나무에서는 잎사귀가 나지 않았다. 그리고 데모폰은 다시 트라키아로 돌아오는데, 그때는 이미 필리스가 스스로 목숨을 끊은 뒤였다. 데모폰이 비탄에 잠겨 필리스가 변한 나무를 어루만지자 나무는 비로소 푸른 잎을 틔워냈다. 이때부터 나뭇잎을 뜻하는 그리스어는 '페탈라'에서 '필리아'로 바뀌었다고 한다.

다른 이야기에 따르면 필리스 신화에 나오는 그녀의 연인은 데모폰이 아니라 아카마스라고 한다.

필리스와 데모폰
에드워드 번 존스(Edward Burne Jones)
1870년, 버밍엄 미술관

필리아 Pylia

요약

그리스 신화에 나오는 메가라 왕 필라스의 딸이다.

아테네에서 쫓겨 온 케크롭스의 아들 판디온과 결혼하여 테세우스의 아버지 아이게우스 등을 낳았다. 판디온은 필라스 왕에 이어 메가라의 왕이 되었다.

기본정보

구분	왕비
외국어 표기	그리스어: Πυλία
관련 신화	아테네 왕가, 테세우스

인물관계

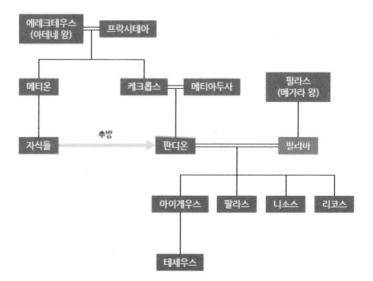

필리아는 메가라 왕 필라스의 딸로 아테네 왕 케크롭스의 아들인 판디온 2세와 결혼하여 아이게우스, 니소스, 팔라스, 리코스 등의 아들을 낳았다. 아이게우스는 피테우스의 딸 아이트라와 동침하여 테세우스를 낳았다.

신화이야기

판디온과 필리아

아테네 왕 케크롭스의 아들인 판디온은 아버지에 뒤이어 아테네의 왕위에 올랐지만 숙부 메티온의 아들들이 반란을 일으켜 메티온을 아테네의 왕으로 옹립하자 이웃나라 메가라로 피신하였다. 메가라 왕 필라스는 그를 자기 딸 필리아와 결혼시켜 사위로 삼았다. 그런데 필라스 왕이 숙부 비아스를 살해한 뒤 메가라에서 추방되자 판디온이 메가라의 왕위를 물려받았다.(혹은 필라스 왕이 살인죄를 씻기 위해 메가라를 떠나며 사위에게 왕위를 물려주었다고도 한다)

필리아의 아들들

필리아와 판디온 사이에서는 네 아들 아이게우스, 팔라스, 니소스, 리코스가 태어났다. 하지만 아이게우스는 필리아가 판디온과 결혼하기 전에 스키로스에게서 얻은 아들이라는 이야기가 있다.

판디온이 죽은 뒤 메가라의 왕위에 오른 니소스는 다른 형제들과 함께 아테네로 쳐들어가 메티온의 자식들을 몰아내고 아이게우스를 아테네의 왕좌에 앉혔다. 처음에 아이게우스는 아테네의 영토를 삼등분하여 나머지 두 형제 팔라스와 리코스에게 똑같이 나누어주기로 약속했지만 전쟁에서 승리한 뒤 자기 혼자 독차지하려 했다. 이에 불만을 품은 팔라스는 50명의 아들과 함께 약속한 영토의 분할을 주장하며 아이게우스의 왕권을 위협하였다.

아이게우스가 죽은 뒤 그의 아들 테세우스가 아테네의 왕위에 오르자 팔라스와 50명의 아들들은 스키로스의 아들이라는 설이 있는 아이게우스의 정통성을 문제 삼아 테세우스의 왕위 계승에 반대하며 군대를 일으키려 하였다. 하지만 이들의 모반 계획을 사전에 알아챈 테세우스의 공격으로 팔라스와 50명의 아들들은 모두 죽음을 맞았다.

필로스 시를 건설한 필라스

메가라에서 추방된 필리아의 아버지 필라스는 한 무리의 렐레게스인들을 이끌고 펠로폰네소스 반도로 가서 메세니아에 필로스 시를 건설했다. 하지만 필라스는 곧 넬레우스에 의해 메세니아에서 쫓겨났는데, 이번에는 엘레이아로 가서 다시 필로스 시를 건설하였다.

필라스와 함께 필로스 시를 건설한 렐레게스인들은 그리스에 가장 먼저 들어와 살던 민족이다.

그 리 스 로 마 신 화 인 물 사 전

Greek Roman mythology Dictionary

하데스 Hades

요약

   그리스 신화에서 죽은 자들의 신이며 저승의 지배자이다.

   크로노스와 레아의 아들로 제우스, 포세이돈과 형제지간이다. 형제들과 함께 아버지 크로노스와 티탄족에 맞서 싸운 전쟁에서 승리한 후 하계(타르타로스)의 지배권을 얻었으며 대지의 여신 데메테르의 딸 페르세포네를 납치하여 아내로 삼았다. 하계에만 머무는 관계로 올림포스 12신에는 포함되지 않지만 제우스가 다스리는 올림포스 시대의 주요 신에 속한다.

기본정보

구분	하계의 신, 개념이 의인화된 신
상징	죽음, 저승, 풍요
외국어 표기	그리스어: Ἅδης
어원	보이지 않는 자
로마 신화	플루토(Pluto), 디스(Dis)
관련 동물	저승 문을 지키는 괴견 케르베로스
가족관계	크로노스의 아들, 레아의 아들, 제우스의 형제, 페르세포네의 남편

인물관계

   하데스는 티탄 신족의 우두머리 크로노스가 레아와 관계하여 낳은 아들로 제우스, 포세이돈, 헤라 등과 형제지간이다. 하데스는 저승을 다스리는 왕이며 제우스와 데메테르의 딸 페르세포네를 납치하여 왕비로 삼았다.

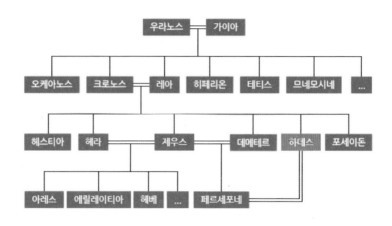

신화이야기

개요

하데스는 옛 발음으로 하이데스 또는 아이데스로 '눈에 보이지 않는 것' 또는 '땅 속에 있는 것'을 통칭하는 말이었다. 그래서 하데스는 지하에 매장되어 있는 보물들의 소유자로서 부(富)의 신 '플루톤(부유한 자)'이라고도 불렸다. 그밖에도 '에우플레우스(좋은 충고자)', '크리메노스(유명한 자)', '폴리데그몬(많은 손님을 맞는 자)', '피라르테스(문을 닫는 자)', '스티게로스(가증스러운 자)', '제우스 카탁토니오(하계의 제우스)' 등 여러 가지 별명을 가지고 있다.

하데스는 무서운 표정을 하고 있는 가혹하고 냉정한 신이며 자신이 다스리는 저승의 규칙을 엄격하고 누구에게나 예외 없이 적용하는 강력한 지배자로서 묘사된다. 하지만 악과 불의를 행하는 악마적인 신은 아니다. 하데스의 나라는 지하세계로 종종 감옥으로 표현되지만 결코 기독교적 의미의 지옥은 아니다. 죽은 자들은 생전의 모습과 비슷한 망령으로 실체가 없는 그림자와 유사한 존재가 되어 하데스의 나라에서 머문다.

티탄 전쟁과 세계의 분할

하데스는 크로노스와 레아 사이에서 난 맏아들로 다른 형제자매들 (포세이돈, 헤라, 헤스티아, 데메테르)처럼 태어나자마자 아버지 크로노스에게 잡아먹혔다. 자식에게 자신의 왕위를 빼앗기게 될 것이라는 예언을 피하려고 크로노스는 자식이 태어나는 족족 삼켜버렸던 것이다. 하지만 어머니 레아가 크로노스에게 돌을 대신 삼키게 한 덕분에 가까스로 목숨을 구한 막내아들 제우스는 아버지가 삼킨 형제자매들을 다시 토해내게 한 다음 아버지 크로노스와 티탄족을 상대로 10년에 걸친 전쟁을 벌였다. 제우스와 형제들은 타르타로스에 갇혀 있다 풀려난 키클로페스의 도움으로 티탄 전쟁에서 승리를 거둔 뒤 제비를 뽑아 세계를 나누어 가졌다. 제비뽑기 결과 제우스는 하늘을, 포세이돈은 바다를, 하데스는 지하세계를 각각 차지하였다.

이때부터 하데스는 하계의 왕, 죽은 자들의 지배자가 되어 신과 인간 모두로부터 미움을 받게 된다. 왜냐하면 그가 다스리는 나라는 일단 들어가면 아무도 다시 나올 수 없는 곳이었기 때문이다. 하데스는 엄격하기로 유명한 신이어서 아무리 애걸하고 아양을 떨어도 절대로 저승의 규칙에 예외를 두는 법이 없었다. 하지만 단 한 번 오르페우스의 노래를 듣고 나서는 마음이 흔들려 오르페우스에게 아내 에우리디케의 영혼을 다시 지상으로 데려가도록 허락하였다.

페르세포네의 납치

페르세포네는 제우스와 대지의 여신 데메테르의 딸이다. 하데스는 페르세포네를 사랑하여 결혼하고자 했지만 페르세포네의 부모, 특히 어머니 데메테르는 딸 페르세포네를 영원히 하계의 어둠 속에서 살아가게 할 수 없다며 하데스의 청을 거절하였다. 하데스는 하는 수 없이 페르세포네를 납치하기로 하고 그녀가 시칠리아의 평원에서 친구들과 꽃을 꺾으며 놀고 있을 때 검은 말이 모는 전차를 타고 나타나 그녀를 하계로 데려갔다. 여기에는 지하세계를 맡게 된 하데스의 불만을 달래고자 제우스가 은근히 납치극을 도왔다는 이야기도 있다.

페르세포네의 납치(아래는 부분 확대)
잔 로렌초 베르니니(Giovanni Lorenzo Bernini),
1621~1622년, 로마 보르게제 미술관
©Antoine Taveneaux@wikimedia(CC BY-SA 3.0)

딸이 납치된 사실을 안 데메테르는 더 이상 대지를 돌보지 않고 자신의 거처에 틀어박혀 식음을 전폐하고 슬퍼하며 제우스와 하데스를 원망했다. 그 바람에 대지는 더 이상 꽃과 열매를 피우지 못하고 황폐한 땅이 되었다. 뒤늦게 제우스는 하데스에게 딸을 다시 어머니 품으로 돌려보내라고 명령했지만 페르세포네는 이미 하데스의 권유로 석류를 먹고 난 뒤였다. 하계에 들어와 어떤 음식이라도 먹은 자는 더 이상 지상으로 돌아갈 수 없었던 것이다. 그리하여 페르세포네는 온전히 지상으로 돌아가지 못하고 1년의 3분의 1은 하계에 머물며 하데스와 함께 지내야 했다.

극소수의 영웅들은 저승에 갔다가 다시 지상으로 돌아오는 데 성공했다. 저승 문을 지키는 괴수 케르베로스를 잡으러 갔던 헤라클레스, 아내 에우리디케를 데리러 갔던 오르페우스, 예언자 테이레시아스의 망령을 만나 귀향의 조언을 구하고자 했던 오디세우스, 아버지 안키세스의 망령을 만나러 무녀 시빌레의 도움으로 저승에 내려갔던 아이네이아스, 페르세포네를 되찾으러 하데스의 나라로 갔던 테세우스와 페이리토오스 등이 그들이다. 그러나 테세우스와 페이리토오스는 하데스에게 발각되어 '망각의 의자'에 묶여 있다가 테세우스만 헤라클레스에게 구출되어 다시 지상으로 나올 수 있었다.

호메로스의 『일리아스』에 따르면 영웅 헤라클레스가 하계로 내려오자 하데스는 그가 자신의 왕국에 접근하는 것을 막으려 했다고 한다. 그는 저승 문 앞에서 헤라클레스에 맞서 싸우다 어깨에 헤라클레스의 화살을 맞아 상처를 입는 바람에 치유의 신 파이안이 있는 올림포스로 서둘러 옮겨져야 했다. 파이안이 약초를 상처에 올려놓자 하데스는 곧 회복되었다. 일설에는 이때 헤라클레스가 하데스를 거대한 돌로 죽였다고도 한다. 아무튼 인간계 최고의 영웅 헤라클레스는 저승의 지배자도 물리치고 승리를 거두었다.

헤라클레스와 케르베로스
흑색 도기, 기원전 525년경, 루브르 박물관

신화해설

　하데스에게 납치되어 아내가 된 페르세포네는 1년의 3분의 1을 하계에서 보내야 했는데 그 기간 동안 지상은 대지의 여신이 더 이상 돌보지 않는 불모지로 있어야 했다. 춥고 삭막한 겨울이 지나고 봄이 오면 페르세포네가 다시 어머니의 품으로 돌아오고 지상에는 다시 풀이 돋아나고 꽃이 피는 것이었다.

왕좌에 앉은 하데스와 페르세포네
©AlMare@wikimedia(CC BY-SA 4.0)

　하데스라는 이름은 '보이지 않는 자'라는 뜻이다. 하데스가 지배하는 하계는 말 그대로 땅 밑에 있어서 보이지 않고 하데스는 일단 들어가면 절대로 다시 나올 수 없는 곳을 다스리는 신이어서 살아 있는 인간은 절대로 볼 수 없는 존재이므로 그런 이름이 붙었다고 볼 수 있다. 하데스는 인간이 죽어서 가는 망령들의 나라를 다스리는 신이자 동시에 땅속에 묻힌 금은보화와 광물들의 소유자이기도 하다. 그래서 하데스는 '부유한 자'를 뜻하는 플루톤이라는 이름으로 불리며 데메테르의 딸인 아내 페르세포네와 함께 대지의 풍요를 상징한다. 이때의 대지는 경작지와 광산을 모두 가리킨다. 두 사람은 흔히 풍요의 뿔을 들고 있는 모습으로 그려진다.

하르모니아 **Harmonia**

요약

테바이의 건설자 카드모스의 아내이다.

카드모스와의 결혼식은 하늘에 있는 모든 신들이 내려와 축하할 정도로 성대했지만 자식과 손주들은 비참한 운명을 맞았다.

하르모니아는 훗날 남편 카드모스를 따라 뱀이 되었다.

기본정보

구분	왕비
상징	조화, 균형, 화합
외국어 표기	그리스어: Ἁρμονία
어원	조화, 화합
관련 동물	뱀
관련 신화	카드모스, 아우토노에, 세멜레, 아가우에, 악타이온

인물관계

『신들의 계보』에 의하면 하르모니아는 아프로디테와 아레스 사이에 태어난 딸이다. 하르모니아는 카드모스와의 사이에 아우토노에, 이노, 아가우에, 세멜레, 폴리도로스, 일리리오스를 낳았다.

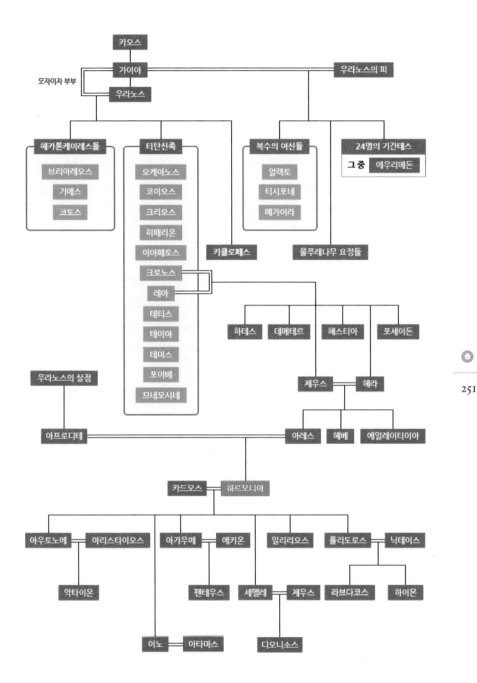

신화이야기

출생

일반적인 이야기에 의하면 하르모니아는 전쟁의 신 아레스와 미와 사랑의 여신 아프로디테 사이에 태어난 딸이다. 그러나 디오도로스 시쿨루스가 쓴 『역사총서』에 나오는 사모트라케 전설에서는 아틀라스의 딸 엘렉트라와 제우스 사이에 태어난 딸이라고 한다. 이 전설에 따르면 하르모니아는 트로이를 건설한 다르다노스와 대지의 여신 데메테르의 연인인 이아시온과 남매가 된다.

하르모니아의 남편 카드모스

하르모니아에 관한 여러 가지 서로 다른 전설에도 불구하고 이 전설들 속에서 공통점은 하르모니아가 카드모스의 아내라는 점이다. 하르모니아의 남편 카드모스는 페니키아의 왕 아게노르와 텔레파사 사이에 태어난 아들이다.

용을 죽인 카드모스와 용의 이빨을 땅에 심으라고 명령하는 미네르바(아테나)
야코프 요르단스(Jacob Jordaens), 17세기, 프라도 미술관

카드모스는 누이 에우로페가 제우스에 의해 납치되자 누이를 찾아오라는 아버지의 명에 따라 방방곡곡을 헤매고 다녔다. 그러나 누이를 찾지 못한 카드모스는 누이를 찾지 못하면 돌아오지 말라는 아버지의 엄명에 고향에 돌아가지 못하고 테바이에 정착했다. 카드모스는 신에게 제물을 바치기 위해 부하들에게 아레스의 샘에서 성스러운 물을 길러오라고 명하였는데 부하들 모두가 샘을 지키고 있는 용(혹은 뱀)에게 죽임을 당하자 카드모스는 화가 나 그 용(뱀)을 죽였다. 그때 아테나 여신이 나타나 용의 이빨을 땅에 뿌리라고 명을 내렸다. 카드모스가 그대로 하자 땅에서 갑자기 씨 뿌려서 나온 자들, 즉 스파르토이라고 불리는 무장한 군인들이 나타나 서로 싸우다 결국에는 5명만 남게 되었다. 『비블리오테케』에는 이 5명의 이름이 언급되어 있다. 살아남은 사람들의 이름은 에키온, 우다이오스, 크토니오스, 히페레노르, 펠로로스이다.

이들은 카드모스가 도시의 성채를 건설하는 것을 도와주었는데 성채는 카드모스의 이름을 따서 카드메이아라고 불리어졌다. 이 도시는 나중에 테바이가 되고 카드모스는 테바이의 왕이 되었다. 살아남은 사람들 중 에키온은 후에 카드모스의 딸 아가우에와 결혼하여 이 두 사람 사이에서 펜테우스가 태어났고, 카드모스 왕은 손자 펜테우스에게 테바이의 왕위를 물려주었다.

성대한 결혼식, 그러나 기구한 운명의 자식들

카드모스가 죽인 용(뱀)은 아레스에게 봉헌된 신성한 동물인데 『비블리오테케』에 의하면 아레스의 자손이라고도 한다. 카드모스는 용(뱀)을 죽인 벌로 8년간 아레스를 위해 일을 해야만 했다. 8년간의 봉사기간이 끝나자 카드모스는 테바이의 왕이 되었고, 아레스와 아프로디테 사이에 태어난 딸 하르모니아와 결혼하였다. 하르모니아와 카드모스의 결혼은 바로 제우스가 주선해 준 것이다. 테바이의 성채 카드메이아에서 열린 결혼식에 하늘에 있는 모든 신들이 참석하여 축가를 불러줄 정도로 이 결혼식은 성대하게 거행되었다. 이 두 사람 사이에는 아들 폴리도로스와 네 명의 딸 아우토노에, 이노, 세멜레, 아가우에가 태어났다. 행복하기 그지없어 보이는 두 사람. 그러나 아레스에게 봉헌된 성스러운 뱀을 죽인 것에 대한 저주인가? 카드모스의 자식들과 자손들은 대부분 비참한 운명을 맞이하게 된다.

아우토노에의 아들 악타이온은 아르테미스가 목욕하는 장면을 엿본 죄로 사슴으로 변해 자신의 사냥개들에게 갈기갈기 찢겨 죽고, 제우스의 애인이 된 세멜레는 제우스에게 진짜 모습을 보여달라고 간청하다 재가 되어 버렸다. 그리고 이노는 제우스의 자식인 조카 디오니소스를 기르다 헤라의 노여움을 사서 미쳐버리는 등, 카드모스의 자손들은 끔찍한 운명을 맞이하였다.

뱀이 된 카드모스와 하르모니아

자식들의 기구한 운명에 괴로워하다 카드모스와 하르모니아는 아가우에의 아들인 손자 펜테우스에게 왕위를 물려주고 일리리아 지역으로 갔다. 그러나 두 사람은 그곳에서도 괴로움에서 벗어나지 못하였고, 그들은 뱀으로, 그러나 온순한 뱀으로 변신하는데 『변신이야기』는 이에 관해 생생하게 다음과 같이 전하고 있다.

어느 날 카드모스는 자식들의 불운한 운명을 되돌아보며 하르모니아에게 말했다.

"(…) 내가 창으로 찔러 죽인 그 뱀이 어쩌면 성스러운 뱀이 아니었을까요? (…) 만약 신들께서 그토록 큰 분노로 뱀의 죽음에 복수하여 재앙을 내린 것이라면, 차라리 나도 뱀이 되어 배를 땅에 대고 길게 몸이 늘어졌으면 좋겠소!"

그러자 카드모스의 몸은 뱀으로 바뀌기 시작하였고, 이에 하르모니아도 자신도 남편과 같이 뱀으로 변하게 해달라고 기도했다. 이렇게 해서 두 사람은 뱀이 되는데 『변신이야기』는 마지막에 다음과 같이 전하고 있다.

"지금도 이 뱀들은 사람들을 피하거나 사람들에게 해를 입히지 않으니, 그 온순한 뱀들은 이전의 삶을 기억하는 것이다."

『비블리오테케』에 의하면, 고통 속에서 뱀이 된 카드모스와 하르모니아는 나중에 제우스에 의해 엘리시온 평원으로 인도되었다고 한다. 일명 "축복받은 자들의 섬"이라 불리는 엘리시온 평원은 신들이 사랑하는 사람들이 사는 낙원이다. 호메로스에 의하면 이곳은 오케아노스 너머 서쪽 끝에 있다고 한다.

저주받은 결혼선물: 하르모니아의 목걸이

앞에서 언급한 바와 같이 아프로디테와 아레스의 딸 하르모니아의 결혼식은 올림포스의 모든 신들이 참석하여 성대하게 거행되었는데, 결혼 예복과 일명 하르모니아의 목걸이로 불리우는 목걸이에 대해서 서로 다른 여러 이야기들이 전해 내려온다.

『비블리오테케』에 의하면 카드모스가 하르모니아에게 준 이 목걸이는 그가 헤파이스토스로부터 받은 선물이라고 한다. 헤파이스토스에게 하르모니아는 아내인 아프로디테가 전쟁의 신 아레스와 불륜을 맺어 낳은 딸이므로 하르모니아는 헤파이스토스에게 증오의 대상일 수밖에 없다. 그래서 헤파이스토스가 만든 이 목걸이에 저주가 서린 탓인지 하르모니아의 자식들 및 후손들은 비참한 운명을 맞이했다고 전한다. 그리고 이후에도 그 목걸이를 소유한 사람들은 모두 재앙과도 같은 운명을 맞았다. 그런데 『비블리오테케』는 그 목걸이가 제우스의 사랑을 받았던 누이 에우로페에게 제우스가 준 선물인데 에우로페가 그것을 오빠 카드모스에게 주었다고 한다.

또 다른 하르모니아

하르모니아는 조화, 화합, 균형을 상징하는 추상적인 개념을 인격화한 신이다. 이 하르모니아에 대해서는 별다른 신화가 없다. 나중에 전해오는 이야기들에는 이 여신과 카드모스의 아내를 혼동하여 쓰기도 한다.

하르팔리케 Harpalyce, 클리메노스의 딸

요약

그리스 신화에 나오는 아르카디아의 왕 클리메노스의 딸이다.

넬레우스의 아들 알라스토르와 결혼하였으나 친아버지 클리메노스에게 겁탈을 당하였다. 이에 대한 복수로 하르팔리케는 클리메노스의 아들(그녀의 친동생 혹은 아들)을 죽여 그 고기를 아비에게 먹였다.

기본정보

구분	공주
상징	근친상간
외국어 표기	그리스어: Ἀρπαλύκη
관련 상징	올빼미

인물관계

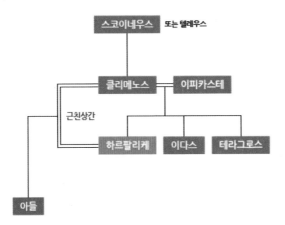

하르팔리케의 아버지 클리메노스는 아르카디아의 왕 스코이네우스, 또는 아르고스 출신의 텔레우스의 아들로 이피카스테와 결혼하여 딸 하르팔리케와 두 아들 이다스, 테라그로스를 낳았다. 하르팔리케는 아버지 클리메노스와 동침하여 아들도 낳았다고 한다.

신화이야기

친딸을 범한 클리메노스

아르카디아(혹은 아르고스)의 왕 클리메노스는 친딸인 아름다운 하르팔리케를 사랑하게 되었다. 하르팔리케에 대한 욕망을 억누를 수 없었던 클리메노스는 유모의 도움을 빌어 기어코 딸을 범하고 말았다. 하지만 하르팔리케는 어린 시절에 이미 넬레우스의 아들 알라스토르와 약혼한 사이였다. 알라스토르가 하르팔리케와의 결혼을 요구하자 클리메노스는 딸을 그에게 내줄 수밖에 없었다. 하지만 곧 후회에 빠진 클리메노스는 결혼식을 마치고 알라스토스와 함께 그의 집으로 가고 있던 하르팔리케를 다시 자기 궁으로 데려왔다.

하르팔리케의 복수

그 뒤로 클리메노스는 공공연하게 하르팔리케를 곁에 두고 아내처럼 대하였다. 아버지에 대한 증오심이 극에 달한 하르팔리케는 그의 두 아들, 즉 자신의 두 남동생을 죽여 그 고기로 음식을 만들어 아버지에게 먹였다. 나중에 사실을 알게 된 클리메노스는 딸을 죽이고 자신도 자살하였다.

다른 이야기에 따르면 하르팔리케는 아버지에게 복수를 한 뒤 더 이상 남들의 눈에 띄지 않는 곳으로 가게 해달라고 신들에게 기도하여 올빼미로 변하였다고도 하고, 클리메노스에게 쫓기다 이를 불쌍히 여긴 신들에 의해 올빼미로 변하였다고 한다.

또 다른 이야기에 따르면 하르팔리케가 아버지 클리메노스에게 먹인 고기는 그녀가 아버지와 사이에서 낳은 어린 아들이었다고도 한다.

하르팔리케 **Harpalyce, 하르팔리코스의 딸**

요약

그리스 신화에 나오는 트라키아의 왕 하르팔리코스의 딸이다.

하르팔리케는 어릴 때 어머니를 여의고 홀아버지 밑에서 전사로 자랐다. 아버지가 죽은 뒤 하르팔리케는 숲 속으로 들어가 가축을 약탈하며 생활하다가 목동들에게 살해당하였다.

기본정보

구분	공주
상징	여전사
외국어 표기	그리스어: Ἀρπαλύκη
어원	하르팔리코스의 딸

신화이야기

전사로 자라난 하르팔리케

하르팔리케의 어머니는 아이를 낳다가 죽고 말았다. 아버지 하르팔리코스 왕은 소와 말의 젖으로 힘겹게 그녀를 길렀다. 왕은 아들이 없었기 때문에 딸 하르팔리케를 자신의 후계자로 삼을 생각으로 남자처럼 키우며 사냥과 전투를 가르쳤다. 하르팔리케는 아버지의 뜻대로 훌륭한 전사로 자라났다.

그러던 어느 날 하르팔리코스 왕이 트로이 전쟁을 마치고 귀향하는 길에 트라키아 평원을 지나던 아킬레우스의 아들 네오프톨레모스와 마주쳤다. 하르팔리코스의 군대와 네오프톨레모스의 군대 사이에 전투가 벌어졌고 하르팔리코스는 네오프톨레모스의 공격에 심한 부상을 입고 목숨이 위태로운 지경에 빠졌다. 하지만 뛰어난 전사였던 하르팔리케가 적들을 물리치고 아버지를 사지에서 구해냈다.

산도적이 된 하르팔리케

그 후 하르팔리코스 왕은 폭정을 일삼다 주민들의 봉기로 왕위에서 쫓겨나 비참한 최후를 맞았다. 아버지가 죽은 뒤 하르팔리케는 숲으로 도망쳐 그곳에서 사냥과 약탈을 하며 살았다. 하지만 하르팔리케의 약탈을 견디다 못한 목동들이 동물을 잡을 때처럼 덫을 놓아 그녀를 잡은 뒤 몽둥이로 때려죽였다고 한다.

새끼염소 한 마리를 둘러싼 싸움

목동들의 덫에 걸렸을 때 하르팔리케는 약탈한 새끼염소 한 마리를 가지고 있었는데 이 새끼염소의 처리를 놓고 목동들 사이에 격렬한 싸움이 벌어졌다. 싸움은 목동 여러 명이 목숨을 잃고 나서야 끝이 났다. 목동들은 이 일을 반성하는 의미로 하르팔리케의 무덤을 만들어 해마다 제사를 지내고 거짓으로 싸움을 벌이는 의식을 행하였다고 한다.

트라키아의 여전사 하르팔리케는 베르길리우스의 『아이네이스』에 등장하는 라티움의 여전사 카밀라의 모델이 되었다고 한다.('카밀라' 참조)

하르피이아이 **Harpies**

요약

그리스 신화에 등장하는 괴물이다.

날개달린 정령 또는 여자 얼굴을 한 새로 묘사된다. 바람처럼 빨리 날아다니며 약탈을 하고 어린아이나 죽은 자의 영혼을 날카로운 발톱으로 낚아채 간다. 장님 예언자 피네우스의 식탁을 더럽히다가 아르고호 원정대의 일원인 보레아다이 형제에 의해 추방되었다.

기본정보

구분	괴물
상징	바람처럼 날래고 재빠른 약탈자
외국어 표기	그리스어: ἅρπυιαι, 단수형은 하르피이아(ἅρπυια)
어원	약탈하는 여성
별칭	하피(Harpy, Harpies)
관련 신화	아르고호 원정
가족관계	타우마스의 딸, 엘렉트라의 딸, 이리스의 자매

인물관계

하르피이아이는 바다의 신 타우마스와 오케아노스의 딸 엘렉트라 사이에서 태어난 딸들로 무지개의 여신 이리스와 자매지간이다. 하르피이아이의 하나인 포다르게는 서풍의 신 제피로스와 결합하여 신마 크산토스와 발리오스를 낳았다.

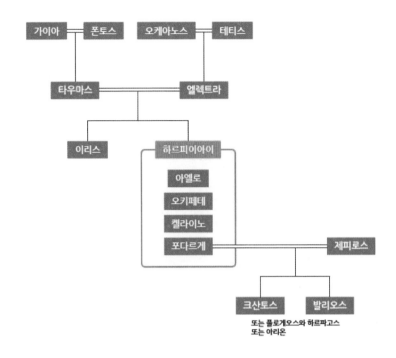

또는 플로게오스와 하르파고스
또는 아리온

신화이야기

개요

하르피이아이 자매는 바다의 신 타우마스가 오케아노스의 딸 엘렉트라와 결합하여 낳은 딸들로, 날개 달린 새의 몸에 여자의 얼굴을 한 괴물인데 바람처럼 빨리 날아다니며 약탈을 하고 어린아이나 죽은 자의 영혼을 날카로운 발톱으로 낚아채 간다. 그래서 고대 그리스인들은 물건이나 사람이 갑자기 사라지면 하르피이아이가 가져갔다고 생각했다. 잔인하고 탐욕스러운 여인을 뜻하는 영어단어 '하피(harpy)'는 여기서 유래하였다.

하르피이아이 자매는 두 명에서 네 명으로 알려졌는데 각각의 이름은 이들의 특징을 드러내준다. 아엘로는 '질풍', 오키페테는 '빠른 비상', 켈라이노는 폭풍우를 잔뜩 머금은 먹구름과 같은 '어둠', 포다르

날개를 펼친 하르피이아

게는 '빠른 발'을 뜻한다.

하르피이아이의 외모는 추하고 무시무시한 모습으로 알려졌는데 메두사처럼 처음에는 아름다운 처녀였다가 추한 괴물로 변했다고도 하고 처음부터 무서운 눈을 가진 마녀였다고도 한다. 하지만 간혹 날개를 가진 아름다운 여인으로 묘사되기도 하였다.

피네우스의 식탁을 더럽힌 하르피이아이

그리스 신화에서 하르피이아이가 등장하는 가장 유명한 일화는 트라키아의 왕 피네우스의 이야기다. 피네우스는 새 아내의 말만 듣고 전부인의 두 아들을 장님으로 만든 죄로 제우스의 분노를 사서 그 자신도 장님이 되었을 뿐만 아니라 괴조 하르피이아이 자매들에게 박해를 당하는 신세가 되었다. 하르피이아이는 피네우스가 음식을 먹으려고만 하면 순식간에 어디선가 날아와 음식을 빼앗거나 배설물로 더럽혀 먹을 수 없게 만들었다.

아르고호 원정대가 콜키스로 가는 길에 폭풍을 피해 잠시 피네우스의 나라에 들렀을 때 장님이 된 피네우스는 하르피이아이 때문에 굶어죽기 직전의 비참한 상태에 있었다. 아르고호 원정대는 예언자로도 유명한 피네우스에게 자신들의 모험이 어떻게 끝나게 될지 알려달라고 청했고 피네우스는 하르피이아이의 괴롭힘을 물리쳐주면 청을 들어주겠다고 했다. 아르고호 원정대는 그 조건을 받아들여 그를 자신들의 식탁에 초대하였다.

피네우스가 음식을 입으로 가져가려 하자 과연 하르피이아들이 순식간에 어디선가 날아왔다. 그러자 원정대의 일원인 북풍의 신 보레아스의 두 아들(보레아다이) 칼라이스와 제테스가 하늘로 날아올라 하르피이아들을 뒤쫓았다. 그들은 도망치는 하르피이아이를 필사적으로 추격했는데 이는 도망자를 잡지 못하면 자신들이 죽게 될 운명이라는 신탁을 받은 탓이기도 했다. 두 형제는 도망치는 하르피이아이를 뒤쫓아 펠로폰네소스를 지나 이오니아 해까지 날아갔다. 하지만 마침내 붙잡아 죽이려는 순간 무지개의 여신 이리

피네우스와 하르피이아이
윌리 포게니(Willy Pogany), 1921년
페트라익 콜럼(Padraic Colum)의 아동용
신화집에 실린 삽화

스가 나타났다. 이리스는 신들의 전령이었지만 또 한편으로 하르피이아이의 자매였다. 이리스는 하르피이아이가 자신의 명령을 실행했을 뿐이니 죽이지 말라는 제우스의 말을 전하며 앞으로 그녀들이 다시 피네우스를 괴롭히는 일은 없을 것이라고 약속했다. 이에 제테스와 칼라이스는 하는 수 없이 추격을 멈추고 다시 트라키아로 돌아왔다. 이때부터 그곳의 섬에는 '되돌아온 섬'이라는 뜻의 스트로파데스라는 이름이 붙었다.

그 뒤로 하르피이아이 자매는 크레타 섬의 딕스 산에 있는 동굴에서 살았다고 한다. 또 다른 이야기에 따르면 보레아다이와 하르피이아이는 끝없이 쫓고 쫓기는 추격전을 벌이다 모두 굶

하르피이아이를 추격하는 보레아다이
페테르 파울 루벤스(Peter Paul Rubens)
1636년, 프라도 미술관

어죽었다고 한다. 또 펠레폰네소스 반도에는 하르피스라는 강이 흐르는데 이 강은 하르피이아이 중 하나가 보레아다이 형제에게 쫓기다 이곳에 떨어져 죽은 뒤로 그렇게 불리기 시작했다고 한다.

포다르게와 제피로스

하르피이아이 자매 중 한 명인 포다르게는 서풍의 신 제피로스와 결합하여 트로이 전쟁에서 아킬레우스의 전차를 몰았던 바람처럼 빠른 신마(神馬) 크산토스와 발리오스를 낳았다고 한다. 크산토스는 사람처럼 말도 할 수 있었다고 한다. 크산토스는 아킬레우스가 파트로클로스의 죽음을 막지 못한 것을 질책하자 그것은 자신들의 탓이 아니라 아폴론이 헥토르를 도왔기 때문이라고 변명하였고, 또 아킬레우스에게 죽을 날이 멀지 않았다고 경고하기도 했다.

다른 이야기에 따르면 디오메데스(혹은 디오스쿠로이)가 몰던 두 마리의 말 플로게오스와 하르파고스, 테바이를 공략한 7장군 중 한 명인 아드라스토스가 타던 '검을 갈기의 말' 아리온 등도 포다르게와 제피로스의 자식이라고 한다. 아드라스토스는 테바이 원정에서 7장군 중 유일하게 살아남았는데, 이는 순전히 아리온 덕분이었다. 아드라스토스가 이끄는 아르고스군이 테바이군에게 패하자 아리온이 아드라스토스를 등에 태우고 재빨리 싸움터를 벗어나 안전한 곳으로 달려갔기 때문이었다.

하마드리아데스 **Hamadryades**

요약

그리스 신화에 등장하는 나무의 님페다.

하마드리아데스는 특정한 나무와 결합되어 태어나서 그 나무와 운명을 같이 한다. 또 다른 이야기에서 하마드리아데스는 옥실로스와 하마드리아스 사이에서 태어난 여덟 명의 딸로 각기 다른 나무를 관장하는 나무의 님페들이다.

하마드리아데스
에밀 빈(Emile Bin), 1870년, 토마스 헨리 박물관

기본정보

구분	님페
상징	나무
외국어 표기	그리스어: Ἁμαδρυάδες
별칭	하마드리아스(Hamadryads)
어원	나무와 함께
가족관계	옥실로스의 딸, 하마드리아스이 딸

인물관계

　하마드리아데스는 나무와 함께 태어나고 소멸되는 나무의 님페다. 하지만 그리스의 수사학자 아테나이오스는 『현자들의 식탁』에서 하마드리아데스가 오이타 산의 산신(山神) 오레이오스의 자녀인 옥실로스와 하마드리아스 남매가 서로 관계를 맺어 낳은 여덟 명의 딸이라고 하였다.

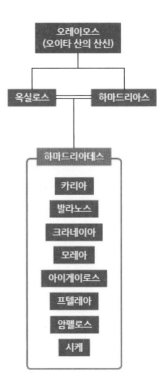

신화이야기

나무와 생사를 같이 하는 나무의 님페

　하마드리아데스는 나무의 님페 드리아데스의 일종이다. 드리아데스는 원래 떡갈나무의 님페를 이르는 말이었지만 점차 모든 나무의 님페들을 가리키는 개념이 되었다.

　그리스 신화에서 드리아데스는 숲 속의 다른 님페들과 마찬가지로 주로 처녀신 아르테미스를 따라다니며 함께 사냥을 즐기는 아름다운 여성으로 묘사된다.

　드리아데스는 오래 살기는 하였으나 불사신은 아니었다. 예를 들면 독사에 물려 죽은 오르페우스의 아내 에우리디케도 드리아데스(혹은 물의 님페 나이아데스)의 하나였다. 그리스 신화에서 드리아데스는 시간이 지나면서 나무와 직접적인 관련성이 희미해졌지만 드리아데스의 또 다른 일족인 하마드리아데스는 특정한 나무에 결합된 존재로 나무와 함께 태어나서 나무가 죽으면 함께 소멸된다고 여겨졌다.

하마드리아데스와 나무와의 관계는 각별하다. 그들은 하늘이 자신이 깃든 나무에 비를 뿌려주면 기뻐하였고 나무가 잎사귀를 떨구면 슬픔에 잠겼다. 칼리마코스의 『데메테르 찬가』에 나오는 하마드리아데스는 자신의 나무가 번개를 맞자 몹시 화를 냈으며, 또 다른 하마드리아데스는 위험에 처한 자신의 나무를 구하기 위해 직접 영웅을 찾아가 도움을 청하기도 하였다.('크리소펠레이아' 참조)

하마드리아데스는 나무와 동일시되기도 하였다. 그래서 나무를 베면 하마드리아스를 해친 것으로 간주되어 신들에게 벌을 받았다. 테살리아의 왕 에리시크톤은 신성한 숲의 나무를 함부로 베었다가 나무에 깃든 하마드리아데스를 죽인 죄로 데메테르 여신에게 벌을 받

판과 하마드리아데스
폼페이 모자이크화, 1세기
나폴리 국립고고학박물관

았다. 그는 영원히 채워지지 않는 허기에 시달리다 결국 자기 살을 뜯어먹으며 최후를 맞았다.('에리시크톤' 참조).

옥실로스와 하마드리아스의 여덟 딸

후대의 전승에 따르면 하마드리아데스는 오이타 산의 산신 오레이오스의 자녀인 옥실로스와 하마드리아스 남매가 결합하여 낳은 여덟 명의 딸을 가리키는 말이다. 여덟 명의 하마드리아데스는 각각 다른 나무를 관장하는 님페가 되었는데 카리아는 호두나무, 발라노스는 떡갈나무, 크라네이아는 층층나무, 모레아는 뽕나무, 아이게이로스는 흑양나무, 프텔레아는 느릅나무, 암펠로스는 포도나무, 시케는 무화과나무의 님페다.

할리로티오스 Halirrhothius

요약

포세이돈의 아들이다.

전쟁의 신 아레스의 딸 알키페를 겁탈하려다 아레스에게 살해되었다. 이에 포세이돈이 아들을 살해한 아레스를 고발하여 최초의 살인 사건 재판이 열렸다. 재판 결과 아레스에게는 무죄가 선고되었다.

기본정보

구분	신화 속 인물
상징	최초의 살인사건 재판
외국어 표기	그리스어: Ἁλιρρόθιος
관련 신화	아레스, 아레오파고스

인물관계

포세이돈과 님페 에우리테의 아들이다.

신화이야기

개요

할리로티오스는 아테네에 있는 아우클레피오스의 샘 근처에서 아레스의 딸 알키페를 범하려다가 아레스에게 들켜 죽임을 당했다. 포세이돈이 아들을 살해한 아레스를 신들의 법정에 고발하여 최초의 살인사건 재판이 열리게 되었다. 올림포스 신들로 구성된 이 재판은 장차 '아레오파고스(혹은 아레이오스 파고스)'라고 불리게 될 언덕 위에서 열렸다. 딸을 위험에서 구하고자 한 행동은 정당한 행위라고 인정받아 아레스는 무죄 판결을 받았다. 이에 대해 『비블리오테케』는 다음과 같이 전하고 있다.

루드비시의 아레스
BC 320년경 그리스에서 제작된 원작의
로마 시대의 복제품, 로마 국립 박물관

"아그라울로스는 아레스와 결합하여 딸 알키페를 낳았다. 요정 에우리테와 포세이돈의 아들인 할리로티오스가 알키페를 범하려다 그 자리에서 아레스에게 붙잡혀 맞아 죽었다. 이에 포세이돈은 아레스를 고소하는데 아레스는 아레이오스 파고스에서 열두 신들 앞에서 재판을 받고 무죄로 풀려났다."

또 다른 이야기에 의하면 포세이돈의 아들 할리로티오스는 포세이돈과 아테나가 경합을 벌인 아티카 땅이 포세이돈이 아니라 아테나의 것이 되자 아테나 여신이 준 선물인 올리브나무를 자르려 했다고 한다. 그런데 도끼가 손에서 빠져나가 자기 도끼에 맞아 죽었다고 한다.

아레오파고스

올림포스 신들로 구성된 이 살인 사건 재판은 인류 역사상 글로 기록되어 있는 최초의 재판이며 이 재판이 열린 언덕은 후에 '아레오파고스(혹은 아레이오스 파고스)'라고 불리게 되었는데 이는 '아레스의 언덕'을 의미한다.

아레오파고스

아이스킬로스의 3부작 비극인 『오레스테이아』에는 인간에 대한 최초의 재판도 이 언덕에서 열린 것으로 기록되어 있다. 아버지 아가멤논을 죽인 어머니 클리타임네스트라를 살해한 오레스테스는 고향에서 추방되어 몇 번이나 죽음의 고비를 겪었다. 복수의 여신들 에리니에스에게 쫓기다 결국 광기에 사로잡힌 오레스테스에게 아폴론은 아테네로 가서 아레오파고스 법정에서 재판을 받으라는 신탁을 내렸고, 오레스테스는 이 법정에서 아테나 여신의 주재로 재판을 받고 마침내 무죄판결을 받고 악몽에서 벗어났다. 아레오파고스는 아크로폴리스 아래쪽에 위치한 언덕으로 아테네의 귀족정치체제에서 중요한 정치적 사안을 토론하거나 법적인 판결을 내리는 장소였다. 아테네가 후에 민주제로 되면서 많은 권한이 축소되었지만 살인사건에 대한 재판만은 마지막까지 아레오파고스에 남아있었다. 오늘날 그리스 대법원도 아레이오스 파고스라고 불린다.

아테나에게 죄를 정화받는 오레스테스
아풀리아 적색 도기, 기원전 380~370년
루브르 박물관

할리아 Halia, Halie

요약

그리스 신화에서 로도스 섬에 사는 물의 님페이다.

아프로디테의 노여움을 산 아들들이 광기에 사로잡혀 자신을 범하려 하자 절망하여 바다에 몸을 던졌다.

기본정보

구분	님페
외국어 표기	그리스어: Ἁλία
어원	바다의 여인, 염분(할스)
관련 지명	로도스 섬
가족관계	포세이돈의 아내, 폰토스의 딸, 탈라사의 딸, 로데의 어머니

인물관계

할리아는 바다의 신 폰토스와 폰토스의 여성형으로 간주되는 바다의 여신 탈라사 사이에서 태어난 딸이다. 로도스 섬의 최초의 거주자로 언급되는 텔키네스와는 남매지간이다. 할리아는 포세이돈과 결혼하여 여섯 명의 아들과 로도스 섬의 시조가 되는 딸 로데(로도스)를 낳았다.

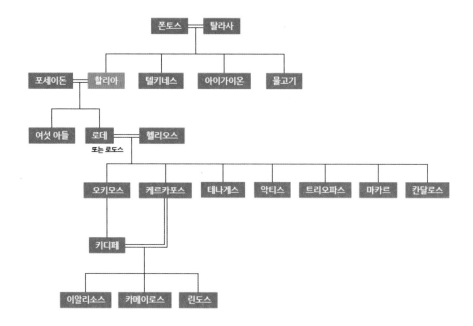

신화이야기

바다에 몸을 던진 할리아

할리아는 자식들과 함께 로도스 섬에서 살고 있었는데 어느 날 바다의 거품에서 갓 태어난 아프로디테가 바다를 이리저리 돌아다니다 로도스 섬에 상륙하려고 하였다. 하지만 할리아의 오만한 아들들은 여신을 자신들의 섬에 받아들이려 하지 않았다. 이에 분노한 여신은 할리아의 아들들을 미쳐버리게 하였다. 광기에 사로잡힌 할리아의 아들들은 자기 어머니를 범하려 하였고 이를 본 포세이돈은 그들을 섬에 있는 바다동굴 속에 묻어버렸다. 하지만 자신의 아들들에게 추행을 당한 할리아는 절망하여 바다에 몸을 던졌다. 그 뒤로 로도스 섬의 주민들은 그녀를 레우코테아라고 부르며 바다의 여신으로 숭배하였다. 하지만 대부분의 전승에서 레우코테아는 카드모스의 딸 이노가 신의 반열에 올랐을 때 얻은 이름으로 언급된다.

로도스 섬의 시조가 된 로데

할리아와 포세이돈의 딸 로데는 태양신 헬리오스와 결혼하여 일곱 아들 헬리아데스(헬리오스의 자손)를 낳았다. 그 중 장남인 오키모스는 로도스의 통치자가 되었다. 오키모스가 죽은 뒤에는 그의 동생 케르카포스가 왕위에 올랐다. 케르카포스는 오키모스의 딸 키디페와 결혼하여 세 아들 이알리소스, 카메이로스, 린도스를 낳았다. 케르카포스의 세 아들은 나중에 로도스 섬에 각기 자신의 이름을 딴 도시를 건립하였다.

로도스의 비너스
작자 미상, 기원전 1세기
로도스 고고학 박물관

275

또 다른 할리아

해신 네레우스와 도리스 사이에서 태어난 네레이데스 중에도 할리아가 있다. 아름다운 바다의 님페 할리아는 주로 돌고래나 바다 괴물의 등에 올라 타고서 바다 곳곳을 누비며 다니는 모습으로 묘사되었다.

헤라 Hera

요약

주신(主神) 제우스의 정실부인으로 결혼생활의 수호신이다.

헤라는 머리에 왕관을 쓰고 손에 왕홀(왕의 지팡이)을 든 여왕의 모습으로 공작새와 함께 주로 표현된다. 로마 신화의 유노와 동일시된다. 그리스 신화에 등장하는 올림포스 12신 중 한 명이다.

바람기 많은 남편 제우스의 숱한 애정 행각으로 질투심에 불타는 복수의 화신이 되어 제우스와 관계한 많은 여성과 그 자식들에게 시련과 박해를 가하였다.

기본정보

구분	올림포스 12신
상징	결혼, 정절, 질투, 복수
외국어 표기	그리스어: "Ηρα
어원	여주인, 여왕
로마 신화	유노(Iuno)
별칭	주노(Juno)
관련 상징	공작, 뻐꾸기, 석류
가족관계	크로노스의 딸, 제우스의 아내, 아레스의 어머니

인물관계

헤라는 티탄 신족인 크로노스와 레아 사이에서 태어난 6남매 중 한 명이다. 나머지 형제로는 여신 헤스티아, 데메테르와 남신 제우스, 포세이돈, 하데스가 있다. 헤라는 남자 형제인 제우스와 결혼하여 삼남매 아레스, 헤베, 에일레이티이아를 낳았으며, 또 다른 아들 헤파이스토스는 헤라가 남편의 도움 없이 홀로 낳았다는 이야기가 있다.

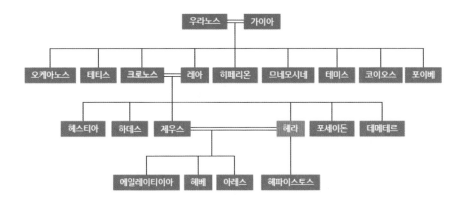

신화이야기

탄생과 성장

　헤라는 티탄 신족의 우두머리 크로노스와 레아 사이에서 태어난 6남매 중 한 명이다. 헤라와 그녀의 형제들은 막내 제우스 한 명을 빼고는 모두 태어나자마자 아버지 크로노스에게 잡아먹히고 말았다. 언젠가 자기 자식에 의해 신들의 왕좌에서 물러나게 되리라는 가이아의 예언 때문에 크로노스는 아내 레아가 자식을 낳는 족족 집어삼켰던 것이다. 하지만 계속되는 자식들의 희생을 견디다 못한 레아는 가이아의 도움을 얻어 막내 제우스가 태어나자 재빨

헤라
그리스 조각을 모사한 로마 시대
대리석상, 5세기, 바티칸 박물관

리 빼돌리고 대신 돌덩이를 강보에 싸서 크로노스에게 삼키게 하였다. 크로노스 몰래 크레타 섬의 동굴에서 자란 제우스는 성년이 되자 메티스가 구해준 마법의 약초를 크로노스에게 먹여 그 동안 집어삼킨 형제들을 모두 토해내게 한 다음 그들과 힘을 합쳐 아버지 크로노스가 이끄는 티탄 신족과 전쟁을 벌였다. '티타노마키아'라고 불리는 이 전쟁은 제우스 진영의 승리로 돌아갔고 전쟁에 패한 티탄 신족은 저승의 가장 깊숙한 곳인 타르타로스에 유폐되었다. 이때부터 신들과 인간들의 세계는 제우스가 이끄는 올림포스 신들의 지배를 받기 시작했다.

티탄 전쟁이 벌어지는 동안 레아는 딸 헤라를 대양신 오케아노스와 그의 아내 테티스에게 맡겨 기르게 하였다. 헤라는 이 일로 오케아노스와 테티스 부부에게 깊은 감사를 느껴 나중에 이들 부부가 불화를 겪자 먼 길을 직접 찾아가 서로 화해시키려 노력하기도 했다. 하지만 전해지는 이야기에 따라 헤라의 양육자는 호라이 자매, 강의 신 아스테리온의 딸들 등으로 바뀌어 이야기되기도 한다.

제우스와의 결혼

헤라는 제우스와 정식으로 결혼식을 올린 이른바 정실부인이다. 헤시오도스의 『신들의 계보』에 따르면 헤라는 제우스의 세 번째 아내라고도 한다.(첫 번째 아내는 메티스, 두 번째 아내는 테미스다) 아무튼 헤라 이후로 제우스는 다른 여성을 정식 아내로 맞이하지 않았다.

제우스와 헤라의 결합에 대해서도 여러 이야기가 전해진다. 아르고스 지방의 전설에 따르면 제우스는 아르고스의 숲을 거닐고 있는 헤라를 보고 사랑을 느끼자 폭우가 쏟아지게 한 뒤 자신은 뻐꾸기로 변신해 헤라의 품 속으로 날아들었다고 한다. 헤라가 비에 젖은 뻐꾸기를 가여워하자 다시 본래의 모습으로 돌아와 사랑을 고백하고 맺어졌다는 것이다. 하지만 또 다른 이야기에 따르면 제우스가 헤라에게 처

제우스와 헤라
안니발레 카라치(Annibale Carracci), 16세기 후반

음 반한 곳은 에우보이아 지방이었고 키타이론 산까지 집요하게 따라 가서 결국 산 속 동굴 속에서 사랑을 나누었다고 한다. 그밖에도 헤라 숭배가 이루어지는 지방들에서는 주신 제우스와 헤라의 성스러운 결합을 자기 지방과 연관된 다양한 신화로 풀어내면서 때가 되면 둘의 결합을 축하하는 의식을 거행하였다. 한 전설에 따르면 헤라는 아르고스에 있는 카나토스 샘에서 목욕을 하면 처녀성을 다시 회복할 수 있었기 때문에 늘 새 몸이 되어 제우스와 결합했다고 한다.

제우스와 헤라의 결혼식은 세상의 서쪽 끝에 있는 헤스페리데스의 정원에서 거행되었다고도 하고 프리기아 지방의 이데 산 정상에서 거행되었다고도 한다. 헤스페리데스의 정원은 헤라가 대지의 여신 가이아로부터 결혼 선물로 받은 황금 사과를 심은 곳이기도 한데 이 정원의 황금 사과는 용 라돈과 헤스페리데스 자매들이 지키고 있다.('헤스페리데스' 참조)

결혼생활의 수호신

그리스 신화의 주신(主神)인 제우스의 정실부인으로서 헤라는 결혼생활의 수호신이 되었다. 바람기 많은 남편 탓에 그녀는 드세고 질투심 많은 여성으로 인식되지만 또 한편으로는 한결같이 정절을 지키며 일부일처제를 사회규범으로 삼은 그리스인들에게 귀감이 되기도 했다. 헤라는 아프로디테, 아테나 등과 미모를 다툴 정도로 아름다운 자태를 지녔지만('파리스의 판결' 참조) 그녀의 아름다움은 아프로디테와 달리 최고신의 정숙한 아내로서 고상하고 단아한 매력을 풍기는 것이었다.

하지만 때로 헤라는 요염하게 제우스를 유혹하기도 했다. 트로이 전쟁 때 그녀는 그리스군에게 승리를 안겨주기 위해 포세이돈과 짜고 의도적으로 제우스를 유혹한 적이 있었다. 제우스는 인간들의 전쟁에 신들이 개입하는 것을 금지하고 있었는데, 헤라가 제우스를 침실로 유혹하여 잠들게 하면 그 사이를 틈타 포세이돈이 그리스군을 돕기로 한 것이다. 헤라는 이를 위해 아프로디테로부터 허리띠를 빌려 몸에 걸치고 이데 산의 제우스의 침소로 갔는데, 이 '아프로디테의 허리띠'에는 그것을 몸에 걸친 여인에게 상대를 사로잡는 매력을 부여하는 마법이 있었다고 한다.

또한 결혼생활의 수호신으로서 헤라는 여자들의 출산을 돕는 여신이기도 했다. 출산의 여신 에일레이티이아가 그녀의 딸인 것도 그 때문이다. 전승에 따라서는 에일레이티이아와 헤라가 동일시되기도 한다. 하지

이데 산의 헤라와 제우스
제임스 베리(James Barry), 1790~1799년
셰필드 시립미술관 및 맵핀 미술관

만 다른 여성이 남편 제우스의 아이를 낳으려 할 때면 헤라는 출산을 오히려 방해하기도 했다.

질투의 화신

그리스 신화에서 헤라는 가정생활의 수호신으로 남편 제우스가 바람을 피울 때마다 불타는 질투심으로 그 대상이 된 여인들과 그 자식들을 벌하였다. 어찌 보면 잘못은 남편 제우스에게 있는데 헤라의 분노가 이들에게만 쏟아지는 것이 부당하게 여겨질 수도 있지만 만물을 탄생시키고 풍요롭게 하는 제우

헤라
헬레니즘 조각을 모사한 로마 시대 대리석상, 2세기, 루브르 박물관

스의 왕성한 번식력을 결혼이라는 제도의 테두리 안에 가두어 가정과 사회에 질서와 안정을 가져오려면 불가피한 일이라 하겠다. 그러나 헤라의 질투와 그에 따른 복수는 종종 도가 지나쳐 잔인한 학대와 박해에 이르기도 하였다.

레토의 고된 출산

헤라와 결혼한 뒤 제우스가 처음으로 바람을 피운 상대는 티탄 신족 코이오스와 포이베의 딸 레토 여신으로 보인다. 레토는 제우스 사이에서 아폴론과 아르테미스를 낳았다. 하지만 레토의 출산은 순탄치 않았다. 남편 제우스가 다른 여신과 바람을 피워 자식을 임신시킨 데다가 심지어 그 여신에게서 태어난 자식들이 자기가 낳은 자식들보다 더 위대하게 되리라는 예언까지 듣게 된 헤라는 질투심이 불길처럼 타올랐다. 그녀는 레토에게 이 세상에 해가 비치는 곳에서는 절대로 아이를 낳을 수 없으리라고 저주를 내렸다.

만삭의 몸으로 해산할 장소를 찾아 사방을 헤매던 레토는 지상에서는 더 이상 아이를 낳을 수 없다는 걸 깨닫고 제우스의 형제인 해신 포세이돈에게 도움을 청하였다. 이에 포세이돈은 바다 속에 가라앉아 있던 섬을 솟아오르게 하여 그곳으로 레토를 데려갔다. 이제껏 바닷속에 있었으므로 헤라의 저주가 미치지 않는 장소였던 것이다.(이 섬이 바로 델로스 섬이라고 한다) 그러자 헤라는 자신의 딸인 출산의 여신 에일레이티아에게 명령하여 레토의 출산을 방해했다. 에일레이티아의 도움을 얻지 못한 레토는 진통만 계속될 뿐 아이를 낳을 수가 없었다. 보다 못한 제우스가 전령의 여신 이리스를 보내 에일레이티아에게 레토의 출산을 도우라고 명했다. 그러자 레토는 먼저 아르테미스를 낳았고, 뒤이어 갓 태어난 아르테미스의 도움을 받으며 아폴론을 낳았다.

불타 죽은 세멜레와 미치광이가 된 디오니소스

제우스는 헤라 몰래 카드모스의 아름다운 딸 세멜레를 애인으로 삼기 위해 인간의 모습으로 변신하여 테바이로 갔다. 얼마 후 세멜레는 제우스의 아이를 임신하였고 또 다시 이 사실을 안 헤라는 질투심에 불타 세멜레의 옛 유모인 베로에로 변신하여 그녀에게 접근하였다. 헤라는 세멜레에게 그녀의 애인이 자칭하듯 제우스가 아닐 수도 있으니 그가 정말 제우스인지 확인해야 한다며 의심을 부추겼다. 그러자 세멜레는 인간으로 변신하고 나타난 제우스에게 올림포스 주신(主神)으로서의 본모습을 보여달라고 졸랐다. 제우스는 이미 그녀가 원하는 것이면 뭐든지 들어주겠다고 스틱스 강물에 대고 맹세하였으므로 세멜레의 요구를 거절할 수가 없었다.('스틱스' 참조) 아무리 설득해도 세멜레의 생각을 되돌릴 수 없었던 제우스는 하는 수 없이 천둥과 번개에 휩싸인 본모습을 드러냈고 세멜레는 그 자리에서 타 죽고 말았다.

세멜레가 제우스의 번갯불에 타 죽을 때 그녀의 몸 속에는 태아 디오니소스가 들어 있었다. 제우스는 황급히 디오니소스를 그녀의 몸에서 꺼내 자신의 넓적다리에 집어넣고 꿰매어버렸다. 디오니소스는 그렇게 아버지의 넓적다리 안에서 산달을 모두 채우고 태어났다.

제우스는 어린 디오니소스를 질투와 복수심에 불타는 헤라의 눈을 피해 여자아이로 꾸민 뒤 세멜레의 자매인 이노와 그녀의 남편 아타마스 왕에게 맡겨 기르게 하였다. 원래 이노는 디오

제우스와 세멜레
세바스티아노 리치(Sebastiano Ricci), 1695년
피렌체 우피치 미술관

283

니소스가 제우스의 아들이라는 사실을 믿으려하지 않았으나 헤르메스의 말을 듣고 나서는 어린 조카를 데려다가 친자식들인 레아르코스, 멜리케르테스 형제와 함께 키웠다. 하지만 곧 이 사실을 알아차린 헤라는 자기 몰래 디오니소스를 키우려 한 이노와 아타마스를 미치광이로 만들어버렸다. 아타마스는 정신이 나간 상태에서 아들 레아르코스를 사슴으로 여기고는 사냥용 창을 던져 죽였다. 이노의 광기는 더욱 끔찍했다. 이노는 막내아들 멜리케르테스를 물이 펄펄 끓는 가마솥에 넣어 튀겨버렸다. 제정신이 든 이노는 아들의 시체를 끌어안고 바닷물에 몸을 던졌다. 그러자 신들이 이들의 운명을 불쌍히 여겨 모자를 바다의 신으로 만들어주었다. 그렇게 이노는 하얀 물보라의 여신 레우코테아가 되었고 어린 아들 멜리케르테스는 돌고래를 타고 다니는 어린 바다의 신 팔라이몬이 되었다. 레우코테아와 팔라이몬은 폭풍 속을 항해하는 배를 인도하는 선원들의 수호신이 되었다.

그 후 디오니소스는 소아시아의 니사 산 님페들에게 맡겨져 양육되

었다. 제우스는 헤라의 손길이 미치지 않도록 디오니소스를 새끼 산양으로 변신시켰다. 디오니소스는 이곳에서 포도 재배법과 포도주 빚는 법을 배우며 성인으로 자랐지만 헤라는 기어코 다시 디오니소스를 찾아내어 미치광이로 만들어버렸다. 광기가 들린 디오니소스는 이집트와 시리아 등지를 떠돌다 프리기아에 도착하여 키벨레 여신으로부터 광기를 치료받을 수 있었다. 이때 디오니소스가 돌아다닌 지역들은 포도 재배 기술이 전파된 경로라고 한다.

곰으로 변한 칼리스토와 아르카스

칼리스토는 아르카디아를 다스리는 리카온의 딸로 아르테미스를 섬기는 아름다운 님페였다. 제우스는 칼리스토의 미모에 반해 유혹하려 했지만 처녀신 아르테미스의 시종인 그녀는 영원히 순결을 지키기로 맹세한 몸이었으므로 제우스의 구애를 한사코 거절하였다. 몸이 단 제우스는 아르테미스 여신으로 변신하여 접근하여 마침내 욕망을 채

칼리스토를 본 제우스
니콜라스 베르헴(Nicolaes Pieterszoon Berchem), 1640~1683년

웠고 칼리스토는 아르카스를 임신하였다.

칼리스토는 아르테미스 여신의 처벌이 두려워 임신 사실을 감추었지만 여름날 사냥을 끝내고 다 함께 목욕을 할 때 그만 들키고 말았다. 당장 여신의 무리에서 추방당한 칼리스토는 홀로 숲에서 아들 아르카스를 낳아 기르다 결국 헤라의 눈에 띄고 말았다. 질투심에 사로잡힌 헤라는 그녀를 곰으로 변신시켜버렸고, 동굴 속에 홀로 남은 칼리스토의 어린 아들 아르카스는 제우스에 의해 외조부 리카온에게 맡겨져 자랐다.

세월이 흘러 건장한 청년으로 성장한 아르카스는 숲으로 사냥을 갔다가 곰으로 변한 어머니 칼리스토와 마주쳤다. 칼리스토는 아들을 알아보고 다가가려 했지만 아르카스에게 그녀는 위협적인 곰일 뿐이었다. 아르카스는 칼리스토를 향해 화살을 겨누었다. 하늘에서 이 모습을 지켜보고 있던 제우스는 두 모자를 함께 하늘로 끌어올려 별자리로 만들었다.(큰곰자리와 작은곰자리)

하지만 헤라는 칼리스토가 하늘에 올라 신의 반열에 든 것을 참을 수 없었다. 그녀는 어린 시절 자신을 길러준 대양의 신 오케아노스와 테티스를 찾아가 두 모자의 별자리가 바다에 잠겨 휴식을 취하지 못하게 해달라고 부탁했다. 오케아노스와 테티스는 사랑스런 헤라의 부탁을 들어주었고, 칼리스토와 아르카스의 별자리는 바닷속으로 내려앉지 못하고 계속해서 북극성 주변을 맴돌게 되었다.

암소로 변한 이오

제우스는 다시 강의 신 이나코스의 아름다운 딸 이오에게 반해 이번에는 검은 구름으로 변신하여 사랑을 나누었다. 하지만 헤라가 남편의 행실을 눈치 채고 현장에 나타나자 제우스는 황급히 이오를 암소로 변신시켰다. 헤라는 남편의 속임수를 알았지만 짐짓 모른 체하며 암소를 달라고 하였다. 제우스는 아내의 의심을 사지 않기 위해 하는 수 없이 이오가 변신한 암소를 헤라에게 주었고 헤라는 눈이 백 개나 달린 거인 아르고스를 시켜 암소를 지키게 하였다. 그러자 제우스는 헤르메스를 보내 이오를 구하게 하였다. 헤르메스는 아르고스의 눈 백 개를 모두 잠들게 하여 죽이고 이오를 풀어주었다.

헤라는 다시 이오가 변한 암소에게 쇠파리를 보냈다. 이오는 쇠파리에 등을 뜯기며 지상의 이곳저곳을 떠돌아야 했는데 이때 이오가 건넌 바다는 그녀의 이름을 따서 이오니아 해라고 불리게 되었다. 이오는 이집트 나일 강변의 피신처에서 제우스를 다시 만나고서야 본래의 모습으로 돌아올 수 있었다.

헤라클레스의 시련

그리스 신화에서 헤라에게 가장 많은 박해를 받은 인물은 누구보다도 헤라클레스라고 할 수 있다. 헤라클레스의 삶은 태어날 때부터 죽을 때까지 시종일관 헤라에 의한 시련의 연속이었다.

제우스는 아름다운 알크메네에게 반해서 그녀의 남편 암피트리온이 전쟁에 나간 사이에 그의 모습으로 변신하여 알크메네와 사랑을 나누었다. 제우스는 알크메네의 의심을 풀기 위해 마치 실제로 전쟁에 나갔다 온 사람처럼 전리품을 선물로 주고 전쟁터에서의 이야기도 들려주었다. 다음날 전쟁터에서 돌아온 진짜 암피트리온은 아무 것도 모른 채 아내와 사랑을 나누었고 얼마 뒤 알크메네는 쌍둥이를 임신하여 낳았는데 이들이 헤라클레스와 이피클레스였다.

뱀을 죽이는 헤라클레스와 겁에 질린 이피클레스
고대 그리스 도기 그림. 기원전 470년경
루브르 박물관

헤라는 헤라클레스가 제우스의 자식임을 이미 알아채고

쌍둥이가 누워 있는 방으로 독사 두 마리를 보내 어린 헤라클레스를 죽이려 했다. 어린 아들의 자지러지는 울음소리를 들은 암피트리온이 칼을 빼들고 방으로 가보니 이피클레스는 겁에 질려 울고 있는데 헤라클레스는 양 손에 뱀을 한 마리씩 쥐고 있었다. 뱀들은 목이 졸려 죽어 있었다. 이때 헤라클레스는 태어난 지 겨우 열 달이었다.

다른 이야기에 따르면 제우스는 아들 헤라클레스에게 신들과 같은 불사의 몸을 주기 위해 헤라의 젖을 먹이려고 한 적이 있었다. 제우스는 헤라가 깊이 잠든 것을 확인한 뒤 어린 헤라클레스를 헤라의 가슴으로 데려가 젖을 물렸는데 아기의 젖 빠는 힘이 너무 세서 그만 헤라가 잠에서 깨고 말았다. 깜짝 놀란 헤라가 아이를 떼어내자 가슴에서 하얀 젖이 하늘로 뿜어져 나와 은하수가 되었다고 한다.(서양에서는 은

은하수의 기원
틴토레토(Jacopo Tintoretto), 1575년, 런던 내셔널갤러리

하수를 젖에 비유한다)

청년으로 자라난 헤라클레스는 테바이를 괴롭히던 이웃나라 오르코메노스를 물리친 공로로 테바이 왕 크레온의 딸 메가라 공주와 결혼하여 자식들도 낳으며 한 동안 행복하게 살았다. 하지만 헤라는 이런 행복을 두고 보지 않고 헤라클레스에게 광기를 불어넣었다. 그러자 헤라클레스는 갑자기 아내와 아이들을 짐승들로 여겨 모두 목 졸라 죽여버렸다. 제정신이 든 헤라클레스는 가슴을 쥐어뜯으며 고통스러워했다. 하지만 헤라클레스의 시련은 여기서 그치지 않았다. 그는 가족을 살해한 죄를 씻기 위해 미케네의 왕 에우리스테우스의 노예가 되어 12가지의 힘겨운 과업을 처리해야 했다.

제우스는 헤라클레스에 대한 헤라의 박해가 도를 넘자 아내에게 불만을 터뜨리기도 했다. 자신의 거듭된 경고에도 불구하고 헤라가 또다시 헤라클레스를 죽이려 하자 화를 내며 헤라의 발에 무거운 모루를 달아 하늘에 매달아놓았던 것이다. 이때 헤파이스토스가 어머니 헤라를 변호하다 제우스의 분노를 사는 바람에 올림포스에서 지상으로 내던져져 절름발이가 되고 말았다.

헤라클레스는 질투에 불타는 헤라의 극심한 박해와 온갖 시련을 이겨내며 그리스 최고의 영웅으로 성장하였고 죽은 뒤에는 신의 반열에 올라 마침내 헤라와 화해하고 그의 딸인 청춘의 여신 헤베와 올림포스에서 천상의 결혼식을 올렸다.

토라진 헤라

남편의 거듭된 외도에 견디지 못한 헤라가 한 번은 완전히 토라져서 남편 곁을 떠나 멀리 에우보이아로 가버린 적이 있었다. 그러자 당황한 제우스는 현자로 유명한 플라타이아의 왕 키타이론을 찾아가 헤라를 다시 돌아오게 할 방법을 물었다. 키타이론은 제우스에게 나무로 여인의 형상을 만든 뒤 새색시의 옷을 입히고 베일을 씌운 뒤 수레에 태우고 가라고 하였다. 그리고 사람들에게는 제우스가 아소포스의 딸 플라타이아를 신부로 맞는 행차라고 소문을 퍼뜨렸다. 이 소식을 들은 헤라는 질투심에 사로잡혀 당장 달려와 수레에 탄 신부의 베일을 잡아당겼다. 하지만 그것이 목각 인형인 것을 본 헤라는 웃으며 다시 제우스와 화해하였다. 플라타이아 주민들은 이 일을 기념하기 위해 매년 축제를 벌여 제우스와 헤라의 결혼식을 거행하였다.

장님이 된 테이레시아스

헤라와 제우스의 다툼은 여자 문제에만 국한되지 않았다. 한 번은 남녀가 잠자리에서 사랑을 나눌 때 둘 중 어느 쪽이 더 큰 쾌락을 얻는지를 놓고 부부가 심한 언쟁을 벌인 적이 있었다. 제우스는 여자의 쾌락이 더 크다고 하였고 헤라는 남자 쪽이 더 큰 쾌감을 느낀다는 입장이었다. 아무리 해도 결말이 나지 않자 이들은 남녀의 몸을 다 가져본 테이레시아스에게 물어보기로 하였다. 테이레시아스는 젊은 시절 킬레네(혹은 키타이론) 산에서 뱀 두 마리가 교미하는 광경을 보고 암컷을 때려죽였다가 여자로 변신하여 한 동안 지낸 적이 있었기 때문이다. 양쪽의 말을 듣고 난 테이레시아스는 자신의 경험에 비추어 볼 때 여자의 쾌락이 남자보다 아홉 배 정도 더 강하더라고 하며 제우스의 손을 들어주었다. 그러자 화가 난 헤라가 테이레시아스를 장님으로 만들어버렸다. 제우스는 장님이 된 테이레시아스가 가여웠지만 헤라가 내린 벌은 그로서도 어쩔 수가 없었다. 그래서 그 보상으로 제우스는 테이레시아스에게 새들의 말을 알아듣는 능력과 누구보다도 뛰어난 예언력을 주었다. 그 후 테이레시아스는 그리스 최고의 예언자가 되었으며 심지어 저승에 가서도 예언 능력을 잃지 않았다고 한다.(다른 이야기에 따르면 테이레시아스는 목욕하는 아테나의 벗은 몸을 목격하고 장님이 되었다고 한다. '테이레시아스' 참조)

공작새

　헤라는 로마 신화의 유노와 동일시되며 공작새는 그녀를 상징하는 것으로 유명하다. 공작새의 꼬리 깃털에 난 둥근 무늬는 백 개의 눈을 지닌 괴물 아르고스의 눈알이라고 한다. 헤라는 아르고스가 자신의 명령으로 이오를 감시하다 제우스가 보낸 헤르메스의 손에 죽임을 당하자 그의 눈을 자신의 성스러운 동물인 공작의 꼬리에 붙여 아르고스를 기렸다.

　헤라의 또 다른 상징물로는 뻐꾸기와 석류가 있다.

헤라와 아르고스
페테르 파울 루벤스(Peter Paul Rubens), 1611년, 쾰른 발라프 리하르츠 미술관

헤라클레스 Heracles

요약

  그리스 신화에서 최고의 영웅이다.

  제우스가 페르세우스의 후손인 알크메네와 결합하여 얻은 아들로
질투에 사로잡힌 헤라 여신의 집요한 박해를 받으며 용맹과 지혜를
겸비한 위대한 영웅으로 성장하였다. 헤라클레스는 죽은 뒤 신의 반
열에 올랐으며 도리스족의 시조신이기도 하다. 헤라클레스는 사자 가
죽을 걸치고 몽둥이를 든 모습으로 표현된다.

기본정보

구분	영웅
상징	힘, 용기, 지혜, 사내다움
외국어 표기	그리스어: Ἡρακλῆς
어원	헤라의 영광
별칭	알키데스, 알카이오스
관련 상징	사자 가죽, 몽둥이
별자리	헤라클레스 자리
관련 신화	헤라클레스의 12과업

인물관계

  헤라클레스는 제우스가 암피트리온의 아내 알크메네와 결합하여
낳은 아들이다. 알크메네와 암피트리온 사이에서는 아들 이피클레스
와 딸 페리메데가 태어났다. 헤라클레스는 테스피오스의 딸들에게서

얻은 50명의 아들을 비롯하여 메가라, 데이아네이라, 옴팔레 등 숱한 여인들에게서 수없이 많은 자식을 얻었다. '헤라클레이다이'라고 불리는 헤라클레스의 자식들 중 우두머리는 헤라클레스와 데이아네이라 사이에서 태어난 아들 힐로스이다. 힐로스가 이끄는 헤라클레이다이는 몇 세대에 걸친 펠로폰네소스 원정을 통해 결국 그곳에 정착한다.

신화이야기

탄생

미케네 왕족 암피트리온의 아내 알크메네는 미모와 지혜 면에서 견줄 이가 없는 여인이었다. 알크메네에게 반한 제우스는 암피트리온이 전쟁터에 나간 사이에 그의 모습으로 변신하여 알크메네의 침실에 들었다. 제우스는 알크메네의 의심을 풀기 위해 전리품을 선물로 주고 마치 실제로 싸운 듯 전쟁터에서의 이야기도 들려주었으며 훌륭한 영웅을 잉태시키기 위해 하룻밤을 세 배로 늘이며 기나긴 밤을 사랑을 나누었다. 다음날 전쟁터에서 돌아온 암피트리온은 아무 것도 모른 채 아내와 사랑을 나누었고 얼마 뒤 알크메네는 쌍둥이를 임신하게 되는데 이들이 헤라클레스와 이피클레스다.

알크메네가 헤라클레스를 임신하자 제우스는 크게 기뻐하며 얼마 뒤에 태어날 페르세우스의 후손이 미케네의 통치자가 될 거라고 말했다. 헤라클레스의 어머니 알크메네가 페르세우스의 후손이었기 때문이다. 하지만 비슷한 시기에 페르세우스의 아들인 미케네의 왕 스테넬로스의 아내도 아들 에우리스테우스를 임신하고 있었다. 알크메네를 질투한 헤라는 출산의 여신 에일레이티이아에게 지시하여 헤라클레스의 탄생은 늦추고 에우리스테우스는 일곱 달 만에 세상에 나오게 했다. 그 덕분에 제우스가 예언한 미케네의 통치권은 에우리스테우스에게로 돌아갔다. 하지만 헤라클레스는 자신에게 왕위 계승의 권리가 있다고 여기며 늘 에우리스테우스의 왕권을 위협하는 존재가 되었다.

뱀을 죽인 아기 헤라클레스

알크메네가 무사히 출산하자 헤라 여신은 어린 헤라클레스를 죽이려고 쌍둥이가 누워 있는 방으로 독사 두 마리를 보냈다. 어린 아들의 자지러지는 울음소리를 들은 암피트리온이 칼을 빼들고 방으로 가보니 이피클레스는 새파랗게 겁에 질려 울고 있는데 헤라클레스는 양손에 뱀을 한 마리씩 쥐고 있었다. 뱀들은 목이 졸려 죽어 있었다. 이때 헤라클레스는 태어난 지 겨우 열 달이었다. 암피트리온은 이 광경을 보고 이피클레스만이 자신의 피를 이은 아들이고 헤라클레스는 제우스의 아들임을 확실히 알게 되었다.

헤라클레스의 탄생
장 자크 프랑수아 르 바르비에(Jean Jacques Francois Le Barbier), 1807년에 파리에서 출간된 오비디우스의 『변신이야기』 수록 삽화

한 전설에 따르면 제우스는 아들 헤라클레스에게 신들과 같은 불사의 몸을 주기 위해 헤라의 젖을 먹이려고 한 적이 있었다. 제우스는 헤라가 깊이 잠든 것을 확인한 뒤 어린 헤라클레스를 헤라의 가슴으로 데려가 젖을 물렸는데 아기의 젖 빠는 힘이 너무 세서 그만 헤라가 잠에서 깨고 말았다. 깜짝 놀란 헤라가 아이를 떼어내자 가슴에서 하얀 젖이 하늘로 뿜어져 나와 은하수가 되었다고 한다.(서양에서는 은하수를 젖에 비유한다)

교육

헤라클레스의 교육에는 켄타우로스족의 현자 케이론을 비롯하여 많은 이들이 참여하였다. 양부(養父) 암피트리온은 말과 전차 타는 법을 가르쳐주었고, 궁술의 명인인 오이칼리아 왕 에우리토스는 활 쏘는 법, 디오스쿠로이의 한 명인 카스토르는 무기 다루는 법을 가르쳐주었다. 또 오르페우스의 형제로 알려진 리노스는 음악을 담당하여 헤라클레스에게 리라 연주를 가르쳐주었다. 그런데 음악에 소질이 없었던 헤라클레스는 늘 리노스에게 꾸중을 들어야 했다. 그러던 어느 날 리노스가 너무 심한 벌을 내리자 헤라클레스는 분을 참지 못하고

헤라클레스
아티카 적색상 도기, 기원전 525년경
보스턴 미술관

리노스를 때려죽이고 말았다. 이 일로 헤라클레스는 법정에 서게 되었지만 크레타의 입법자 라다만티스의 판결문을 인용하여 자신을 성공적으로 변론하고 무죄 판결을 받았다.

하지만 암피트리온은 헤라클레스가 또 다시 그와 같은 행동을 할 것을 두려워하여 키타이론 산으로 보내 양을 치게 하였다. 이곳에서 헤라클레스는 18세가 되던 해에 두 명의 아름다운 님페의 방문을 받게 되었는데, 그들은 헤라클레스에게 인생의 목적을 자신들의 이름 가운데서 선택하라고 하였다.

그들의 이름은 쾌락과 미덕이었다. 쾌락을 선택하면 언제나 즐겁고 안락한 삶을 얻을 수 있고 미덕을 선택하면 살아가는 동안 숱한 고난을 겪지만 후에는 불멸의 삶을 누릴 수 있었다. 헤라클레스는 고심 끝에 미덕을 선택하였다.

테스피오스의 딸 50명

건장한 청년으로 성장한 헤라클레스가 세운 첫 번째 업적은 테스피오스 왕의 가축을 해치는 키타이론 산의 사자를 퇴치한 것이다. 사자를 잡기 위해 헤라클레스는 테스피오스 왕의 궁에 50일간 머물며 날마다 사냥에 나섰다. 그런데 평소에 영웅 헤라클레스를 흠모하던 테스피오스 왕은 자신의 딸 50명(테스피아데스)을 밤마다 헤라클레스의 침실에 들여보내 영웅의 혈통을 이어받은 손자를 얻고자 했다. 하루 종일 사냥에 지친 헤라클레스는 매일 밤 같은 여자와 자는 줄 알았다고 한다. 하지만 일설에는 사자를 잡아주는 대가로 왕이 헤라클레스에게 딸 50명을 약속하였다고도 한다. 딸들은 아버지의 바람대로 모두 영웅의 아들을 임신하여 50명의 테스피아다이(테스피오스의 후손)를 낳았다.

또 다르게 전해지는 이야기에 따르면 헤라클레스는 50명의 딸들과 하룻밤(혹은 7일 밤)에 모두 관계를 가졌는데 그 중 한 명이 헤라클레스와의 잠자리를 거부하고 처녀로 남았다고 한다. 이 딸은 영웅과의

헤라클레스의 선택
안니발레 카라치(Annibale Carracci), 1596년, 카포디몬테 나폴리 국립미술관

잠자리를 거부한 벌로 나중에 헤라클레스의 신전을 지키는 여사제가 되었다. 하지만 대신 다른 딸이 쌍둥이를 낳아 테스피아다이의 수는 그대로 50명이 되었다.

훗날 헤라클레스는 조카 이올라오스에게 명령하여 테스피아다이 모두(혹은 그 중 40명)를 이끌고 사르디니아로 건너가서 식민지를 건설하게 하였다고 한다.

광기에 사로잡힌 헤라클레스

키타이론 산의 사자 사냥을 끝낸 헤라클레스는 돌아오는 길에 테바이를 괴롭히던 이웃나라 오르코메노스를 물리쳐주고 그 공로로 테바이의 크레온 왕의 딸 메가라 공주와 결혼하게 되었다. 헤라클레스와

헤라클레스와 테스피오스의 딸들
귀스타브 모로(Gustave Moreau), 1853년, 귀스타브 모로 미술관

메가라 사이에서는 세 아들도 태어났다. 그런데 헤라클레스가 잠시 테바이를 떠나 있는 동안 에우보이아 출신의 리코스라는 사람이 테바이로 쳐들어왔다. 그는 크레온 왕을 죽이고 테바이를 점령한 다음 메가라와 그 자식들마저 죽이려 하였다. 하지만 그 순간 헤라클레스가 돌아와 리코스를 죽이고 처자식을 구할 수 있었다. 헤라클레스는 아버지인 제우스에게 감사의 제사를 올렸는데 이를 본 헤라가 다시 질투심에 사로잡혀 헤라클레스를 미치게 만들었다. 광기에 사로잡힌 헤라클레스는 메가라와 세 아들을 활로 쏘아 죽인 뒤에 이를 말리는 암피트리온마저 죽이려 했다. 그러자 아테나 여신이 개입하여 헤라클레스를 깊은 잠에 빠뜨렸다. 잠에서 깨어나 제정신을 찾은 헤라클레스는 자신이 저지른 짓을 알고 스스로 목숨을 끊으려 했다. 하지만 테세우스가 이를 저지하였다.

열두 가지 과업

델포이의 신탁은 헤라클레스에게 처자식을 죽인 죄를 씻으려면 미케네로 가서 에우리스테우스의 노예가 되어 그가 시키는 일들을 하라고 명했다. 그렇지 않아도 헤라클레스의 엄청난 힘과 왕위 계승권을 두려워하던 에우리스테우스는 헤라클레스에게 열 가지의 몹시 어려운 과업을 부과했는데 이는 결과적으로 헤라클레스를 그리스 최고의 영웅으로 만들어 신의 반열에 오르게 해주었다. 에우리스테우스가 애당초 부과했던 열 가지 과업은 에우리스테우스가 두 가지 과업의 성과를 부정했기 때문에 두 가지가 추가되어 열두 가지 과업이 되었다.

열두 가지 과업은 다음과 같다.

첫 번째 과업은 불사의 몸을 타고난 네메아의 사자를 죽이는 것이었다. 헤라클레스는 이 과업을 해결하고 난 뒤 사자의 가죽을 갑옷으로 걸치고 다녔는데 이 사자 가죽은 헤라클레스의 힘과 용기를 상징하는 물건이 되었다. 에우리스테우스는 헤라클레스가 이 과업을 달성하자 너무나 두려워진 나머지 이후로는 전령 코프레우스를 통해서 헤라클레스에게 다음 과업을 전달했다.

두 번째 과업은 머리가 아홉 개인 괴수 히드라를 죽이는 것이었다. 헤라클레스는 괴수의 머리를 아무리 칼로 베어도 금방 다시 생겨나자 머리를 자른 뒤 불로 지지는 방식으로 괴수를 죽일 수 있었다. 에우리스테우스는 이때 헤라클레스가 조카 이올라오스를 마부로 데려갔다고 해서 성과를 인정하지 않았다.

헤라클레스의 광기
일명 마드리드 크라테르
적색상 도기, 기원전 350년경
마드리드 고고학 박물관

세 번째 과업은 아르테미스 여신이 보호하는 케리네이아의 암사슴을 산 채로 잡아오는 것이었다. 헤라클레스는 아르테미스 여신의 노여움을 피하기 위해 미리 여신에게 사슴을 털끝 하나 다치지 않게 다시 데려오겠다고 약속하고 사로잡았다.

네 번째 과업은 에리만토스의 거대한 멧돼지를 잡아오는 것이었다. 이때도 에우리스테우스는 처음에 사자를 잡아 왔을 때처럼 겁을 집어먹고 청동 항아리 속에 숨어 있었다.

다섯 번째 과업은 아우게이아스 왕의 축사를 청소하는 일이었다. 에우리스테우스는 영웅 헤라클레스를 지저분한 몰골로 만들어 모욕을 주고자 했지만 헤라클레스는 강의 물줄기를 돌려 축사를 단숨에 청소해버렸다. 에우리스테우스는 헤라클레스가 아우게이아스 왕과 보수를 협상한 뒤에 축사 일을 처리했으므로 자신에 대한 순수한 봉사가 아니라며 이번 과업의 성과도 인정할 수 없다고 했다.

여섯 번째 과업은 스팀팔로스 호수의 괴조(怪鳥)를 퇴치하는 것이었고, 일곱 번째 과업은 크레타의 황소를 잡아오는 것이었다. 에우리스테우스가 나중에 이 황소를 다시 풀어 주는 바람에 그리스인들은 커다란 곤경을 겪어야 했다.

여덟 번째 과업은 트라케의 왕 디오메데스의 사람 잡아먹는 사나운 말들을 사로잡아 오는 것이었고, 아홉 번째 과업은 아마조네스의 여왕 히폴리테의 허리띠를 가져오는 것이었다. 에우리스테우스는 딸 아드메테가 그 허리띠를 갖고 싶어하자 그 일을 헤라클레스에게 맡겼다.

항아리에 숨은 에우리스테우스
아티카 적색상 도기, 기원전 510년, 루브르 박물관

열 번째 과업은 게리온의 소를 빼앗아오는 것이었다. 헤라클레스는 열 가지 과업을 모두 처리했지만 에우리스테우스는 이 중에서 두 개의 성과를 인정하지 않았으므로 두 가지 과업을 추가로 부과하였다.

열한 번째 과업은 헤스페리데스의 정원에서 황금 사과를 훔쳐 오는 것이었고, 열두 번째 과업은 하데스 왕국의 출입문을 지키는 머리 셋 달린 개 케르베로스를 잡아 오는 것이었다.

헤라클레스가 모든 과업을 달성하자 에우리스테우스는 그를 노예 신분에서 풀어주었고 헤라클레스는 테바이로 돌아갔다.

헤라클레스의 트로이 원정

라오메돈이 트로이를 다스리고 있을 때 아폴론과 포세이돈이 제우스에게 반항한 죄로 1년간 인간에게 봉사하기 위해 찾아왔다. 라오메돈은 두 신에게 트로이 성벽의 건설을 지시하였고 성이 완성되면 두 둑한 보상을 해 주겠다고 약속했다. 그런데 성벽이 완공되고 나자 라 오메돈은 약속을 지키지 않았고 화가 난 신들은 트로이에 재앙을 내 렸다. 아폴론은 도시에 역병을 내렸고 포세이돈은 거대한 바다 괴물 을 보내 사람들을 괴롭혔다. 견디다 못한 라오메돈이 신탁에 문의하자 그의 딸 헤시오네를 제물로 바쳐야만 재앙을 끝낼 수 있다는 대답이 나왔다. 라오메돈은 하는 수 없이 딸 헤시오네를 바닷가 바위에 사슬 로 묶어 제물로 바쳤다.

헤시오네가 사슬로 묶인 채 바다 괴물에게 잡아먹히려는 순간 때마 침 트로이 해안에 도착한 헤라클레스가 이 광경을 보고는 괴물을 죽 이고 헤시오네를 구출했다. 라오메돈은 감사의 뜻으로 헤라클레스에 게 자신의 신마를 주기로 약속했다. 하지만 라오메돈은 이번에도 약 속을 지키지 않았다. 이에 분노한 헤라클레스는 에우리스테우스 왕이 부과한 12과업을 모두 끝낸 뒤 군대를 몰고 트로이로 쳐들어가 라오 메돈과 그의 자식들을 막내아들 포르다케스와 헤시오네만 남기고 모 두 죽였다.

헤라클레스는 트로이로 직접 쳐들어오기 전에 텔라몬과 이피클로 스를 사절로 보내 약속의 이행을 요구했는데 라오메돈은 이들을 감옥 에 가두고 죽이려 했다. 이때 텔라몬과 이피클로스를 탈출시켜 준 사 람이 바로 라오메돈의 막내아들 포르다케스였 다. 헤라클레스는 라오 메돈과 그 자식들을 몰 살한 뒤 포르다케스를 트로이의 새 왕으로 옹

괴물을 죽이고 헤시오네를 구하는 헤라클레스
코린트 도기 그림

립하고 헤시오네는 텔라몬에게 아내로 주었다. 그 뒤 포르다케스는 이름을 프리아모스로 바꿨다. 프리아모스는 '나는 산다'는 뜻이다.

에우리토스의 궁술 시합

오이칼리아의 왕 에우리토스는 활쏘기 시합에서 그 자신과 자신의 아들들을 이기는 자에게 자신의 아름다운 딸 이올레를 신부로 주겠다고 선언했다. 하지만 궁술의 명인으로 손꼽히는 에우리토스와 그의 아들을 이길 수 있는 사람은 거의 없었다. 그래서 사람들은 에우리토스가 딸을 너무 사랑하여 남에게 내주려 하지 않는다고 생각하기도 했다.

마침 홀몸이었던 헤라클레스는 궁술 시합에 참가하여 에우리토스 부자를 꺾고 승리를 거두었다. 하지만 에우리토스는 헤라클레스가 광기에 사로잡혀 아내와 자식들을 모두 죽인 사실을 들어 딸을 내주려 하지 않았다. 그가 언제 또 미쳐서 딸을 죽일지도 모른다는 핑계였다. 헤라클레스는 이 일로 에우리토스에게 원한을 품게 된다.

그런데 헤라클레스가 화가 나서 오이칼리아를 떠난 직후 에우리토스의 암말 몇 마리가 사라진 것이 발견되었다. 에우리토스는 헤라클레스를 의심하였지만 그를 존경하던 왕의 아들 이피토스는 그렇게 생각하지 않았다.(실제로 에우리토스의 암말들을 훔친 장본인은 도둑질의 명수 아우톨리코스였다고 한다)

이피토스는 영웅의 무죄를 직접 밝히기 위해 사라진 암말을 찾아 나섰다. 이 과정에서 이피토스는 티린스에 머물고 있던 헤라클레스를 찾아가 도움을 청했다가 그만 그의 손에 목숨을 잃고 만다. 헤라클레스는 이피토스를 성벽 높은 곳에서 떨어뜨려 죽였는데 그가 다시 광기에 사로잡혀 그랬다는 이야기도 있고 이피토스가 말을 훔친 범인으로 자신을 의심한다고 여겨 화가 나서 죽였다는 이야기도 있다. 아무튼 이 살인죄를 씻기 위해 헤라클레스는 헤르메스 신에 의해 리디아의 여왕 옴팔레에게 노예로 팔려가는 신세가 되었다.

여장을 한 헤라클레스

옴팔레의 노예가 된 헤라클레스는 그녀의 왕국에 들끓는 숱한 강도와 괴물들을 물리치고 왕국을 적들의 침략에서 방어하였다. 옴팔레는 새 노예의 공적에 감탄하였고 그가 헤라클레스라는 사실을 알고 난 뒤에는 그와 결혼하였다. 두 사람 사이에서는 라모스, 아겔라오스, 티르세노스 등의 아들이 태어났다.

헤라클레스와 옴팔레
파울 루벤스(Peter Paul Rubens)
1602~1605년, 루브르 박물관

옴팔레와 결혼한 헤라클레스는 그녀의 매력에 흠뻑 빠져 이제까지의 영웅의 면모와는 전혀 다른 모습을 보인다. 옴팔레의 궁에서 헤라클레스는 여인의 옷을 입고 물레질 같은 여자들의 일을 하며 지낸 반면에 옴팔레는 헤라클레스의 사자가죽 옷을 걸치고 올리브나무 방망이를 들고 다녔다고 한다. 헤라클레스는 노예로 봉사하는 기간이 지나고 나서야 자신의 우스꽝스런 행동을 깨닫고 옴팔레의 궁을 떠나 다시 그리스로 돌아갔다.

데이아네이라와의 결혼

헤라클레스는 12과업 중 하나인 저승의 개 케르베로스를 지상으로 데려오기 위해 하데스의 나라로 갔을 때 멜레아그로스를 만났는데 멜레아그로스는 자신이 죽고 나서 슬픔에 잠겨 지내는 누이동생 데이아네이라를 걱정하면서 헤라클레스에게 그녀와 결혼하여 돌봐달라고 부탁하였다. 멜레아그로스가 죽은 뒤 슬픔에 잠긴 그의 누이들은 모두 아르테미스 여신에 의해 뿔닭으로 변했지만('멜레아그로스' 참조), 디오니소스의 딸로 알려진 데이아네이라와 고르게는 디오니소스에 의해 곧 다시 인간으로 돌아왔다고 한다.

지상으로 돌아온 헤라클레스는 멜레아그로스의 청을 들어주기 위해 칼리돈으로 갔지만 그곳에는 이미 경쟁자가 있었다. 강의 신 아켈로오스였다. 헤라클레스와 아켈로오스는 레슬링 경기에서 승리하는 자가 아름다운 데이아네이라를 차지하기로 했다. 아켈로오스는 육중한 황소로 변신하며 거세게 달려들었지만 헤라클레스는 그의 뿔을 부러뜨리며 승리를 거두고 데이아네이라의 남편이 되었다.

네소스의 사랑의 미약

헤라클레스는 칼리돈에서 장인 오이네우스 왕이 테스프로티아인들과 벌인 전쟁을 돕기도 하고 아내에게서 아들 힐로스도 얻으며 한동안 잘 살았지만 뜻하지 않게 왕의 측근을 죽이게 되면서 칼리돈을 떠나야 했다. 헤라클레스는 데이아네이라와 아들을 데리고 트라키스로 향했다. 헤라클레스 일행이 에우에노스 강에 이르렀을 때 켄타우로스족인 네소스가 나타나 물살이 거세니 자신이 데이아네이라를 등에 태워 강을 건너게 해주겠다고 했다.(일설에 따르면 네소스는 에우에노스 강가에서 뱃사공으로 일하고 있었다고 한다)

헤라클레스는 예전에 네소스와 불화가 있었지만 호의를 받아들여 아내를 그의 등에 태웠다. 하지만 강을 건넌 네소스는 데이아네이라를 겁탈하려고 했다. 이를 본 헤라클레스가 강 건너편에서 활을 쏘아 네소스를 맞혔다. 그런데 헤라클레스의 활에는 히드라의 독이 발라져 있었으므로 활에 맞은 네소스는 죽음을 피할 수 없었다. 네소스는 죽어가면서 데이아네이라에게 치명적인 거짓말을 했다. 그는 자기 죄를

데이아네이라를 납치하는 네소스
루이 장 프랑수아 라그레네(Louis Jean Francois Lagrenee), 1755년, 루브르 박물관

뉘우치는 척하면서 자신의 피에는 식어버린 사랑을 되살리는 힘이 있
으니 남편이 변심했을 때 자신의 피를 남편의 옷에 발라서 입히라는
말을 남기고 숨을 거두었다. 데이아네이라는 네소스의 말을 그대로
믿고는 그의 피를 병에 담아 보관하였다.

또 다른 이야기에 따르면 네소스는 자신이 데이아네이라를 겁탈하
려다 흘린 정액과 피를 섞으면 식어버린 사랑을 되돌릴 수 있는 '미약
(媚藥)'이 만들어진다고 데이아네이라에게 거짓말을 하였다고 한다. 데
이아네이라는 네소스의 말대로 네소스의 피와 정액을 병에 담아 그것
을 사랑의 묘약으로 알고 간직하였다.

헤라클레스의 최후

트라키스에 도착한 헤라클레스와 데이아네이라는 케익스 왕의 환대
를 받으며 한동안 행복한 나날을 보냈다. 하지만 데이아네이라의 행복

은 남편이 오이칼리아로 쳐들어가서 아름다운 공주 이올레를 데려오면서 깨지고 말았다. 헤라클레스가 오이칼리아에서 이올레를 데려온 것은 에우리토스에게 복수하고 빼앗긴 자신의 권리를 되찾기 위한 것이었지만 데이아네이라는 남편 헤라클레스가 다른 여자에게 마음을 빼앗긴 것이라고 여겼다. 남편의 사랑이 식었다고 생각한 데이아네이라는 보관해두었던 네소스의 피를 남편의 옷에 발랐다. 그러나 네소스의 피에는 헤라클레스의 화살에 묻어 있던 히드라의 맹독이 스며들어 있었다. 헤라클레스는 아내가 건네준 히드라의 독이 발라진 옷을 아무런 의심 없이 입었다.

옷이 살에 닿자 히드라의 독은 삽시간에 헤라클레스의 온몸에 퍼졌다. 헤라클레스는 깜짝 놀라며 옷을 벗으려 하였지만 옷은 이미 헤라클레스의 살 속으로 파고들어 벗어버릴 수가 없었다. 옷을 몸에서 강제로 떼어내려 하자 살이 뜯겨져 나갔다. 데이아네이라는 자신이 무슨 짓을 저질렀는지 깨닫고는 스스로 목숨을 끊었다.

장작더미에 누운 헤라클레스
루카 조르다노(Luca Giordano), 1700년
엘 에스코리알 산 로렌소 수도원

헤라클레스는 극심한 고통을 견딜 수가 없었다. 그는 오이타 산 위에 장작더미를 쌓고 그 위에 누운 뒤 부하들에게 불을 붙이라고 했다. 하지만 아무도 감히 헤라클레스가 누운 장작더미에 불을 붙이려 하지 않았다. 오직 필록테테스만이 나서서 헤라클레스의 지시를 따랐다. 헤라클레스는 감사의 표시로 그에게 자신의 활과 화살을 주고 나서 산 채로 불길에 휩싸였다. 이로써 헤라클레스는 이미 죽은 자에 의해 목숨을 잃게 되리라는 신탁의 예언대로 죽음을 맞았다.

하지만 헤라클레스는 불길 속에서 올림포스로 승천하여 신의 반열에 들었다. 헤라클레스의 극심한 고통은 헤라 여신의 마음을 누그러뜨렸고, 신이 된 헤라클레스는 헤라의 딸인 청춘의 여신 헤베와 결혼하였다.

헤라클레이다이 Heraclides

요약

  그리스 신화에 등장하는 헤라클레스의 자식들로 펠로폰네소스 반도에 정착한 자들을 이르는 말이다. 헤라클레이다이는 여러 차례에 걸친 공략 끝에 마침내 펠로폰네소스를 손에 넣은 뒤 이를 삼등분하여 나누어가졌다.

기본정보

구분	영웅
상징	영웅의 후손
외국어 표기	그리스어: Ἡρακλεῖδαι
어원	헤라클레스의 자식들
관련 신화	헤라클레이다이의 펠로폰네소스 정복

인물관계

  헤라클레이다이는 헤라클레스의 후손이라는 뜻으로 넓게는 헤라클레스의 아들들뿐만 아니라 먼 후손들까지도 포함하는 개념이지만 신화에서는 헤라클레스가 여러 여인들에게서 얻은 수많은 자식들 중에서 만아들 격인 힐로스의 직계 자손들을 지칭하는 말이다. 힐로스는 헤라클레스와 데이아네이라 사이에서 태어난 아들이다. 헤라클레이다이는 힐로스의 증손자인 테메노스 대(代)에 이르러서야 비로소 오랜 숙원인 펠로폰네소스 지역에 정착할 수 있었다.

신화이야기

박해받는 헤라클레스의 자식들

헤라클레스는 아버지 제우스의 뜻에 따라 펠로폰네소스 반도의 아르고스, 라코니아, 메세니아 등 광범위한 지역을 다스리게 될 예정이었다. 하지만 이를 질투한 헤라 여신의 방해로 이 지역의 통치권은 미케네의 왕 에우리스테우스에게로 돌아갔다. 헤라클레스가 죽고 나서 더 이상 아버지의 보호를 받지 못하게 된 헤라클레스의 자식들은 에우리스테우스 왕의 박해를 피해 아테네의 테세우스(혹은 그의 자식들)에게 몸을 의탁했다. 에우리스테우스는 아테네인들에게 헤라클레스의 자식들을 내놓으라고 요구했지만 이를 거절당하자 아테네에 전쟁을 선포했다. 하지만 이 전쟁에서 에우리스테우스는 다섯 명의 아들을 모두 잃으면서 패했고 홀로 도망치다가 스케이로니스 바위에서 헤라클레스의 조카 이올라오스의 창에 최후를 맞았다.

헤라클레이다이의 펠레폰네소스 공략

에우리스테우스를 무찌른 뒤 힐로스와 형제들은 아버지 헤라클레스가 원래 차지하기로 정해져 있었던 펠로폰네소스로 쳐들어가 그곳의 모든 도시들을 점령하고 나라를 세웠다. 하지만 1년 만에 온 나라에 역병이 창궐하여 신탁에 문의하자 헤라클레스의 자손들이 운명의 신이 정한 시기보다 너무 빨리 펠로폰네소스로 돌아왔기 때문에 신들이 노하였다는 대

발칸반도에서 펠로폰네소스의 위치
작자 미상

답이 돌아왔다. 이에 헤라클레이다이는 신들의 뜻을 존중하여 펠로폰네소스를 떠나 테살리아로 갔다. 테살리아의 왕 아이기미오스는 라피다이족과의 전쟁 때 자신을 도와주었던 헤라클레스의 은혜를 잊지 않고 힐로스를 자신의 의붓아들로 삼고 영토의 삼분의 일을 내주었다. 아이기미오스의 두 아들 팜필로스와 디마스도 자진해서 의붓형 힐로스에게 복종을 맹세하였다. 이렇게 해서 힐로스, 팜필로스, 디마스는 도리스족의 세 지파를 이끌게 되었다.

하지만 아버지 헤라클레스의 유산을 계승하기를 원하는 힐로스는 델포이의 신탁을 찾아가 다시 방도를 물었다. 신탁은 "세 번째 결실"을 기다려 "바다 위 골짜기"를 통해 펠로폰네소스로 들어가야 한다고 말했다. 이에 따라 힐로스는 3년을 기다린 뒤 코린토스 지협을 통과해

서 에우리스테우스에 이어 아트레우스가 다스리고 있는 미케네로 쳐 들어갔다. 하지만 헤라클레이다이는 다시 크게 패했고, 그들의 우두머 리인 힐로스마저 테게아의 왕 에케모스와 결투 끝에 죽고 말았다. 그 뒤 힐로스의 아들 클레오다이오스와 손자 아리스토마코스가 제3차, 제4차 공격을 시도했지만 모두 실패로 돌아갔다.

마침내 정복된 펠로폰네소스

아리스토마코스의 세 아들 테메노스, 크레스폰테스, 아리스토데모 스는 신탁의 지시대로 했는데도 이렇게 계속 패배하는 이유가 무엇인 지를 다시 신탁에 물었다. 그러자 "세 번째 결실"이란 3년이 아니라 3세대를 뜻하는 것이며 "바다 위 골짜기"는 코린토스 지협이 아니라 리오의 해협을 말하는 것이라는 해석이 내려졌다. 테메노스는 이 말 을 듣고 크게 기뻐했다. 왜냐하면 3세대란 바로 자신들의 세대를 뜻했 기 때문이었다. 그는 다른 형제들과 함께 곧바로 로크리스 연안에서 배를 만들어 침공을 준비했다. 헤라클레이다이가 배를 만든 곳은 훗 날 나우팍토스라는 이름으로 불리었는데 이는 '배를 건조하다'라는 뜻이다.

하지만 애써 만든 배들은 출항하기도 전에 아폴론의 벼락을 맞고 모두 파괴되었고, 그 와중에서 아리스토데모스도 죽고 말았다. 테메 노스는 다시 신탁에 원인을 물었다. 신탁은 헤라클레이다이 중 한 명 이 아폴론의 예언자를 살해하였기 때문이라면서 신의 분노를 풀려면 속죄의 제물을 바치고, 살인자를 찾아내어 10년간 추방하고, 눈이 세 개인 사내를 찾아 안내자로 삼아야 한다고 말했다. 테메노스는 신탁 이 지시한 대로 제물을 바치고 살인자를 추방하였지만 눈이 세 개인 사람은 도무지 찾을 수가 없었다. 얼마 뒤 테메노스는 나우팍토스로 돌아가는 길에 말을 타고 가는 애꾸눈의 사내 옥실로스를 만났다. 그 는 이 사람이 신탁이 말하는 눈이 세 개인 사내라는 걸 깨달았다. 옥실로스는 엘레이아의 왕이었는데 실수로 살인을 저질러 1년 동안 추방당한 상태라고 했다. 그는 다시 자신의 나라 엘레이아로 돌아가게 해주는 조건으로 길안내의 요청을 수락했다.

부서진 배들을 수리한 헤라클레이다이는 옥실로스의 안내를 받으며 리오의 해협을 통과해서 다시 펠로폰네소스로 쳐들어갔고, 펠로폰네소스의 패권자인 티사메노스 왕과의 마지막 결전에서 승리하여 마침내 그토록 바라마지 않던 영토를 손에 넣었다. 티사메노스는 트로이의 영웅 아가멤논의 아들인 오레스테스의 아들이었다.

영토의 삼등분

헤라클레이다이는 펠로폰네소스 반도를 제비뽑기를 통해 삼등분하여 나누어가졌다. 그 결과 아르고스는 테메노스에게로 돌아갔고, 라코니아는 죽은 아리스토데모스의 쌍둥이 아들 프로클레스와 에우리스테네스가, 메세니아는 크레스폰테스가 각각 차지하였다. 엘레이아는 약속대로 옥실로스 왕의 몫으로 주어졌고, 아르카디아는 그들이

영토의 삼등분

정복 전쟁에 나설 때 "함께 음식을 나눠먹은 자들"은 그대로 놔두라는 신탁의 지시에 따라 정복하지 않고 그대로 두었다. 아르카디아의 왕 킵셀로스는 헤라클레이다이가 펠로폰네소스로 쳐들어올 때 사신을 보내 선물을 바쳤는데, 이때 사신들이 헤라클레이다이의 군사들과 함께 식

사를 했기 때문이었다. 하지만 다른 설에 따르면 킵셀로스가 아르카디아를 지킬 수 있었던 것은 크레스폰테스에게 자신의 딸 메로페를 내준 덕분이라고 한다.

신화해설

펠로폰네소스 반도는 기원전 1000년 경에 도리스족의 침략을 받아 정복되었다. 도리스인들은 외지인인 자신들의 지배를 합리화하기 위해 이 지역의 헤라클레스 숭배를 이용했다고 한다. 그들은 자신들을 헤라클레스의 후손이라고 주장하면서 그렇기 때문에 자신들의 정복은 '헤라클레스 후손들의 귀환'이라는 식으로 침략을 정당화하였던 것이다.

하지만 오늘날의 연구에 따르면 도리스인들의 침략은 빠르게 이루어진 격변의 형태가 아니라 작은 단위의 부족들이 천천히 그리고 무계획적으로 이 지역에 스며들듯 정착한 것으로 보아야 한다는 것이 정설이다. 그러므로 헤라클레이다이의 신화가 도리스인들의 침략이라는 역사적 사실에 기초하고 있다는 해석은 사실에 부합한다고 보기 힘들다.

헤르마프로디토스

Hermaphroditus, Hermaphroditos

요약

헤르메스와 아프로디테 사이에서 태어난 아들로 부모로부터 아름다운 용모를 물려받았다. 살마키스라는 님페의 주체할 수 없는 짝사랑으로 인해 그녀와 한 몸이 되어 남성과 여성을 동시에 가진 남녀 양성의 존재가 되었다. 헤르마프로디토스는 남성과 여성을 동시에 가진 모든 존재를 지칭하는 이름이 되었다.

기본정보

구분	개념이 의인화된 신
상징	자웅동체(雌雄同體)
외국어 표기	그리스어: Ἑρμαφρόδιτος
어원	헤르메스와 아프로디테의 합성어
관련 신화	살마키스
가족관계	헤르메스의 아들, 아프로디테의 아들, 살마키스의 남편

인물관계

헤르마프로디토스는 헤르메스와 아프로디테 사이에서 태어난 아들로 부모로부터 아름다운 용모를 물려받았다. 그의 이름 또한 헤르메스와 아프로디테의 합성어로 그의 부모로부터 물려받은 것이다. 그는 소아시아 프리기아 지방에 있는 이다 산의 동굴에서 물의 요정들에 의해 양육되었다.

신화이야기

『변신이야기』에는 헤르마프로디토스가 변신하는 과정이 상세하게 묘사되어 있다. 낯선 나라들과 낯선 강들을 좋아하는 이 소년은 15살이 되자 고향을 떠나 온 세상을 여행하기 시작했다. 어느 날 카리아 사람들이 살고 있는 지방에 있는 아름다운 연못에 이르렀다. 그 연못은 "밑바닥까지 들여다보이는 아름다운" 연못이었다. 그런데 그 연못에는 살마키스라는 물의 요정이 있었다.

살마키스는 홀로 사색을 즐기는 내성적인 성격의 요정이었다. 살마키스는 헤르마프로디토스를 본 순간 첫눈에 사랑에 빠져 그 소년을 갈구했지만 15살의 헤르마프로디토스는 아직 여자와의 사랑을 모르는 미소년이었으므로 사랑을 갈구하는 요정에게서 벗어나고 싶

헤르마프로디토스와 살마키스
바르톨로메우스 스프랭거(Bartholomeus Spranger),
1580~1582년, 빈 미술사 박물관

은 마음뿐이었다. 헤르마프로디토스가 도망가버릴까 두려운 살마키스는 뒤로 물러난 척하며 남몰래 소년을 주시했다. 그 미소년은 "물이 애무해주는 시원함"에 매혹되어 옷을 벗고 물 속에 들어갔다. 소년이 자신의 영역인 물 속으로 들어오자 물의 요정 살마키스도 "내가 이겼어. 저 사람은 내꺼야!"라고 소리치며 물 속으로 들어갔다. 그리고는 "바다 밑바닥에서 문어가 적을

살마키스와 헤르마프로디토스
프랑수아 조제프 나베(Francois Joseph Navez),
1829년, 벨기에 겐트 미술관

붙잡아 사방을 촉수로 둘러싸서 조이듯이" 소년에게 달라붙었다. 그리고 신들에게 기도했다. "신들이시여, 부디 명령을 내려주세요. 어느누구라도 단 하루도 나에게서 그를 떼어놓지 못하게 하소서. 아님 그에게서 나를 떼어놓지 못하게 하소서!"

이렇게 해서 헤르마프로디토스와 살마키스는 결합되어 남성과 여성이 동시에 존재하는 한 몸이 되었다. 이제 헤르마프로디토스는 반쪽남자가 되어 사지가 연약해졌고 목소리도 이미 남자의 목소리가 아니었다. 그는 남자의 목소리가 아닌 목소리로 부모인 헤르메스와 아프로디테에게 기도했다.

"아버지 어머니, 당신들 두 분의 이름자를 쓰고 있는 당신들의 아들에게 선물을 하나 주세요. 그 누구라도 이 연못에 남자로 들어오는사람은 반쪽은 남자로 나오게 해주시고 이 연못의 물에 닿는 순간 연약해지게 해주세요!"

자식을 측은하게 여긴 부모는 그 소원을 들어주었다. 이렇게 헤르마프로디토스는 물의 요정 살마키스의 주체할 수 없는 짝사랑으로 인해 그녀와 한 몸이 되어 남성과 여성을 동시에 가진 남녀 양성의 존재인, 즉 남성이기도 하고 여성이기도 한 동시에 남성도 아니고 여성도 아닌 존재가 되었다. 이후 헤르마프로디토스는 남성과 여성을 동시에 가진 모든 존재 즉 자웅동체(雌雄同體)를 지칭하는 이름이 되었다.

신화해설

남성과 여성을 동시에 지니고 있는 사람을 일컫는 순 우리말로 '어지자지'라는 명칭이 있는데 이 말은 주로 아주 비천한 욕설로 쓰인다.

의학적인 면에서는 남성과 여성을 동시에 지니는 현상, 즉 자웅동체의 현상을 생식기 발생 과

잠들어 있는 헤르마프로디토스
대리석 조각, 2세기 경, 루브르 박물관

정 중에 유전자에 이상이 생기거나 호르몬의 균형이 깨져 일어난다고 본다. 다시 말해서 생식기 발생 과정 중 일어난 유전적 오류나 독성 화학 물질에 의한 결함으로 보는 것이다.

그런데 헤르마프로디토스 신화를 과연 어떤 식으로 해석해야 할까? 너무나 연인을 사랑하기 때문에 완벽하게 한 몸이 되고자 하는 내재된 욕망을 표현한 것일까? 살마키스 편에서 보자면 그럴 수도 있을 것이다. 그러나 헤르마프로디토스 편에서 보자면 그의 변신은 절망의

나락에 떨어진 것일 것이다.

플라톤의 『향연』은 양성인과 관련하여 다음과 같이 언급하고 있다.

"인간은 본래 양성을 가지고 있었는데 신이 양쪽으로 분리하고 나서 잃어버린 반쪽을 찾으러 헤매고 다녔다."

사랑이 잃어버린 반쪽을 찾으려는 욕망이라면 그렇다면 양성인은 반쪽이 아닌 완전한 존재인가? 어쨌든 한 가지 분명한 것은 고대 그리스 사람들은 양성인의 존재를 비난의 대상이나 결함이 있는 존재로 이해하지는 않은 것 같다.

헤르마프로디토스
미상, 1세기 벽화
나폴리 국립고고학박물관

헤르메스 Hermes

요약

올림포스 주요 12신에 속하는 헤르메스는 제우스와 티탄 아틀라스의 딸 마이아(혹은 산의 님페라고도 한다) 사이에서 태어났다.

그는 전령의 신이자 여행의 신, 상업의 신, 도둑의 신이다. 날개 달린 모자를 쓰고 날개 달린 신을 신고 두 마리 뱀이 감겨 있는 독수리 날개가 달린 지팡이를 들고 있다. 헤르메스는 지상에서부터 지하까지 가지 못할 곳이 없어 신의 세계와 인간의 세계, 지

양 위에 앉아있는 헤르메스
미상, 바르샤바 국립미술관

하의 세계를 자유자재로 넘나든다. 드리옵스의 딸 페넬로페 혹은 드리옵스와 사이에서 판을 낳았고 아프로디테와 사이에서 헤르마프로디토스를 낳았다.

기본정보

구분	올림포스 12신
어원	돌무더기를 뜻하는 그리스어 헤르마(Herma)에서 유래. 그리스에서 돌무더기는 이정표나 경계석을 의미한다.
외국어 표기	그리스어: Ἑρμῆς,

로마 신화	메르쿠리우스(Mercurius)
별자리	수성(Mercury)
관련 상징	날개 달린 모자(페타소스 Petasos), 날개 달린 신발(탈라리아 Talaria), 뱀 두 마리가 휘감고 있는 날개 달린 지팡이(그리스어: 케리케이온 kerykeion, 라틴어: 카두케오스 Caduceus, 헤럴드의 지팡이 herald's staff), 헤럴드(herald), 수은(mercury), 연금술(alchemy), 상인(merchant)
별칭	안겔로스(Angelos: 전령) 아르게이폰테스(Argeipnontes: 아르고스를 죽인 자) 크리오포레스(Kriophores: 양을 짊어진 자) 프시코폼포스(Psychopomppos: 영혼의 안내자) 프시코스타시아(Psychostasia: 영혼의 무게를 다는 자)
가족관계	제우스의 아들

인물관계

판과 헤르마프로디토스는 헤르메스의 자식들이다. 헤르메스와 아프로디테의 자식인 헤르마프로디토스는 자웅동체이다.

신화이야기

헤르메스, 아폴론과 만나다

제우스의 아들 헤르메스는 낙원 아르카디아 남쪽에 있는 킬레네 산의 동굴에서 태어났다. 수많은 염문을 뿌리고 다니는 제우스는 이번에는 티탄 아틀라스의 딸 마이아(혹은 님페라고도 한다)를 사랑하였다. 제우스는 헤라의 눈을 피해 한밤중에 마이아를 자주 찾아가 이들의 사랑의 결실로 헤르메스가 태어났다.

헤르메스는 태어난 날부터 조숙하고 민첩하고 활동적이었다. 그는 태어나자마자 요람에서 기어나와서 마케도니아의 피에리아로 갔다. 그리고 아폴론이 목동으로 일하고 있는 곳으로 가 밤

헤르메스와 마이아
기원전 500년, 뮌헨 국립고대미술박물관

의 어둠을 틈타 '도둑의 신'이란 이름답게 아폴론의 소떼를 훔쳤다. 헤르메스는 훔친 소떼를 펠레폰네소스 반도의 알페이오스 강가에 있는 필로스 동굴로 끌고 가서 그 중 몇 마리를 올림포스의 신들에게 제물로 바쳤다. 그리고 아무 일도 없다는 듯이 킬레네 동굴로 돌아가 요람에 다시 얌전히 누웠다. 한편 소떼가 없어진 것을 눈치 챈 아폴론은 사방을 헤매다 킬레네 동굴로 가서 태평스럽게 요람에 누워있는 헤르메스에게 자신의 소를 돌려 줄 것을 요구하였지만 헤르메스는 끝까지 아무 것도 모른다고 발뺌했다. 결국 제우스가 이 분쟁의 중재자로 나서서 헤르메스에게 아폴론의 소를 당장 돌려주라고 명령했다. 곤경에 처한 헤르메스는 '상업의 신'이란 이름다운 기지를 발휘하여 동굴 입구에서 만난 거북이의 등껍질로 만든 악기를 아폴론에게 화해의 선물로 내놓았다. 음악의 신 아폴론이 아름다운 리라 소리에 어찌 마음이 안 풀릴 수 있겠는가. 리라 소리에 매료된 아폴론은 리라와 소떼를 교환하고 헤르메스와 화해했다. '상업의 신' 헤르메스가 첫 흥정에 성공한 순간이다. 그리고 아폴론은 헤르메스에게 케리케이온까지 선물했다.(얼마 후 헤르메스가 목동의 피리를 만들자 아폴론이 이 악기를 탐냈고 그 대가로 케리케이온을 주었다고도 한다) 헤르메스의 라틴어 명칭인

Mercurius는 영어 merchandise, mercari(거래, 무역), merces(품삯)의 어원이다.

헤르메스와 바토스 (라틴어로는 바투스이다)

『변신이야기』에 따르면 헤르메스가 아폴론의 소떼를 숨길 때 바토스(바토스는 '수다쟁이'라는 뜻이다)라는 노인이 그 장면을 목격했다고 한다. 수다쟁이 바토스의 입이 걱정된 헤르메스는 바토스에게 잘생긴 소

아폴론이 음악에 정신이 팔려 있는 사이에 황소를 훔치는 헤르메스
클로드 로랭(Claude Lorrain), 1645년경, 도리아 팜필리 미술관
: 아폴론은 리라 대신 바이올린을 켜고 있다. 아폴론은 제우스를 화나게 한 대가로
테살리아의 왕 아드메토스의 황소들을 1년 동안 돌보았다

한 마리를 줄 테니 아무에게도 본 것을 말하지 말라고 당부했다. 바토스는 돌이 고자질을 하는 일은 있어도 자신이 그럴 일은 절대 없다고 확신했다. 헤르메스는 그를 믿고 돌아가는 척하다가 변장을 하고 노인 앞에 다시 나타나 노인에게 혹시 소떼를 못 보았는지 물었다. 그리고 정보제공의 대가로 소 두 마리를 줄 테니 아는 것이 있으면 알려달라고 했다. 두 마리 소가 욕심난 바토스는 헤르메스와의 약속은 전혀 개의치 않고 소가 있는 장소를 알려주었고, 기가 막힌 헤르메스는 바토스를 돌로 만들어버렸다.

별칭으로 살펴본 헤르메스

이오를 사랑한 제우스는 한편으로는 헤라의 질투가 걱정되어 이오를 암소로 변신시켰다. 하지만 헤라가 누구인가. 제우스의 노력에도 헤라는 제우스를 믿지 않고 암소를 선물로 끈질기게 요청했다. 제우스는 헤라의 청을 물리치지 못하였고, 헤라는 백 개의 눈을 가진 아르고스에게 암소로 변한 불쌍한 이오를 지키게 했다. 100개의 눈이 번갈아 가며 밤낮없이 이오를 지키고 있기 때문에 이오는 꼼짝달싹하지 못했다. 이오의 고통을 더 이상 두고 볼 수 없었던 제우스는 헤르메스에게 이오를 구해오라고 했고, 헤르메스는 지팡이로 아르고스를 잠재우고 아르고스의 목을 베고 이오를 구출했다. 이로 인해 헤르메스는 '아르게이폰테스', 즉 '아르고스를 벤 자'라는 별칭을 갖게 된다.

페타소스

케리케이온

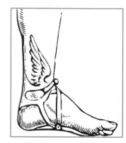

탈라리아

신들의 세계와 인간의 세계, 지하 세계까지 날개 달린 신발을 신고 거리낌 없이 다니는 헤르메스가 신들의 전령인 것은 당연하다. 헤르메스는 단순히 제우스의 심부름꾼이 아니라 제우스의 뜻, 의도를 전달하는 전령의 신이다. 그는 하늘과 땅, 저승을 발 빠르게 돌아다니며 제우스의 뜻과 다른 신들의 뜻을 전달했다.

온 천지를 마음대로 다니는 헤르메스에게 하데스라고 해서 가지 못할 곳은 아니다. 그래서 그는 '영혼의 안내자'로도 불린다. 따라서 그는 죽은 자의 영혼을 안내하며 죽은 자들의 영혼을 지하 세계로 안내하는 자라는 의미로 '프시코폼포스(영혼의 안내자)'라 불렸다. 또한 죽은 자의 '영혼의 무게를 다는 자'라는 의미로 '프시코스타시아'라고도 한다. 헤르메스는 페르세포네를 무사히 데메테르에게 되돌려보냈고, 헤라클레스가 저승문을 지키는 케르베로스 사냥을 위해 저승에 가는 일을 돕기도 했다. 오르페우스가 하데스의 말을 어기고 뒤를 돌아보아 에우리디케가 저승으로 돌아가야 했을 때 헤르메스가 그녀를 하데스로 안내했다.

생활에서 만나는 헤르메스

'전령의 신' 머큐리에서 우리가 알고 있는 많은 단어들이 유래했다.

1) 영어 '수요일(Wednesday)'은 북유럽의 보탄(Wodan)신과 관련이 있다. Wednesday는 '보탄 신의 날'이다. 그런데 보탄 신은 많은 문헌에서 메르쿠리우스와 동일시된다. 그러므로 Wednesday는 '메르쿠리우스의 날'이기도 하다. 라틴어로 수요일은 Dies Mercurii(메르쿠리우스의 날)이다. 프랑스의 요일의 명칭에도 이 명칭이 그대로 남아 있다. 프랑스어로 수요일은 Mercredi(메르쿠리우스의 날)이다.

2) '헤르메스의 지팡이'는 대한 의사협회를 포함하여 일부 의학 분야의 상징으로 사용되고 있다. 미국 군 부대의 마크로 쓰이던 것이 우리나라 의무 부대의 상징마크로 쓰이게 되었다고 한다. 하지만 의술

의 신은 헤르메스가 아니라 아스클레피오스이다. 아스클레피오스는 실수로 뱀을 죽였는데 그때 다른 뱀이 약초를 물고 와 죽은 뱀의 입에 올려놓자 죽은 뱀이 되살아났다. 아스클레오피오스는 감사의 마음으로 뱀이 휘감고 있는 지팡이를 자신의 상징으로 삼았다. 의술의 신 '아스클레피오스의 지팡이'는 현재 세계보건기구의 상징으로 사용되고 있다.

3) 밤하늘을 수놓고 있는 행성의 이름은 그리스, 로마 신의 이름에서 유래했다. 공전 주기가 가장 짧은 수성의 이름 머큐리(Mercury), 다시 말해 가장 빠른 속도로 도는 수성의 이름은 발빠른 헤르메스에서 유래했다. 영어로 수성을 머큐리(Mercury)라고 한다. 같은 맥락에서 상온에서 가장 빨리 액체로 변하는 금속 수은도 머큐리라고 한다. 태양에서 가장 가까운 수성 머큐리, 액체와 고체 사이의 존재인 수은 머큐리에는 전령으로서 지옥과 천상을 넘나들고 신들의 세계와 인간계를 넘나드는, 즉 모든 경계를 넘나드는 신의 모습이 반영되어 있다.

4) 텍스트에 대한 해석과 이해를 다루는 학문 '해석학 (Hermeneutics)'에서도 쉽게 헤르메스의 흔적을 찾아볼 수 있다. 이 단어는 그리스어 동사 해석하다, 번역하다, 설명하다(ἑρμηνεύειν, hermeneuein)와 명사 해석(ἑρμηνεύω, Hermenuric)에서 유래했다. 말하자면 신들의 전령사인 헤르메스의 역할 즉, 하늘의 뜻을 인간들에게 전달하고 해석해주는 역할이 이 단어에 잘 표현되어 있다.

헤르미오네 Hermione

요약

 그리스 신화에서 스파르타의 왕 메넬라오스와 미녀 헬레네 사이에 태어난 딸이다. 아킬레우스의 아들 네오프톨레모스, 아가멤논의 아들 오레스테스 등과 결혼했다.

기본정보

구분	공주
상징	팔려간 신부, 정략결혼
외국어 표기	그리스어: Έρμιόνη
관련 신화	트로이 전쟁

인물관계

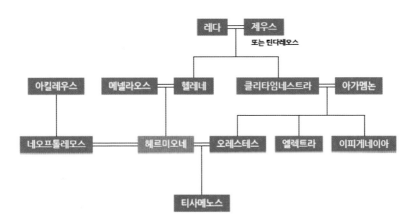

헤르미오네의 아버지 메넬라오스는 미케네의 왕 아가멤논과 형제지
간으로 저주 받은 탄탈로스 가문의 후손이며, 헤르미오네의 어머니
헬레네는 제우스와 레다의 딸로 트로이 전쟁의 원인이 되는 그리스
최고의 미녀이다. 헤르미오네는 어릴 때 이미 사촌인 아가멤논 왕의
아들 오레스테스와 약혼한 사이였지만 트로이 전쟁으로 인한 정략결
혼으로 아킬레우스의 아들 네오프톨레모스와 먼저 결혼하였다가 나
중에 다시 오레스테스와 결혼하는 우여곡절을 겪었다.

신화이야기

네오프톨레모스와의 결혼

헤르미오네는 어릴 때 이미 사촌 오레스
테스와 약혼한 사이였다. 오레스테스의 어
머니 클리타임네스트라는 '틴다레오스와
레다 사이에서 태어난 딸로 헬레네와는
아버지가 다른 자매지간이다. 하지만 헬레
네가 파리스와 함께 트로이로 사랑의 도
주를 하면서 트로이 전쟁이 발발하자 아
버지 메넬라오스는 딸을 아킬레우스의 아

헤르미오네 주화
기욤 루예(Guillaume Rouille)의
도서 삽화

들 네오프톨레모스에게 주기로 남몰래 약속하였다. 아킬레우스의 아
들 네오프톨레모스가 함께 싸우지 않으면 절대로 트로이 성을 함락시
킬 수 없다는 헬레노스의 예언 때문이었다. 이렇게 해서 헤르미오네는
전쟁이 끝난 뒤 네오프톨레모스의 아내가 되었고 이로 인해 오레스테
스와 네오프톨레모스 사이에 치명적인 갈등이 생겨났다. 일설에 따르
면 오레스테스와 헤르미오네는 메넬라오스가 트로이 전쟁에 나가 있
는 동안 아버지 몰래 이미 결혼한 사이라고도 한다.

오레스테스와의 결혼

네오프톨레모스와 헤르미오네 사이에는 오래도록 자식이 생기지 않았다. 헤르미오네는 그것이 트로이 전쟁이 끝난 뒤 네오프톨레모스가 전리품으로 거두어 첩으로 삼은 헥토르의 아내 안드로마케의 저주 때문이라고 여겨 그녀를 죽이려 했다. 하지만 이 시도가 실패로 돌아가자 헤르미오네는 오레스테스에게로 갔고, 오레스테스는 네오프톨레모스가 자식이 생기지 않는 이유를 신탁에 묻기 위

오레스테스와 헤르미오네의 만남
루이스 지로 데 트리오종(Anne Louis Girodet de Roucy-Trioson), 1800년 경

해 델포이에 갔을 때 네오프톨레모스를 죽이고 헤르미오네와 (다시) 결혼하여 아들 티사메노스를 낳았다.

신화해설

헤르미오네를 사이에 두고 벌어지는 네오프톨레모스와 오레스테스의 갈등은 미녀 브리세이스로 인한 아킬레우스와 아가멤논의 불화가 아들 세대에서도 반복되고 있는 인상을 준다. 사실 트로이 전쟁 당시 아가멤논에 대한 아킬레우스의 분노는 해소되었다기보다는 사랑하는 친구 파트로클로스의 죽음으로 생겨난 더 큰 분노에 의해 억눌려졌을 뿐이라고 할 수 있다. 이에 그리스 최고의 영웅 아킬레우스가 예언대로 이른 죽음을 맞이하고 나서 신화 이야기에 등장한 '젊은 전사' 네

델포이 아폴론 제단 앞에서 네오프톨레모스를 죽이는 오레스테스(제단 발치에 헤르미오네가 비통한 표정으로 앉아 있다)
에우리피데스의 비극 『안드로마케』의 한 장면을 그린 폼페이 벽화

오프톨레모스는 아버지의 숙원인 트로이의 멸망을 실현시키고 아가멤논의 아들인 오레스테스의 여자 헤르미오네까지 차지하기에 이른다. 하지만 그는 자식도 보지 못한 채 오레스테스의 손에 의해 죽음을 맞이함으로써 결국 아버지 아킬레우스의 비극적 운명을 되풀이한다.

헤르세 Herse

요약

그리스 신화에 등장하는 아테네의 왕 케크롭스의 딸이다.

아테나 여신이 절대로 열어보지 말라며 맡긴 광주리를 호기심에 못이겨 열어 보았다가 실성하여 아크로폴리스 언덕에서 투신하였다. 또다른 이야기에 따르면 이때 헤르세는 죽지 않았으며 헤르메스와 결혼하여 아들 케팔로스를 낳았다고 한다.

기본정보

구분	공주
외국어 표기	그리스어: Ἕρση
어원	이슬
관련 신화	아테네 건국

인물관계

헤르세는 아테네의 왕 케크롭스가 제1대 아테네 왕 악타이오스의 딸 아글라우로스와 결혼하여 낳은 세 딸 중 한 명이다. 나머지 두 딸의 이름은 어머니와 이름이 같은 아글라우로스와 판드로소스다. 케크롭스와 아글라우로스 사이에는 아들 에리시크톤도 있었지만 일찍 죽는 바람에 아테네의 왕위를 잇지 못하였다.

헤르세는 전령의 신 헤르메스와 결혼하여 아들 케팔로스를 낳았다.

케팔로스는 새벽의 여신 에오스의 사랑을 받은 미남으로 유명하다.

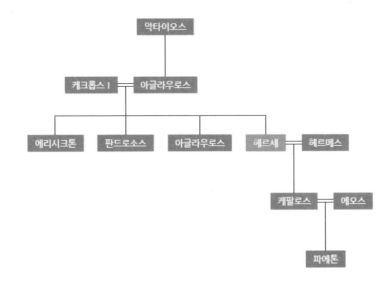

신화이야기

케크롭스의 세 딸들과 에리크토니오스

에리크토니오스는 대장장이 신
헤파이스토스가 아테나 여신에게
욕정을 품어 태어난 아들이다. 아
테나 여신이 전쟁에 쓸 무기를 얻
기 위해 헤파이스토스의 대장간을
찾아갔는데 마침 아프로디테에게
버림받은 헤파이스토스가 아테나
에게 반해 그녀를 끌어안으려 했
다. 하지만 아테나는 그를 밀쳐냈
고 욕정을 주체하지 못한 헤파이
스토스는 아테나의 다리에 정액을

에리크토니오스를 본 케크롭스의 딸들
빌렘 반 헤르프(Willem van Herp), 1650년
개인 소장

쏟았다. 아테나는 불쾌해하면서 양털로 정액을 닦아서 땅에 던졌는데 이로 인해 대지가 임신하여 에리크토니오스가 태어났다.

하지만 대지의 여신 가이아는 뜻밖에 생긴 아이를 달가워하지 않았다. 결국 아테나는 가이아의 성화에 못 이겨 아이를 거두어 아들로 삼았다. 여신은 아이를 불사신으로 만들기 위해 뱀이 지키는 바구니에 넣어 케크롭스의 딸들에게 맡기며 절대로 열어보지 말라고 당부했다. 하지만 케크롭스의 세 딸은 호기심을 이기지 못하고 바구니를 열어보았다. 바구니 안에는 뱀들이 아기를 휘감고 있었다. 아테나 여신은 자신의 지시를 따르지 않은 케크롭스의 딸들을 실성하게 만들어 아크로폴리스 언덕에서 투신하게 하였다.

헤르세와 아글라우로스 그리고 헤르메스
장 밥티스트 마리 피에르(Jean Baptiste Marie Pierre),
1763년, 루브르 박물관

다른 이야기에 따르면 아이는 하반신이 뱀이었다고 한다. 케크롭스의 딸들이 바구니를 열자 아이가 뱀의 다리로 기어 나와 아테나의 방패 뒤에 숨었고 이를 본 처녀들은 공포에 질려 도망치다 언덕에서 떨어져 죽었다.

또 다른 이야기도 있다. 그에 따르면 이때 바구니를 열어본 것은 헤르세와 아글라우로스 두 명이며 판드로소스는 여신의 명령을 지켜 바구니 안을 들여다보지 않았다고 한다. 나중에 판드로소스는 인간들에게 처음으로 실 잣는 기술을 전해준 농경신으로 숭배되기도 했다. 아테네 아크로폴리스의 아테나 신전 옆에는 판드로소스를 모신 신전인 판드로세이온이 있었다.

헤르세를 바라보는 헤르메스
얀 뵈크호르트스(Jan Boeckhorst), 1650~1655년경, 빈 미술사 박물관

헤르세와 아글라우로스

  오비디우스의 『변신이야기』는 또 다른 이야기를 전해준다. 그에 따르면 아테나 여신이 맡긴 바구니를 열어본 책임은 오로지 아글라우로스에게만 있었으며 이 사건으로 인해 케크롭스의 세 딸이 죽지도 않았다고 한다. 오비디우스는 오히려 케크롭스의 딸 헤르세와 전령의 신 헤르메스의 사랑을 이야기하고 있다.

  아테나 여신을 기리는 축제가 벌어졌을 때 아테네를 찾은 헤르메스의 눈에 아름다운 처녀 헤르세가 들어왔다. 헤르메스는 첫눈에 반해 케크롭스 왕의 궁전으로 숨어들었다가 그녀의 동생인 아글라우로스에게 그만 들키고 말았다. 헤르메스는 아글라우로스에게 언니 헤르세와 사랑을 이룰 수 있도록 도와달라고 부탁했다. 아글라우로스는 도와주는 대가로 엄청난 양의 황금을 요구하면서 헤르메스를 궁전에서 내쫓았다.

  이를 지켜보던 아테나 여신은 마침내 분노가 폭발하였다. 여신은 질투의 신 젤로스에게 부탁하여 아글라우로스가 헤르세와 헤르메스의 관계를 질투하게 만들었다. 언니 헤르세에 대한 질투심에 사로잡힌 아글라우로스는 언니의 방문 앞에 앉아 헤르메스가 방으로 들어가지 못하게 막았다. 헤르메스는 부드러운 말로 달래며 비켜줄 것을 간청하였지만 아글라우로스는 막무가내였다. 화가 난 헤르메스는 그녀에게 영원히 그렇게 꼼짝 말고 앉아 있으라고 했고, 아글라우로스는 점점 몸이 굳어 시커먼 돌로 변하고 말았다.

헤르세는 헤르메스의 사랑을 받아 아들 케팔로스를 낳았다.

헤르세에게로 가는 헤르메스를 막는 아글라우로스
니콜라 푸생(Nicolas Poussin), 1626년, 파리 국립고등미술학교

헤메라 Hemera

요약

그리스 신화에 등장하는 태초의 신들 중 낮이 의인화된 신으로 밤의 여신 닉스와 대비된다. 헤메라와 닉스는 하데스의 나라에 머물며 교대로 지상으로 올라온다.

기본정보

구분	태초의 신, 개념이 의인화된 신
상징	낮
외국어 표기	그리스어: Ἡμέρα
가족관계	에레보스의 딸, 닉스의 딸, 아이테르의 남매

인물관계

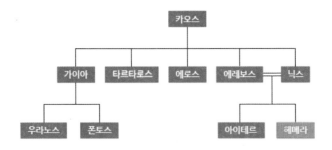

헤메라의 가계에 관해서는 여러 가지 이야기가 있지만 헤시오도스는 헤메라가 에레보스와 닉스 사이에서 태어난 딸로 천공의 신 아이

테르와 남매지간이라고 하였다. 헤시오도스에 따르면 에레보스와 닉스는 태초에 카오스로부터 생겨난 다섯 신에 속한다. 나머지는 가이아, 타르타로스, 에로스이다.

신화이야기

출생

헤메라의 가계는 전승에 따라 여러 가지 이야기로 나뉜다. 『신들의 계보』에서 헤메라는 암흑의 신 에레보스와 밤의 여신 닉스 사이에서 태어난 딸로, 밝고 맑은 대기의 신 아이테르와 남매 사이다. 이 관계는 암흑에서 빛이 생겨나고 밤에서 낮이 생겨났음을 상징하고 있다. 헤메라는 남매인 아이테르와 결합하여 바다의 여신 탈라사를 낳았다.

헤메라, 낮의 여신
윌리암 아돌프 부그로(William Adolphe
Bouguereau), 1884년

히기누스의 『이야기』에 따르면 헤메라는 닉스와 함께 카오스에서 태어났으며 아이테르와 결합하여 가이아(대지), 우라노스(하늘), 탈라사(바다)를 낳았다. 키케로는 우라노스만을 헤메라의 자식으로 언급하였고 아이테르와 에로스는 헤메라의 남자 형제라고 하였다. 그리스의 서정시인 바킬리데스는 헤메라를 크로노스와 닉스의 결합에서 태어난 딸이라고 하였다. 헤메라는 또한 종종 새벽의 여신 에오스와 동일시되기도 한다.

헤메라와 닉스의 거처

헤시오도스에 따르면 헤메라는 매일 아침 그녀의 거처인 땅 속에서 (下界)에서 지상으로 올라온다. 그러면 그때까지 지상을 지배하던 닉스는 다시 땅 속으로 내려간다. 지하에 있는 하데스의 나라는 헤메라와 닉스가 머무는 거처이지만 둘은 동시에 같은 곳에 머물지 못한다.

> "(…) 그곳에는 또 어두운 밤의 무시무시한 거처가
> 검은 구름에 가려진 채 서 있다.
> (…) 그곳은 밤(닉스)과 낮(헤메라)이 거대한 청동 문턱을 넘을 때
> 서로 다가가 인사하는 곳이다.
> 한쪽이 들면 한쪽이 나,
> 그 집은 한꺼번에 결코 둘을 에워싸지 못하니,
> 언제나 한쪽은 집 밖에 나가 대지 위를 거닐고
> 한쪽은 자신이 나갈 때가 될 때까지 집 안에 남아 기다린다."
>
> (헤시오도스, 『신들의 계보』)

헤미테아 Hemithea, 스타필로스의 딸

요약

그리스 신화에 나오는 디오니소스의 아들 스타필로스의 딸이다.

원래 이름은 몰파디아이다. 아버지의 포도주를 제대로 간수하지 못해 훼손시킨 뒤 처벌이 두려워 바닷가 절벽에서 뛰어내렸다. 하지만 아폴론에 의해 구원되어 신의 반열에 올랐다.

기본정보

구분	신의 반열에 오른 인간
외국어 표기	그리스어: Ἡμιθέα
어원	반신(半神)
별칭	몰파디아
관련 신화	디오니소스
가족관계	스타필로스의 딸, 크리소테미스의 딸

인물관계

디오니소스가 낙소스 섬에 버려진 미노스의 딸 아리아드네와 결합하여 낳은 아들인 스타필로스와 크리소테미스 사이에서 난 세 딸 중한 명이다. 다른 두 딸은 로이오와 파르테노스이다. 포로네우스의 아들 리르코스와 사이에서 아들 바실로스를 낳았다.

```
디오니소스 ─── 아리아드네
                  │
          스타필로스 ─── 크리소테미스          포로네우스
                  │                              │
      ┌───────────┼───────────┐                  │
    로이오    파르테노스    헤미테아 ─── 리르코스
                              │
                            바실로스
```

신화이야기

여신이 된 헤미테아와 파르테노스

헤미테아의 아버지 스타필로스는 딸들에게 무척 엄한 아버지였다. 그는 맏딸 로이오가 아폴론에게 유혹당하여 임신을 하자 그녀를 상자에 가두어 바다에 던져버렸다. 하지만 로이오는 아폴론의 도움으로 무사히 델포이 섬에 도착하여 아들 아니오스를 낳았다고 한다. 디오니소스의 아들인 스타필로스는 포도주를 매우 소중히 여겨 다른 두 딸 몰파디아(헤미테아의 원래 이름)와 파르테노스에게 포도주를 잘 간수하라고 신신당부하였다.(스타필로스는 '포도송이'라는 뜻이다) 그런데 두 자매가 깜빡 잠이 든 사이에 돼지들이 들어와 포도주를 더럽혀버렸다. 두 자매는 아버지의 무서운 질책이 두려워 바닷가 절벽으로 가서 아래로 뛰어내렸다. 하지만 이들을 불쌍히 여긴 아폴론에 의해 구원되어 두 자매는 각각 고대 도시 부바토스와 카스타보스를 지키는 수호신이 되었다. 여신이 된 몰파디아는 헤미테아라고 불렀다.

카스타보스의 수호신

헤미테아는 카스타보스에서 특히 병자들을 고쳐주는 좋은 신으로

숭배되었다. 그녀는 자신의 신전을 찾아온 병자들의 꿈 속에 나타나 그들의 병을 치료해주었다. 하지만 신전에 오기 전에 돼지를 만졌거나 돼지고기를 먹은 사람은 신전 안으로 들어갈 수 없었다고 한다. 헤미테아는 또한 여인들의 출산을 돕는 신으로도 알려졌다.

리르코스의 아들을 낳은 헤미테아

하지만 또 다른 이야기에 따르면 스타필로스는 아르고스의 건설자 포로네우스의 아들인 리르코스가 찾아왔을 때 그의 씨를 얻기 위해 술에 취하게 만든 뒤 자신의 딸 헤미테아와 동침시켰다. 리르코스는 술에서 깬 뒤 화를 냈지만 헤미테아에게 자신의 허리띠를 주며 나중에 아들이 태어나면 그것을 징표로 가지고 자신을 찾아오게 하라고 일러주었다. 얼마 뒤 헤미테아는 바실로스라는 아들을 낳았다. 바실로스는 성년이 된 뒤 허리띠를 가지고 아버지 리르코스를 찾아가 그의 왕위를 이었다.

헤미테아 Hemithea, 테네스의 누이

요약

그리스 신화에 나오는 콜로나이 왕 키크노스의 딸이다.

계모 필로노메의 모함으로 오빠 테네스와 함께 집에서 쫓겨나 테네도스 섬으로 갔는데, 트로이 원정길에 테네도스 섬을 침략한 아킬레우스가 겁탈하려고 하자 이를 피해 도망치다 땅 속으로 삼켜졌다고한다.

기본정보

구분	공주
외국어 표기	그리스어: Ήμιθέα
어원	반신(半神)
관련 신화	아킬레우스의 트로이 원정

인물관계

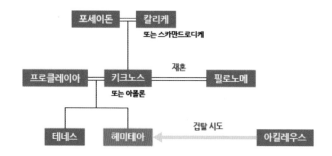

헤미테아는 포세이돈의 아들인 콜로나이의 왕 키크노스가 라오메돈의 딸 프로클레이아와 결혼하여 낳은 딸로, 둘 사이에서는 아들 테네스도 태어났다. 하지만 테네스는 아폴론의 아들이라고도 한다.

신화이야기

쫓겨난 헤미테아와 테네스

콜로나이의 왕 키크노스는 아내 프로클레이아가 죽자 트라가소스의 딸 필로노메와 재혼하였는데 필로노메는 전부인의 소생인 테네스를 사랑하게 되었다. 필로노메는 의붓아들 테네스를 유혹하였지만 테네스는 이 유혹을 단호히 거절했다. 그러자 필로노메는 남편 키크노스에게 오히려 테네스가 자신을 유혹하였다고 모함하였고 이를 곧이곧대로 믿은 키크노스는 테네스와 헤미테아를 궤짝에 넣어 바다에 던져버렸다. 하지만 궤짝은 포세이돈의 도움으로 무사히 인근의 레우코프리스 섬에 당도하였다. 그 후 테네스는 이 섬나라의 왕이 되었고 섬의 이름도 테네도스로 바뀌었다.

한편 뒤늦게 진실을 알게 된 키크노스는 아들과 화해를 시도했지만 테네스는 이에 응하지 않았다. 테네스는 키크노스가 아들을 만나기 위해 타고 온 배의 밧줄을 도끼로 끊어 아버지를 돌려보냈다.

땅 속으로 삼켜진 헤미테아

트로이 전쟁이 터지자 이웃나라인 테네도스 섬도 그리스인들의 공격을 받았다. 테네도스 섬을 공격한 그리스군 장수는 아킬레우스였다. 아킬레우스의 어머니인 바다의 여신 테티스는 아들에게 테네스를 죽인 자는 아폴론의 손에 죽게 될 테니 절대로 테네스를 죽이지 말라고 경고하였다.(이 이야기는 테네스가 아폴론의 아들이라는 이야기를 뒷받침하고 있다) 하지만 아킬레우스는 결국 테네스를 칼로 찔러 죽이고 말았다. 그가 누이 헤미테아를 겁탈하려 하자 테네스가 누이를 구하려고 그를 공격했기 때문이었다.

테네스를 죽인 아킬레우스가 도망치는 헤미테아를 뒤쫓았으나 땅이 벌어지면서 그녀를 삼켜 아킬레우스로부터 구해주었다고 한다.

아킬레우스의 죽음

그리스 신화에서 테네스와 헤미테아의 죽음은 영웅 아킬레우스를 죽음에 이르게 하는 한 가닥 운명의 실타래로써 이야기되고 있다. 아킬레우스는 트로이에서 파리스의 화살을 맞고 죽었는데 테네스의 죽음으로 분노한 아폴론이 화살을 그의 유일한 약점인 발뒤꿈치(아킬레스건)로 이끌었다는 것이다.

피리연주자의 출입을 금지한 테네스 신전

테네스가 죽은 뒤 테네도스 섬에는 그를 기리는 신전이 세워졌다. 그의 제사에서는 아킬레우스의 이름을 입에 올리는 것이 금기되었다. 또 피리연주자가 신전으로 들어가는 것도 허락되지 않았다. 필로노메의 수하에 있던 에우폴모스라는 피리연주자가 거짓증언을 하는 바람에 키크노스가 계모의 모함을 믿고 아들 테네스를 추방하게 되었기 때문이다. 키크노스는 에우폴모스를 돌로 쳐 죽이고 필로노메는 산채로 매장하였다.

헤베 Hebe

요약

그리스 신화에 나오는 젊음의 여신
이다.

신들의 연회에서 술을 따르는 일을
했고 나중에 신의 반열에 오른 헤라
클레스와 결혼하였다.

헤베
카롤루스 뒤랑(Carolus Duran), 1874년,
프랑스 릴 미술관

기본정보

구분	개념이 의인화된 신
상징	젊음, 회춘
외국어 표기	그리스어: ῞Hβη
어원	젊음
로마 신화	유벤타스(Juventas)
관련 상징	술항아리
가족관계	제우스의 딸, 헤라의 딸, 헤라클레스의 아내

인물관계

제우스와 헤라 사이에서 난 올림포스 시대의 여신으로 죽어서 신의 반열에 오른 영웅 헤라클레스와 결혼하여 자식도 낳았다.

신화이야기

헤베의 역할

천상에서 헤베는 신들의 시녀 역할을 했다. 가니메데스가 독수리로 변신한 제우스에게 납치되어 오기 전까지 신들의 술을 따르는 일을 도맡았고, 부상당한 아레스의 목욕을 준비해 주고, 헤라가 말을 수레에 매는 일을 도왔으며, 아폴론의 리라 선율에 맞추어 무사이, 호라이 등과 더불어 춤을 추었다.

헤베와 헤라클레스

헤베는 그 자신이 영원한 청춘을 상징할 뿐만 아니라 인간에게 새로운 젊음을 선사하는 힘도 있다. 헤베는 전처 데이아네이라가 건네준 독이 묻은 옷을 무심코 입었다가 온몸에 독이 퍼져 장작불 위에서 죽음을 맞은 뒤 천상에 올라 신의 반열에 오른 헤라클레스와 결혼하였다. 새 아내가 된 헤베는 남편의 부탁으로 헤라클레스의 조카 이올라오스를 하루 동안 젊어지게 만들었다. 그리고 헤베의 힘으로 젊어진 이올라오스는 헤라클레스가 죽은 뒤 그의 자식들을 핍박하는 에우리스테우스 왕을 스케이로니스 바위에서 무찔러 죽였다.

다른 이야기에 의하면 헤라클레스에게 열두 가지 어려운 과업을 부과했던 박해자 에우리스테우스 왕은 헤라클레스의 아들 힐로스의 손에 죽었다고도 하고 헤라클레스의 어머니 알크메네의 손에 눈알이 뽑혀 죽었다고도 한다. 헤베는 헤라클레스와 사이에서 두 아들 알렉시아레스와 아니케토스를 낳았다.

신화해설

헤베는 제우스와 헤라의 딸로 젊음을 상징하는 여신이다. '장밋빛

헤베와 헤라클레스의 결혼
아풀리아에서 출토된 도기 그림의 복제품
1870년 출간된 빌헬름 로셔(Wilhelm Heinrich Roscher) 『그리스 로마 신화의 상세한 사전』의 삽화

뺨의 여신'이라는 이름으로도 불린다. 올림포스 산에서 신들이 연회를 열 때 신주(神酒) 넥타르를 따르는 일을 도맡아서 했는데 나중에 이 역할은 제우스에게 납치되어 온 미소년 가니메데스에게로 넘어간다. 헤베는 헤라클레스와 천상에서 결혼식을 올렸는데 이 결혼식은 헤라클레스가 신들의 영원한 청춘을 얻게 되었음을 상징한다.

헤베
안토니오 카노바(Antonio Canova), 1800~1805년, 예르미타시 미술관
©Mak Thorpe@Wikimedia(CC BY–SA 2.5)

후대의 회화나 조각에서 헤베 여신은 흔히 소매 없는 옷을 입거나 가슴을 노출한 모습으로 등장하며 신들에게 넥타르를 따르는 일을 하므로 술항아리를 들고 있을 때가 많다. 간혹 날개 달린 모습으로도 묘사되는데 이 경우 무지개의 여신 이리스와 쉽게 구별이 되지 않는다.

19세기 무렵에는 정원 분수에 샘솟는 젊음의 상징으로 헤베 여신상을 세우는 것이 크게 유행하였다.

헤스티아 Hestia

요약

  그리스 신화에 등장하는 불과 화로의 여신으로 올림포스 12신 중의 한 명이다. 크로노스와 레아의 장녀이자 제우스의 누이이며 영원히 순결을 지킨 여신이다. 로마 신화의 베스타 여신과 동일시된다.

기본정보

구분	올림포스 12신
상징	화로, 불
외국어 표기	그리스어: Ἑστία
어원	화로
로마신화	베스타(Vesta)
가족관계	크로노스의 딸, 헤라의 자매

인물관계

  올림포스 12신 중의 한 명으로 불과 화로의 여신이다. 티탄 12신에 속하는 크로노스와 레아 사이에서 태어난 3남3녀 중 맏딸이다. 여자 형제로는 데메테르와 헤라가, 남자 형제로는 하데스, 포세이돈과 제우스가 있다.

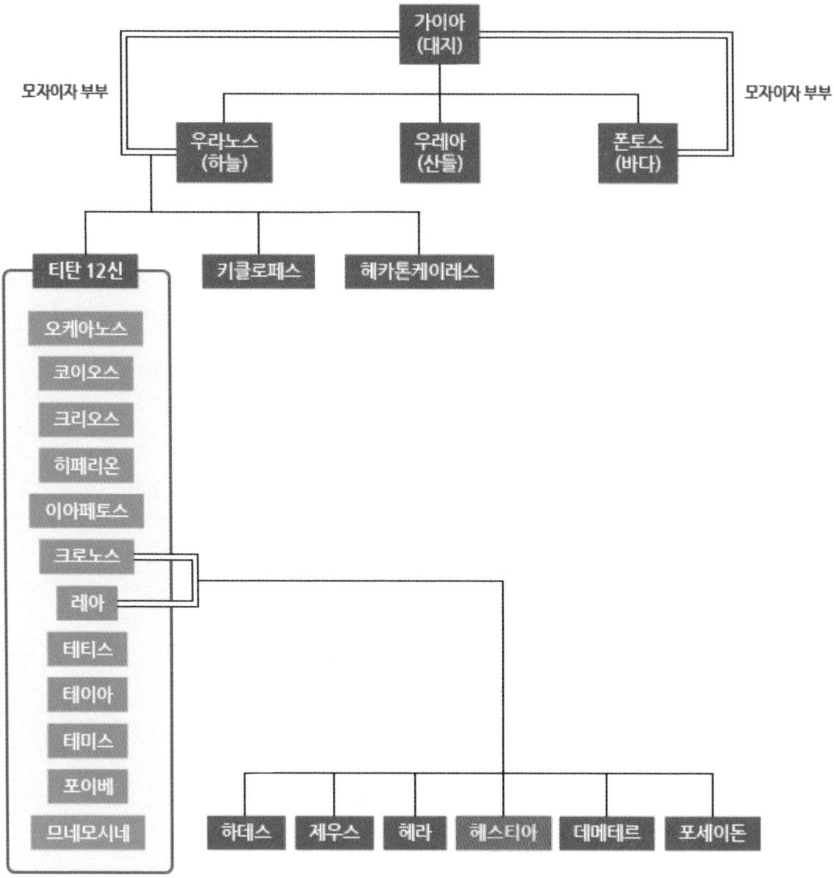

가이아
(대지)

모자이자 부부

우라노스
(하늘)

우레아
(산들)

폰토스
(바다)

모자이자 부부

티탄 12신

키클로페스

헤카톤케이레스

오케아노스
코이오스
크리오스
히페리온
이아페토스
크로노스
레아
테티스
테이아
테미스
포이베
므네모시네

하데스 제우스 헤라 헤스티아 데메테르 포세이돈

신화이야기

탄생

불과 화로의 여신 헤스티아는 크로노스와 레아 사이에서 태어났다. 헤스티아의 아버지는 그리스 신화의 제1세대 신인 우라노스와 가이아 사이에서 막내아들로 태어난 크로노스이다. 헤스티아의 어머니는 크로노스의 누이인 레아이다. 레아는 남동생 크로노스의 힘에 눌려 그

의 사랑을 받아들여 3남3녀(헤스티아, 데메테르, 헤라, 하데스, 포세이돈, 제우스)를 낳았는데 그들 중 만이가 헤스티아이다. 헤스티아가 형제자매 중에서 만딸이 아니고 셋째 딸이라는 전승 문헌도 있다. 오비디우스는 『달력』 제6권에서 헤스티아가 크로노스와 레아의 셋째 딸이라고 전한다.

"옵스(레아)는 사투르누스(크로노스)의 씨를 받아 유노(헤라)와 케레스(데메테르)를 낳았다고 한다. 셋째 딸은 베스타(헤스티아)이었다. 그들 중 둘(헤라와 데메테르)은 결혼하여 자손을 보았다고 전해진다. 그러나 셋 중 한 명(헤스티아)은 남편에게 복종하는 것을 거부하며 혼자 지냈다."

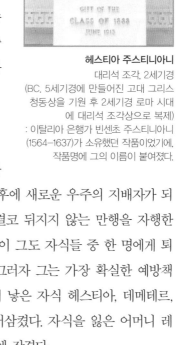

헤스티아 주스티니아니
대리석 조각, 2세기경
(BC. 5세기경에 만들어진 고대 그리스 청동상을 기원 후 2세기경 로마 시대에 대리석 조각상으로 복제)
: 이탈리아 은행가 빈센초 주스티니아니(1564–1637)가 소유했던 작품이었기에, 작품명에 그의 이름이 붙여졌다.

비정한 아버지

헤스티아의 아버지 크로노스는 자신의 아버지인 우라노스를 거세시킨 후에 새로운 우주의 지배자가 되었다. 그러나 그는 자신의 아버지에 결코 뒤지지 않는 만행을 자행한다. 그는 자신이 아버지를 퇴위시켰듯이 그도 자식들 중 한 명에게 퇴위당할 것이라는 신탁을 듣게 된다. 그러자 그는 가장 확실한 예방책을 강구한다. 그는 레아와의 사이에서 낳은 자식 헤스티아, 데메테르, 헤라, 하데스, 포세이돈을 차례로 집어삼켰다. 자식을 잃은 어머니 레아는 이루 말로 표현할 수 없는 슬픔에 잠겼다.

헤스티아
태피스트리, 6세기경, 1945년 출간된 『죽어가는 이교도의 문서(book Documents of Dying Paganism)』 삽화 덤 바턴 오크 컬렉션, 워싱턴 D.C.

"몸이 거대한 크로노스는 자신의 자식들이 레아의 성스러운 자궁에서 나와 그녀의 무릎에 이르자마자 자식들을 지체 없이 집어삼킨다. 이는 우라노스의 훌륭한 손자들 중 어느 누구도 불사의 신들 사이에서 영광을 누리지 못하게 하려는 크로노스의 속셈이다. 크로노스는 어머니 가이아와 별이 총총하게 많이 있는 하늘, 즉 우라노스로부터 들은 이야기가 있었다. 그 이야기는 그가 아무리 강력하더라도 결국 자신의 자식들 중 한 명에 의해 제압될 운명이라는 것이다. 그것이 바로 위대한 제우스가 계략을 세워 크로노스에게 내릴 형벌인 것이다. 그래서 크로노스는 망루에서 눈을 부릅뜨고 경계의 눈빛을 늦추지 않고 있다가 자식들이 태어나자마자 집어삼킨다. 한편 레아는 자식을 잃은 이루 말할 수 없는 고통을 겪는다." (헤시오도스, 『신들의 계보』)

"크로노스는 […] 친누나 레아와 결혼을 했다. 그는 자식들이 태어나자마자 모두 집어삼켰다. 대지의 여신 가이아와 하늘의 신 우라노스가 크로노스에게 예언을 했기 때문이다. 그 예언은 크로노스가 자식에 의해 권좌에서 축출될 것이라는 것이었다. 그래서 그는 맏이인 헤스티아를, 그런 다음에 데메테르와 헤라를, 이어서 하데스와 포세이돈을 집어삼켰다." (아폴로도로스, 『비블리오테케』)

　작자 미상이나 『호메로스 찬가』
라고 불리는, 총 33편의 찬가로
이루어진 고대 그리스 찬가집의
제5~6편은 사랑과 미의 여신 아
프로디테에게 바치는 찬가이다.
이 찬가집의 제5편에 헤스티아에
관한 이야기가 전해진다.

　이 전승 문헌에 따르면, 헤스티
아에게는 두 명의 구혼자가 있었
는데 그 중 한 명은 제우스와 레
토의 아들인 아폴론이었으며, 또
다른 한 명은 헤스티아의 남동생
인 포세이돈이었다. 그러나 그녀
는 그들의 구애를 거부하고 영원
히 순결을 지키며 살겠노라고 맹
세했다. 이에 제우스는 그녀에게
순결을 지킬 권리와 신에게 바치
는 제물을 가장 먼저 받을 권한
을 부여하였고, 또한 인간의 가정
과 신들의 신전에서 숭배 받는 영
예를 주었다.

데메테르와 헤스티아
적화식 아테네 암포라. BC 5~6세기경
베를린 고대박물관
: 표범가죽이 덮여있는 의자에 데메테르(오른
쪽)와 헤스티아가 앉아 있다. 데메테르는 꼭대
기에 곡물이 달려있는 막대를 들었고, 처녀의
여신 헤스티아는 베일을 쓰고 있다.

351

제우스, 가니메데스와 헤스티아
적화식 아테네 암포라. BC 5세기경
이탈리아 타르퀴니아 국립박물관
: 올림포스 신들의 잔치 모습이다. 왼손에
번개를 들고 있는 제우스(왼쪽)는 가니메데스
의 시중을 받고 있다. 헤스티아(오른쪽)는 순
결을 상징하는 나뭇가지를 들고 있다.

가정 수호신

　고대 그리스에서 화로는 가정의
중심이었다. 따라서 화로의 상징인 헤스티아는 가정의 수호신이다. 로
마 신화에 등장하는 가정과 국가의 수호신 베스타와 동일시된다.

헤스페로스 Hesperus

요약

그리스 신화에 등장하는 저녁별의 신이다.

헤스페로스는 별을 관찰하러 아틀라스 산 정상에 올랐다가 갑자기 종적을 감추었는데 사람들은 그가 신들의 사랑을 받아 저녁 하늘에서 가장 밝게 빛나는 저녁별이 되었다고 여겼다. 로마 신화의 베스페르와 동일시된다.

기본정보

구분	천계의 신
상징	저녁별, 금성
외국어 표기	그리스어: Ἕοπερος
어원	저녁별
로마 신화	베스페르
가족관계	에오스의 아들, 아틀라스의 아들

인물관계

헤스페로스는 새벽의 여신 에오스와 케팔로스 사이에서 태어난 아들이라고도 하고 또는 거인 아틀라스의 아들이라고도 한다. 아틀라스와는 부자지간이 아니라 형제라는 이야기도 있다.

또 다르게 전해지는 이야기에서는 에오스가 모든 별들의 아버지로 통하는 아스트라이오스와 결합하여 낳은 아들로 에오스포로스(혹은 포스포로스)와 형제지간이라고도 한다.

아틀라스의 아들 혹은 형제인 헤스페로스는 딸 헤스페리스를 낳았는데 헤스페리스는 아틀라스와 관계하여 세상의 서쪽 끝에서 헤라 여신의 황금 사과를 지키는 석양의 님페들인 헤스페리데스 자매를 낳았다고 한다. 이 경우 헤스페리데스는 헤스페로스의 손녀가 된다. 하지만 또 다른 이야기에 따르면 석양의 님페 헤스페리데스 자매는 밤의 여신 닉스의 딸들이라고 한다. 에오포로스의 아들 다이달리온과 케익스 형제는 헤스페로스의 아들로 알려져 있기도 하다.

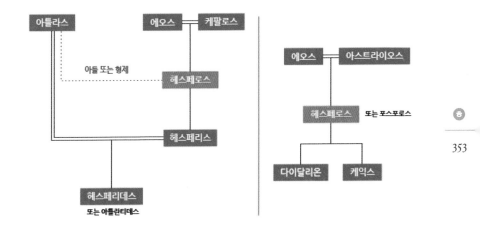

353

신화이야기

헤스페로스와 포스포로스

금성은 해질 무렵 서쪽 하늘에서 가장 먼저 보이기 때문에 저녁별이라고 불리지만 또한 새벽에 해가 뜨기 전까지 동쪽 하늘에 가장 오래 남아 있기 때문에 새벽별이라고도 불린다. 고대에는 저녁별과 새벽별이 서로 다른 별이라고 여겨서 저녁별 금성에는 헤스페로스라는 이름이 붙었고 새벽별 금성에는 포스포로스('빛의 전달자'), 혹은 에오스포로스('새벽의 전달자')라는 이름을 붙였다.

저녁별과 새벽별은 그리스 신화에서 어머니가 같고 아버지가 다른 이부 형제이거나 부모가 모두 같은 친형제 사이의 신으로 등장한다. 앞의 경우 헤스페로스는 에오스와 케팔로스 사이의 아들이고 포스포로스(혹은 에오스포로스)는 에오스와 아스트라이오스 사이의 아들이며, 후자의 경우는 둘 다 에오스와 아스트라이오스 사이에서 난 아들이다.

금성에 미의 여신 아프로디테(혹은 베누스)의 이름이 붙여진 것은 저녁별과 새벽별이 같은 행성임이 알려지고 난 기원전 4세기 헬레니즘 시대의 일이다. 로마 신화에서는 저녁별의 신을 베스페르, 새벽별의 신을 루키페르(루시퍼)라고 불렀다.

별이 된 헤스페로스

헤스페로스는 아틀라스의 아들, 혹은 형제로 여겨지기도 한다. 디오도로스에 따르면 헤스페로스는 심성이 착하고 성실한 사람이었는데 어느 날 별을 관찰하기 위해 아틀라스 산 정상에 올랐다가 갑자기 폭풍에 휩쓸려 사라지고 말았다고 한다. 그러자 사람들은 그가 신들의 사랑을 받아 별로 변한 것이라고 생각하고 저녁 하늘에서 가장 밝게 빛나는 친절한 저녁별에 헤스페로스라는 이름을 붙였다.

헤스페로스에게는 헤스페리스라는 딸이 하나 있었는데 그녀는

포스포로스와 헤스페로스
에블린 드 모건(Evelyn de Morgan), 1881년
런던 드 모건 센터

아틀라스와 결혼하여 석양의 님페들인 헤스페리데스를 낳았다고도
하고 일곱 명의 아틀란티데스를 낳았다고도 한다.

저녁별 헤스페로스
안톤 라파엘 멩스(Anton Raphael Mengs), 1765년
마드리드 몽클로아 궁전

헤스페리데스 Hesperides

요약

그리스 신화에 등장하는 석양
의 님페들이다.

세상의 서쪽 끝 정원에서 용
라돈과 함께 황금 사과와 사과
나무를 지키고 있다. 황금 사과
는 대지의 여신 가이아가 제우
스와 헤라의 결혼 선물로 준 것
이다. 헤라클레스에게 황금 사
과를 빼앗긴 뒤 슬픔에 잠겨
나무로 변하였다.

헤스페리데스의 정원
에드워드 번 존스(Edward Burne Jones)
1869년, 함부르크 미술관

기본정보

구분	님페
상징	석양, 노을
그리스어 표기	그리스어: Ἑσπερίδες
어원	저녁별의 딸들
관련 자연현상	석양, 노을
관련 식물	느릅나무, 미루나무, 버드나무
별자리	뱀자리, 금성
관련 신화	헤라클레스의 12과업
가족관계	닉스의 딸, 에레보스의 딸, 제우스의 딸, 아틀라스의 딸

인물관계

닉스 ─── 에레보스

헤스페리데스 부모의 또다른 설

1. 닉스
2. 제우스+테미스
3. 포르키스+케토
4. 아틀라스

헤스페리데스

아이글레
에리테이아
헤스페라투사
헤스페리아
아레투사
헤스티아
헤스펠라
헤스페르사

　헤스페리데스는 '헤스페로스의 딸들'이란 뜻으로 석양의 님페들을 말한다. 헤스페로스는 저녁별, 즉 금성이 의인화된 신이지만 헤스페리데스가 실제로 헤스페로스의 딸은 아닌 것으로 보인다. 헤스페리데스는 일반적으로 밤의 여신 닉스와 어둠의 신 에레보스 사이에서 혹은 닉스가 혼자서 낳은 딸들로 알려져 있다. 하지만 다르게 전해지는 이야기에 따라 제우스와 테미스, 포르키스와 케토 등도 이들의 부모로 거론되며 아틀라스의 딸들이라는 이야기도 있다.

　헤스페리데스 자매들의 숫자에 대해서도 의견이 분분하다. 주로 아이글레, 에리테이아, 헤스페라투사 등 3명으로 이야기되지만 헤스페라투사가 헤스페리아와 아레투사 2명을 가리키는 이름으로 해석되어 4명이라고 하거나 여기에 헤스티아, 헤스펠라, 헤스페르사 등이 덧붙여져 7명으로 언급되기도 한다. 이들 자매의 이름은 각각 '일몰', '진홍빛', '광채' 등 석양의 이미지를 뜻하는 단어들에서 유래하였다.

신화이야기

헤스페리데스의 정원

　헤스페리데스는 대지를 감싸고
흐르는 오케아노스의 서쪽 끝에
있는 '행복의 땅' 엘리시온에서
멀지 않은 아틀라스 산자락에 살
고 있다고 한다. 그곳에는 제우스
와 헤라가 결혼할 때 대지의 여신
가이아가 헤라에게 선물로 준 황
금 사과가 자라는 정원이 있는데
헤스페리데스 자매는 이곳을 돌
보는 임무를 맡고 있다. 헤스페리

헤스페리데스의 정원
프레더릭 레이턴(Frederic Leighton), 1892년,
영국 레이디 레버 아트갤러리

데스의 정원이라 불리는 이 과수원에서 자라는 황금 사과와 사과나
무는 티폰과 에키드나 사이에서 태어난 용 라돈이 헤스페리데스 자매
와 함께 지키고 있었다. 헤스페리데스 자매는 신들의 음료인 암브로시
아가 솟아나는 샘 근처에서 노래를 부르며 소일하였다.

헤라클레스의 12과업

　헤라클레스는 헤라 여신의 저주로 광기에 사로잡혀 자기 자식들을
모두 죽인 뒤 그 죄를 씻기 위해 미케네의 왕 에우리스테우스의 노예
가 되어 그가 시키는 일들을 해야 했다. 에우리스테우스는 헤라클레
스에게 열 가지의 몹시 어려운 과업을 부과했는데 이는 결과적으로
헤라클레스를 그리스 최고의 영웅으로 만들어 신의 반열에 오르게
해주었다. 에우리스테우스가 애당초 부과했던 열 가지 과업은 그가
두 가지 과업의 성과를 부정했기 때문에 열두 가지로 늘어나 '헤라클
레스의 12과업'이라고 불린다. 그 중 열한 번째 과업이 헤스페리데스

의 정원에서 열리는 황금 사과를 가져 오는 것이었다.

헤라클레스와 아틀라스

헤스페리데스의 정원은 너무 먼 곳에 있어 해신 네레우스 말고는 아무도 그리로 가는 길을 알지 못했다. 헤라클레스는 온갖 모습으로 변신하며 도망치는 바다의 노인 네레우스를 간신히 붙잡아 정원의 위치와 가는 길을 알아낸 뒤 곧 길을 떠났다. 헤라클레스는 가는 길에 카우카소스 산에 결박되어 독수리에게 간을 쪼아 먹히고 있는 프로메테우스를 구해주었는데 프로메테우스는 그 보답으로 황금 사과를 얻으려면 반드시 거인 아틀라스에게 사과를 가져오게 해야 한다는 사실을 알려주었다.

목적지 부근에 다다른 헤라클레스는 하늘을 떠받치고 있는 아틀라스를 찾아내어 헤스페리데스의 정원에 가서 황금 사과를 몇 개 따다 주면 그 동안 자신이 대신 하늘을 떠받치고 있겠다고 제안했다. 아틀라스는 좋아라하며 제안을 받아들였다. 오랜만에 무거운 짐을 내려놓

359

헤라클레스와 헤스페리데스
지오바니 안토니오 펠레그리니(Giovanni Antonio Pellegrini), 바이센슈타인 성

헤스페리데스
한스 폰 마레스(Hans von Marees), 1884년, 뮌헨 노이에 피나코테크

은 아틀라스는 발걸음도 가볍게 헤스페리데스의 정원으로 가서 황금 사과를 따왔지만 헤라클레스가 힘들게 하늘을 떠받치고 있는 것을 보자 생각이 바뀌었다. 그는 헤라클레스에게 자신이 직접 에우리스테우스 왕에게 가서 황금 사과를 주고 올 테니 그때까지 계속 하늘을 떠받치고 있으라고 말했다. 아틀라스의 속셈을 알아차린 헤라클레스는 한 가지 꾀를 내었다. 그는 아무렇지 않은 듯 그렇게 하라고 대답하고는 하늘을 떠받친 어깨가 너무 아파서 방석을 대야겠으니 잠시 하늘을 떠받쳐달라고 아틀라스에게 부탁했다. 아틀라스는 아무런 의심 없이 그의 말대로 했지만 하늘에서 벗어난 헤라클레스는 그대로 황금 사과를 집어 들고 그곳을 떠났다.

황금 사과를 손에 넣은 헤라클레스는 미케네의 에우리스테우스 왕에게 가져다주었다. 하지만 왕은 이 신성한 과일을 어찌하면 좋을지 몰라 다시 헤라클레스에게 주었고 헤라클레스는 황금 사과를 아테나 여신에게 바쳤다. 아테나 여신은 그것들을 원래 자리인 헤스페리데스의 정원에 도로 갖다놓았다.

나무로 변한 헤스페리데스

또 다른 이야기에 따르면 헤라클레스는 아틀라스의 도움을 얻지 않고 직접 헤스페리데스의 정원으로 가서 황금 사과를 따왔다고 한다. 이 과정에서 용 라돈은 헤라클레스의 손에 죽임을 당했고 헤스페리데스 자매는 황금 사과를 잃은 슬픔에 각각 느릅나무와 미루나무와 버드나무로 변했다. 헤라는 헤라클레스에게 희생된 용 라돈을 하늘에 올려 별자리로 만들어주었다.(뱀자리)

헤카베 Hecabe

요약

헤카베는 트로이 왕 프리아모스의 아내로 파리스, 헥토르, 카산드라, 폴릭세네의 어머니이다. 그녀는 세상에서 아무 것도 부러울 것이 없는 여인이었으나 트로이 전쟁의 패배로 남편과 자식들을 잃고 세상 누구하고도 비교할 수 없는 불행을 감내해야 하는 불쌍한 노인으로 전락하였다. 헤카베는 오디세우스의 전리품으로 그리스로 끌려갔다.

기본정보

구분	왕비
원어 표기	그리스어: Ἑκάβη / 라틴어: Hecuba
관련 신화 및 인물	프리아모스, 오디세우스

인물관계

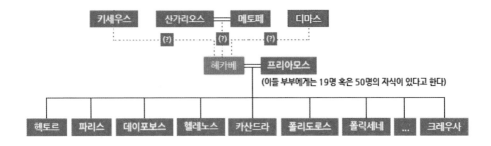

신화이야기

출신

헤카베의 혈통에 대해서는 여러 가지 설이 있다. 아폴로도로스는 헤카베가 트로이의 마지막 왕 프리아모스의 두 번째 아내라고 말한다. 그는 헤카베가 키세우스의 딸일 수도 있고 사카리아 강의 신 산가리오스와 메토페의 딸일 수도 있다고 말한다. 에우리피데스와 베르길리우스는 헤카베가 트라키아의 왕 키세우스의 딸이라고 한다. 또 다른 설에 의하면 프리기아의 왕 디마스의 딸이라고도 한다.

헤카베의 자식들

트로이 왕 프리아모스는 첫 번째 아내인 아리스베와 헤어진 후 헤카베와 결혼했다. 헤카베는 프리아모스와의 사이에서 19명의 아들을 낳았는데 큰 아들이 트로이의 영웅 헥토르이고 둘째는 그리스-트로이 전쟁을 촉발시킨 파리스이다.

그녀가 파리스를 임신했을 때 해괴한 꿈을 꾸었는데, 꿈에서 그녀의 몸에서 나온 것은 아기가 아니라 불타는 나무토막이었다. 그 불은 트로이를 모두 불태웠다. 불안한 미래를 암시하는 꿈 때문에 파리스는 이다 산에 버려졌다.

헤카베는 또한 아이네이아스와 결혼한 크레우사와 아킬레우스의 무덤에 제물로 바쳐진 불행한 폴릭세네와 예언녀 카산드라의 어머니이기도 하다. 헤카베는 헥토르와 파리스 외에 데이포보스, 헬레노스, 팜몬, 폴리케스, 안티포스, 히포노오스, 폴리도로스 및 트로일로스(트로일로스는 헤카베와 아폴론의 아들이라고도 한다) 등을 낳았다.

『일리아스』 속의 헤카베

호메로스는 『일리아스』에서 트로이의 왕비 헤카베를 상세하게 언급하지 않는다. 이 작품에서 헤카베는 주변인물로 다루어지고 있다. 호메로스는 트로이의 영웅 헥토르를 잃고 탄식하는 어머니 헤카베의 모습을 묘사하고 있다.

헤카베는 트로이의 모든 사람들의 존경을 받는 헥토르의 어머니인 것을 자랑스러워했다. 그러나 아무리 뛰어난 영웅이라 해도 인간인 이상 한계는 있는 법이고 무엇보다 전쟁터에서 신들의 도움이 없으면 어느 순간도 생명을 장담하지 못한다. 용감하게 트로이를 지키던 헥토르에게도 죽음의 전주곡이 울려 퍼졌다.

프리아모스, 헤카베, 헥토르
©GFDL@wikimedia(CC BY-SA 3.0)

트로이 전쟁의 막바지에 아가멤논과의 불화로 전쟁에서 발을 뺏던 아킬레우스는 자신을 대신해 참전한 친구 파트로클로스가 헥토르 손에 죽었다는 소식을 듣는다. 식음을 전폐하고 슬퍼하던 아킬레우스는 친구의 원수를 갚기 위해 전쟁에 다시 참여해 헥토르를 죽였다. 그러나 분이 안 풀린 아킬레우스는 헥토르의 시신을 머리가 뒤에 오도록 전차에 매달고 먼지가 자욱하게 일 때까지 끌고 다녔다. 트로이의 영웅이자 헤카베의 자랑인 헥토르의 머리는 온갖 먼지와 쓰레기로 뒤덮였고, 이 모습을 본 트로이 여인들은 외마디 비명을 질렀다. 어머니인 헤카베의 심정이야 어떻게 말로 표현하겠는가. 그녀는 머리털을 쥐어뜯으며 큰 소리로 울부짖었다.

아폴론은 아킬레우스가 열이틀 동안이나 밤낮으로 마차로 끌고 다니며 헥토르의 시신을 모욕하자 더 이상 참지 못하고 신들의 회의를 소집하여 불편한 심기를 노골적으로 드러냈다. 그는 헥토르가 신들을 섬김을 게을리 하지도 않았는데 왜 그의 가족들이 장례조차 치를 수 없냐고 항의했다. 이에 제우스가 나서 아킬레우스의 어머니인 테티스를 불러 아들을 달래서 헥토르의 시신을 가족의 품에 돌려주라고 말했다. 무지개 여신 이리스는 제우스의 전령으로 프리아모스 왕에게 가서 아킬레우스를 기쁘게 해 줄 선물을 가지고 아카이오이족의 함선을 찾아가 헥토르의 시신을 돌려받으라고 말했다. 프리아모스는 이리스의 말을 헤카베에게 전하였고 헤카베는 흐느껴 울며 잔인한 아킬레우스가 프리아모스에게 존경심은 물론 일말의 동정심도 가지지 않을 것이니 그를 찾아갈 엄두도 내지 말라고 남편을 말렸다. 헤카베는 남편마저 아킬레우스의 손에 비명횡사하는 것을 막고 싶었던 것이다.

프리아모스의 귀에는 아무 말도 들리지 않았다. 그는 오로지 아들의 시신이나마 되찾겠다는 생각 밖에는 없었다. 그는 "사랑하는 아들을 안고 맘껏 울 수 있다면 아킬레우스가 나를 그 자리에서 죽여도 상관없소"라고 대답하였고, 헤카베는 기어코 아들의 시신을 찾으러 가는 프리아모스 왕을 더 이상을 말리지 못했다. 프리아모스는 헤르메스의 도움으로 헥토르의 시신을 가지고 아킬레우스의 진영을 무사히 빠져나왔다. 트로이의 영웅 헥토르의 시신이 도착하자 온 트로이 백성들은 헥토르의 죽음을 애도했고, 헤카베와 헥토르의 아내 안드로마케도 달려가 그의 머리에 손을 얹고 통곡했다.

에우리피데스의 『헤카베』 속의 헤카베

제물로 바쳐진 폴릭세네

그리스가 트로이를 점령하자 트로이의 여인들은 승리자들에게 전리품으로 배정되었다.

헤카베의 막내아들 폴리도로스는 혼백이 되어 나타나 사랑하는 어머니 주위를 맴돌며, 어린 자신을 끝까지 살리고자 노력한 어머니와 아버지 프리아모스의 기대와는 달리 자신이 얼마나 비참한 죽임을 당했는지 넋두리했다. 악몽을 꾼 헤카베는 막사에서 뛰쳐나와 남편도 잃고 그 많던 자식들도 거의 다 잃고 한갓 불쌍한 노인네로 전락한 채 자신의 몸도 제대로 가누지 못하였다.

막내아들 폴리도로스와 폴릭세네의 운명을 예견하는 악몽을 꾼 헤카베는 자식을 또 잃어야하는 재앙이 그녀에게 또 일어나지 말게 해달라고 기도했다. 그러나 꿈은 현실이 된다고 했던가. 그토록 피하고 싶었건만 그녀에게 불행한 소식이 날아들었다. 아킬레우스가 생전의 모습으로 나타나 자신에게 명예의 선물을 바치지 않으면 함대가 그리스에 무사히 도착할 수 없다고 호령했다는 것이다. 그리스군은 함대를 트라키아의 해변에 정박시키고 제물을 놓고 갑론을박을 벌였다. 테세우스의 두 아들과 오디세우스의 아버지 라에르테스가 결국 그리스군을 설득해 아킬레우스에게 제물을 바치기로 결정했는데 제물은 바로 헤카베의 딸 폴릭세네 공주였다. 헤카베는 남편도 없고 자기를 아무도 도울 수 없는 노년의 서글픈 신세를 한탄하고 미친 듯이 울부짖으며 폴릭세네에게 펠레우스의 아들의 무덤에 그녀가 제물로 바쳐지게 되었다고 말했다. 폴릭세네는 더없이 기구한 삶을 살고 있는 어머니가 자신으로 인해 또 시련을 겪을 것을 생각하며 눈물을 흘렸다.

그때 오디세우스가 나타나 폴릭세네를 잔인하게 끌고 가려했다. 자식을 또 잃을 위기에 처한 어머니가 못할 일이 무엇이겠는가. 헤카베는 오디세우스에게 그가 트로이에 첩자로 와 붙잡혔을 때 그를 살려준 일을 상기시키며 딸을 살려달라고 애원했다. 제발 폴릭세네에게 자비를 베풀어달라고 간청했다. 그러나 오디세우스는 냉정하게 거절했다. 그는 그리스가 승리를 거두면 그리스 최고의 전사에게 헤카베의 딸을 제물로 바치겠다고 공언했기 때문에 그 말을 다시 주어 담을 수 없다며 헤카베의 간절한 청을 물리쳤다. 마음이 다급해진 헤카베는 폴릭세네에게 오디세우스의 무릎이라도 붙잡고 살려달라고 빌라고 말했지만 폴릭세네는 한 나라의 공주답게 적군 앞에서 비굴해지지 않았다. 그녀는 트로이의 공주로서 노예가 되어 구차한 삶을 사느니 차라리 죽음을 택하겠노라고 말했다. 그러자 헤카베는 아킬레우스를 죽인 파리스를 낳은 사람이 바로 자신이니 아킬레우스의 무덤으로 자신을 끌고 가서 마음대로 죽이라고 말했다. 오디세우스가 이도 거절하자 그럼 자신을 딸과 같이 죽여달라고 간청했다. 그러나 그녀의 이런 모든 노력과 바람은 허공의 한 줄기 바람이 되어버리고 폴릭세네는 어머니에게 마지막 인사를 했다. 그녀는 죽는 순간까지 공주의 품위를 지키며 아킬레우스에게 제물로 바쳐졌다.

폴리도로스의 죽음에 대한 복수

헤카베는 아르고스인들에게 폴릭세네의 몸에 손을 대지 말라고 했다. 딸의 고귀한 죽음을 더럽히지 않기 위해 그녀와 트로이의 여인들이 직접 시신을 수습하겠다고 했다. 그러나 헤카베는 폴릭세네의 죽음을 슬퍼할 겨를도 없이 또 견디기 힘든 소식을 들었다. 슬픔 속에서 마음을 추스르지 못하고 있는 헤카베에게 하녀가 또 하나의 시신을 보여주자 헤카베는 카산드라마저 죽은 것인지 두려워했다. 그녀는 떨리는 손으로 천을 벗겼고 시신을 확인한 헤카베의 얼굴은 백지장이 되고 말았다. 그녀와 프리아모스가 어떻게든 살리고자 한 아들 폴리도로스가 그곳에 있었다. 사랑하는 아들의 죽음을 확인한 헤카베는 정신 차릴 틈도 없이 닥치는 불행에 자신은 이미 죽은 존재라고 비통한 울음을 토해냈다.

만일의 경우를 대비해 프리아모스는 막내아들을 친구인 폴리메스토르에게 많은 황금과 함께 맡겼다. 그러나 이 재산에 눈독을 들인 폴리메스토르는 트로이가 멸망하자 자신이 보호해야 할 폴리도로스를 죽여서 바다에 던져버린 것이었다. 헤카베는 마지막 남은 자신의 희망마저 속절없이 꺾여버리자 복수를 다짐했다. 그때 아가멤논이 폴릭세네의 시신을 수습하러 오지 않은 헤카베를 찾아왔다. 그녀는 자신의 막내아들이 얼마나 억울한 죽음을 당했는지 아가멤논에게 털어놓으며 아가멤논의 여자가 된 자신의 딸 카산드라를 들먹이며 아가멤논에게 자신이 복수할 수 있도록 도와달라고 청했다. 아가멤논이 적이 아닌 트라키아 왕을 죽이는 일에 자신이 동참한다면 그리스인들의 비난을 피할 수 없다며 난색을 표하자, 헤카베는 아가멤논에게 자신의 하녀가 그리스 진영을 안전하게 빠져 나가 트라키아로 가서 폴리메스토르와 두 아들을 그녀에게 데려오는 것을 도와주기만 하면 나머지 일을 자신이 알아서 하겠다고 했다. 그리고 원수를 응징한 후에 젊은 나이에 비참하게 죽은 남매를 나란히 무덤에 묻어 주고 싶은 어미의 심정을 드러냈다. 아가멤논은 결국 적극적이지 않지만 폴리메스토르 부자를 헤카베의 막사로 불러올 수 있도록 돕기로 했다.

욕심 많은 폴리메스토르는 헤카베의 계략에 쉽게 걸려들었다. 그는 두 아들과 경호원을 데리고 헤카베에게 와서 자신이 가장 사랑하는 친구 프리아모스의 아내가 고통을 당하는 모습이 마음이 아프다고 뻔뻔스러운 거짓말을 했다. 헤카베는 폴리메스토르에게 그와 아들들에게 개인적인 볼일이 있으니 경호원들을 막사에서 내보내달라고 청하고 이어 그녀는 막내아들 폴리도로스가 살아 있는지, 트로이의 황금도 잘 보관하고 있는지 물었다. 폴리메스토르는 자신은 욕심이 없는 사람이니 아무 걱정도 하지 말라고 뻔한 거짓말을 했다.

헤카베는 왜 그들을 이곳으로 불렀는지 궁금해하는 폴리메스토르에게 프리아모스 가문의 오래된 황금과 자신의 돈을 맡아달라고 말했다. 황금이라면 친구의 어린 자식까지도 잔혹하게 죽이는 폴리메스토르에게 귀가 솔깃한 말이었다. 그는 황급히 황금의 소재지를 물었고 헤카베는 황금은 트로이의 아테나 여신의 신전에 있고 자신의 돈은 포로로 잡힌 트로이 여인들의 막사에 있다고 말했다. 황금에 눈이 멀어 피비린내 나는 자신의 마지막을 짐작도 못한 채 폴리메스토르는 헤카베를 순순히 따랐다. 헤카베는 그의 탐욕을 이용해 원수의 가족을 쉽게 트로이 여인들의 막사로 유인했다.

그들이 막사로 들어서자 만반의 준비를 하고 기다리던 트로이 여인의 딸들이 폴리메스토르의 양옆에 붙어 앉았다. 그들은 그의 외투와 창에 감탄하는 척하면서 창과 외투를 벗겨냈고, 딸들의 어머니들은 짐짓 장난치는 척하면서 그의 아들들을 아버지에게서 떼어놓았다. 폴리메스토르 부자는 트로이 여인들의 상냥한 접대에 아무 의심도 품지 않았고 무방비 상태에게 즐거워하는 그들에게 갑자기 트로이 여인들이 옷 속에서 단도를 꺼내 높이 치켜들었다. 순간 그들은 폴리메스토르의 아들들을 무자비하게 찔러댔고 이에 놀란 아버지가 아들들을 구하려고 했지만 트로이 여인들은 그의 머리를 뒤로 꺾고 양팔을 꼭 붙잡아 꼼짝할 수 없게 했다. 아들의 잔인한 죽음을 목격하며 발버둥치고 있던 그에게 트로이 여인들은 브로치를 꺼내들고 그의 두 눈을 피가 철철 넘칠 때까지 찔러댔다. 자식을 잃고 눈까지 실명한 폴리메스토르의 비명 소리를 듣고 아가멤논이 경호원들과 함께 나타났다.

폴리메스토르는 대부분의 악한 인간들이 그렇듯 자신의 불행이 친구를 배신하고 친구의 아들을 죽인 악행의 대가임을 전혀 생각하지 못했다. 그는 아무 것도 모르는 척 하는 아가멤논에게 왜 자신이 헤카베의 막내아들 폴리도로스를 죽였는지 비겁한 자기 변호를 했다. 헤카베의 아들 폴리도로스가 살아서 성인이 된다면 트로이를 다시 건설할 것이고 그러면 그리스가 다시 트로이를 칠 것이고 트로이와 그리스가 또 다시 고통을 당할 수 있기 때문이라고 어이없는 변명을 늘어놓았다. 결국 트로이와 그리스 모두를 위해 자신이 헤카베의 막내아들을 죽였다고 얼토당토않은 거짓말을 했다.

이미 사건의 전말을 알고 있는 아가멤논은 폴리메스토르가 황금에 눈이 멀어 친구를 배반한 일이 잘못이라고 말했다. 그러자 폴리메스토르는 아가멤논과 헤카베에게 디오니소스 예언처럼 헤카베가 "핏빛 빨간 눈을 가진 개"가 되어 스스로 바다에 뛰어들 것이며 그녀의 무덤에 "사악한 개의 무덤"이라고 쓰일 것이고 그것은 뱃사람들을 위한 길잡이가 될 것이라고 저주를 퍼부었다. 그리고 헤카베의 딸 카산드라도 아가멤논의 아내에게 살해당할 것이라고 말했다. 아가멤논 역시 그의 아내의 손에 도끼로 무참하게 죽임을 당할 것이라고 하자 분노한 아가멤논은 그를 무인도로 보내버렸다. 아가멤논은 헤카베에게 폴릭세네와 폴리도로스의 장례를 치르라고 말했다.

아폴로도로스는 『비블리오테케』에서 헤카베에 대해 에우리피데스와는 달리 쓰고 있다. 일설에 따르면 헤카베는 오디세우스의 전리품이 된 것이 아니라 헬레노스가 헤카베를 받았다고 한다. 그는 헤카베를 데리고 케르소네소스로 갔고, 그녀가 그곳에서 개로 변하자 오늘날 개의 무덤이라고 불리는 장소에 그녀를 묻어주었다.

헤카베가 자신의 아들을 죽인 폴리메스토르의 눈을 멀게 하는 장면
귀세페 마리아 크레스피(Giuseppe Maria Crespi), 18세기 중반, 벨기에 왕립미술관

오비디우스는 『변신이야기』에서 헤카베의 복수극을 에우리피데스와
는 조금 다르게 묘사했다. 그는 어머니가 아들의 죽음을 직접 목격하
도록 했다.

헤카베는 자신의 아들들을 죽인 아킬레우스로 인해 폴릭세네마저
죽자 자신에게 남은 단 하나의 희망인 귀여운 막내아들 폴리도로스
를 생각하며 스스로를 위안했다. 정신을 차리고 폴릭세네의 장례를
준비하기 위해 바닷가로 간 헤카베가 폴릭세네를 씻기기 위해 항아리
에 바닷물을 뜨려는 순간 그녀는 경악을 금치 못했다. 난도질당한 막
내아들의 시체를 본 것이다. 헤카베는 지독한 괴로움에 비명도 지르지
못했다. 살아 있을 거라고 믿은 귀여운 막내아들의 처참한 시신을 보
며 어머니 헤카베의 분노는 활활 불타올랐고 그녀는 가장 잔인한 복
수를 다짐했다.

그녀는 폴리메스토르를 찾아가 자신이 몰래 숨겨온 황금을 막내아
들에게 주고 싶으니 그가 그 장소를 알고 있으면 좋겠다고 말했다. 탐
욕스런 폴리메스토르는 헤카베의 말을 찰떡같이 믿고 보물이 숨겨져
있다는 은밀한 장소로 갔다. 그러나 그곳은 그의 죽음의 장소였다. 헤
카베는 황금을 건네주기는 커녕 폴리메스토르를 매섭게 노려보았다.
어린 자식을 잃은 어미의 절규는 원수를 향해 뜨겁게 분출되었다. 그
녀는 트로이 여인들을 불러 그를 꼼짝 못하게 한 후 그의 두 눈에 손
가락들을 쑤셔 넣어 눈알을 빼냈다. 그녀의 한 서린 절규는 이것으로
끝나지 않았다. 그녀는 폴리메스토르의 두 눈에 두 손을 집어넣어 눈
이 있던 곳을 뜯어냈다. 차마 눈뜨고 볼 수 없는 끔찍한 참상을 목격
한 트라키아인들은 격분했고 그들은 자신들의 왕을 죽인 트로이 여인
에게 돌과 화살을 쏘며 공격했다. 헤카베가 무슨 말인가를 하려 했으
나 그녀의 입에서 나오는 소리는 개 짖는 소리였다. 헤카베는 그 후로
도 오랫동안 그녀가 겪어야했던 모진 시련을 차마 잊지 못하고 트라

키아의 벌판을 슬피 울부짖으며 돌아다녔다. 헤카베가 개로 변한 장소는 그녀의 흉물스런 모습을 따 "개의 무덤(키노스세마 Kynos sema)" 이라고 불린다.

신화해설

에우리피데스는 작품에서 헤카베의 복수를 섬뜩하게 그리고 있다. 헤카베는 패전국의 여인으로 승전국 남자들 앞에서 아무 말도 못하는 무기력한 존재가 아니다. 가장 높은 위치에서 가장 비참한 위치로 떨어진 여인 헤카베. 그녀는 여자이기 전에 어머니였다. 스스로 무일푼의 추방자라고 자신의 신세를 한탄하면서도 그녀는 위기가 닥치면 강해졌다. 그녀는 죽은 딸의 명예를 지키기 위해 장례를 직접 치르겠다는 강인함을 보였고, 그녀의 한 서린 모성은 막내아들 폴리도로스를 잃었을 때 가장 극적으로 표출되었다. 친구라고 생각한 폴리메스토르의 배반은 모든 것을 잃은 상태에서 회복하기 힘들 정도의 충격이었을 것이다. 하지만 어머니 헤카베는 이성을 잃고 울부짖는 대신 더 이상 잔인할 수 없는 복수를 계획했다. 귀여운 새끼를 잃은 서슬퍼런 어머니의 복수에 신들이 개입할 여지가 보이지 않는다. 헤카베는 순전히 어머니의 이름으로 복수를 감행했다. 에우리피데스의 『헤카베』에 등장하는 남자들은 비겁하거나 비열하거나 탐욕스럽다. 헤카베는 이런 남성 모두에게 오로지 어머니의 힘으로 맞섰고 그녀의 복수극은 잔인했다. 그러나 누가 그녀를 벌할 것인가.

헤카테 Hecate

요약

그리스 신화에 나오는 마법과 주술의 여신이다.

교차로, 문턱, 건널목 등을 지배하고 저승으로 통하는 문을 지키는 수호신이다. 그리스 신화에서 아르테미스, 세멜레, 페르세포네 등과 역할이 겹친다. 서로 등을 맞댄 세 개의 몸체를 지닌 삼신상(三身像)으로 표현된다.

기본정보

구분	하계의 신
상징	출생, 죽음, 변화
외국어 표기	그리스어: Ἑκάτη
어원	멀리까지 힘이 미치는 여자
관련 상징	횃불, 단검, 열쇠, 뱀, 채찍, 초생달, 석류열매
관련 동물	개, 도마뱀, 두꺼비, 스컹크, 부엉이
가족관계	아스테리아의 딸, 페르세스의 딸

인물관계

헤카테는 티탄 신 아스테리아와 페르세스 사이에서 난 딸로 티탄 신족의 직계후손이다.

폰토스 — 가이아 — 우라노스

에우리비아 — 크리오스   코이오스 — 포이베

페르세스 — 아스테리아

헤카테

신화이야기

개요

　헤카테는 기원전 8세기 무렵 소아시아에서 그리스로 건너온 여신이다. 소아시아에서 헤카테는 마녀와는 무관한 일종의 대모신 (Magna Mater)으로 숭배되었던 것으로 보인다. 하지만 그리스로 건너온 헤카테는 마법과 주술의 여신이 되었고 그녀에 대한 숭배 의식은 은밀하게 치러졌다. 헤카테는 마술을 부리고 이승과 저승을 오가며 죽은 자들과 소통할 수 있으며 미래의 일을 예언하는 능력이 있었다. 헤카테 여신의 숭배자들은 그녀가 자신들에게 부와 권력을 준다고 믿었다. 외래 신인 헤카테는 그리스 신화에서 확고한 위치를 찾지 못하고 아르테미스, 페르세포네, 세멜레 등의 여신들과 역할이 겹쳤다.

헤카테 삼신상
그리스 신상을 모방한 로마 시대 작품, 바티칸 박물관

헤카테
윌리엄 블레이크(William Blake), 1795년, 런던 테이트 브리튼 미술관

그리스 신화 초기의 헤카테

　『신들의 계보』에 따르면 헤카테는 아스테리아와 페르세스 사이에서 태어난 티탄 신족의 일원이다. 제우스는 티탄 신족 가운데 유일하게 헤카테에게는 이전의 권력을 그대로 유지시켜 주었는데, 헤시오도스는 그녀가 제우스가 가장 존경하는 여신이라고도 했다.

　헤카테는 인간에게 매우 관대하고 유익한 여신으로 목동에게 살찐 가축을, 어부에게는 그물 가득 물고기를, 사냥꾼에게는 풍부한 사냥거리를, 경기자와 병사에게는 승리와 행운을 선사했다. 헤카테의 권력은 특정 영역에만 국한되지 않았다. 헤카테는 제우스와 마찬가지로 인간의 모든 소망을 들어줄 수 있었다. 헤카테는 또한 어린아이들을 돌보는 보모의 신으로도 여겨졌다. 헤카테는 데메테르의 신화에도 등장한다. 그녀는 데메테르가 페르세포네를 찾도록 도와주었고 나중에는 페르세포네의 동반자가 되어주었다. 또 올림포스 신들과 기간테스 사이에 전쟁이 벌어졌을 때는 올림포스 신들의 편에 서서 싸웠다. 그녀

는 헤라클레스가 기간테스의 하나인 클리티오스를 죽일 때 횃불로
공격하며 헤라클레스를 도왔다.

마법과 주술의 신 헤카테

하지만 그리스 로마 신화에서 헤카테 여신은 시간이 지나면서 여러
차례 변천을 겪는다. 소아시아 시절의 대모신의 모습이 사라지고 젊은
여신이 된 헤카테는 하나의 세계에서 다른 세계로 건너가는 변화(출생
과 죽음)와 이행(삼거리 교차로)을 관장하는 신이자 마법과 주술의 신으
로 미신의 대상이 되었다. 마법
의 여신으로서 헤카테는 양손
에 횃불을 하나씩 들고서 다양
한 형상(암말, 암캐, 늑대)으로 변
신하여 사람들에게 나타났다.
또 다른 이야기에 따르면 마법
을 창시한 것도 그녀라고 한다.
키르케는 그녀의 딸이고, 메데
이아는 그녀를 모시는 여사제
였으며, 스킬라는 그녀가 해신
포르키스와 관계하여 낳은 딸

양손에 횃불을 들고 제단 앞에서 춤추는 헤카테
아티카 흑색 도기, 기원전 350~300년
영국 박물관

이다. 로마 신화에서 헤카테는 두 얼굴을 지닌 야누스 신의 어머니로
언급되기도 한다.

그리스에서 헤카테 여신은 공적인 숭배의 대상이라기보다는 일반
대중들 사이에서 개인적이고 신비적인 숭배의 대상으로서 중요한 역
할을 하였다. 그녀에 대한 숭배 의식은 개인들이 모여서 어두운 가운
데서 행하였으며 주로 사사로운 소망을 빌기 위한 것이었다. 의식이
행해지는 장소는 교차로, 공동묘지, 대문의 문턱 등이었다. 그녀는 또
한 서로 등을 맞대고 있는 세 개의 몸체를 지닌 형상으로도 표현되었

는데 이는 대지의 여신, 달의 여신, 저승의 여신이 합친 모습으로 모든 방향을 바라볼 수 있었다. 고대 촌락의 교차로나 건널목 등지에는 이런 모습의 헤카테 여신상이 수도 없이 세워졌다.

헤카테이온(소형 헤카테 상)
3명의 카리스 여신들이 헤카테의 삼신상 주위를 돌며 춤추고 있다.
아티카, 기원전 3세기
뮌헨 글립토테크 미술관

헤카톤케이레스 Hecatonchires, Hecatoncheires

요약

   그리스 신화에 등장하는 100개의 팔과 50개의 머리를 지닌 거인 삼형제이다. 올림포스 신들과 티탄 신들 사이에 전쟁(티타노마키아)이 벌어졌을 때 올림포스 신들의 편에 서서 이들의 승리를 도왔다.

기본정보

구분	거인
상징	막강한 힘
외국어 표기	그리스어: ἅρπυιαι. 단수형: ἅρπυια(하르피이아)
어원	'100개의 손', 100개를 뜻하는 '헤카톤'과 손을 뜻하는 '케이르'가 합쳐진 말. 일명 백수거신(百手巨神)
관련 신화	티타노마키아
가족관계	우라노스의 아들, 가이아의 아들, 티탄 12신의 형제

인물관계

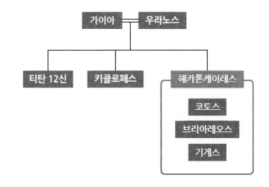

헤카톤케이레스는 가이아와 우라노스 사이에서 태어난 거인 삼형제로 이름은 코토스, 브리아레오스(혹은 아이가이온), 기게스(혹은 기에스)다. 헤카톤케이레스는 마찬가지로 가이아와 우라노스의 자식들인 키클로페스, 1세대 티탄 12신과 형제지간이다.

신화이야기

대지의 가장 깊숙한 곳에 유폐된 헤카톤케이레스

헤카톤케이레스는 100개의 팔과 50개의 머리를 지닌 거인들로 외눈박이 거인 키클로페스와 마찬가지로 대지의 여신 가이아와 하늘의 신 우라노스의 결합으로 태어났다. 우라노스는 이들이 태어나자 흉측한 괴물이라고 여겨 지하세계의 가장 깊숙한 곳인 타르타로스에 가두어 버렸다.(혹은 이들을 낳은 가이아의 자궁 속으로 다시 밀어 넣었다고도 한다) 이로 인해 가이아는 커다란 고통을 받았다. 그녀는 또 다른 자식들인 티탄 신족의 막내아들 크로노스를 시켜 아버지 우라노스의 성기를 잘라버리게 함으로써 남편의 부당한 처사에 대해 복수하였다. 그 후 크로노스는 우라노스에 뒤이어 우주의 지배자가 되었지만 헤카톤케이레스와 키클로페스를 타르타로스에서 꺼내주지 않았다. 이들의 막강한 힘이 두려웠기 때문이었다. 이에 화가 난 가이아는 크로노스에게 그 역시 자기 자식의 손에 권좌를 빼앗기게 될 거라는 저주를 퍼부었다.

제우스의 탄생

크로노스는 남매지간인 레아와 결혼하여 그녀와 함께 시간과 세대의 영원한 흐름을 관장하는 주신이 되었지만 언젠가 자신이 낳은 자식에 의해 권좌에서 쫓겨날 운명이라는 어머니 가이아의 예언을 두려위하였다. 그래서 크로노스는 아내 레아가 임신하면 잘 주시하고 있다가 자식을 낳는 대로 곧바로 집어삼켰다. 그렇게 그는 레아가 낳은 모든 자식들을 잡아먹었다.

연이어 자식을 잃은 레아는 커다란 슬픔에 잠겼다. 또 다시 아이를 낳게 되었을 때 그녀는 가이아에게 도움을 청했고 가이아는 크레타의 릭토스에 아이를 감춰주었다. 가이아의 도움으로 재빨리 아이를 빼돌린 레아는 대신 돌덩이를 강보에 싸서 크로노스에게 건네주었고, 크로노스는 만족스럽게 그것을 자기 뱃속으로 집어넣었다. 이렇게 해서 무사히 태어난 막내아들 제우스는 크레타에서 암염소 아말테이아의 젖과 이데 산 꿀벌들의 꿀을 먹으며 자랐다.

티탄 신족과 올림포스 신족의 전쟁, 그리고 헤카톤케이레스의 활약

성년이 된 제우스는 지혜의 여신 메티스의 도움으로 아버지 크로노스가 삼킨 형제들을 모두 되살려낸 다음 그들과 힘을 합쳐 크로노스와 티탄 신족을 공격했다. 제우스가 이끄는 올림포스 신족과 크로노

헤카톤케이레스가 던진 바위에 맞아 쓰러지는 티탄들
파울 루벤스(Peter Paul Rubens), 1638년, 브뤼셀 왕립미술관

스가 이끄는 티탄 신족 사이의 전쟁(티타노마키아)은 10년 동안 계속되었다. 아직 아들 크로노스에게 화가 나 있던 가이아는 손자 제우스에게 타르타로스에 갇혀 있는 거인족 헤카톤케이레스와 키클로페스의 힘을 이용하면 티탄 신족을 물리칠 수 있을 거라고 말해주었다.

제우스는 가이아의 조언대로 헤카톤케이레스와 키클로페스 형제들을 타르타로스에서 해방시킨 다음 신들의 음식인 넥타르와 암브로시아를 먹여 이들이 빨리 원기를 회복할 수 있게 도와주었다. 이에 대한 보답으로 키클로페스는 제우스에게 천둥과 벼락을 만들어주었고 헤카톤케이레스 형제는 선봉에 서서 티탄 신족에게 맹공을 퍼부었다. 헤카톤케이레스 형제는 한꺼번에 300개의 바위를 티탄 신족을 향해 던졌는데 이들이 던진 바위덩이들이 날아올 때면 티탄 신족의 진영은 하늘이 온통 어두컴컴해졌다고 한다.

결국 티타노마키아는 제우스와 올림포스 신들의 승리로 끝이 났다. 모든 신들과 인간들의 왕이 된 제우스는 전쟁에서 패한 티탄들을 타르타로스에 유폐시킨 다음 헤카톤케이레스를 타르타로스의 수문장으로 삼아 티탄들이 그곳을 빠져나오지 못하도록 지키게 하였다. 이로써 티탄의 시대가 끝나고 제우스를 주신으로 하는 올림포스 신들의 시대가 시작되었다.

헤파이스토스

Hephaistus, Hephaistos, Hephaestus

요약

그리스 신화에 나오는 올림포스 12신 중 하나로 야금술, 금속공예, 수공업, 조각 등을 관장하며 대장장이 신으로 불린다.

절름발이에 망치와 집게 등을 손에 든 모습으로 표현되며 아테나 여신과 함께 기술과 장인의 수호신으로 숭배된다. 로마 신화에 나오는 불의 신 불카누스와 동일시된다.

기본정보

구분	올림포스 12신
상징	기술, 공예, 장인
외국어 표기	그리스어: Ἥφαιστος
어원	불
로마 신화	불카누스
관련 상징	망치, 모루, 집게
가족관계	제우스의 아들, 헤라의 아들, 아프로디테의 남편

인물관계

헤파이스토스는 헤라와 제우스 사이에서 태어난 아들, 혹은 남성의 도움 없이 헤라 혼자서 낳은 아들이다. 전자일 경우 헤파이스토스는 아레스, 헤베, 에일레이티아와 형제지간이다. 미의 여신 아프로디테와 정식으로 혼인한 사이이며 자식으로는 에리크토니오스, 팔라이몬, 아르달로스, 페리페테스 등이 언급되지만 아프로디테와 사이에서 낳은 것으로 보이지는 않는다.

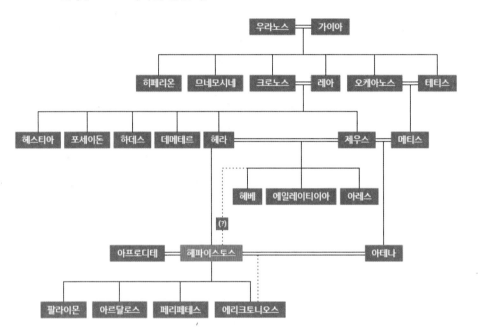

신화이야기

출생

헤시오도스에 따르면 헤파이스토스는 헤라가 남성의 도움 없이 혼자 낳은 아들이다. 헤라는 남편인 제우스가 혼자서 아테나를 낳자 화가 나서 자신도 혼자 낳았다고 한다. 하지만 다른 대부분의 이야기에 따르면 헤파이스토스는 제우스와 헤라 사이에서 태어난 아들이다.

사실 아테나는 제우스가 상대 여성 없이 혼자서 낳은 것은 아니다. 제우스는 첫 번째 아내였던 메티스를 임신시킨 뒤 그녀가 낳는 자식

이 자신을 권좌에서 쫓아내리라
는 예언을 피하기 위해 임신한 메
티스를 통째로 집어 삼켜버렸다.
그리고 얼마 뒤 두통이 너무 심
해지자 헤파이스토스에게 부탁
하여 머리를 쪼개고 아테나를 세
상에 나오게 했던 것이다. 하지만
헤파이스토스가 제우스의 머리
를 쪼개고 아테나를 세상에 나오
게 했다는 신화는 헤라가 홀로
낳았다는 헤시오도스의 신화와
명백히 앞뒤가 맞지 않는다.

헤파이스토스
기욤 코스토우(Guillaume Coustou) 2세,
1742년, 루브르 박물관

절름발이가 된 헤파이스토스

헤라는 아들 헤파이스토스를 낳은 뒤 아기가 너무 작고 못생긴데다
시끄럽게 울어대자 올림포스 꼭대기에서 아래로 던져버렸다. 아기는
하루 종일 추락하여 바다에 떨어졌는데 이 때문에 절름발이가 되었다
고 한다. 어린 헤파이스토스는
바다의 님페 테티스와 에우리
노메에게 구조되어 해저의 동
굴에서 9년 동안 그녀들의 보
살핌을 받으며 자라게 된다. 이
때 그는 대장간 기술과 금속세
공술을 배워 자신을 길러준 테
티스와 에우리노메에게 아름다
운 장신구들을 만들어주기도
했다.

큐피트를 위한 화살을 제련중인 불카누스
주석 유리 토기, 15300년경
메트로폴리탄 미술관

다른 이야기에 따르면 헤파이스토스를 절름발이로 만든 것은 헤라가 아니라 제우스라고 한다.(혹은 헤파이스토스는 어머니와 아버지에게 각각 한 번씩 모두 두 번 하늘에서 내던져지는 벌을 받았다고도 한다) 헤라와 제우스가 헤라클레스의 박해 문제로 말다툼을 할 때 헤파이스토스가 어머니 편을 들자 제우스가 화가 나서 하늘에서 던져버렸다는 것이다. 헤파이스토스는 하루 종일 추락하여 렘노스 섬에 떨어졌고 섬에 살고 있던 신티에스족(렘노스로 이주해 온 트라키아인들)에게 구조되어 간신히 목숨은 건졌지만 그 후로 다리를 절룩거리게 되었다. 헤파이스토스는 답례로 섬 사람들에게 금속 세공술을 가르쳐주고 그 섬의 수호신이 되었다. 렘노스 섬은 지금도 금속 세공술로 유명하다.

불의 신 헤파이스토스

성인이 된 헤파이스토스는 불을 다루어 야금을 하고 금속을 세공하는 능력을 인정받아 올림포스 주요 신의 반열에 오른다. 올림포스의 신들은 모두 손재주가 뛰어난 헤파이스토스를 소중히 여겼다. 신들이 사는 호화로운 궁전, 장신구, 무기와 갑옷 등은 모두 그의 작품이다. 제우스의 번개, 포세이돈의 삼지창, 아테나의 방패 아이기스, 아폴론과 아르테미스의 활과 화살 등이 모두 그가 만들어 준 것이고 어릴 적에 자신을 구해준 테티스의 부탁으로 그녀의 아들 아킬레우스를 위해 갑옷도 제작하였다. 신들과 기간테스

제우스의 번개창을 만드는 헤파이스토스
파울 루벤스(Peter Paul Rubens),
1636~1638년, 프라도 미술관

**테티스에게 아킬레우스의 갑옷을 건네는
헤파이스토스**
아티카 적색상 도기, 기원전 480년경
베를린 구(舊)박물관

의 전쟁 때는 벌겋게 달군 쇳덩이를 던져 직접 거인 미마스(혹은 클리티오스)를 죽이기도 했다.

또 다른 이야기에 따르면 제우스가 불을 훔친 프로메테우스와 인간을 벌하기 위하여 최초의 여성 판도라를 만들기로 했을 때도 그 일을 헤파이스토스에게 맡겼다고 한다. 프로메테우스를 카우카소스 산에 묶어 놓고 독수리로 하여금 간을 쪼아 먹게 할 때도 제우스는 헤파이스토스에게 지시하여 사슬을 만들게 했다.

헤파이스토스의 작업장은 모스킬로스 화산이 있는 렘노스 섬에 있다고 알려져 있으며 그곳에는 외눈박이 거인인 키클로페스가 조수로 일하고 있다고 한다. 로마 신화에서 헤파이스토스는 불카누스라는 이름으로 불리었으며 에트나 화산이 있는 시칠리아나 베수비오 화산이 있는 캄파니아 등지가 그의 작업장이라고 한다. 헤파이스토스의 성지로는 그밖에도 소아시아의 카리아, 리키아 지방도 언급된다.

헤라에게 복수한 헤파이스토스

헤파이스토스는 추한 아들이 보기 싫어 올림포스 산에서 던져버린 무정한 어머니에게 대장장이 기술을 발휘하여 복수하였다. 그는 화려하고 아름다운 황금 옥좌를 만들어 어머니 헤라에게 선물하였는데 그 옥좌에는 누구든 거기에 앉는 사람을 보이지 않는 사슬로 꽁꽁 묶어버리는 은밀한 장치가 달려 있었다. 헤라는 아들이 보낸 화려한 의자가 마음에 들어 덥석 앉았다가 옥좌에 포박당하는 신세가 되고 만다. 그런데 헤라를 묶고 있는 사슬은 헤파이스토스 말고는 다른 어떤 신도 풀 수가 없었다. 하지만 헤파이스토스는 어서 포박을 풀어달라는 어머니의 명령이나 다른 신들의 부탁에 들은 척도 하지 않았다. 문제를 해결한 것은 디오니소스였다. 디오니소스는 헤파이스토스에게 술을 먹여 취하게 한 다음 그를 설득하여(혹은 사슬을 푸는 열쇠를 훔쳐서) 헤라를 풀어주었다.

아내의 간통을 응징한 헤파이스토스

제우스는 아들 헤파이스토스를 하늘에서 떨어뜨려 절름발이로 만든 것이 미안하여 미의 여신 아프로디테를 아내로 주었다.(다른 이야기에 따르면 헤파이스토스의 아내는 우미의 여신 카리테스 중에서도 가장 아름다운 카리스, 혹은 자매 중 막내인 아글라이아라고 한다. 모두 대단히 아름다운 여신들이다) 헤파이스토스는 솜씨 좋은 대장장이였을 뿐만 아니라

아프로디테와 헤파이스토스
프랑수아 부셰(Francois Boucher), 1757년, 루브르 박물관

신들이 주문하는 일을 혼자 도맡아 하면서도 불평 한 번 하지 않는 성실한 장인이었지만 추한 모습과 절룩거리는 다리 때문에 늘 조롱의 대상이었다. 아프로디테는 곧 군신(軍神) 아레스와 바람을 피웠고 둘 사이에서는 여러 명의 자식도 태어났다. 세상의 모든 일을 환히 알고 있는 태양신 헬리오스로부터 두 사람의 간통 사실을 전해들은 헤파이스토스는 미칠 듯이 분노했지만 아내 앞에서는 아무런 내색도 하지 않았다. 그리고는 눈에 보이지 않는 그물을 만들어 아내의 침대에 설치하고는 렘노스 섬에 다녀온다며 집을 나섰다. 남편이 집을 비우자 아프로디테는 곧 아레스를 불러들여 침대로 갔고 두 사람은 헤파이스토스가 쳐 놓은 그물에 꼼짝없이 붙잡히는 신세가 되었다. 헤파이스토스는 모든 신들을 불러 이 광경을 구경시키면서 아프로디테와 아레스에게 모욕을 주었다. 보다 못한 포세이돈이 둘을 풀어주도록 헤파이스토스를 설득하였고 헤파이스토스는 충분한 보상을 하겠다는 아레스의 다짐을 받고 나서야 그물을 풀어주었다.

처녀신 아테나 파르테노스와 에리크토니오스

아테나는 처녀성을 끝까지 지킨 여신으로 알려졌다. 그래서 아테나의 이름에는 종종 '파르테노스'라는 별칭이 붙는다. 파르테노스는 '처녀'라는 뜻이며 아테나의 신전은 파르테논이라고 불린다. 하지만 처녀신 아테나에게도 아들이 있었다. 아들의 아버지는 다름 아닌 헤파이스토스였다. 그런데 그녀가 아들을 얻게 된 연유가 조금 특이하다.

아테나는 전쟁에 쓸 무기를 얻기 위해 헤파이스토스의 대장간을 찾아갔는데 마침 아프로디테에게 버림받은 헤파이스토스가 아테나에게 반해서 그녀를 끌어안고 사랑을 나누려 했다. 하지만 아테나는 끝내 거절하였고 욕정을 주체하지 못한 헤파이스토스는 아테나의 다리에 사정을 하고 말았다. 불쾌해진 아테나는 양털로 헤파이스토스의 정액을 닦아서 땅에 던졌는데 이로 인해 대지가 임신하여 에리크토니오스가 태어났다. 에리크토니오스는 '대지에서 태어난 자'라는 뜻이다. 그러니까 에리크토니오스의 친모는 가이아인 셈이다. 하지만 가이아는 뜻밖에 생긴 아이를 달가워하지 않았고 아테나는 가이아의 성화에 아이를 거두어 아들로 삼았다. 여신은 아이를 불사신으로 만들기 위해 뱀이 지키는 바구니에 넣어 케크롭스의 딸들에게 맡기며 절대로 열어보지 말라고 당부했다. 하지만 호기심을 이기지 못한 케크롭스의 딸들은 바구니를 열어보고는 뱀이 아기를 휘감고 있는 모습에 놀란 나머지 실성하여 아크로폴리스 언덕에서 투신하여 죽었다. 아테나는 하는 수 없이 에리크토니오스를 바구니에서 꺼내서 파르테논 신전에서 길렀고 아이는 나중에 자라서 아테네의 왕이 되었다. 아테네의 왕이 된 에리크토니오스는 아버지처럼 다리가 불편하였지만 뛰어난 손재주도 물려받아 4마리 말이 끄는 전차를 발명하였다고 한다.

그밖에도 헤파이스토스에게는 여러 명의 자식이 있었다고 한다. 아르고호 원정대의 일원인 팔라이몬, 전설적인 조각가 아르달로스, 테세우스의 모험에 등장한 유명한 도적 페리페테스 등인데 헤파이스토스의 자식들은 대부분 아버지처럼 다리가 불편했다.

헥토르 Hector

요약

그리스 신화에 나오는 트로이의 영웅이다.

프리아모스 왕의 맏아들이자 트로이군 총사령관으로 지략과 용기를 겸비한 고귀한 성품의 장수다. 그리스 최고의 맹장 아킬레우스와의 결투에서 패해 처참한 죽음을 맞았다.

기본정보

구분	영웅
상징	방어자
외국어 표기	그리스어: Ἕκτωρ
어원	지탱하는 자, 저항하는 자
관련 상징	아내와 어린 아들
관련 신화	트로이 전쟁

인물관계

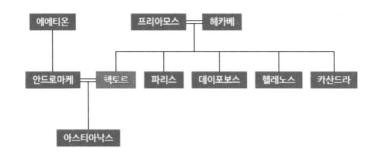

헥토르는 트로이의 왕 프리아모스와 헤카베 사이에서 태어난 아들로 파리스, 데이포보스, 헬레노스, 카산드라 등과 형제자매이다. 테바이의 왕 에에티온의 딸 안드로마케와 결혼하여 아들 아스티아낙스를 낳았다.

신화이야기

트로이 전쟁의 발발

트로이 왕자 파리스가 자기 나라에서 과실로 살인을 저지르고 스파르타로 피신해 오자 스파르타의 왕 메넬라오스는 트로이에서 자신을 환대해준 적이 있었던 파리스를 관대히 맞아주고 살인죄도 정화시켜주었다. 그리고 신탁의 경고에도 불구하고 아내와 파리스를 남겨둔 채 외할아버지 카트레우스의 장례식에 참석하러 크레타 섬으로 떠났다. 파리스는 그 틈을 타서 헬레네를 유혹하여 트로이로 도망쳤다.(헬레네가 파리스에게 납치되었다는 이야기도 있다)

트로이의 헥토르
기욤 루이예(Guillaume Rouille)의 『위인 전기 모음』에 수록된 삽화, 1553년

메넬라오스는 오디세우스 등과 함께 트로이로 가서 아내의 반환을 요구했지만 파리스와 헬레네는 아직 트로이에 도착하지도 않았고 오히려 트로이인들의 손에 목숨을 잃을 뻔하고 빈손으로 돌아왔다. 메넬라오스는 그리스 전역에 있는 헬레네의 옛 구혼자들에게 그들이 틴다레오스에게 했던 '구혼자의 서약'을 상기시키며 실추된 그리스인의 명예를 되찾기 위한 전쟁을 촉구하

였다. 미케네의 왕 아가멤논을 총사령관으로 하는 그리스 연합군은
아울리스 항에 집결하여 1천여 척의 선박을 이끌고 트로이 원정에 나
섰다.

트로이군 총사령관

당시 트로이는 연로한 프리아모스 왕이 다스리고 있었다. 하지만 트
로이의 주민들과 주변 우방들이 실제로 믿고 의지하는 인물은 그의
맏아들이자 트로이군 총사령관인 헥토르였다. 이는 적군인 그리스인
들도 인정해서 아가멤논은 헥토르가 있는 한 트로이를 무너뜨릴 수
없다며 그를 먼저 제거할 방도를 모색했다.

호메로스와 베르길리우스는 모두 그들의 서사시에서 헥토르를 고귀
한 성품의 영웅으로 묘사하고 있다. 그들의 묘사에 따르면 헥토르는
전장에서 용맹하고 지략이 뛰어나고 전세가 기울 때도 절망하지 않는
강인한 장수였으며, 가족에게는 다정다감하고 애정이 깊은 남편이자
아버지였다.(헥토르가 비극적인 싸움에 나서기 위해 아내 안드로마케와 어린
아들 아스티아낙스에게 작별을 고하는 장면은 호메로스의 『일리아스』에서 가
장 감동적인 대목 중 하나이다)

헥토르는 유부녀인 헬레네를 유괴한 파리스에게 분노했고 트로이의
장로들에게도 헬레네를 남편 메넬라오스에게 돌려줄 것을 제안하였
다. 하지만 일단 전쟁이 시작되자 가장 선두에서 용감하게 싸웠다.

파트로클로스의 죽음과 아킬레우스의 분노

『일리아스』에 따르면 10년을 지루하게 끌던 전쟁은 아킬레우스의 사
랑하는 친구 파트로클로스가 헥토르의 창에 죽으면서 결정적인 반전
을 맞이하게 된다. 그동안 총사령관 아가멤논과의 불화로 전쟁에서 손
을 떼고 있던 그리스군 최고의 영웅 아킬레우스가 파트로클로스의 죽
음에 분노하여 다시 전장에 나와 용맹을 떨쳤기 때문이었다. 아킬레우

아킬레우스의 분노
샤를 앙투안 쿠아펠(Charles Antoine Coypel), 1737년, 예르미타시 미술관

스는 천하무적의 용장이었으므로 헥토르는 그가 전투에 나설 때면 최대한 맞대결을 피하며 전략적으로 방어전에만 치중해야 했었다. 하지만 그가 아가멤논과의 불화로 전투에서 물러난 덕분에 헥토르와 트로이군은 한껏 기세를 올리며 그리스군을 다시 그들의 함대가 있는 해안까지 퇴각시킬 수 있었다. 그런데 아킬레우스의 출현으로 전세가 역전된 것이다. 아킬레우스는 트로이의 장수들과 병사들을 추풍낙엽으로 쓰러뜨리는 와중에도 연신 헥토르의 이름을 부르며 친구의 복수를 부르짖었다. 헥토르는 그 동안 아폴론의 보호로 아킬레우스의 무시무시한 창을 용케 피할 수 있었지만 이제 더 이상 일전을 미룰 수만은 없었다. 그러나 아킬레우스와 맞서면 죽을 수밖에 없는 것이 헥토르의 운명이었고 헥토르 자신도 이를 잘 알고 있었다.

헥토르와 아킬레우스의 대결

헥토르가 성문 앞에 홀로 나와 대결에 응하자 아킬레우스는 성난 사자처럼 헥토르를 향해 돌진했다. 이 모습을 보자 헥토르는 그만 겁에 질려 도망치기 시작했고 두 영웅의 쫓고 쫓기는 경주는 성 주변을 세 바퀴나 돌도록 계속되었다. 그때 그리스군을 돕는 아테나 여신이 헥토르의 동생 데이포보스의 모습으로 변신하고 나타나 자신이 도울 테니 그만 도망치고 맞서 싸우라고 독려하였다. 이에 용기를 얻은 헥토르는 말머리를 돌려 아킬레우스와 마주섰다. 그런데 조금 전까지 있던 데이포보스가 더 이상 보이지 않았다. 헥토르는 자신의 운명이 다했음을 깨달았다.

헥토르를 찌르는 아킬레우스
파울 루벤스(Peter Paul Rubens), 1630~1635년

이 무렵 제우스는 올림포스 산에서 두 영웅의 운명을 저울에 달아보았다. 헥토르의 저울추가 곧 하데스의 나라 쪽으로 기울어졌다. 그러자 수호신 아폴론도 헥토르를 포기했고 아킬레우스는 헥토르에게 최후의 일격을 가했다. 헥토르는 죽어가면서 자신의 시체를 가족들에게 돌려주기를 청했지만 아킬레우스는 거절하였다. 그러자 헥토르는 아킬레우스의 죽음도 멀지 않았다고 예언하며 숨을 거두었다.

헥토르의 죽음

헥토르를 죽인 것으로도 분이 풀리지 않은 아킬레우스는 시체의 발뒤꿈치에 구멍을 뚫고 가죽 끈으로 꿰어 전차에 묶은 다음 트로이 성 주변을 달리기 시작했다. 헥토르의 부모인 프리아모스 왕과 헤카베 왕비 그리고 아내 안드로마케와 어린 아들 아스티아낙스가 지켜보는 가운데 헥토르의 시체는 이리저리 끌려 다니며 처참하게 훼손되었다.(호메로스의 『일리아스』에서는 아프로디테가 암브로시아를 발라 보호해준 덕분에 헥토르의 시체는 오랜 시간 질질 끌려 다니고 방치되어 있었지만 조금도 상하지 않았다고 한다.) 이를 가엾이 여긴 제우스는 아킬레우스의 어머니 테티스를 불러 헥토르의 시체를 가족에게 돌려보내도록 아들을 설득하게 하였다. 프리아모스 왕이 늙은 종 한 명만 데리고 직접 아킬레우스의 진영으로 찾아가 아들 헥토르의 시신을 받아 돌아오자 헬레네는 모두들 자기를 적대시하는 가운데 오직 헥토르만이 자신을 보호해주었다며 슬퍼하였다.

 헥토르가 죽은 뒤 얼마 지나지 않아 트로이는 결국 패배하였다. 트로이 성은 불길에 휩싸이고 프리아모스와 헤카베는 살해당하고 안드로마케는 노예로 끌려갔다. 그리고 헥토르의 어린 아들 아스티아낙스는 불타는 트로이 성벽 아래로 던져졌다.

트로이로 옮겨지는 헥토르의 시신
로마 시대 석관 부조, 180~200년, 루브르 박물관

헬레네 Helene

요약

  그리스 신화에 등장하는 절세의 미녀이다.

  스파르타의 왕 메넬라오스의 아내였지만 트로이의 왕자 파리스의 유혹에 넘어가 함께 트로이로 파리스와 함께 도주하는 바람에 그리스와 트로이 사이에 전쟁이 벌어지게 만든다. 트로이 전쟁이 그리스군의 승리로 끝난 뒤 다시 메넬라오스와 함께 스파르타로 돌아왔다.

기본정보

구분	왕비
상징	최고의 미, 치명적인 아름다움, 배신
외국어 표기	그리스어: Ἑλένη
영어식 표기	헬렌, 헬레나(Helene)
관련 신화	트로이 전쟁, 테세우스, 아킬레우스, 파리스의 심판

인물관계

  헬레네는 스파르타의 왕 틴다레오스의 아내 레다가 백조로 변신한 제우스와 정을 통해서 낳은 알에서 태어났다고 한다. 하지만 백조로 변신한 제우스에게서 알을 낳은 것은 복수의 여신 네메시스이며 레다는 그녀가 낳은 알에서 헬레네가 태어나는 것을 도왔을 뿐이라는 설도 있다.

  이때 레다(혹은 네메시스)는 두 개의 알을 낳았는데 한 개에서는 헬레네가 태어나고 또 한 개에서는 디오스쿠로이라 불리는 쌍둥이 아들 카스토르와 폴리데우케스가 태어났다. 헬레네의 어머니가 레다였다는 이야기에서는 레다가 헬레네와 디오스쿠로이 형제는 제우스와 사이에서 알로 낳고 또 다른 딸인 클리타임네스트라는 틴다레오스와 사이에서 낳았다고 한다.

헬레네는 메넬라오스와 사이에서 딸 헤르미오네와 아들 니코스트라토스를 낳았다.(또 다른 이야기에서는 니코스트라토스는 메넬라오스가 시녀에게서 낳은 아들이라고 한다) 헬레네는 또 파리스와 사이에서 딸 헬레나와 아들 사형제도 낳았는데 모두 트로이 전쟁 때 죽었다.

전해지는 이야기에 따르면 헬레네는 이 세상에서의 삶을 마친 뒤 '복된 자들의 땅'에서 아킬레우스와 결혼하여 아들 에우포리온을 낳았다고 한다.

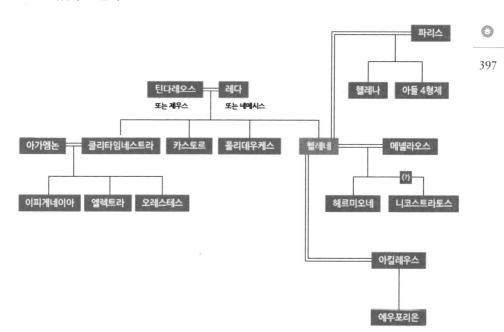

신화이야기

개요

헬레네는 그리스 신화에 나오는 최고의 미녀이다. 헬레네는 너무나 아름다워 그녀를 한 번 본 남자는 누구나 소유하기를 원했다. 헬레네는 이미 열두 살 때 그녀의 미모에 반한 영웅 테세우스에 의해 납치된 적이 있으며 결혼 적령기가 되었을 때는 그리스 전역에서 구혼자들이 구름처럼 몰려들어 그녀의 아버지 틴다레오스 왕은 폭동을 걱정해야 했다. 그리고 호메로스 서사시의 무대가 된 트로이 전쟁이 그녀로 인해 발발한 사실은 너무나 유명하다.

출생

헬레네의 탄생에 관해서는 두 가지 이야기가 있다. 하나는 그녀가 제우스와 인간에게 불행을 가져다주는 복수의 여신 네메시스 사이에서 태어난 딸이라는 이야기이다. 네메시스는 제우스가 자신을 연모하여 쫓아오자 여러 가지 동물의 모습으로 변신하면서 그를 피했는데 거위로 변신했을 때 제우스가 재빨리 백조로 변신하여 기어코 관계를 맺었다고 한다.(또 다른 이야기에서는 아프로디테가 독수리로 변하여 백조로 변신한 제우스를 쫓아가는 체하며 네메시스가 변신한 거위 쪽으로 몰고 가서 제우스로 하여금 네메시스를 범하게 하였다고도 한다) 얼마 뒤 네메시스는 숲에서 알을 낳았고 목동들이 이 알을 발견하여 스파르타의 왕 틴다레오스의 아내 레다에게 가져다주었다. 레다는 알에서

레다와 백조
미켈란젤로 부나로티(Michelangelo Buonarroti),
1530년, 런던 내셔널갤러리

헬레네가 태어나자 자신의 친딸처럼 키웠다.

하지만 또 다른 이야기에 따르면 백조로 변신한 제우스와 정을 통해서 알을 낳은 것은 네메시스가 아니라 레다 자신이었다고 한다. 제우스는 틴다레오스의 아내인 아름다운 레다가 호숫가에서 시녀들과 물놀이를 하고 있을 때 백조로 변신하여 다가가 그녀를 범하였다. 그후 레다는 달이 차자 여자아이 하나와 알 두 개를 낳았다. 한 알에서는 헬레네가 태어나고 다른 알에서는 디오스쿠로이라고 불리는 쌍둥이 형제 카스토르와 폴리데우케스가 태어났다. 알에서 태어난 세 아이는 제우스의 자식이고 처음부터 사람으로 태어난 또 다른 여자아이 클리타임네스트라는 틴다레오스의 자식이라고 한다.

헬레네의 납치

헬레네는 12세 때 이미 그녀를 탐하는 사내에게 납치당하는 불행을 겪었다. 그녀를 납치한 이는 아테네의 영웅 테세우스였다. 테세우스와 그의 절친한 친구 페이리토오스는 서로에게 제우스의 딸을 아내로 맞이하게 해주기로 맹세한 적이 있는데 이때 테세우스가 스파르타의 헬레네를

헬레네를 납치하는 테세우스
아티카 적색상 도기, 기원전 440년
루브르 박물관

자신의 신붓감으로 꼽았다. 실제로 테세우스는 페이리토오스의 도움을 얻어 헬레네를 스파르타에서 유괴하여 아테네에 있는 어머니 아이트라에게 맡긴 뒤 페이리토오스와 함께 그가 원하는 신붓감을 데리러 저승으로 내려갔다. 페이리토오스가 신붓감으로 고른 여인이 하데스에게 납치되어 하계로 내려간 페르세포네였기 때문이었다. 하지만 두 사람은 하계의 왕 하데스의 계략에 속아 모든 일을 잊게 만드는 망

각의 의자에 앉는 바람에 지상으로 돌아오지 못했다. 테세우스는 나중에 헤라클레스가 열두 과업 중 하나인 저승의 개 케르베로스를 데려가기 위해 하계로 내려왔을 때 구출되었지만 페이리토오스는 영원히 하계에 남았다.

헬레네는 테세우스가 저승에 머무는 사이 그녀의 남자 형제인 디오스쿠로이에 의해 구출되었다. 이때 테세우스의 어머니 아이트라도 함께 스파르타로 끌려갔다.

헬레네의 결혼과 구혼자의 서약

미녀 헬레네가 결혼할 나이가 되자 그리스 전역에서 구혼자들이 몰려들었다. 대부분 오디세우스, 메네스테우스, 대(大)아이아스, 파트로클로스, 이도메네우스 같은 불세출의 영웅과 왕들이었다. 구혼자들은 하나같이 엄청난 선물들을 가져왔다. 하지만 틴다레오스는 그들의 선물이 달갑지만은 않았다. 어느 한 사람을 헬레네의 남편으로 선택했을 때 나머지 구혼자들이 모욕을 당했다고 느끼고 전쟁을 걸어올까 두려웠기 때문이다. 그렇다고 구혼자들을 그냥 돌려보낼 수도 없는 노릇이었다. 그때 오디세우스가 찾아와 자신이 문제를 해결해줄 테니 그 대신 이카리오스의 딸 페넬로페와 결혼할 수 있도록 도와달라고 했다. 다른 구혼자들처럼 많은 선물을 가져올 수 없었던 오디세우스는 헬레네에 대한 구혼을 일찌감치 포기하고 페넬로페를 마음에 두고 있었던 것이다. 이카리오스는 틴다레오스 왕의 동생이니 페넬로페는 그의 질녀(조카)가 된다. 틴다레오스는 기뻐하며 그런다고 했고 오디세우스는 해결방법을 알려주었다. 결정에 앞서 모든 구혼자들에게 누가 남편으로 선택받든 그 권리를 인정하고 부부를 지켜주겠다는 서약을 먼저 받아내라는 것이었다.

오디세우스의 묘책은 성공을 거두었고 헬레네의 남편이 되는 영광은 틴다레오스의 총애를 받고 있던 메넬라오스에게로 돌아갔다.('틴다레오스' 참조) 틴다레오스는 아들인 디오스쿠로이 형제가 이다스와 린케우스 형제와 싸우다 모두 죽었기 때문에 사위 메넬라오스에게 스파르타의 왕위도 물려주었다.

헬레네와 메넬라오스 사이에서는 딸 헤르미오네가 태어났다. 호메로스는 『오디세이아』에서 헤르미오네를 두 사람의 유일한 자식으로 언급했지만 다르게 전해지는 이야기에 따르면 두 사람 사이에는 니코스트라토스라는 아들도 있었다고 한다.(니코스트라토스는 메넬라오스가 계집종에게서 낳은 자식이라는 이야기도 있다)

트로이 왕자 파리스의 유혹

헤르미오네가 아홉 살이 되었을 무렵 트로이의 왕자 파리스가 메넬라오스의 궁으로 찾아왔다. 파리스는 트로이에서 과실로 살인을 저지르고 피해왔던 것인데 메넬라오스는 트로이에서 자신을 환대해준 적이 있었던 파리스를 관대히 맞아주었고 살인죄도 정화시켜주었다. 그리고 신탁이 경고했음에도 불구하고 아내와 파리스를 남겨둔 채 외할아버지 카트레우스의 장례식에 참석하러 크레타 섬으로 떠났고 파리스는 그 틈을 타서 헬레네를 유혹하여 트로이로 도망쳤다.(헬레네가 파리스에게 납치되었다는 이야기도 있다) 하지만 파리스가 손쉽게 헬레네를 유혹할 수 있었던 이유는 따로 있었다. 미의 여신 아프로디테가 뒤에서 그를 돕고 있었던 것이다.

파리스의 심판

펠레우스와 테티스의 결혼식에 올림포스의 신들 중 유일하게 초대받지 못한 불화의 여신 에리스는 불청객으로 결혼식에 찾아가 "가장 아름다운 여인에게 바친다"는 글귀가 새겨진 황금 사과를 연회석에 던졌다. 그러자 이 사과를 아테나, 헤라, 아프로디테 세 여신이 서로 차지하겠다고 고집하면서 말썽이 생겼다. 여신들의 다툼으로 골치가

파리스의 판결
안톤 라파엘 멩스(Anton Raphael Mengs), 1757년경, 예르미타시 미술관

아파진 제우스는 트로이의 왕자 파리스에게 심판을 맡겼다. 이에 헤라는 파리스에게 사과를 자신에게 주면 최고의 권력을 주겠다고 했고, 아테나는 누구보다 뛰어난 지혜를 약속했고, 아프로디테는 세상에서 가장 아름다운 여인을 품에 안겨주겠다고 했다. 파리스는 아프로디테를 선택했다. 그에게 그리스 최고의 미녀 헬레네를 안겨준 이 결정은 하지만 피비린내 나는 트로이 전쟁을 일으키게 되었고 테티스와 펠레우스의 아들 아킬레우스는 이 전쟁에서 목숨을 잃게 된다.

이집트의 헬레네

헬레네의 트로이 행에 관해서는 여러 가지 이야기가 있다. 순풍을 타고 사흘 만에 트로이에 도착했다는 이야기, 헤라 여신이 일으킨 폭풍에 떠밀려서 혹은 메넬라오스의 추적을 피하기 위해 페니키아와 키프로스 등지를 떠돌며 상당한 시간을 지체한 뒤에 트로이에 도착했다는 이야기, 아예 트로이로 가지 못하고 트로이 전쟁 기간 내내 이집트에 머물고 있었다는 이야기 등이다.

헬레네가 트로이로 가지 못하고 이집트에 머문다는 신화는 다시 여러 갈래의 이야기로 나뉜다. 우선 파리스의 선택에 분노한 헤라가 헬레네를 빼앗기로 마음먹고 구름으로 그녀의 모습을 빚어 파리스와 동행하게 하고 진짜 헬레네는 이집트로 데려가 프로테우스 왕에게 맡겼다는 이야기가 있다. 그러나 비슷한 이야기이지만 헤라가 등장하지 않는 이야기도 있다. 파리스와 헬레네는 트로이로 가는 도중 이집트에 들러 프로테우스 왕의 환대를 받았는데 이들의 애정행각을 전해들은 프로테우스가 분노하여 파리스를 자기 왕국에서 추방하고 헬레네는 메넬라오스가 찾으러 올 때까지 자기 곁에 가두어두었다는 것이다. 이때 프로테우스는 파리스가 순순히 트로이로 출발하도록 만들기 위해 마법으로 헬레네의 허상을 만들어 동행하게 하였다고도 한다. 이 이야기에 따르면 파리스와 트로이로 건너간 바람에 끔찍한 전쟁을 일으킨 헬레네는 결국 허상에 불과했던 셈이다.

헬레네와 파리스
자크 루이 다비드(Jacques Louis David)
1788년, 루브르 박물관

트로이 전쟁

크레타 섬에서 헬레네와 파리스의 도주 소식을 들은 메넬라오스는 서둘러 스파르타로 돌아왔다. 그는 오디세우스 등과 함께 트로이로 가서 아내의 반환을 요구했지만 헬레네와 파리스는 아직 트로이에 도착하지도 않은 상태였다. 허탕을 치고 스파르타로 돌아온 메넬라오스는 헬레네의 옛 구혼자들에게 틴다레오스에게 했던 맹세를 상기시키며 실추된 그리스인의 명예를 되찾기 위한 전쟁을 촉구하였다. 미케네의 왕 아가멤논을 총사령관으로 하는 그리스 연합군은 아울리스 항에 집결하여 1천여 척의 선박을 이끌고 트로이 원정에 나섰다.

트로이 전쟁이 10년이 넘도록 끝날 기미가 안 보이자 양측은 당사자인 파리스와 메넬라오스의 결투로 최종적인 결말을 짓고자 했다. 결투는 메넬라오스에게 유리하게 진행되었지만 결정적인 순간에 파리스를 총애하는 아프로디테가 그를 구름에 감싸 헬레네의 침실로 데려가는 바람에 승부를 가리지 못했다. 전쟁은 결국 그리스군이 목마 속에 숨어 트로이 성에 잠입함으로써 트로이의 패망으로 끝이 났다.

목마 속 그리스 용사의 일원으로 트로이를 함락시킨 뒤에 메넬라오스가 헬레네를 찾은 곳은 파리스의 형제인 데이포보스의 집에서였다.

헬레네를 공격하는 메넬라오스와 이를 지켜보는 아프로디테와 에로스
아티카 적색상 도기, 기원전 450년
루브르 박물관

파리스가 필록테테스의 화살에 죽고 난 뒤 트로이인들은 헬레네를 데이포보스에게 아내로 주었던 것이다. 메넬라오스는 헬레네를 당장에 죽이려 했지만 헬레네의 미모와 아프로디테의 방해로 행동에 옮기지 못했다. 그는 헬레네를 그리스로 데려가서 죽이겠다고 사람들 앞에서 다짐했지만 결국 이 말도 지켜지지 않았다.

트로이 전쟁 중의 헬레네

전쟁이 벌어지고 있는 동안 트로이 성에서 헬레네가 보인 행동은 지극히 모순적이다. 헬레네는 전쟁이 장기화되자 파리스와 도망친 일을 후회하는 모습을 자주 보였다. 그녀는 오디세우스가 트로이 성을 정찰하기 위해 변장을 하고 나타났을 때 그를 알아보고도 밀고하지 않았으며 심지어 그가 팔라디온 상을 훔칠 때 이를 돕기까지 하였다. 하지만 그리스군이 목마를 남기고 철수하였을 때는 그 안에 그리스 용사들이 숨어 있는 것을 간파하고 그들의 아내 목소리를 흉내내며 잠복을 실패로 돌아가게 만들려 했다. 그 때문에 오디세우스는 목마 안의 그리스 용사들이 헬레네의 목소리에 속아 밖으로 뛰쳐나가지 못하도록 막느라 애를 먹어야 했다. 하지만 트로이 성이 함락되고 메넬라오스가 나타났을 때는 오히려 다시 그를 도와 파리스에 이어 새 남편이 된 데이포보스를 죽게 만들었다.

트로이 성의 헬레네
프레더릭 레이턴(Frederic Leighton), 1865년

405

귀향

메넬라오스와 헬레네의 귀향길은 오디세우스의 여정 못지않게 험난했다. 이는 메넬라오스가 신들에 대한 대접을 소홀히 한 탓이었다고 한다. 승리를 거둔 뒤 아가멤논이 트로이에 남아 아테나 여신이 분노하지 않도록 제물을 바치는 동안 메넬라오스는 서둘러 귀로에 올랐기 때문이다. 메넬라오스는 결국 50척의 선박 중 5척만 남기고 모두 잃고 키잡이마저 아폴론에게 죽임을 당하는 불행을 겪게 된다. 메넬라오스와 헬레네는 바다를 표류하다가 결국 이집트까지 가게 되지만 이곳에서 여러 해를 머물며 큰 부를 쌓고 부부 간의 관계도 어느 정도 회복한 뒤 다시 스파르타로 돌아갔다.

하지만 헬레네가 애당초 트로이에 가지 않고 이집트에 머물고 있었다는 이야기에 따르면 메넬라오스는 이집트에 도착한 뒤에 비로소 진짜 헬레네와 만나게 된다.

헬레네의 죽음

헬레네의 죽음에 대해서도 여러 가지 이야기가 있다. 헬레네의 죽음은 대개 그녀가 비극적인 전쟁의 원인 제공자였다는 점과 관련이 있다. 또 다른 이야기에 따르면 헬레네는 메넬라오스와 함께 스파르타에 도착하기 전에 먼저 아르고스에 닿았는데 그곳에서는 아가멤논의 아들 오레스테스가 어머니 클리타임네스트라와 그녀의 정부 아이기스토스를 죽여 아버지의 원수를 갚은 뒤였다. 오레스테스는 자기 집안의 불행이 헬레네에게서 시작되었다고 여겨 그녀를 죽이려 했다. 하지만 제우스의 명으로 아폴론이 그녀를 구해내어 불멸의 존재로 만들어주었다고 한다.

헬레네가 아가멤논의 딸 이피게네이아에 의해 타우리스에서 제물로 바쳐졌다는 이야기도 있다. 이는 이피게네이아가 트로이 전쟁이 시작될 때 그리스 함대의 순항을 위해 아르테미스 여신에게 제물로 바쳐졌던 것에 대한 복수였다고 한다.(이피게네이아는 제물로 희생되기 직전에 여신이 구름으로 감싸서 타우리스로 데려가 자신의 신관으로 삼았다. '이피게네이아' 참조)

또 아킬레우스의 어머니인 바다의 님페 테티스가 아들의 죽음에 화가 나서 그리스로 돌아가는 그녀를 죽였다는 이야기도 있다. 하지만 헬레네의 죽음에 관한 가장 잘 알려진 이야기는 폴릭소의 복수설이다. 그에 따르면 메넬라오스와 함께 스파르타로 돌아온 헬레네는 메넬라오스가 죽은 뒤 그의 아들들(메넬라오스가 시녀에게서 낳은 자식들이다. '니코스트라토스' 참조)에 의해 스파르타에서 쫓겨났다. 그러자 헬레네는 로도스 섬으로 피신하여 옛 친구인 폴릭소에게 몸을 의탁했다.

하지만 폴릭소는 남편 틀레폴레모스가 트로이 전쟁에 참전했다가 전사한 것을 헬레네의 탓으로 여겨 원한을 품고 있었다. 물론 헬레네는 그런 사실을 꿈에도 몰랐다. 폴릭소는 일단 헬레네를 반기는 척하고는 헬레네가 목욕을 하는 사이에 시녀들을 복수의 여신 에리니에스로 변장시켜 헬레네에게 달려들게 하였다. 헬레네는 결국 폴릭소의 시녀들이 변장한 복수의 여신 에리니에스에게 시달리다 실성하여 스스로 목을 매고 죽었다.(또는 폴릭소의 시녀들이 헬레네를 나무에 목매달아 죽였다고도 한다)

헬레네와 아킬레우스

헬레네의 최후와 관련하여 또 한 가지 흥미로운 신화는 그녀가 죽은 뒤 '복된 자들의 섬'으로 가서 아킬레우스와 결혼하여 자식도 낳고 살았다는 이야기이다. 아킬레우스와 헬레네가 함께 살았다는 곳은 도나우 강이 흑해로 흘러두는 하구에 위치한 '레우케'라고 불리는 흰 섬이라고도 하고 신들의 총애를 받는 인간들만이 들어간다는 오케아노스 강변에 있는 '행복의 들판' 엘리시온이라고도 한다.('엘리시온' 참조)

그곳에서 두 사람은 올림포스의 신들의 축복을 받으며 결혼식을 올리고 에우포리온이라는 아들도 얻었다고 한다. 그러나 에우포리온은 등에 날개가 달린 아름답고 총명한 소년으로 자라나 제우스의 사랑을 받았지만 이를 거절하고 조롱하다가 제우스의 분노를 사 벼락을 맞고 죽었다고 한다.('에우포리온' 참조)

헬레노스 Helenus

요약

  그리스 신화에 등장하는 트로이의 왕자이자 예언자이다.
  파리스가 죽은 뒤 미녀 헬레네가 다른 형제의 차지가 되자 낙담하
여 조국을 등졌다. 오디세우스에게 그리스군이 전쟁에서 승리할 수 있
는 세 가지 조건을 일러주어 트로이가 멸망하는 데 결정적인 역할을
하였다.

기본정보

구분	예언자
상징	배신
외국어 표기	그리스어: Ἕλενος
관련 신화	트로이 전쟁

인물관계

  트로이의 왕 프리아모스와 헤카베 사이에서 난 아들로 카산드라와
는 쌍둥이 남매이며 헥토르, 파리스 등과 형제지간이다. 헥토르가 죽
은 뒤 안드로마케와의 사이에서 케스트리노스를 낳았다.

신화이야기

헬레노스와 카산드라

어린 시절 쌍둥이 남매 헬레노스와 카산드라가 팀블레의 아폴론 신전에서 잠을 자는데 뱀이 기어들어와 둘의 귀를 핥았다. 이 일로 두 사람에게 예언 능력이 생겼다. 헬레노스는 파리스가 스파르타로 떠나기 전에 앞으로 벌어질 헬레네의 납치와 그로 인한 트로이의 멸망을 예언하며 여행을 만류했지만 파리스는 듣지 않았다. 자신의 예언대로 전쟁이 벌어지자 헬레노스는 형 헥토르를 도와 용감히 싸웠고 헥토르가 죽은 다음에는 그를 대신하여 트로이군을 이끌며 메넬라오스에게 부상을 입히는 등 혁혁한 공을 세웠다.

트로이 패망의 세 가지 조건

하지만 파리스가 죽은 다음 미녀 헬레네를 두고 데이포보스와 경쟁하게 되는데 프리아모스가 헬레네를 데이포보스의 아내로 내주자 낙담하여 전쟁에서 손을 떼고 이데 산으로 들어가버렸다. 오직 헬레노스만이 트로이를 정복할 방안을 알고 있다는 칼카스의 예언에 따라 그리스군에서는 오디세우스 등을 파견하여 헬레노스를 찾아나섰다. 결국 오디세우스의 계략에 말려 그리스군에게 붙잡힌 헬레노스는 트로이를 무너뜨리기 위한 세 가지 조건을 말해주었는데, 첫째로 트로이의 아테나 신전에서 여신의 신상을 훔쳐오고, 둘째로 펠롭스의 유골을 가져오고, 셋째로 아킬레우스의 아들 네오프톨레모스를 전쟁에 참가시켜야 한다는 것이었다. 세 가지 조건은 출전(出典)에 따라 헤라클레스의 활과 화살을 가져와야 한다거나 트로이로 오는 도중 버리고 온 필록테테스를 다시 데려와야 한다거나 하는 식으로 변형되기도 하였다. 또 그리스 전사들을 트로이 성내로 잠입시키기 위해 목마를 사용하라고 조언해 준 이도 헬레노스였다고 한다.

트로이 패망 이후

트로이가 멸망하자 헬레노스는 과부가 된 형수 안드로마케와 함께 네오프톨레모스의 노예가 되어 그리스의 에페이로스로 따라갔다. 이때 그는 아테나와 포세이돈의 진노를 피해 해로가 아닌 육로로 귀국

할 것을 권하여 네오프톨레모스로 하여금 그리스 함대 대부분이 침몰한 카파레우스 곶의 재앙을 피할 수 있게 해주었다. 나중에 네오프톨레모스가 오레스테스에 의해 죽임을 당한 뒤에는 그의 첩이 되었던 안드로마케와 결혼하여 아들 케스트리노스를 얻고 에페이로스 근처에 부트로톤이란 새 왕국을 건설했다. 베르길리우스의 『아이네이스』에는 전쟁에 패하고 이탈리아로 돌아가던 아이네이아스가 이곳에 들렀다가 트로이를 본뜬 소(小)트로이가 건설된 것을 보고 감탄하는 장면이 나온다.

다른 이야기에 따르면 헬레노스는 전쟁이 끝난 뒤 그리스군의 승리를 도운 대가로 아가멤논으로부터 자유를 부여받아 어머니 헤카베와 카산드라, 안드로마케 등을 데리고 트라키아의 케르소네소스로 가서 정착했다고 한다.

희생 제물을 바치는 헬레노스와 아이네이아스
리모주 에나멜 페인팅, 1530년경, 루브르 박물관

헬렌 Hellen

요약

  그리스 신화에 나오는 그리스인의 시조이다.

  제우스가 인간을 벌하고자 일으킨 대홍수 때 살아 남은 유일한 인
간인 데우칼리온과 피라의 맏아들이다. 그의 세 아들 도로스, 크수토
스, 아이올로스가 그리스 주요 부족의 시조가 되었기 때문에 이들을
가리키는 말인 헬레네스(헬렌의 후손)는 그리스 민족 전체를 뜻하는 말
이 되었다.

기본정보

구분	왕
상징	그리스인의 시조
외국어 표기	그리스어: Ἕλλην
관련 신화	데우칼리온과 피라, 대홍수

인물관계

  헬렌은 프로메테우스의 아들인 데우칼리온과 에피메테우스의 딸인
피라 사이에서 태어난 아들로 프로토게네이아, 암픽티온, 멜란테이아
등과 형제지간이다. 헬렌은 산의 님페 오르세이스와 사이에서 세 아
들 도로스, 크수토스, 아이올로스를 낳았다.

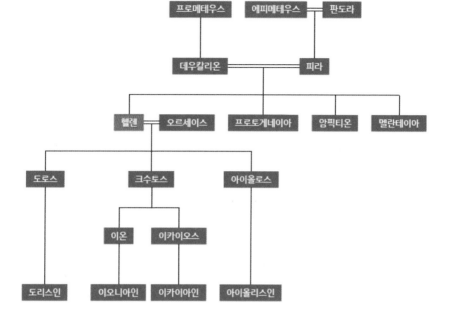

신화이야기

대홍수

그리스 로마 신화에서는 인간 종족의 시대를 황금 시대, 은 시대, 청동 시대, 철 시대 등으로 구분하고 있다. 이에 따르면 제일 처음에 도래하는 황금 시대는 크로노스가 지배하는 시기로 인간들은 전쟁이나 처벌의 고통을 모른 채 평화롭고 안락한 삶을 누렸으며 대지는 경작하지 않아도 사시사철 먹을 것을 내어주어 모든 인간이 신처럼 살았다. 두 번째 시대인 은의 시대는 제우스가 크로노스를 하계에 유폐하고 세상을 지배하면서 도래한 시기로 계절이 나뉘어 추운 겨울과 무더운 여름이 생겨나고 인간들은 집을 지어 들어가서 살아야 했으며 대지에 씨앗을 뿌려 경작해야 먹을 것을 얻을 수 있었다. 하지만 청동 시대에 들어서면서 인간들은 마음씨가 몹시 거칠어졌다. 그들은 청동으로 농기구뿐만 아니라 무구(武具)도 만들어 서로 싸우기 시작했고 세상에는 고통과 한숨이 그칠 날이 없었다. 이에 제우스는 대홍수를 일으켜 사악한 인간들로 넘쳐나는 청동 시대를 끝내고자 했다.(또 다른 이야기에서는 제우스가 아르카디아의 왕 리카온의 극악무도한 짓을 보고 인류를 대홍수로 멸망시키려 했다고도 한다)

데우칼리온과 피라

앞일을 내다보는 능력이 있었던 프로메테우스는 제우스의 의중을 간파하고 데우칼리온과 피라 부부에게 커다란 배를 만들어 대홍수에 대비하게 하였다. 데우칼리온은 프로메테우스 자신의 아들이었고 피라는 그의 동생 에피메테우스가 최초의 여성 판도라와 결혼하여 낳은 딸이었다. 데우칼리온과 피라의 배는 홍수가 시작된 후 9일 밤낮을 표류하다가 파르나소스 산 정상에 도착했다. 대홍수에서 살아남은 데우칼리온과 피라는 배에서 내려 제우스에게 제물을 바치고 감사를 드렸다.

데우칼리온과 피라
페테르 파울 루벤스(Peter Paul Rubens), 1636년, 프라도 미술관

돌을 던져 생겨난 인류

데우칼리온과 피라는 자신들이 유일한 생존자라는 사실을 알고 난 뒤 테미스 여신의 신전을 찾아가 지상을 다시 인류로 채울 수 있는 방법을 물었다. 그러자 "베일로 얼굴을 가리고 어머니의 뼈를 어깨 너머로 던지라"는 신탁이 내려졌다. 처음에 두 사람은 신탁이 죽은 부모의 뼈를 파내는 불경스러운 짓을 지시하는 줄 알고 당황하였으나 곧 어머니는 대지의 여신 가이아를 말하고 그 뼈는 돌을 뜻한다는 걸 알아차렸다. 두 사람은 돌을 주어 어깨 너머로 던졌다. 그러자 데우칼리온이 던진 돌은 남자로 변하고 피라가 던진 돌은 여자로 변했다. 이렇게 해서 새로 생겨난 사람들은 대지에서 솟아났다고 하여 렐레기아인이라고 불렸다. 이렇게 해서 데우칼리온과 피라는 새 인류의 조상이 되었다.

그리스인의 시조 헬렌의 탄생

그 후 데우칼리온과 피라는 로크리스 지방에 정착하여 헬렌을 비롯하여 프로토게네이아, 암픽티온 등 여러 명의 자식을 낳았다. 그 중 맏아들 헬렌은 모든 그리스인의 조상으로 통한다. 테살리아 지방 프티아의 왕이 된 헬렌은 산의 님페 오르세이스와 결합하여 세 아들 아이올로스, 크수토스, 도로스를 낳았는데 이들은 각기 고대 그리스를 구성하는 주요 부족의 시조가 되었다. 아이올로스는 아이올리스인의 시조가 되었고 크수토스의 아들 이온과 아카이오스는 각각 이오니아인과 아카이아인의 시조가 되었고 도로스는 도리스인의 시조가 되었다. 이 부족들은 모두 자신들을 헬렌의 후손이라는 뜻으로 '헬레네스'라고 불렀다. 헬레네스는 나중에 그리스인을 통칭하는 말이 되었다. 그리스 문화를 뜻하는 헬레니즘도 헬렌에서 유래한 단어이다.

헬리오스 Helios

요약

그리스 신화에 나오는 태양신 혹은 태양을 의인화한 신이다.

눈부신 광채가 나는 황금 머리칼을 지닌 아름다운 젊은이로 묘사되며 4마리의 날개 달린 천마들이 끄는 불수레를 타고 매일 새벽 동쪽 인도 땅에서 출발하여 하루 종일 하늘을 가로질러 서쪽 오케아노스로 내려가는 여행을 한다. 헬리오스는 로마 신화의 태양신 솔과 동일시된다.

헬리오스
로마 시대 동상, 2~3세기, 루브르 박물관
: 일곱 광선이 비치는 왕관을 쓰고 흉갑을
입은 모습이다

기본정보

구분	천계의 신
상징	태양, 밝음
외국어 표기	그리스어: Ἥλιος
어원	태양
로마신화	솔(Sol)
별칭	포이보스(이 별칭은 아폴론에게도 사용된다)
상징 동물	수탉
관련 신화	파에톤의 추락, 헤라클레스
가족관계	히페리온의 아들, 테이아의 아들, 에오스의 남매, 파에톤의 아버지

인물관계

헬리오스는 티탄 신족 히페리온과 테이아의 아들로 새벽의 여신 에오스, 달의 여신 셀레네와 형제지간이다. 헬리오스는 오케아노스의 딸 페르세이스와 결혼하여 마녀 키르케, 메데이아의 아버지인 콜키스의 왕 아이에테스, 미노스 왕의 아내 파시파에, 페르세스 등을 낳았다고 한다. 헬리오스는 그밖에도 여러 여자와 관계하였는데 포세이돈의 딸 로도스와 사이에서 일곱 명의 아들 헬리아다이를 얻었고, 아내 페르세이스의 자매인 클리메네와 사이에서는 헬리아데스라 불리는 3명의 딸과 아들 파에톤을 얻었다. 님페 로도스의 이름을 딴 로도스 섬은 헬리오스 숭배로 유명하다.

신화이야기

태양신

헬리오스는 티탄 신족 세대에 속하는 신으로 태양을 상징하거나 태양이 의인화된 신이다. 눈부신 광채가 나는 황금 머리칼을 지닌 아름다운 젊은이로 묘사된다. 헬리오스는 4마리의 날개 달린 천마들이 끄는 활활 불타는 마차를 타고 매일 아침 새벽의 여신 에오스와 함께 동쪽 인도 땅에서 출발하여 하루 종일 하늘의 중앙을 가로지르는 여행을 한 뒤 서쪽 오케아노스로 내려가서 지친 말들에게 물을 먹이고 휴식을 취한다. 그런 다음 세계의 주위를 흐르는 오케아노스 강물 위에 커다란 황금 술잔을 띄우고 밤 사이 서쪽에서 다시 동쪽으로 이동한다.

하지만 그리스 신화에서 태양신으로서 헬리오스의 지위는 후대로 가면서 점점 약해지다가 마침내는 아폴론과 혼동되기에 이른다. 헬리오스에게 붙여지던 포이보스(밝게 빛나는 자)라는 별칭도 차츰 아폴론의 별칭으로 사용된다. 이는 올림포스 세대에 이르러 신화에서 아폴론이 차지하는 역할과 비중이 커진 탓이기도 하다.

파에톤

헬리오스에게는 오케아니데스의 한 명인 클리메네와 사이에서 얻은 아들 파에톤이 있었다. 파에톤은 아버지가 누구인지 모른 채로 홀어머니 밑에서 자랐는데, 어머니는 아들이 사춘기가 되자 아버지에 대해서 말해주었다. 파에톤은 이 사실을 친구 에파포스에게 말했다가 거짓말쟁이라고 놀림을 당하고는 직접 아버지를 찾아가 자신이 태양신의 아들임을 증명하고자 했다.

오랜 여행 끝에 해가 떠오르는 동방의 헬리오스 궁전에 도착한 파에톤은 드디어 아버지 헬리오스를 만나 자신이 태양신의 아들임을 인정받았다. 헬리오스는 그동안 아들을 돌보지 못한 미안함에 파에톤에게 무엇이든 들어줄 테니 소원을 말해보라고 했고, 파에톤은 아버지의 태양 마차를 하루만 직접 몰아보고 싶다고 말했다. 헬리오스는 아차 싶었지만 이미 한 약속을 뒤집을 수는 없었다. 헬리오스가 아침마다 몰고서 너른 하늘을 지나 다시 오케아노스 속으로 뛰어드는, 4마리의 거친 천마들이 끄는 태양마차는 파에톤이 몰기에 너무나 위험했기 때문에 헬리오스는 무엇이든 다른 소원을 말해보라고 했지만 파에톤은 마음을 바꾸지 않았다.

다음날 아침 헬리오스는 아들에게 마차를 내주며 절대로 정해

헬리오스
트로이 유적지의 아테나 신전 부조
기원전 3세기, 페르가몬 박물관

진 길에서 벗어나면 안 된다고 신신당부했다. 그러나 파에톤의 힘으로 거친 천마들을 조종하는 것은 무리였다. 마차가 궤도를 벗어나 너무 하늘 높이 올라가자 대지는 온기를 잃고 꽁꽁 얼어버렸고 반대로 대지에 너무 가까워지자 너무 뜨거워져 불이 붙을 지경이 되었다. 세상은 재앙에 휩싸였다.

파에톤의 추락
요제프 하인츠(Joseph Heintz the Elder)
1596년, 라이프치히 조형예술박물관

419

> "대지는 가장 높은 곳부터 화염에 휩싸이며 습기를 모두 빼앗겨 쩍쩍 갈라져 터지기 시작했다. 풀밭은 잿빛으로 변했고, 나무는 잎과 더불어 불탔고, 마른 곡식은 제 파멸을 위해 땔감을 대주었다. (…) 대도시들이 성벽과 더불어 파괴되고, 화재는 전 민족들을 그들의 부족들과 함께 잿더미로 바꿔놓았다"
>
> (오비디우스, 『변신이야기』)

북아프리카에 사막이 생기고 에티오피아인들의 피부가 까맣게 된 것도 이 때문이었다.

보다 못한 제우스는 벼락을 내려 파에톤이 초래한 혼돈을 끝냈다. 제우스의 벼락을 맞은 마차는 산산조각이 나고 파에톤은 새카맣게 그을린 채 추락하여 에리다노스 강으로 떨어졌다. 오비디우스에 따르면 파에톤의 누이인 헬리아데스(헬리오스의 딸)들은 동생의 죽음을 슬퍼하며 하염없이 눈물을 흘리다 포플러나무로 변했고 그들이 흘린 눈물은 호박(보석)이 되었다고 한다. 히기누스는 헬리아데스가 포플러나무로 변한 것은 아버지 헬리오스의 허락 없이 파에톤을 위해 전차에 멍에를 씌운 짓 때문이라고 했다.

헬리오스와 클리티아

그리스 신화에서 태양신 헬리오스는 모든 것을 환히 들여다보는 존재로서 흔히 은밀한 범행의 목격자 역할로 등장할 때가 많다. 헬리오스는 아프로디테가 아레스와 바람을 피우는 것을 그녀의 남편인 대장장이 신 헤파이스토스에게 알려주었다가 아프로디테의 미움을 사서 여성들에게 주체할 수 없는 욕정을 품게 되는 저주를 받았다. 그래서 그는 아내 페르세이스 외에도 수많은 여성들과 애정행각을 벌였는데 그 중 하나가 오케아노스의 딸인 님페 클리티아였다. 하지만 헬리오스는 곧 다른 여성에게로 눈을 돌렸다. 벨로스의 후손인 페르시아 왕 오르카모스의 딸 레우코토에였다. 레우코토에에게 반한 헬리오스는 그녀의 어머니 에우리노메의 모습으로 접근하여 욕정을 채웠고, 레우코토에는 헬리오스의 아기를 임신하였다.

한편 클리티아는 헬리오스가 레우코토에와 사랑을 나누느라 자신에게 소홀하자 질투심에 사로잡혀 이 사실을 레우코토에의 아버지 오르카모스 왕에게 고자질하였다. 오르카모스는 이를 가문의 치욕으로 여겨 딸을 산 채로 매장하여 죽였다. 헬리오스는 레우코토에의 죽음을 슬퍼하며 그녀가 매장된 곳에 암브로시아를

클리티아
니콜라스 콜롬벨(Nicolas Colombel)
17세기, 오세르 미술과 역사 박물관

뿌렸다. 그러자 그 자리에서 유향나무가 자라나더니 향기로운 냄새를 풍겼다.

　레우코토에가 그렇게 죽은 뒤 헬리오스의 마음은 클리티아에게서 더욱 멀어졌다. 이제 헬리오스는 더 이상 그녀를 찾지 않았다. 상심한 클리티아는 옷도 안 걸치고 머리도 풀어헤친 채 땅바닥에 누워 먹지도 마시지도 않고 태양만 바라보며 자신의 불행을 한탄했다. 그렇게 아흐레가 지나자 그녀의 사지가 땅바닥에 들러붙더니 태양만 바라보던 그녀의 얼굴이 꽃으로 변했다. 꽃으로 변한 클리티아는 여전히 태양이 움직이는 쪽으로만 향했다.

　이 신화에서 클리티아가 변신한 꽃은 태양을 따라다닌다고 해서 해바라기로 알려졌지만, 해바라기는 16세기에 아메리카에서 유럽으로 처음 들어온 꽃이므로 신화에 등장할 수 없다. 신화에서 클리티아가 변신한 꽃은 향수초의 일종인 헬리오트로피움(heliotropium)으로 헬리오는 '태양'을 뜻하고 트로피움은 '향한다'는 뜻이다. 즉 태양을 향하는 꽃이라는 뜻이다.

호노스 Honus, Honos

요약

로마 신화에서 명예가 인격화된 신
이다.

로마에는 호노스의 신전이 여러
곳에 세워졌으며 대개 전쟁의 용기
를 의인화한 신 비르투스와 함께 숭
배되었다.

기본정보

구분	개념이 의인화된 신
상징	전쟁에서의 명예
어원	책임, 명예
별칭	호노르(Honor), 호노리누스(Honorinus)

신화이야기

신격화된 윤리적 덕목들

로마에서는 호노스에 대한 숭배를 중요시하여 여러 곳에 신전을 건
립하였다. 최초의 호노스 신전은 기원전 233년에 집정관 퀸투스 파비
우스 막시무스가 리구리아인들과 전쟁을 치르는 동안 세워졌다. 같은
시기에 로마에서는 로마 시민들이 가져야 할 여러 윤리적 덕목들을

신격화하는 작업이 이루어졌
다. 이때 생겨난 신들이 젊음
의 신 유벤타스, 명예의 신 호
노스, 용기의 신 비르투스, 승
리의 신 빅토리아, 이성의 신
멘스 등이다. 호노스는 대개
손에 창이나 올리브 가지를
든 활기찬 젊은이로 표현되었
다. 오늘날에도 남아 있는 티
투스의 개선문에는 그와 같은

티투스 개선문
이탈리아 로마 광장(포로 로마노)의 입구
©Anthony Majanlahti@Wikimedia(CC BY-SA 2.0)

모습의 호노스가 조각되어 있으며, 로마의 동전에도 새겨졌다.

호노스와 비르투스

호노스는 대부분 전쟁에서의 용기를 의인화한 비르투스와 함께 숭
배되었다. 기원전 222년에 집정관 마르쿠스 클라우디우스 마르켈루스
는 갈리아인들과의 전쟁에서 승리한 뒤 호노스와 비르투스를 함께 모
시는 신전을 건립하였다. 하지만 10여 년 뒤 그가 다시 두 신을 함께
모신 신전을 세우고자 했을 때 로마의 사제들이 반대하였다. 신전에서
기적이 일어났을 때 두 신 중 누구에게 감사의 제물을 바쳐야 할 지
알 수가 없다는 이유였다. 이에 마르켈루스는 비르투스의 신전을 따로
건립하였는데 호노스의 신전을 통해서만 비르투스의 신전으로 들어
갈 수 있도록 구조를 설계하였다.

플루타르코스의 이야기에 따르면 호노스 신에게 제물을 바칠 때 사
제들은 다른 신들의 경우와 달리 머리를 두건으로 가리지 않았다고
한다. 호노스와 비르투스의 축일은 5월 29일이었다. 매년 이 날이 되
면 신전 앞에서는 말을 탄 기사들의 성대한 퍼레이드가 벌어졌으며
이와 같은 관습은 4세기까지 이어졌다.

호라이 Horae, Horai

요약

그리스 신화에 나오는 계절의 여신들이다.
율법의 여신 테미스와 제우스 사이에서 태어난 세 자매로 정의의 여
신 디케와 질서의 여신 에우노미아, 그리고 평화의 여신 에이레네를
말한다. 단수형은 '호라' 이다.

기본정보

구분	천계의 신
상징	시간, 계절
외국어 표기	그리스어: Ὧραι
어원	시간
관련 신화	테미스, 모이라이
가족관계	제우스의 딸, 테미스의 딸, 모이라이의 자매

호라이 여신들
에드워드 포인터(Edward John Poynter), 1894년, 브리스톨 박물관

인물관계

이치의 여신 테미스와 제우스 사이에 태어난 세 딸이다. 운명의 여
신들 모이라이와 자매간이다.

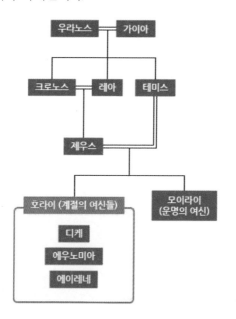

신화이야기

호라이는 절대적 법의 여신인 테미스와 제우스 사이에서 태어난 계
절의 여신들인데 그 수에 관해서는 서로 다른 이야기들이 전해져온
다. 그러나 일반적으로 3명으로 알려져 있다. 『신들의 계보』는 호라이
에 대해 다음과 같이 전하고 있다.

"두 번째로 제우스께서는 영민한 테미스와 결혼하셨고 테미스는
호라이 여신들, 에우노미아, 디케, 그리고 번영하는 에이레네를 낳으
니 이 여신들은 필멸의 인간사를 주관하며 보살핀다."

이 3명의 여신들이 뜻하는 의미는 다음과 같다.

에우노미아	질서
디케	정의
에이레네	평화

호라이 여신들의 어머니인 계율의 여신 혹은 이치의 여신이라 불리는 테미스는 신들의 세계에서 옳고 그름에 대한 이치를 관장하는 여신인데 이 3명의 호라이는 앞에서 언급한 바와 같이 인간의 삶을 관장하는 여신들로 기술되어 있다.

그런데 계절의 여신들인 호라이는 원래는 식물의 생장을 주관하는 여신들로 추측된다. 예를 들자면 고대 아테네 사람들은 호라이 여신들을 탈로, 아욱소, 타르포로 부르는데 이 이름이 뜻하는 의미와 상징하는 계절들은 다음과 같다.

탈로	싹틈	봄
아욱소	생장	여름
타르포	수확	가을

이처럼 호라이 여신들은 식물의 생장을 주관하는 자연의 여신들로 계절의 변화를 담당하고 있다. 『오디세이아』는 아버지 라에르테스와 재회한 오디세우스의 입을 통해 이에 대해 다음과 같이 전하고 있다.

"아버님께서는 저에게 배나무 열세 그루와 사과나무 열 그루와 무화과나무 마흔 그루를 주셨습니다. 그리고 포도나무도 쉰 줄을 주시겠다고 말씀하셨습니다. 그 나무들은 수확하는 시기가 제각각 달랐습니다. 제우스 신의 따님이신 계절의 여신들이 위에서 힘을 펼치시면 갖가지 종류의 포도송이들이 주렁주렁 달렸습니다."

그러나 다른 한 편으로 호라이 여신들은 시간이 지나면서 인간의 삶 속에서 사회적이고 도덕적인 의미를 지니고 있기도 하다. 호라이 여신들 중의 한 명인 정의의 여신 디케는 인간의 삶 속에서 정의의 문제를 관장하는 역할을 한다. 잘못된 판결에 의해 정의가 훼손될 때면 디케는 그에 대한 복수로 재앙을 내린다. 모든 변화와 다양성 속에서도 지켜야 하는 '질서'와 사람들 사이에서 올바른 관계를 유지하게 하는 '정의'에 의해 인간의 삶이 유지된다면 모든 것이 풍성하게 결실을 맺어 '평화'가 올 것이다. 이렇게 해서 질서의 여신, 정의의 여신, 평화의 여신들로 이루어진 호라이 여신들은 필멸의 인간 삶을 관장하고 있는 것이다.

그런데 호라이 여신들은 신들의 세상인 올림포스에서도 여러 가지 역할을 하고 있는 것으로 전해진다. 『일리아스』에 의하면 호라이 여신들은 하늘의 문을 지키는 역할을 한다.

"호라이 여신들이 이 하늘의 문들을 지키고 있었는데, 광대한 하늘과 올림포스 산이 이 여신들에게 맡겨져 있었다. 이들의 임무는 질게 깔려있는 구름을 열고 닫는 일이다."

『호메로스 찬가』에 의하면 호라이 여신들은 미의 여신 아프로디테의 시중을 들며 그 여신을 아름답게 꾸며주는 일도 했다고 한다. 그리고 헤시오도스가 쓴 『일과 날』에 의하면 호라이 여신들은 진흙으로 빚어 만든 최초의 여자 판도라에게 "봄꽃 화관"을 만들어 씌어주었다고 한다.

호라이 여신을 이끄는 디오니소스
1세기 로마 제국시대 작품

호라티우스 Horatius

요약

　로마 신화에 등장하는 전설적인 귀족 가문이다.

　호라티우스 삼형제는 로마와 알바 롱가 사이에 전쟁이 벌어졌을 때 로마를 대표하는 용사로 선발되어 알바 롱가의 쿠리아티우스 삼형제와 나라의 운명을 건 결투를 벌였다. 결투는 호라티우스 형제의 승리로 끝났다.

기본정보

구분	신화 속 인물
상징	애국심
관련 신화	로마와 알바 롱가 전쟁

신화이야기

호라티우스 형제와 쿠리아티우스 형제의 결투

　호라티우스는 초기 로마의 전설적인 귀족 가문 이름이다.

　로마의 역사가 리비우스에 따르면 기원전 7세기 툴루스 호스틸리우스 왕 치세에 로마와 알바 롱가 왕국 사이에 전쟁이 벌어졌는데 두 나라는 불필요한 희생을 줄이기 위해 각각 자기 나라를 대표하는 용사들을 선발하여 그들의 결투로 승패를 결정하기로 합의하였다. 이 대결을 위해 로마에서는 호라티우스 가문의 삼형제가 뽑혔고 알바 롱가에서는 쿠리아티우스 가문의 삼형제가 출전하였다. 이들 여섯 명의 용사들은 나라의 운명을 건 치열한 전투를 벌였다. 얼마 뒤 쿠리아티우스 삼형제는 모두 부상을 당했다. 하지만 호라티우스 형제는 두 명이 죽고 푸블리우스 한 명만 살아 남아 수적인 열세에 놓이고 말았다. 이에 푸블리우스는 도망치는 척 하면서 부상을 당한 쿠리아티우스 형제를 서로 떨어지게 만든 뒤 한 명씩 상대하여 모두 죽이고 승리를 거두었다.

사형선고를 받은 호라티우스 푸블리우스

결투에서 승리한 푸블리우스 호라티우스는 쿠리아티우스 삼형제의 시신에서 갑옷과 무기를 빼앗아 로마로 돌아오던 중 자신의 누이동생 카밀라와 마주쳤다. 그녀는 로마와 알바 롱가 사이에 전쟁이 벌어지기

호라티우스 형제의 맹세
지로데 드 로시 트리오종(Anne Louis Girodet Trioson), 자크 루이 다비드(Jacques Louis David), 1786년, 톨레도 미술관

전에 쿠리아티우스 형제 중 한 명과 약혼을 한 사이였는데 오빠들과 약혼자의 안위가 걱정되어 길을 나섰던 참이었다. 카밀라는 오빠가 손에 든 갑옷을 보고는 약혼자가 죽은 줄 알고 슬피 울었다. 그러자 호라티우스는 적의 죽음을 슬퍼하는 로마의 여인은 설령 그것이 자신의 누이더라도 죽어 마땅하다며 칼을 뽑아 카밀라를 찔러 죽였다.

로마의 법정은 누이를 죽인 호라티우스에게 사형을 선고하였다. 그러자 호라티우스의 아버지는 로마의 민중들에게 아들이 거둔 승리를 언급하면서 4명의 자식 중 유일하게 남은 아들을 잃어 가문의 대가 끊어지지 않게 해달라고 호소하였다. 아버지의 호소는 로마인들의 마음을 움직였고 호라티우스는 사면을 받았다. 이때부터 로마에서는 사형선고를 받은 사람이 대중 앞에서 자신의 무죄나 사면을 호소할 수 있게 되었다. 호라티우스는 그러나 법에 복종하는 표시로 머리를 숙이고 들보 밑을 지나는 모욕을 감수해야 했다.

다리를 지키는 호라티우스 코클레스
르브론 찰스(Le Brun Charles), 1650년경, 덜위치 갤러리

또 다른 호라티우스

  로마 신화에는 호라티우스라는 이름을 쓰는 인물이 다수 등장하는데 그 중 유명한 인물은 호라티우스 코클레스(애꾸눈 호라티우스)이다.(그는 푸블리우스 호라티우스의 직계 후손이라는 이야기가 있다) 그는 로마와 에트루리아 사이에 전쟁이 벌어졌을 때 로마로 들어오는 통로인 티베리스 강의 다리를 혼자서 지켜낸 영웅이다. 그는 이 전투에서 입은 상처 때문에 다리를 절게 되었는데 로마 카피톨리노 언덕 기슭의 불카날에 세워진 절름발이 애꾸눈 상이 대장장이 신 불카누스(헤파이스토스)가 아니라 호라티우스 코클레스의 상이라고 한다.

히기에이아 Hygieia

요약

  그리스 로마 신화에 등장하는 의술의 신 아스클레피오스의 딸로, 건강과 위생을 주관하는 신이다.

  위생을 뜻하는 영어 '하이진(hygiene)'은 히기에이아에게서 유래한 말이다. 로마에서 히기에이아는 건강과 안녕의 여신 살루스와 동일시되었다.

기본정보

구분	개념이 의인화된 신, 의술의 신
상징	보건, 청결, 위생
외국어 표기	그리스어: Ύγίεία 혹은 Ύγεία
별칭	히게아(Hygea), 히게이아(Hygeia)
로마 신화	살루스(Salus)
가족관계	아스클레피오스의 딸, 에피오네의 딸

인물관계

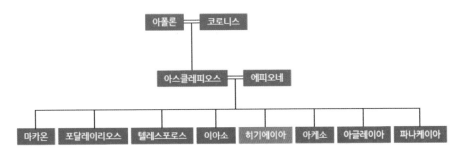

히기에이아는 아스클레피오스와 에피오네 사이에서 태어난 딸이다. 4명의 여자형제(파나케이아, 이아소, 아케소, 아글레이아)와 3명의 남자형제(마카온, 포달레이리오스, 텔레스포로스)가 있다.

신화이야기

의술의 신 아스클레피오스의 자녀들

히기에이아는 아폴론의 아들인 의술의 신 아스클레피오스와 아픈 이들의 고통을 달래주는 여신 에피오네 사이에서 태어난 딸로, 건강과 위생이 의인화된 여신이다. 아스클레피오스와 에피오네 사이에서는 히기에이아 외에도 4명의 딸이 더 태어났는데 그들도 모두 의술의 한 영역을 담당하고 있다. 파나케이아는 모든 질병을 치료하는 만병통치의 여신이고, 이아소는 질병에서 회복되는 치유의 여신, 아케소는 치료의 여신, 아글레이아는 건강한 아름다움을 지닌 생기의 여신이다. 히기에이아에게는 또한 3명의 남자 형제가 있는데 이들도 모두 의술에 뛰어난 재능을 지닌 인물들이었다.

히기에이아
: 기원전 360년경 그리스 원본을 본떠 2세기에 복제품을 로마에 전시했다.

호메로스의 『일리아스』에 따르면 마카온과 포달레이리오스는 테살리아 병사들을 이끌고 트로이 전쟁에 참여해서 많은 장수들의 부상을 치료했다. 특히 마카온(혹은 포달레이리오스)은 필록테테스의 상처를 치료한 것으로 유명한데, 그는 아폴론의 도움으로 필록테테스를 깊은 잠에 빠뜨린

히기에이아
구스타프 클림트(Gustav Klimt),
1900~1907년
: 빈 대학 벽화의 일부로 제작되었다
가 나치에 의해 파괴되었다.

뒤 상처 부위를 절개하고 썩은 살을 도려내어 치료하였다. 일각에서는 이를 인류 최초의 마취 수술로 보기도 한다.('필록테테스' 참조) 또 다른 아들 텔레스포로스는 회복의 신으로 아버지 아스클레피오스의 의술을 도왔다. 텔레스포로스는 종종 아버지 아스클레피오스, 누이 히기에이아와 함께 의술을 상징하는 3신으로 언급되기도 한다.

히기에이아의 이름은 아폴론, 아스클레피오스, 파나케이아와 함께 〈히포크라테스 선서〉의 첫 문장에 등장한다.

"나는 의술의 신 아폴론과 아스클레피오스, 히기에이아, 파나케이아, 그리고 모든 남신과 여신의 이름으로 나의 능력과 판단에 따라 이 선서와 계약을 이행할 것을 맹세합니다."

히기에이아 숭배

히기에이아는 아버지인 의술의 신 아스클레피오스 숭배에서 중요한 역할을 하였다. 아스클레피오스가 질병을 직접 치료하는 신이라면 히기에이아는 위생과 청결을 통해 질병을 예방하고 건강을 유지하는 역할을 하였다. 히기에이아는 대개 아스클레피오스의 딸로 간주되었지만 후대의 문학작품 속에서는 종종 그의 아내로 등장하기도 한다.

히기에이아에 대한 숭배는 에피다우로스, 코린토스, 코스, 페르가몬 등지에서 주로 행해졌으며, 파우사니아스에 따르면 시키온의 티타네에 있는 아스클레피에이온 사원에서 히기에이아에 대한 숭배 의식이 이루어지고 있었다고 한다. 히기에이아 숭배는 아스클레피오스 숭배와 함께 확산되어 BC 3세기 경에는 로마에서도 행해졌는 데 이곳에서 히기에이아는 건강과 안녕의 신 살루스와 동일시되었다. 로마에서 히기에이아는 살루스와 마찬가지로 영생의 상징인 뱀이 그녀의 손에 있는 접시를 핥는 모습으로 묘사되었다.

살루스
로마 갈리시아 유적. 갈리시아 루고 주립 박물관
©Lmbuga@Wikimedia(CC BY-SA 3.0)

히드라 Hydra

요약

그리스 신화에 나오는 아홉 개의 머리를 가진 괴물 뱀이다.

히드라의 퇴치는 헤라 여신과 에우리스테우스 왕이 헤라클레스에게 부과한 12과업 중 두 번째다. 헤라클레스는 조카 이올라오스의 도움을 받아 괴물 뱀 히드라를 퇴치하였지만 혼자 힘으로 완수하지 않았다는 이유로 성과를 인정받지 못했다.

기본정보

구분	괴물
상징	끝없이 재생되는 신체
외국어 표기	그리스어: Ὕδρα
어원	물뱀
별자리	바다뱀자리, 게자리
관련 신화	헤라클레스의 12과업
가족관계	티폰의 아들, 에키드나의 아들, 케르베로스의 형제, 키마이라의 남매

인물관계

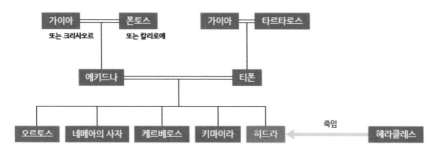

히드라는 거대한 반인반수의 괴물 티폰과 상반신은 여자이고 하체는 뱀인 괴물 에키드나 사이에서 태어난 자식이다. 티폰과 에키드나 사이에서는 그밖에도 오르트로스, 케르베로스, 키마이라, 네메아의 사자 등 수많은 그리스 신화의 괴물들이 태어났다.

신화이야기

헤라클레스의 12과업

제우스가 알크메네와 바람을 피워 태어난 헤라클레스는 제우스의 아내인 헤라 여신의 저주로 광기에 사로잡혀 자기 자식들을 모조리 죽이게 된다. 델포이의 신탁은 헤라클레스에게 죄를 씻으려면 미케네로 가서 에우리스테우스의 노예가 되어 그가 시키는 일들을 하라고 명하였다. 그렇지 않아도 헤라클레스의 엄청난 힘과 왕위계승권을 두려워하던 에우리스테우스는 그에게 열 가지의 몹시 어려운 과업을 부과했는데 이는 결과적으로 헤라클레스를 그리스 최고의 영웅으로 만들어 신의 반열에 오르도록 해주었다. 에우리스테우스가 애당초 부과했던 열 가지 과업은 그가 두 가지 과업의 성과를 부정했기 때문에 열두 가지로 늘어나게 된다. 이것이 이른바 '헤라클레스의 12과업'이다. 레르네의 히드라를 퇴치하는 것은 그 두 번째 과업이다.

헤라클레스와 레르네의 히드라
아티카 흑색상 도기 암포라, 기원전 540년, 루브르 박물관

머리가 아홉 개 달린 독뱀 히드라

히드라는 아르고스 근처의 늪지대인 레르네에 살고 있는 머리가 아홉 개 달린 물뱀이다. 하지만 전승에 따라 히드라의 머리는 다섯 개에서 백 개까지 그 수가 일정하지 않다. 다만 여러 개의 머리들 중 하나는 죽지 않는 불사의 몸이었다고 한다. 히드라는 매우 강력한 독을 지니고 있어 신체 어느 부위에든 히드라의 독이 닿거나 히드라가 내뿜는 숨결을 호흡하기만 해도 그 사람은 목숨을 잃게 되었다. 히드라는 레르네의 늪지대 근처를 지나는 사람이나 가축 등을 잡아먹었고 농작물에도 커다란 피해를 입혔다. 이처럼 아르고스의 주민들을 괴롭히는

헤라클레스와 레르네의 히드라
귀스타브 모로(Gustave Moreau), 1876년, 시카고 미술관

히드라를 퇴치하는 것이 헤라클레스의 두 번째 과업이었는데 히드라를 이곳으로 보낸 것이 첫 번째 과업의 대상이었던 네메아의 사자와 마찬가지로 헤라 여신이었다.

히드라의 퇴치

히드라를 처치하기 위해 헤라클레스는 이복형제 이피클레스의 아들인 조카 이올라오스를 데리고 레르네로 갔다. 헤라클레스는 아미모네 샘 근처에 있는 동굴에서 히드라를 발견하고는 불화살을 동굴 안으로 쏘

이올라오스와 함께 괴물 히드라를 퇴치하는 헤라클레스
한스 제발트 베함(Hans Sebald Beham), 1545년

아 히드라를 밖으로 나오게 하였다. 히드라가 아홉 개의 머리에서 쉭쉭 소리를 내며 동굴 밖으로 나오자 헤라클레스는 사자 가죽으로 코와 입을 가린 채 히드라에게 달려들어 칼로 머리를 잘랐다. 하지만 머리가 잘린 목에서는 곧 두 개의 머리가 자라났다. 헤라클레스는 조카 이올라오스에게 횃불을 가져오게 하여 머리를 자르면 그 부위를 불로 지져 더 이상 새 머리가 돋아나지 못하게 하였다. 하지만 불사의 머리는 그런 식으로도 죽일 수가 없었다. 그래서 헤라클레스는 불사의 머리를 베어 그것을 땅에 묻고 커다란 바위로 깔아뭉갰다. 그런 다음 그는 히드라의 배를 가르고 그 피에 자기 화살을 담가 치명적인 독화살을 만들었다. 하지만 이 독화살은 훗날 헤라클레스의 스승 케이론을 맞히게 되어 그를 죽게 만들었다.('케이론' 참조)

게자리와 바다뱀자리

　헤라클레스가 한창 히드라와 사투를 벌이고 있을 때 헤라는 거대한 게도 한 마리 보내서 히드라를 돕게 하였다. 하지만 게는 헤라클레스의 뒤꿈치를 물려고 다가가다가 그의 발에 밟혀 죽고 말았다.

　헤라는 자신을 위해 희생된 히드라와 게를 하늘로 올려 별자리로 만들었다.(바다뱀자리와 게자리)

열 개에서 열두 개로 늘어난 과업

　헤라클레스는 이렇게 해서 두 번째 과업을 완수하였지만 에우리스테우스 왕은 헤라클레스가 조카 이올라오스의 도움을 빌어 괴물을 퇴치하였으므로 성과를 인정하지 않았다. 이런 식으로 에우리스테우스는 두 번의 성과를 인정하지 않아 원래 열 번으로 정해졌던 헤라클레스의 과업은 열두 번으로 늘어나게 된다.

　헤라클레스가 인정받지 못한 또 한 가지 과업은 아우게이아스 왕의 축사를 청소하는 일이었는데 에우리스테우스는 헤라클레스가 아우게이아스 왕으로부터 보수를 받기로 하고 일을 처리하였으므로 자신에 대한 봉사로 인정할 수 없다고 하였다.

헤라클레스와 히드라
안토니오 델 폴라이올로(Antonio del Pollaiolo), 1475년, 우피치 미술관

히메로스 Himerus

요약

그리스 신화에서 성적 갈망이 의인화된 신이다.

그러나 그는 단지 추상적인 개념에 불과하며 신화의 스토리에 독자적인 인물로 등장하지는 않는다. 에로스, 포토스, 안테로스 등과 함께 사랑과 성을 대표하는 신으로 간주된다.

기본정보

구분	개념이 의인화된 신
상징	정욕, 성적 갈망.
외국어 표기	그리스어: Ἵμερος
어원	주체할 수 없는 갈망, 나른한 그리움
관련 신화	에로테스
가족관계	아프로디테의 아들, 아레스의 아들, 에로스의 형제

인물관계

미의 여신 아프로디테와 군신 아레스 사이에서 태어난 아들로 에로스, 포토스, 안테로스와 형제 사이다.

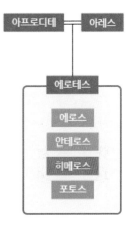

신화이야기

성적 갈망의 화신 히메로스

사랑의 욕망의 화신으로서 히메로스가 처음 언급된 것은 호메로스의 『일리아스』다. 여기서 트로이의 왕자 파리스는 헬레네에게 강한 욕망을 느끼며 침상에 들자고 할 때 자신이 "달콤한 히메로스에게 사로잡혔다"고 말한다. 헤시오도스는 『신들의 계보』에서 히메로스를 좀 더 인격화된 형태로 묘사한다. 히메로스는 에로스와 함께 아프로디테의 행렬에 동행하여 키테라 섬에도 함께 가고 올림포스 산에서 열리는 신들의 집회에도 따라간다. 히메로스는 우미의 여신 카리테스

에우리노메, 히포다메이아, 이아소, 아스테리아의 시중을 드는
에로스와 히메로스
아티카 적색상 도기, 기원전 400년

자매와 함께 무사이들 곁에서 살아간다. 히메로스는 에로스와 마찬가지로 어깨에 날개를 달고 활과 화살을 든 모습으로 사람들의 마음속에 성적 갈망을 불러일으킨다.

사모사타 출신의 그리스 작가 루키아노스는 히메로스를 아프로디테의 아들로 여겼으며 고대 그리스의 조각가 스코파스는 히메로스를 에로스, 포토스와 함께 아프로디테 곁에서 뛰노는 모습으로 표현하였다. 스미르나의 퀸투스나 파노폴리스의 논노스 같은 후대의 그리스 작가들에 따르면 히메로스는 디오니소스의 어머니 세멜레가 죽음을 맞을 때 에일레이티이아, 에리니에스 등과 함께 그 곁을 지켰다고 한다.

에로테스

  에로테스는 그리스 신화에서 사랑과 성을 관장하는 3명 혹은 4명의 정령들로, 대개 날개가 달린 모습으로 미의 여신 아프로디테와 함께 등장한다. 개별적으로 에로테스는 사랑의 한 부분적인 특성과 연결되거나 사랑의 신 에로스의 다양한 측면을 나타내는 존재로 여겨지기도 한다. 이때 안테로스는 응답을 요구하는 사랑, 포토스는 부재하는 대상에 대한 욕망, 히메로스는 통제되지 않는 갈망을 대표한다. 개별적인 신으로서 에로테스는 모두 아프로디테와 아레스 사이에서 태어난 형제들로 간주된다.

  에로테스는 헬레니즘 시대 미술가들이 즐겨 다룬 모티브로 벌거벗은 몸에 날개가 달린 아름다운 소년의 모습으로 표현되었다. 에로테스는 에로스의 복수형이기도 하므로 로마 신화에서는 아모르의 복수형인 아모레티 혹은 아모리니로 불렸다. 초기 기독교 미술에서도 벌거벗은 미소년의 모습을 한 에로테스는 천상의 사랑을 상징하는 이미지로써 표현되었다.

에로테스
무세이돈과 암피트리테의 결혼식을 묘사한 기원전 2세기의 부조, 뮌헨 글립토테크 미술관

히브리스 Hybris

요약

그리스 신화에서 오만과 방종의 개념이 의인화된 여신이다.
'포만'이 의인화된 신 코로스가 그녀의 아들 혹은 아버지라고 한다.
히브리스 개념은 고대 그리스의 비극 작품을 이해하는 열쇠이기도
하다.

기본정보

구분	개념이 의인화된 신
상징	오만, 방종
외국어 표기	그리스어: ὕβρις
어원	오만, 불손
로마 신화	페툴란티아(Petulantia)
가족관계	판의 어머니, 코로스의 어머니

인물관계

히브리스는 제우스와 사이에서 호색한
으로 유명한 목신(牧神) 판을 낳았으며,
'포만' 개념의 의인화된 신 코로스도 그
녀의 자식이라고 한다.

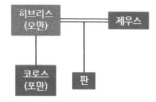

신화이야기

개요

히브리스는 오만과 불손, 방종 등 개인적 특성을 나타내는 개념이 의인화된 여신이다. 헤로도토스의 『역사』에 따르면 히브리스는 '포만' 개념이 의인화된 신 코로스의 어머니라고 한다. 하지만 그녀를 코로스의 어머니가 아니라 딸로 보는 견해도 있으며, 전해지는 이야기에 따라 파멸의 여신 아테도 히브리스의 딸로 보기도 한다. 아폴로도로스는 『비블리오테케』에서 호색한으로 유명한 목신 판을 히브리스와 제우스의 아들로 소개하고 있다.

히브리스는 고대의 문학작품에서 오만 등의 개념이 의인화된 신으로 등장할 뿐 그리스 신화에 그녀에 대한 개별적인 에피소드는 따로 없다. 하지만 히브리스는 고대 그리스인의 사고방식을 이해하는 데 중요한 개념 중 하나이다.

히브리스 개념

히브리스는 자신에 대한 지나친 과대평가나 오만의 극치를 의미하는 개념으로 대개 권력자들에게서 흔히 나타나는 현실감각의 상실이나 자기 능력 과신 등을 가리키는 말로 사용된다.

고대 그리스 비극에서 히브리스는 수많은 주인공의 몰락을 가져오는 요인이 된다. 비극의 주인공은 오만에 빠져 신들의 명령(신탁)이나 운명의 법칙을 무시하다가 파멸과 죽음에 이르게 된다. 예를 들어 소포클레스의 『오이디푸스 왕』에서 극중의 합창대는 신탁의 경고를 무시하고 자기 고집을 꺾지 않는 '오만'한 오이디푸스를 향해 다음과 같이 노래한다.

"정의의 여신을 두려워하지 않고, 신들을 어려워하지 않고 행동이

나 말에서 교만의 길을 걷는 자가 있다면 그의 불운한 교만 때문
에 사악한 운명이 그를 붙잡아갈지어다"

하지만 철학자 월터 카우프만은 히브리스가 자신의 능력과 가치에
대한 자만심이나 과대평가로 이해되어서는 안 된다고 말한다. 히브리
스는 어떤 자만의 감정 같은 것이 아니라 항상 행위와 결합되어 있다
는 것이다. 히브리스의 동사형인 '히브리세인'은 호메로스의 작품에서
'방종하다', '맹렬히 날뛰다' 등의 의미를 지니고 있으며 인간뿐만 아니
라 강, 강의 물결, 무성하게 자란 수풀, 고집 센 노새 등에게도 쓰인다.
이렇게 볼 때 히브리스는 '제멋대로 행사되는 폭력', '뻔뻔하고 방자한
행동'을 뜻한다고 하겠다.(호메로스는 『오디세이아』에서 페넬로페의 구혼자
들에게 이 단어를 썼다) 히브리스는 또한 '탐욕'과 '호색'의 의미로도 쓰
였다.

근대 문학의 히브리스

밀턴은 『실락원』에서 성서에 나오는 악마 루시퍼를 히브리스 개념
을 통해서 묘사하고 있다. 그에 따르면 루시퍼는 아름답고 위대한 천
사였으나 신의 자리를 넘보다가 천국에서 지옥으로 떨어진 오만한 존
재이다.

마리 셸리의 소설 『프랑켄슈타인』에서도 히브리스는 중요한 모티브
가 된다. 유능한 과학자 빅터 프랑켄슈타인 박사는 자신의 이론을 증
명하기 위해 조물주인 신의 영역에까지 도전하는 오만한 행동을 서슴
지 않는다. 그는 신과 같이 인간을 창조하고자 했으나 결국 끔찍한 괴
물을 만들어내고 만다.

엘리자베스 시대 영국의 극작가 크리스토퍼 말로는 『포스터스 박사
의 비극』에서 한없는 지식욕에 사로잡혀 신을 버리고 악마에게 영혼
을 팔아버리고 마는 지식인의 오만과 그에 대한 신의 징벌을 그리고

있다. 이 작품은 괴테의 『파우스트』와 마찬가지로 중세 독일의 파우스트 전설을 소재로 한 드라마이다.

천국에서 추방당한 루시퍼
귀스타브 도레(Paul Gustave Dore), 1866년
: 존 밀턴의 『실락원』 삽화

히아데스 Hyades

요약

   그리스 신화에 등장하는 천상의 님페이다.

   아틀라스의 딸들로 오빠 히아스의 죽음을 슬퍼하다(혹은 헤라 여신의 보복을 피해) 하늘의 별이 되었다. 히아데스 성단이 하늘에 나타나면 우기가 시작된다고 한다.

기본정보

구분	님페
상징	동기간의 우애
외국어 표기	그리스어:Ύάδες.
어원	비를 내리는 여인들
자연현상	비, 봄의 우기
별자리	히아데스 성단: 황소자리의 산개성단(散開星團)
가족관계	아틀라스의 딸, 아이트라의 딸, 히아스의 남매

인물관계

   히아데스는 아틀라스와 오케아니데스(오케아노스와 테티스의 딸들) 중 하나인 아이트라 사이에서 태어난 딸들로 플레이아데스와는 이복자매이다. 히아데스 자매의 수는 두 명에서 일곱 명까지 여러 이야기가 전해지고 있으며 이름은 암브로시아, 에우도라, 아이실레(혹은 파이실레), 코로니스, 디오네, 폴릭소, 파이오 등으로 알려져 있다.

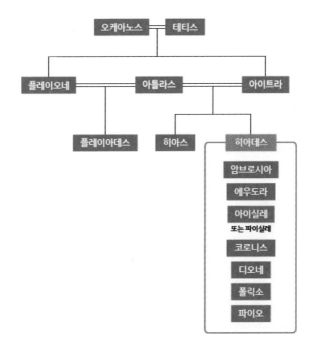

오케아노스 ━━ 테티스

플레이오네 ━━ 아틀라스 ━━ 아이트라

플레이아데스　　히아스　　히아데스

암브로시아

에우도라

아이실레
또는 파이실레

코로니스

디오네

폴릭소

파이오

신화이야기

별이 된 히아데스 성단

히아데스 성단은 플레이아데스 성단과 가까운 위치에 있는 별들로 황소자리에 속한다. 고대인들은 6월초 이 별들이 하늘에 나타나면 우기가 시작된다고 하여 '비의 히아데스' 혹은 '눈물의 히아데스'라고 불렀다. 하늘을 떠받치고 있는 거인 아틀라스와 오케아니데스(오케아노스의 딸들)의 하나인 아이트라 사이에서 태어난 자매인 이들이 하늘의 별이 된 연유에 대해서는 여러 가지 이야기가 있다.

오빠 히아스의 죽음을 슬퍼하다 별이 되다

히아데스 자매들에게는 히아스라는 이름의 오빠가 있었는데 이들 남매는 남달리 우애가 깊었다고 한다. 그런데 사냥을 좋아하는 히아스가 리비아 지방으로 사냥을 나갔다가 멧돼지(혹은 사자, 뱀)에게 물려 죽자 히아데스 자매는 슬픔에 빠져 식음을 전폐하고 울기만 하였다.(혹은 슬픔을 이기지 못하고 모두 스스로 목숨을 끊었다) 그러자 그 모습에 감동한 제우스가 이들을 하늘로 올려 별이 되게 하였다. 히아데스 자매는 별이 되어서도 계속 눈물을 흘려 이들이 하늘에 있는 동안에는 비가 그치지 않았다고 한다.

헤라 여신의 보복을 피해 하늘의 별이 되다

또 다른 이야기에 따르면 히아데스 자매는 별이 되기 전에 니사 산의 님페들이었다고 한다. 이들은 제우스의 부탁으로 그와 세멜레 사이에서 태어난 어린 디오니소스를 니사 산의 동굴에서 길렀다. 하지만 헤라가 이 사실을 알게 되자 보복이 두려워 아이를 이노에게 맡기고 자신들은 할머니 테티스 여신에게 피신하였다. 제우스는 아이를 맡아준 보답으로 그들을 하늘의 별자리로 만들어 화를 모면하게 해주었다. 이들이 하늘에서 눈물을 흘리는 이유는 하늘을 떠받치는 형벌로 고통 받고 있는 아버지 아틀라스 때문이라고 한다.

히아스 Hyas

요약

그리스 신화에 나오는 아틀라스의 아들로 히아데스 성단과 관련된 신화에 등장한다. 히아스가 사냥을 나갔다가 맹수에게 목숨을 잃자 오라비와 남매간의 우애가 남달리 돈독했던 히아데스 자매는 슬픔을 이기지 못하고 죽어 하늘의 별(히아데스 성단)이 되었다. 히아데스 성단이 밤하늘에 나타나는 6월초부터 그리스는 봄의 우기가 시작되는데 고대인들은 이를 히아데스의 눈물이라고 생각하였다.

기본정보

구분	신화 속 인물
상징	동기간의 우애
외국어 표기	그리스어: ῞Υας
어원	비가 내리다
자연현상	비, 봄의 우기
별자리	히아데스 성단, 플레이아데스 성단

인물관계

히아스는 아틀라스와 오케아니데스(오케아노스와 테티스의 딸들) 중 하나인 아이트라 사이에서 태어난 아들로 히아데스 사매와는 남매지간이다. 아틀라스와 플레이오네 사이에서 태어난 딸들인 플레이아데스 자매와는 이복남매다. 하지만 다른 이야기에는 히아스와 히아데스도 모두 아틀라스와 플레이오네 사이의 자식들이라고 한다.

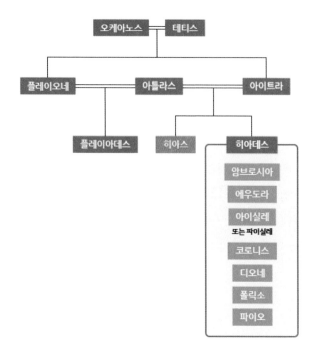

신화이야기

하늘의 별이 된 히아스의 누이들

히아스는 하늘을 떠받치고 있는 거인 아틀라스의 맏아들로 그에게
는 히아데스라 불리는 일곱 명(혹은 두 명에서 다섯 명)의 누이동생들이
있었다. 이들은 남매간의 우애가 아주 깊었다. 힘세고 건장한 청년으
로 자라난 히아스는 사냥을 몹시 좋아하여 이름난 사냥꾼이 되었다.
하지만 그는 리비아 지방으로 사냥을 나갔다가 그만 멧돼지의 이빨에
찔려 목숨을 잃고 말았다.(다른 이야기에는 사자 혹은 뱀에게 물려 죽었다
고도 한다)

히아스가 죽자 오빠와 우애가 각별했던 히아데스 자매는 몹시 슬퍼

하여 몇날 며칠이 지나도록 울음을 그칠 줄을 몰랐다. 제우스는 오라비의 죽음을 슬퍼하는 이들의 울음에 감동하여 모두 하늘로 데려가 별로 만들었다.(또 다른 이야기에 따르면 히아데스는 슬픔을 견디지 못하고 모두 스스로 목숨을 끊었다고 하며 제우스는 이들의 각별한 우애를 기리기 위해 하늘의 별로 만들었다고 한다) 히아데스 자매가 변한 별들은 황소자리 안에 자리 잡았고 사람들은 여기에 히아데스 성단이라는 이름을 붙였다. 히아데스 자매는 별이 되어서도 계속 눈물을 흘려서 이들이 하늘에 있는 동안에는 비가 그치지 않았다고 한다. 실제로 히아데스 성단이 하늘에 나타나는 6월초부터 그리스에는 봄의 우기가 시작되었다.(히아데스는 '비를 내리게 하는 여인들'이라는 뜻이다) 그래서 고대인들은 이 별들을 '비의 히아데스' 혹은 '눈물의 히아데스'라고 불렀다.

히아데스와 플레이아데스

또 다른 전해지는 이야기에 따르면 히아스의 누이동생은 모두 열두 명이며 남매들은 모두 아틀라스와 플레이오네 사이에서 태어난 자식들이라고 한다. 히아스가 위에서와 같은 연유로 죽고 난 뒤 히아데스라 불리는 다섯 명의 누이들은 오빠의 죽음을 슬퍼하다 스스로 목숨을 끊어 하늘의 별(히아데스 성단)이 되었고 플레이아데스라고 불리는 나머지 일곱 명의 자매들은 나중에 거인 오리온의 구애를 피해 도망치다 하늘의 별(플레이아데스 성단)이 되었다. 오리온도 결국 죽어서 하늘의 별자리가 되었는데 오리온자리는 플레이아데스 성단을 뒤쫓는 형태를 하고 있다. 히아데스 성단과 플레이아데스 성단은 모두 황소자리 안에 있고 수십 개에서 수백 개의 별들이 산만하게 모여 있어 형태가 불규칙한 산개성단(散開星團)이다.('플레이아데스', '오리온' 참조)

히아킨토스 Hyacinthus, Hyakintos

요약

아미클라이의 미소년 히아킨토스는 태양의 신 아폴론의 사랑을 받았다. 어느 날 아폴론과 히아킨토스가 원반던지기를 하던 중 원반이 단단한 땅에서 튕겨 올라 히아킨토스의 얼굴을 가격하였고, 갑작스런 사고로 치명상을 입은 히아킨토스는 속절없이 죽고 말았다. 아폴론은 히아킨토스의 죽음을 애도하며 그를 식물로 환생시켰다.

기본정보

구분	신화 속 인물
상징	동성애, 질투
외국어 표기	그리스어: Ὑάκινθος
관련 상징	히아신스 꽃

인물관계

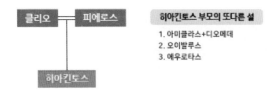

신화이야기

출생

히아킨토스가 누구의 아들인지에 대한 이야기는 여러 가지이다. 그 중 하나가 스파르타의 왕 아미클라스와 디오메데의 아들이라는 이야기도 있고 스파르타의 왕 오이발루스의 아들 혹은 에우로타스의 아들이라고도 한다. 또는 뮤즈 클리오와 마케도니아의 왕 피에로스의 아들이라고도 한다.

히아킨토스를 사랑한 아폴론

오비디우스의 『변신이야기』에서 오르페우스는 아버지 아폴론과 히아킨토스의 슬픈 사랑을 전해준다. 오르페우스는 아버지의 연인 히아킨토스가 천상으로 올라가지는 못했지만 이승에서의 삶을 끝내고 꽃으로 다시 피어남으로써 어쨌든 영원히 살게 되었다고 말한다. 아들 오르페우스에게 아버지의 사랑은 어땠을까? 그것도 미소년을 사랑한 아버지를 어떻게 기억하고 있을까?

아폴론은 히아킨토스를 지독하게 사랑했다. 자신이 지켜야 할 세상의 중심 델포이도 그에게는 중요하지 않았다. 그는 만사를 제쳐두고 아미클라이(스파르타로부터 남쪽에서 얼마 떨어지지 않은 곳)의 히아킨토스를 만나기 위해 스파르타를 자주 찾았다. 그들은 함께 사냥개를 데리고 산속을 누비고 다니며 많은 시간을 같이 보내며 사랑을 쌓아갔다. 그러던 어느 날 아폴론과 히아킨토스가 원반던지기 시합을 했다. 아폴론이 먼저 원반을 던졌는데 원반은 대기를 가르며 힘껏 날아가 한참 후에 땅에 떨어졌다. 히아킨토스는 조급한 마음에 원반이 땅에 안착하기도 전에 원반을 삽기 위해 뛰어갔다. 그러니 무슨 운명이 장난인지 원반은 아름다운 소년의 손에 잡히기 전에 땅에서 다시 튀어올라 히아킨토스의 얼굴을 힘껏 때렸다. 히아킨토스는 치명상을 입고

히아킨토스의 죽음
장 브록(Jean Broc), 1801년, 생크 루아 박물관
: 힘없이 늘어진 히아킨토스를 한발로 받치고
쓰러지지 않게 껴안고 있는 아폴론의 모습이
애절하다

쓰러졌다. 아폴론의 얼굴이 놀라 창백해졌고, 힘이 빠져 축 늘어진 히아킨토스의 사지를 주무르고 약초를 붙여주며 아폴론은 그를 살리기 위해 안간힘을 썼다. 그러나 속절없게 히아킨토스는 숨을 거두고 말았다. 망연자실한 아폴론은 자기 때문에 히아킨토스가 죽었다고 가슴을 치며, 자신의 실수로 인해 너무 젊은 나이에 꺾여버린 청춘의 꽃을 붙들고 서럽게 울었다.

"내가 너를 죽게 했으니 내가 대체 무슨 죄를 지었단 말이냐? 너와 시합을 한 것이 죄이란 말인가? 너를 사랑한 것이 죄이란 말인가? 할 수만 있다면 내가 대신 죽고 싶구나. 그도 아니라면 같이 죽을 수 있다면 좋으련만. 그러나 운명이 우리를 이렇게 묶어놓았구나. 너는 항상 내 곁에 있을 것이다. 나는 너를 항상 입에 올릴 것이며 기억할 것이다. 노래를 할 때나 리라를 연주할 때나 너를 찬미할 것이다. 너는 우리의 고통을 꽃으로서 아로새길 것이다."

아폴론 신이 이렇게 울부짖고 있을 때 히아킨토스가 쏟은 피에서 티로스 산 자줏빛보다 더 빛나는 백합 모양의 꽃이 피어났다. 아폴론은 히아킨토스가 꽃으로 환생하는 것에 만족하지 않고 자신의 비통한 심정을 꽃잎에 아로새겼다.

아미클라이에서는 히아킨토스의 죽음을 기리고자 초여름에 히아킨티아 축제가 열렸는데 이 축제는 3일간 진행되었다. 아미클라이에는 히아킨토스의 무덤과 대략 13미터 높이의 아폴론 상이 있었다고 한다.

『비블리오테케』에서 만난 히아킨토스의 사랑

아폴로도로스는 히아킨토스의 부모를 뮤즈 클리오와 피에로스라고 말한다. 클리오는 아프로디테가 아도니스를 사랑하는 것을 비난했는데 이런 행동은 아프로디테의 노여움을 샀고, 아프로디테는 자신을 비난한 벌로 클리오의 마음에 피에로스(마케도니아의 도시 펠라의 왕)를 사랑하는 마음을 품게 했다. 클리오와 피에로스 사이에서 히아킨토스가 태어났는데 그는 아름다운 용모로 남자들의 사랑을 받았다. 트라키아의 뛰어난 가인 타미리스가 눈부신 히아킨토스에게 반했다. 타미리스의 아버지는 필람몬이라고 하는데 필람몬은 아폴론의 아들이다. 그렇다면 타미리스는 아폴론의 손자인 셈이다. 할아버지와 손자가 동시에 아름다운 미소년 히아킨

히아킨토스의 죽음
죠반니 바스티나 티에폴로(Giambattista Tiepolo),
1752〜1753년. 티센보르네미차 미술관
: 쓰러진 히아킨토스의 머리를 자신의 무릎으로
받치고 당황해하는 아폴론의 모습에서
그의 감정의 동요를 엿볼 수 있다

토스를 사랑한 것이다. 타미리스는 히아킨토스를 놓고 할아버지 아폴론과 미묘한 관계를 형성했다. 과연 누가 먼저 히아킨토스를 사랑했을까. 아폴로도로스가 타미리스를 '남자를 사랑한 최초의 '남자'라고 기록한 것을 보면 그가 아폴론보다 먼저 히아킨토스를 사랑한 것 같다. 그는 같은 성을 사랑한 최초의 동성애자로 신화에 기록되어 있다.

히아킨토스는 어디에서나 눈에 띌 정도로 아름다운 소년이어서 서풍의 신 제피로스(북풍의 신 보레아스라는 이야기도 있다)의 눈을 사로잡았다. 뿐만 아니라 아폴론도 미소년 히아킨토스를 사랑했다. 그들이 원반던지기 시합을 할 때 불행한 일이 일어나 어처구니없게도 히아킨토스는 아폴론이 던진 원반에 맞아 그 자리에서 숨졌다. 이렇게 그들의 사랑은 짧게 끝나고 말았고, 슬픔에 잠긴 아폴론은 히아킨토스의 피에서 아름다운 꽃이 피어나게 하고 잎 한 장 한 장 마다 한탄의 목소리 "AiAi"를 새겼다.

또 다른 이야기에 의하면 제피로스가 히아킨토스와 아폴론의 사랑을 질투했다고 한다. 그래서 서풍의 신 제피로스(북풍의 신 보레아스라는 이야기도 있다)는 아폴론과 히아킨토스가 원반던지기 시합을 하고 있을 때 갑자기 바람의 방향을 바꾸어 원반을 잡기 위해 달려가던 히아킨토스는 원반에 맞아 숨졌다.

제피로스와 히아킨토스
적색상 도기, 기원전 5세기, 보스턴 미술관

신화해설

히아킨토스는 어떤 꽃으로 피어났을까?

우리는 주변에서 볼 수 있는 아름다운 식물의 기원을 그리스 신화 속에서 찾을 수 있다. 인간과 동물이 어우러져 행복하게 살던 시대에 동식물로의 변신이 이야기는 자연스러웠을 것이다.

아름다운 식물들은 주변을 환하게 하고 그 향기로 사람들의 마음을 위로한다. 그러나 이 아름다운 식물들은 실패한 사랑이나 불행한 사랑, 짝사랑 혹은 안타까운 죽음 등에서 기원한다.

아프로디테의 연인 아도니스는 멧돼지의 어금니에 받혀 죽은 후 아네모네로 다시 태어난다. 나르키소스는 샘물에 비친 자신의 모습에 반해 가슴 태우고 수선화로 태어난다. 아폴론이 사랑한 미소년 키파리소스는 사이프로스가 된다. 다프네는 아폴론에게 잡히지 않기 위해 월계수로 변한다.

아폴론이 사랑한 불행한 미소년 히아킨토스는 어떤 꽃으로 변했을까? 흔히 히아킨토스와 이름이 비슷한 히아신스 꽃이 언급된다. 그러나 히아킨토스가 히아신스로 부활했는지 명확하지 않다고 한다. 필리니우스에 따르면 뿌리는 구근이고 양파 모양이며 꽃은 백합과 비슷하고 봄에 꽃이 피며 장미에 앞서 피고 오랫동안 피어있는 꽃이다. 이런 추측에 근거하여 히아신스 꽃이 언급되고 있으나 확실하지는 않다

『식물의 상징』의 저자 마리안네 보이헤르트는 그리스에서는 제우스와 헤라의 결혼식의 잠자리를 기억하는 의미에서 신부를 히아신스로 장식한다고 한다.

히파소스 Hippasus

요약

그리스 신화에 나오는 오로코메노스의 왕 미니아스의 세 딸(미니아데스) 중 한 명인 레우키페의 아들이다.

레우키페는 소아시아에서 건너온 디오니소스 숭배 의식을 거부하다가 벌을 받아 광기에 사로잡힌 채 자기 아들 히파소스를 갈가리 찢어 죽였다.

기본정보

구분	왕자
상징	디오니소스 의식의 희생자, 광기의 제물
외국어 표기	그리스어: Ἵππασος
관련 신화	디오니소스 의식, 미니아데스

인물관계

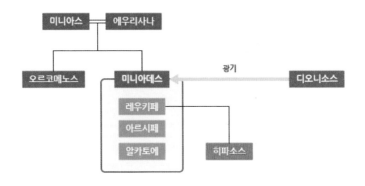

히파소스는 오르코메노스의 왕 미니아스가 에우리사나와 결혼하여 낳은 딸인 레우키페의 아들이다. 히파소스의 어머니 레우키페는 다른 두 자매 아르시페, 알카토에와 함께 미니아데스, 즉 미니아스의 딸들이라고 불렸다.

신화이야기

디오니소스 숭배의 거부

소아시아에서 건너온 디오니소스 숭배가 보이오티아 지방에 전해질 때의 이야기다. 오르코메노스 왕국의 여자들은 모두 마이나데스(디오니소스의 추종자)가 되어 광란의 춤을 추며 숲과 들판을 누비고 다녔다. 그런데 미니아스 왕의 세 딸 레우키페, 아르시페, 알카토에는 이를 혐오하여 밖으로 나가려 하지 않고 집안에서 실을 잣고 옷감을 짜는 일에만 열중하였다. 이를 본 디오니소스는 젊은 처녀의 모습으로 변신하고 그녀들 앞에 나타나 신에 대한 무관심을 책망하며 함께 숭배의식에 참여하자고 권했다. 하지만 레우키페 자매는 콧방귀도 뀌지 않았다. 화가 난 디오니소스는 그녀들이 보는 앞에서 황소로, 표범으로, 사자로 모습을 바꾸며 분노를 드러냈다. 그 뿐만이 아니었다. 베틀에서 포도나무가 자라나고 실은 넝쿨로 변하더니 곧 젖과 술이 흘러나오기 시작

광란의 춤을 추는 디오니소스 추종자
아티카 적색상 도기, BC 330년, 영국 박물관

461

했다. 또 방안에 연기가 피어오르고 기이한 불빛이 번쩍이더니 야수들의 울음소리와 북과 피리 소리가 울려 퍼졌다. 사람들이 요란하게 떠들어대는 소리도 들려왔지만 눈에 보이지는 않았다.

박쥐, 올빼미, 부엉이로 변한 미니아스의 딸들

겁에 질린 세 자매는 갑자기 광기에 사로잡혀 날뛰기 시작했다. 그러더니 레우키페의 어린 아들 히파소스를 노루 새끼로 여기고는 붙잡아서 갈가리 찢어 죽이고 그 길로 산으로 들어가 미친 듯이 사방을 헤매고 다녔다. 이를 본 헤르메스 신은 자매를 불쌍히 여겨 박쥐와 올빼미와 부엉이로 만들어버렸다.

제물로 바쳐진 히파소스

다른 이야기에 따르면 히파소스는 디오니소스의 진노를 사게 되어 미쳐버린 미니아스의 딸들이 용서를 빌기 위해 바친 제물이었다고 한다. 누구를 제물로 바칠 것인가는 제비뽑기로 정했는데 레우키페가 뽑히자 디오니소스의 추종자들이 그녀의 아들 히파소스를 갈가리 찢어 제물로 바쳤다는 것이다.

플루타르코스에 따르면 오르코메노스의 디오니소스 축제(아그리오니아)에서는 의식을 집전하는 사제가 미니아스 집안의 여자를 뒤쫓는 풍습이 있었다고 한다. 사제의 손에 붙잡히면 여자는 죽음을 면치 못했다. 고대 그리스에서 미니아스의 딸들을 뜻하는 '미니아데스'는 유아살해범을 뜻하는 말로도 사용되었다.

한편, 광기에 사로잡힌 디오니소스 추종자들에게 갈가리 찢겨 희생되는 이야기는 오르페우스와 펜테우스의 신화에서도 찾아볼 수 있다.

히페름네스트라 Hypermnestra

요약

  그리스 신화에 등장하는 50명의 다나오스 딸들(다나이데스) 중 한 명
이다. 첫날밤에 신랑을 죽이라는 아버지 다나오스의 지시를 거부하고
남편 린케우스를 살려주었다. 이 일로 히페름네스트라는 아르고스의
재판에 회부되지만 아프로디테 여신의 변론으로 무죄 판결을 받았다.

기본정보

구분	공주
외국어 표기	그리스어:Ὑπερμνήστρα, 혹은 Ὑπερμήστρα
별칭	히페르메스트라(Hypermestra)
관련 신화	다나이데스의 남편 살해

인물관계

  히페름네스트라는 아르고스의 왕 다나오스의 50명의 딸들 중 맏이
로 사촌인 린케우스와 결혼하여 아바스를 낳았다. 아바스로부터는 페
르세우스와 헤라클레스 등 그리스 신화 최고의 영웅들이 후손으로
태어났다.

벨로스 — 안키노에

다나오스　아이깁토스

히페름네스트라 — 린케우스

아바스 — 아글라이아

(...)

페르세우스

(...)

헤라클레스

신화이야기

다나오스의 딸들

다나오스의 딸들(다나이데스) 50명은 숙부 아이깁토스의 아들들 50명과 동시에 결혼식을 올린 뒤 첫날밤에 아버지 다나오스의 지시로 각자의 남편을 목을 베어 죽였다. 이 여인들이 첫날밤에 모두 남편을 살해하게 된 데에는 다음과 같은 연유가 있었다.

다나오스와 아이깁토스는 벨로스가 나일 강 하신의 딸 안키노에와 결혼하여 낳은 형제다. 아프리카에서 드넓은 왕국을 다스리던 벨로스는 아이깁토스에게는 아라비아를, 다나오스에게는 리비아를 다스리게 하였다. 그런데 아이깁토스가 멜람포데스를 정복하고 자신의 이름을 따서 이집트로 명명한 뒤 다나오스에게 자신의 아들 50명과 다나오스의 딸들 50명을 결혼시키자고 제안하자 이에 위협을 느낀 다나오스는 선조들의 고향인 그리스로 건너가 아르고스의 왕이 되었다. 하지만 아이깁토스의 아들들 50명은 아르고스까지 찾아와 계속해서 결혼을 요구하였다. 다나오스는 하는 수 없이 이를 수락하고는 딸들에게 단검을 하나씩 주고 결혼 첫날밤에 신랑의 목을 베도록 지시하였던 것이다.

나중에 죽어서 저승에 간 다나오스의 딸들은 남편을 죽인 죄로 구멍 뚫린 항아리에 영원히 물을 채워야 하는 형벌을 받았다고 한다.

린케우스를 살려 준 히페름네스트라

그런데 이 죽음의 첫날밤에 남편을 살해하지 않은 다나오스의 딸이 한 명 있었다. 다나이데스 중 맏이인 히페름네스트라였다. 그 덕분에 아이깁토스의 아들들 50명 중에 유일하게 목숨을 건진 이는 린케우스였다. 히페름네스트라가 아버지의 명을 거역하고 린케우스를 죽이지 않은 이유는 그를 사랑하게 되었기 때문이라고도 하고 그가 그녀의 처녀성을 존중해 주었기 때문이라고도 한다. 아무튼 구사일생으로 목숨을 구한 린케우스는 아르고스 근처 언덕으로 피신해서 미리 약속된 히페름네스트라의 횃불 신호를 기다렸다가 무사히 고국으로 돌아갈 수 있었다. 훗날 아르고스인들은 이를 기리기 위해 '리르케이아' 언덕에서 횃불 축제를 열었다.

린케우스에게 편지를 쓰는 히페름네스트라
1498년, 오비디우스의 작품 『헤로이데스』의 삽화

히페름네스트라의 재판

히페름네스트라는 다나오스 왕의 명령을 따르지 않은 죄로 감옥에 갇혀 재판을 받게 되었다. 오비디우스는 『헤로이데스』에서 쇠고랑을 차고 감옥에 갇힌 히페름네스트라가 린케우스에게 보내는 가상의 편지를 소개하고 있는데 편지에서 히페름네스트라는 린케우스와의 첫날밤에 있었던 일들을 감동적으로 묘사하면서 자신의 운명을 한탄하였다.

아르고스의 법정에 선 히페름네스트라는 아프로디테 여신의 변론 덕분에 무죄 판결을 받았다. 히페름네스트라는 감사의 뜻으로 아프로디테 여신께 신상을 만들어 바쳤고 아르테미스 여신의 신전에도 제물을 바쳤다. 다른 이야기에 따르면 도망친 린케우스가 군대를 몰고 아르고스로 쳐들어와서 다나오스를 죽이고 히페름네스트라를 제외한 49명의 딸들도 죽였다고 한다. 히페름네스트라는 린케우스와 사이에서 아바스를 낳아 장차 태어난 그리스 신화 최고의 영웅인 페르세우스와 헤라클레스의 조상이 되었다.

히페리온 Hyperion

요약

  하늘의 의인화된 신 우라노스와 대지의 여신 가이아 사이에서 태어난 타탄 12신 중 한 명이다. 남매 사이인 빛의 여신 테이아와 결혼하여 태양의 신 헬리오스, 달의 연신 셀레네, 새벽의 여신 에오스를 낳았다.

기본정보

구분	티탄 신족
외국어 표기	그리스어:ʽΥπεριων
어원	'높은 곳에 있는 자', '높은 곳을 가는 자', '높은 곳을 달리는 자' 또는 '높은 곳에서 지켜보는 자'
별자리	토성의 히페리온 위성
관련 상징	동쪽
가족관계	우라노스의 아들, 가이아의 아들, 헬리오스의 아버지

인물관계

  히페리온은 그리스 신화의 제2세대 신으로 빛의 신이자 태양의 신이며 대지의 의인화된 여신 가이아와 가이아의 아들이자 하늘의 의인화된 신 우라노스 사이에서 태어났나. 남매지간인 빛의 여신 테이아와의 사이에서 아들 헬리오스를 낳고 딸 셀레네와 에오스를 낳았다. 히페리온은 크로노스와 레아 사이에서 태어난 헤스티아, 데메테르, 헤라, 하데스, 포세이돈, 제우스의 큰아버지이다.

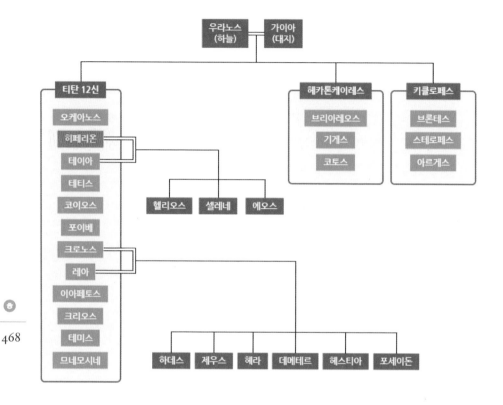

신화이야기

히페리온의 계보

그리스 신화의 제2세대 신으로 빛의 신이자 태양의 신이다. 전해지는 문헌에 따르면 그리스 천지창조 신화에서 카오스와 더불어 주역을 담당하는 대지의 여신 가이아가 사랑을 나누지 않고 홀로 낳은 아들 중의 한 명으로 '하늘'의 의인화된 신 우라노스가 있다. 히페리온은 가이아와 우라노스 사이에서 태어났다.

남자형제는 이마 한 가운데에 둥근 눈 하나만 가진 삼형제 키클로페스, 머리 50개와 팔 100개가 달린 거인 삼형제 헤카톤케이레스 그리고 티타네스로 불리는 남신이다. 티타네스는 히페리온을 포함하여 오케아노스, 코이오스, 크레이오스, 이아페토스, 크로노스이다. 여자 형제는 티타니데스로 불리는 6명의 여신이다. 티타니데스는 테티스, 포이베, 테이아, 레아, 테미스, 므네모시네이다.

그는 크로노스와 레아 사이에서 태어난 헤스티아, 데메테르, 헤라, 하데스, 포세이돈, 제우스의 큰아버지이다.

히페리온의 자식들

티타네스 중의 한 명인 히페리온은 남매 관계인 테이아에게 끈질긴 구애를 보냈다. 결국 빛의 여신인 테이아는 히페리온의 구애를 받아들여 그들 사이에서 아들 한 명과 딸 두 명이 태어났다. 아들은 태양의 신 헬리오스이고 두 딸은 달의 여신 셀레네와 새벽의 여신 에오스이다.

동쪽의 통치자 히페리온

우라노스는 가이아와 사이에서 낳은 자식들을 모두 타르타로스에 가두었다. 그러자 가이아는 그와 같은 만행을 저지른 우라노스에게 복수의 칼날을 갈았고, 그녀는 타르타로스에 갇힌 자식들에게 우라노스를 거세하려는 복수의 계획을 밝혔다. 어머니의 복수 계획에 가장 적극적인 동의를 한 티타네스는 막내아들 크로노스이며 히페리온, 이아페토스, 크레이오스과 코이오스도 복수에 나서겠다는 의사를 밝혔다. 우라노스가 가이아와 사랑을 나누기 위해 그녀를 덮치는 순간 히페리온은 동쪽에서, 이아페토스는 서쪽에서, 크레이오스는 남쪽에서, 코이오스는 북쪽에서 아버지 우라노스를 꽉 붙잡았다. 그리자 크로노스는 회색빛 강철로 만든 거대한 낫으로 사방에서 꽉 붙잡힌 우라노스의 남근을 자르고 우주의 지배자가 되었다.

히페리온은 크로노스가 우라노스를 거세할 수 있게 우라노스를 동쪽에서 붙잡고 있던 공적으로 인해 동쪽의 통치자가 되었다. 다른 신화해석에 따르면 히페리온은 하늘을 떠받치는 동쪽 기둥의 의인화로 여겨지기도 한다.

호메로스의 『일리아스』와 『오디세이』에서는 히페리온의 아들 '헬리오스'를 가리켜 '헬리오스 히페리온'으로 부른다. 이렇듯 초기 그리스에서 전해지는 문헌에서는 히페리온과 헬리오스의 구분이 명확하지 않고 히페리온이란 이름이 헬리오스의 별명으로 사용된다. 그러나 이후에 전해지는 문헌들에서는 히페리온과 헬리오스가 명확히 구별되어 히페리온은 태양의 신 헬리오스의 아버지만을 지칭한다.

세계에서 가장 키가 큰 나무 히페리온

히페리온은 미국 캘리포니아 주의 레드우드 국립공원에 있는 세계에서 가장 키가 큰 미국 삼나무의 이름이다. 이 나무의 높이는 2014년을 기준으로 약 115.61m에 이른다.

토성의 8번째 위성 히페리온

히페리온은 토성의 8번째 위성의 이름이다. 이 위성은 1848년 9월 16일 미국의 천문학자 윌리엄 크랜치 본드와 그의 아들 조지 필립스 본드에 의해 발견되었다. 히페리온 위성은 같은 날 영국의 천문학자 윌리엄 라셀에 의해서도 발견되었다. 이 위성은 토성에서 약 148만 4,100km 떨어져 있으며, 21일 6시간 43분 주기로 토성을 공전한다.

관련 문학작품

1) 반평생을 정신착란증으로 불행한 삶을 산 독일의 시인 프리드리

히 횔덜린(1770~1843)은 서한문 형식으로 쓴 자신의 유일한 소설 『히페리온 - 그리스의 은둔자』를 1797년에 제1권, 1799년에 제2권을 발표했다.

2) 25세의 젊은 나이로 요절한 영국의 천재 시인 존 키이츠(1795~1821)는 1818년 가을부터 그 다음해 4월까지 미완성 서사시 〈히페리온〉을 집필했다. 그는 1819년 가을 〈히페리온〉의 개정판에 해당하는 〈히페리온의 몰락〉에 몰두하나 이 작품은 완성하지 못했다.

3) 미국의 시인 헨리 워즈워드 롱펠로우(1807~1882)는 1839년 낭만주의 소설 『히페리온』을 발표했다.

4) 미국의 소설가 댄 시먼스(1948~)는 존 키이츠의 미완성 서사시 〈히페리온〉에서 영감을 받아 과학소설 『히페리온』(1989)을 집필했다. 그는 1990년 이 소설로 과학소설 분야의 최고의 영예인 휴고 상을 수상했다. 그는 1990년 존 키이츠의 미완성 서사시 〈히페리온의 몰락〉에서 영감을 받아 『히페리온』의 후속편 『히페리온의 몰락』을 발표했다.

히포 Hippo

요약

그리스 신화에 나오는 보이오티아 지방의 처녀이다.

자매 몰피아와 함께 스파르타인들에게 겁탈당한 뒤 자결하였다. 두 자매의 아버지는 스파르타에 강간범의 처벌을 요구하다 거부당하자 스파르타를 저주하며 역시 스스로 목숨을 끊었다. 이 저주로 스파르타는 레욱트라 전투에서 테바이에 패하고 그리스의 패권을 잃었다고 한다.

기본정보

구분	신화 속 인물
상징	억울한 죽음의 저주
외국어 표기	그리스어: Ἱππώ
관련 신화	레욱트라 전투

인물관계

히포와 몰피아는 레욱트라 출신인 스케다소스의 두 딸로 '레욱트리데스'라고 불렸다. 두 처녀는 스파르타인 프루라르키다스와 파르테니오스에게 겁탈당한 뒤 자결하였다.

신화이야기

스파르타인들에게 겁탈당한 스케다소스의 딸들

보이오티아 지방의 도시 레욱트라에 스케다소스라는 남자가 살았는데, 그에게는 아름다운 두 딸 히포와 몰피아가 있었다. 그런데 어느 날 두 딸이 스파르타에서 파견된 관리인 프루라르키다스와 파르테니오스라는 두 남자에게 겁탈을 당했다. 히포와 몰피아는 수치심을 이기지 못하고 목을 매고 죽었다. 스케다소스는 스파르타인들에게 강간범들의 처벌을 요구했지만 그의 요구는 번번이 묵살당했다. 딸들의 억울한 죽음을 보상받으려는 모든 노력이 수포로 돌아가자 스케다소스는 두 딸의 무덤 앞에서 스파르타를 저주하며 스스로 목숨을 끊었다.

레욱트리데스의 저주

그리고 오랜 세월이 흐른 뒤 스파르타와 테바이 사이에 전쟁이 터져 히포와 몰피아의 무덤이 있는 레욱트라에서 전투가 벌어졌다.(기원전 371년) 싸움이 시작되기 전에 신탁은 '레욱트리데스의 저주', 즉 스케다소스의 두 딸의 저주 때문에 스파르타가 패할 것이라는 예언을 했고 이에 사기가 오른 테바이군은 스파르타를 물리치고 승리를 거두었다. 이 패배로 스파르타는 펠로폰네소스 전쟁 이후 획득한 그리스의 패권을 다시 잃었다.

히포다메이아 Hippodamia

요약

그리스 신화에서 피사의 왕 오이노마오스의 아름다운 딸이자 펠롭스 왕의 왕비이다.

탄탈로스의 아들 펠롭스의 집안에 내려진 저주는 히포다메이아를 차지하기 위한 싸움에서 비롯된다.

기본정보

구분	왕비
상징	아버지의 지나친 딸 사랑
외국어 표기	그리스어: Ἱπποδάμεια
별칭	히포다미아(Hippodamia)
관련 신화	탄탈로스 가문의 저주, 오이노마오스의 전차 경주

인물관계

히포다메이아는 아레스의 자손인 피사의 왕 오이노마오스와 스테로페(혹은 에우아레테) 사이에서 난 딸로 탄탈로스의 아들 펠롭스와 결혼하여 아트레우스와 티에스테스를 낳았다. 아가멤논과 메넬라오스에게는 할머니가 된다.

신화이야기

펠롭스와의 결혼

히포다메이아는 빼어난 미모를 가진 처녀였으므로 많은 청년들이
앞다투어 그녀에게 청혼하였다. 하지만 아버지 오이노마오스는 딸을
결혼시킬 마음이 없었다. 딸과 결혼한 남자가 자신을 죽일 거라는 신
탁 때문이었다. 다르게 전해지는 이야기에는 오이노마오스 자신이 딸
을 사랑했기 때문이라고도 한다. 아무튼 오이노마오스는 히포다메이
아와 결혼하기를 원하는 자는 그녀를 전차에 태우고 가도 좋으나 자

신의 추격을 따돌려야 한
다는 조건을 내걸었다.
그런데 아레스의 아들인
오이노마오스에게는 아레
스로부터 받은 갑옷과 불
사의 말들이 이끄는 전차
가 있었다. 그래서 많은
구혼자들이 그를 따돌리
지 못하고 무참히 살해당

펠롭스와 히포다메이아
기원전 27년~서기 68년, 로마 시대의 테라코타 조각

하였다. 오이노마오스는 죽은 구혼자의 목을 베어 자신의 궁궐 문 앞
에 못을 박아 걸어두어 새로 찾아오는 구혼자를 두려움에 떨게 만들
었다.

그런데 펠롭스가 나타나자 히포다메이아는 그의 수려한 용모에 반
해 그가 아버지의 전차를 따돌리고 자신을 데려가 주기를 원했다. 그
녀는 자신을 사랑하고 있던 아버지의 마부 미르틸로스를 시켜서 아버
지가 탈 전차 바퀴의 쐐기를 밀랍으로 바꿔 놓게 했다. 다른 이야기에
따르면 펠롭스가 미르틸로스를 매수하여 그렇게 했다고도 한다. 매수
조건은 그에게 히포다메이아와 하룻밤을 지내게 해주는 것이었다. 또
다른 이야기에서는 히포다메이아 자신이 미르틸로스에게 그런 약속
을 내걸었다고도 한다. 다음날 전차를 타고 펠롭스와 히포다메이아를

전차를 타고 달리는 펠롭스와 히포다메이아
아티카 적색상 도기, 기원전 410년, 아레초 국립고고학박물관

쫓던 오이노마오스는
바퀴가 떨어져 나가는
바람에 전복한 전차에
깔려 죽었다. 또는 전
차에서 굴러 떨어진
왕을 펠롭스가 창으로
찔러 죽였다고도 한다.

하지만 그러고 나서 펠롭스는 약속을 지키려 하지 않았고 미르틸로스는 히포다메이아를 겁탈하려 펠롭스에게 발각되어 바다에 던져졌다. 헤르메스의 아들 미르틸로스는 죽어가면서 펠롭스의 집안에 저주를 퍼부었다.

히포다메이아와 펠롭스 사이에서는 아트레우스, 티에스테스, 알카토오스, 피테우스, 니키페 등 수많은 자식이 태어났다.

크리시포스의 죽음

히포다메이아는 남편 펠롭스가 다나이스의 한 명인 님페 악시오케와의 사이에서 낳은 의붓아들 크리시포스를 미워하여 친아들 아트레우스와 티에스테스를 시켜 그를 죽이게 하였다. 이 일로 히포다메이아는 펠롭스의 노여움을 사서 그의 손에 죽임을 당했다고도 하고 스스로 목을 매어 자살했다고도 한다. 이복동생을 죽인 아트레우스와 티에스테스는 아버지의 분노를 피해 미케네로 도망쳤고 그곳에서 두 형제는 미케네의 왕위를 놓고 잔혹한 골육상쟁을 벌이게 된다. 또 다른 이야기에 따르면 히포다메이아는 아트레우스와 티에스테스가 자신의 요구를 거부하자 크리시포스를 직접 죽였다고 한다. 이를 위해서 그녀는 마침 자신의 집에 묵고 있던 라이오스의 검을 사용하고 그에게 살해 혐의를 뒤집어씌우고자 했으나 치명상을 입고 죽어가는 크리시포스가 진실을 말하는 바람에 발각이 나자 스스로 목을 매어 죽었다고 한다.

또 다른 히포다메이아

부테스의 딸 히포다메이아

그리스 신화에 등장하는 또 다른 히포다메이아로는 부테스(혹은 아드라스토스)의 딸로 영웅 페이리토오스와 결혼하는 여인이 있다. 페이리토오스는 익시온의 아들로 테세우스와는 절친한 친구 사이다. 두 사람이 결혼식을 올릴 때 하객 중에 반인반마(半人半馬)족 켄타우로스들이 있었는데, 술에 취한 켄타우로스들이 신부와 여자들을 납치하는 바람에 라피타 이족과 켄타우로스들 사이에 벌어진 격렬한 전투가 유명하다.

히포다메이아의 납치
파울 루벤스(Peter Paul Rubens), 1637~1638년
벨기에 왕립미술관

브리세스의 딸 히포다메이아

그밖에 트로이 전쟁에서 아가멤논과 아킬레우스 간의 불화의 원인이 되는 미녀 브리세이스의 본명도 히포다메이아다. 브리세이스는 브리세스의 딸이라는 뜻이다.

히포메네스 Hippomenes

요약

  메일라니온 혹은 멜라니온이라고도 불리는 히포메네스는 아탈란테의 남편이다. 그는 신랑을 정하는 달리기 경주에서 아프로디테 여신의 도움으로 경주에서 승리하여 그녀와 결혼했다. 그러나 신전을 모독한 죄로 신들의 분노를 사서 아탈란테와 히포메네스는 사자로 변하고 말았다.

기본정보

구분	왕자
외국어 표기	그리스어: Ἱππομένης
별칭	메일라니온(Meilanion), 멜라니온(Melanion)–그리스어로 Μειλανίων, Μελανίων 이라고 부르기도 한다.
관련 상징	황금 사과, 사자

인물관계

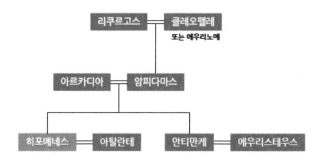

신화이야기

히포메네스는 메일라니온 혹은 멜라니온이라고 부르기도 한다. 그는 아르카디아의 왕 리쿠르고스의 손자이자 암피다마스의 아들로, '칼리돈의 멧돼지 사냥'에서 알타이아의 아들 멜레아그로스의 마음을 사로잡은 여자 사냥꾼 아탈란테를 사랑했다.

『변신이야기』와 『비블리오테케』를 보면 이들의 드라마틱한 결혼과정과 불행한 결말이 흥미롭게 그려져 있다.

알파걸 아탈란테

아탈란테의 아버지는 혼기가 꽉 찼는데도 결혼할 생각을 전혀 하지 않는 딸에게 계속 결혼을 독촉했다. 결혼을 하면 자신이 파멸하거나 동물로 변할 것이라는 신탁을 들은 아탈란테는 어떻게 하든 결혼을 피하려고 했다. 그녀는 평생 숲에서 동물과 뛰어다니며 사냥꾼들 사이에서 자랐기 때문에 달리기라면 누구보다 자신이 있었다. 아탈란테는 달리기 시합을 하면 이 세상에 자신을 이길 남자는 없다고 확신하며 미소를 지었다. 프로와 아마추어의 시합에서 아마추어인 남자들의 패배는 자명한 일이었다. 신화 속의 시합이 그렇듯 이 시합에도 목숨이 담보되었는데, 섣불리 그녀에게 덤벼든 남자들은 결국 시합에 패하고 목숨을 내놓아야 했다. 그럼에도 불구하고 남자들은 맨몸으로 달리기 시합에 나선 아탈란테에게 반해 불나방처럼 달리기 시합에 달려들었다.

세 개의 황금 사과로 얻은 아탈란테

이런 상황을 지켜본 히포메네스는 자신의 힘으로는 아탈란테를 절대 이길 수 없다는 것을 깨닫고 사랑의 여신에게 도움을 청했다. 아프로디테는 히포메네스의 간절한 기도를 듣고 그에게 키프로스 땅에서 딴 황금 사과 세 개를 주면서 황금 사과로 그녀의 관심을 끌도록 조언했다. 시합이 시작되자 아탈란테는 마치 날개가 달린 듯 그를 가볍게 치고 나갔고, 그때 히포메네스는 황금 사과 하나를 던졌다. 그녀는 반짝이는 황금 사과가 탐이나 달리기를 멈추고 사과를 집었고, 그 사이 히포메네스는 앞서 나가지만 아탈란테는 빠른 속도로 그를 따라잡았다. 히포메네스는 다시 황금 사과를 던져 그녀를 따돌렸다. 하지만 그녀의 빠른 발은 어김없이 히포메네스를 앞질렀다. 이제 마지막 사과를 손에 들고 히포메네스는 여신에게 간절하게 기도를 올리며 사과를 던졌다. 결승점을 눈앞에 둔 아탈란테는 황금 사과를 택하면 히포메네스에게 질 수가 있기 때문에 잠시 망설였지만 그 순간 그녀의 마음에 아프로디테가 개입하였고 아탈란테는 몸을 획 돌려 황금 사과를 줍기 위해 달려갔다. 게다가 아프로디테는 황금 사과를 더 무겁게 만들어 아탈란테가 사과를 집는데 시간이 걸리도록 했다. 이렇게 히포메네스는 아프로디테 여신의 전폭적인 도움으로 사랑하는 아탈란테와 결혼에 골인하였다.

아탈란테와 히포메네스
귀도 레니(Guido Reni), 1618~1619년경, 프라도 미술관

하지만 히포메네스는 아프로디테가 그에게 베푼 은혜를 까맣게 잊어버렸다. 인간이 원래 망각의 동물인지 급할 때는 신을 찾다가 급한 일이 해결되면 감사의 제사 따위에는 관심도 두지 않는다. 그렇다고 호락호락하게 넘어갈 신들이 아니다. 아프로디테 역시 이를 간과하지 않았고, 괘씸죄에 걸린 히포메네스는 다시는 인간으로 살지 못하게 되었다.

히포메네스는 아탈란테와 키벨레 신전을 지나갈 때 갑자기 그의 마음에 아탈란테와 감히 신전에서 사랑을 나누고 싶은 불경한 욕구가 솟구쳤다. 아프로디테가 그의 마음을 조종하고 있는 것이었다. 여신이 만든 불경의 기회를 덥석 문 히포메네스와 아탈란테는 신전에서 사랑을 나누고 다시는 돌아올 수 없는 다리를 건넜다. 그들의 몸에는 서서히 털이 나기 시작하더니 급기야 사자로 변하고 말았다. 신들의 호의를 무시하고 신들의 신전에서 금지된 욕망을 채움으로써 신들의 분노를 산 결과이다.

신화해설

신화 속의 신은 인간의 사랑까지도 좌지우지하고 인간의 마음까지도 마음대로 한다. 마치 함정 수사를 하듯 인간이 죄를 짓도록 상황을 만들고 그것을 빌미로 인간을 처단한다. 우리는 신화 속에서 약한 인간의 마음과 무엇인가를 갈구하는 인간의 심리를 이용하는 신들을 자주 볼 수 있다. 자신의 능력으로 당당하게 사랑하는 사람을 쟁취하지 못하고 신의 힘을 빌려 편법으로 이룬 사랑의 종말은 비참하다. 게다가 원하는 것을 얻으면 감사 따위는 잊어버리는 간사한 인간의 마음을 이들을 통해서도 볼 수 있다. 눈앞의 이익에 혹하고 신의를 중요하게 여기지 않는 요즘 세상의 세태를 보여주는 것 같다. 내가 내 마음의 주인이 되지 못하고 누군가에게 의지하면 결국 그의 조정을 받게 되어 나의 미래조차 그에게 종속되는 것이다.

히포메네스의 불행한 운명에 가장 큰 작용을 한 것은 사과이다. 사과는 그의 운명에 불행의 씨앗이 된다. 황금 사과의 또 다른 이름은 욕망이다. 신화 속에 사과는 유혹의 기능을 한다. 이브가 맛본 금단의 사과도 그렇고 트로이 전쟁을 일으킨 파리스의 사과도 그렇다. 사과는 역사와 문학에서 인간의 욕망을 자극하는 식물로 자주 등장한다. 욕망하는 인간이 있는 한 그 마음을 조정하는 또 다른 주인이 있을 것이다. 그것이 신이든 인간이든 권력이든 말이다.

히포크레네 **Hippocrene**

요약

그리스 신화에 나오는 헬리콘 산의 샘이다.

천마 페가수스가 땅을 박차고 하늘로 날아오를 때 발굽이 때린 바위에서 솟아난 샘이라고 한다. 예술의 신 아폴론과 무사이의 성소로서 예술적 영감의 원천으로 여겨진다.

기본정보

구분	지명
상징	예술적 영감의 원천
외국어 표기	그리스어: Ἵππου κρήνης
어원	말의 샘
관련 신화	벨레로폰, 페가수스

신화이야기

페가수스의 샘

히포크레네는 아폴론과 무사이 여신들에게 바쳐진 헬리콘 산의 신성한 샘이다. 이 샘은 영웅 벨레로폰의 천마 페가수스가 땅을 박차고 하늘로 날아오르자 그 자리에서 솟아난 것이라고 한다. 그래서 '말의 샘'이란 뜻을 지닌 히포크레네스라는 이름이 붙었다. 무사이 여신들이 이 샘 근처에 모여 노래하고 춤을 추었다고 하며 샘에서 흘러나오는 물은 작가들에게 시적 영감을 주는 것으로 여겨졌다. 헬리콘 산에는

헬리콘 산에서 춤추는 무사이
베르텔 토르발센(Bertel Thorvaldsen), 1807년, 베를린 구 국립미술관

지금도 히포크레네 샘이 옛 모습 그대로 남아 있다.

무사이 여신들의 샘

헤시오도스는 『신들의 계보』에서 히포크레네와 무사이 여신들에 대한 묘사로 그리스 신화를 시작한다.

"노래를 헬리콘 산의 무사 여신들로부터 시작하기로 하자.
그분들은 크고 신성한 헬리콘 산을 차지하시고는
검푸른 샘(히포크레네를 의미함)과 크로노스의 강력한 아드님의
제단 주위에서 사뿐사뿐 춤을 추신다.
그리고 그분들은 페르멧소스 또는 말의 샘(히포크레네)
또는 신성한 올메이오스에서 고운 살갗을 씻고 나서
헬리콘 산의 꼭대기에서 아름답고 사랑스런 원무를 추신다."

히포크레네는 존 키츠의 시 〈나이팅게일에 부치는 노래〉와 헨리 워즈워스 롱펠로우의 시 〈인생의 술잔〉에서도 예술적 영감의 원천으로 묘사되고 있다.

헬리콘 산의 뮤즈들
주스 드 맘퍼(Joos de Momper), 17세기, 안트베르펜 왕립미술관

히포테스 Hippotes, 크레온의 아들

요약

그리스 신화에 나오는 코린토스의 왕 크레온의 아들이다.

히포테스는 메데이아가 아버지 크레온 왕과 누이 글라우케를 살해하고 아테네로 도망치자 아테네 법정에 그녀를 고발하였다. 하지만 아테네 법정은 그녀의 행위가 남편 이아손의 배신 때문이었다는 이유로 무죄 판결을 내렸다.

기본정보

구분	왕자
외국어 표기	그리스어: Ἱππότης
관련 신화	이아손과 아르고호 원정대, 테세우스의 모험

인물관계

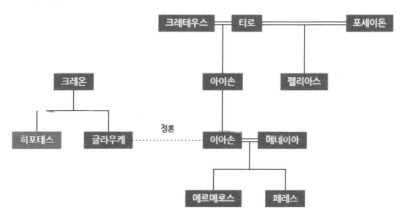

히포테스는 코린토스 왕 크레온의 아들로 글라우케와 남매지간이다. 글라우케는 이아손과 결혼하려다 그의 아내 메데이아에게 아버지 크레온 왕과 함께 죽임을 당했다. 남편에게 배신당한 메데이아는 그와 사이에서 낳은 두 아들 메르메로스와 페레스도 제 손으로 죽였다.

신화이야기

이아손과 메데이아

황금 양털을 가져오기 위해 아르고호 원정대를 꾸려 콜키스로 떠났던 이아손은 콜키스의 왕 아이에테스의 딸 메데이아 공주의 도움으로 성공적으로 원정을 끝마칠 수 있었다. 이아손과 결혼하여 함께 그리스로 온 메데이아는 이올코스의 왕 펠리아스를 죽여 남편 이아손의 복수도 해주었다.(메데이아는 늙은 펠리아스 왕을 회춘시켜주겠다며 그의 딸들로 하여금 아버지를 칼로 썰어 죽이게 만들었다. '펠리아스', '이아손' 참조)

이아손의 배신과 메데이아의 복수

그러나 메데이아의 이런 끔찍한 짓 때문에 두 사람은 이올코스에서 추방되어 코린토스로 피신해야 했다. 코린토스의 왕 크레온은 추방당한 이아손과 메데이아를 따뜻하게 맞아주었다. 두 사람은 그곳에서 10년 가까이 행복하게 지내며 두 아들 메르메로스와 페레스도 얻었다. 하지만 차츰 메데이아에게 싫증이 난 이아손은 그녀를 버리고 코린토스의 왕 크레온의 딸 글라우케와 결혼하려 했다.(물론 여기에는 이아손이 코린토스의 권력을 탐해서 메데이아를 버리고 글라우케 공주와 결혼하려 했다는 이야기도 있다) 크레온 왕은 콜키스의 여자는 그리스인과 정식으로 결혼할 권리가 없다는 관례를 들어 메데이아를 이아손에게서 떼어놓으려 하였다. 분노한 메데이아는 신부의 옷에 독을 발라 글라

이아손과 메데이아
카를 반 루(Charles Andre van Loo), 1759년, 포 미술관

우케와 크레온을 살해하고 이아손과 사이에서 낳은 자식들마저 제
손으로 죽인 다음, 용이 끄는 수레를 타고 아테네로 도망쳐 버렸다.

아테네의 법정에 메데이아를 고발한 히포테스

아버지와 누이를 잃은 히포테스는 아테네의 법정에 그녀를 고발하
고 자신에게 넘겨줄 것을 요구하였다. 하지만 아테네 시민들은 메데이
아가 저지른 짓이 남편 이아손의 배반 때문이었다는 이유로 그녀에게
무죄 판결을 내렸다. 그 후 메데이아는 아테네 왕 아이게우스와 결혼
하였다. 하지만 아이게우스가 피테우스의 딸 아이트라에게서 얻은 아
들 테세우스가 아테네로 아버지를 찾아오자 메데이아는 그를 죽이려
다 실패하고 아테네에서 추방당했다.

히포테스 Hippotes, 필라스의 아들

요약

   그리스 신화에 나오는 헤라클레이다이의 한 사람이다.
   펠로폰네소스 원정길에 아폴론의 예언자를 죽였다가 신의 분노를
사서 헤라클레이다이 무리에서 추방되었다.

기본정보

구분	신화 속 인물
외국어 표기	그리스어: Ἱππότης
관련 신화	헤라클레이다이의 펠로폰네소스 원정

인물관계

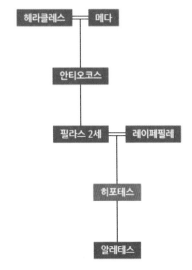

히포테스는 헤라클레스의 손자 필라스가 헤라클레스의 조카 이올라오스의 딸 레이페필레와 결혼하여 낳은 아들이다. 히포테스에게는 알레테스라는 아들이 있었다고 한다.

신화이야기

개요

히포테스는 헤라클레스의 자손인 헤라클레이다이의 한 사람이다. 그의 아버지 필라스(II)는 헤라클레스가 드리오페스족의 왕 필라스(I)의 딸 메다에게서 낳은 안티오코스의 아들이므로 그는 헤라클레스의 증손자가 된다. 또한 그의 어머니 레이페필레는 헤라클레스의 조카이자 마부였던 이올라오스의 딸이다. 히포테스는 헤라클레이다이의 펠로폰네소스 원정에 테메노스 등과 함께 참전하였다.('헤라클레이다이' 참조)

헤라클레이다이의 펠레폰네소스 공략

헤라클레스는 아버지 제우스의 뜻에 따라 펠로폰네소스 반도의 아르고스, 라코니아, 메세니아 등 광범위한 지역을 다스리게 될 예정이었다. 하지만 이를 질투한 헤라 여신의 방해로 이 지역의 통치권은 미케네의 왕 에우리스테우스에게로 돌아갔다. 헤라클레스가 죽은 뒤 그의 자손들(헤라클레이다이)은 에우리스테우스를 무찌르고 헤라클레스가 원래 차지하기로 정해져 있던 펠로폰네소스로 쳐들어갔다. 하지만 3세대에 걸친 그들의 펠로폰네소스 원정은 번번이 실패하였다.

히포테스의 추방

헤라클레스의 손자인 아리스토마코스의 세 아들 테메노스, 크레스폰테스, 아리스토데모스는 다시 펠로폰네소스 원정에 나섰다. 자신들의 세대에 이르러 원정이 결실을 얻게 되리라는 신탁을 받았기 때문이었다. 이들은 로크리스 연안에서 배를 만들어 원정을 준비했다. 이곳은 훗날 나우팍토스라는 이름으로 불리었는데 이는 '배를 건조하다'라는 뜻이다.

그런데 애써 만든 배들은 출항하기도 전에 아폴론의 벼락을 맞고 모두 파괴되었고 그 와중에서 아리스토데모스도 죽고 말았다. 테메노스 등이 신탁에 원인을 물었더니 헤라클레이다이 중 한 명이 아폴론의 예언자를 살해하였기 때문이라는 답이 돌아왔다. 신탁은 아폴론의 분노를 풀려면 속죄의 제물을 바치고, 살인자를 찾아내어 10년간 추방하고, 눈이 세 개인 사내를 찾아 안내자로 삼아야 한다고 말했다. 신탁이 말한 살인자는 히포테스였다. 그는 예언자를 첩자로 잘못 알고 죽였던 것이다. 헤라클레이다이 일행은 신탁이 지시한 대로 제물을 바치고 히포테스를 추방하였다.

눈이 세 개인 남자

하지만 눈이 세 개인 사람은 도무지 찾을 수가 없었다. 얼마 뒤 테메노스는 나우팍토스로 돌아가는 길에 말을 탄 애꾸눈의 사내 옥실로스를 만나게 되는데 그가 바로 신탁이 말하는 눈이 세 개인 사내였다. 헤라클레이다이는 부서진 배들을 수리한 뒤 옥실로스의 길안내를 받아 마침내 펠로폰네소스 반도를 손에 넣을 수 있었다.('옥실로스' 참조)

히폴리테 **Hippolyte**

요약

여전사 부족들인 아마조네스(아마존의 복수형)의 여왕이다.

히폴리테는 아버지인 전쟁의 신 아레스로부터 받은 마법의 허리띠를 매고 있는데 이 허리띠는 아마조네스를 다스릴 수 있는 권한을 상징하는 것이다. 그런데 헤라클레스의 과업 중 하나가 이 허리띠를 가져오는 것이었다. 히폴리테는 헤라클레스가 이 과업을 수행하는 과정에서 헤라클레스에 의해 죽임을 당했다.

기본정보

구분	여왕
상징	황금 허리띠
외국어 표기	그리스어: Ἱππολύτη
관련 신화	헤라클레스, 안티오페, 테세우스, 아레스

인물관계

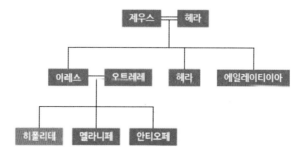

전쟁의 신 아레스와 아마조네스 첫 번째 여왕 오트레레 사이에 태어난 딸이며 안티오페, 멜라니페와는 자매간이다.

신화이야기

아마조네스의 여왕 히폴리테

히폴리테는 여전사 부족들인 아마조네스의 여왕이다. 여인들로만 이루어진 부족들인 아마조네스는 전쟁의 신 아레스와 님페 하르모니아 사이에서 태어난 자손들로 아기가 태어나면 남자아이는 버리고 여자아이만 전사로 키웠다고 한다. 아마조네스의 단수형은 아마존이다. 아마존이라는 말은 '가슴이 없는'이라는 단어에서 유래하는데 아마존

히폴리테
1553년 출간된 기욤 루이예(Guillaume Rouille) 책의 삽화

여인들은 활쏘기에 거추장스러울 한 쪽 가슴은 딸이 어렸을 때 불로 지져 없앴다고 한다. 또 다른 이야기(『비블리오테케』)에 의하면 창을 던지는 데 방해가 되는 오른쪽 가슴을 눌러 자라지 못하게 했다고 한다. 이렇듯 아마조네스 여인들은 전쟁의 신 아레스의 자손답게 주변의 부족들이 두려워할 정도로 용맹한 전사들이었다.

아마조네스의 여왕 히폴리테는 아버지인 전쟁의 신 아레스로부터 받은 마법의 허리띠를 매고 있었는데 이 허리띠에 관해서는 여러 가지 이야기가 있다. 이 허리띠는 아마조네스를 다스리는 권력의 상징으로 『비블리오테케』에 의하면 다른 아마조네스 부족들에 대해 우월성을 보여주는 것이라 한다.

히폴리테와 헤라클레스

　제우스가 다른 여자, 즉 알크메네와 관계를 맺어 태어난 헤라클레스는 헤라에게는 태어나기 전부터 증오의 대상이었다. 헤라클레스가 태어나기 직전에 제우스는 곧 태어날 페르세우스의 후손이 미케나이를 다스리게 될 것이라 선언했는데 이에 헤라는 출산의 여신을 부추겨 헤라클레스의 출산을 늦추고 에우리스테우스의 출산을 앞당기게 했다. 이렇게 해서 제우스가 말한 예언의 혜택은 헤라클레스가 아니라 에우리스테우스가 누리게 되었다. 권력은 있으나 그 권력을 유지할 힘과 자격이 없는 에우리스테우스는 칠삭둥이로 태어나 정신적으로나 육체적으로 허약한 상태에서 헤라클레스에 대한 증오와 시기심, 열등감과 공포심 속에서 평생을 살아갔다.

　살아가는 동안 내내 헤라에게 증오의 대상이었던 헤라클레스는 헤라의 술수로 광기에 빠져 자식들을 죽이게 되었는데, 그는 그 죄에 대한 벌로 나약한 에우리스테우스에 복종하면서 그가 시키는 12개의 과업을 수행해야 했다. 그 과업들 중 하나가 바로 히폴리테 여왕이 허리에 차고 있는 황금 허리띠를 가져오는 것이었다.

히폴리테와 헤라클레스
니콜라우스 브리퍼(Nikolaus Knupfer), 17세기
예르미타시 미술관

　에우리스테우스 왕은 딸 아드메테가 아마존 여왕의 허리띠를 갖고 싶어 하자 헤라클레스에게 이 명령을 내린 것이었다. 헤라클레스는 배 한 척을 타고 자진해

서 나선 일행들과 함께 황금 허리띠를 가져오기 위해 원정을 떠났다.

갖가지 어려움을 겪은 후 헤라클레스와 그 일행은 아마조네스의 항구에 도착했다. 헤라클레스와의 첫 만남에서 그에게 깊은 인상을 받은 히폴리테 여왕은 선뜻 허리띠를 내어주겠다고 약속했다. 일이 예상과는 달리 순조롭게 진행되자 헤라클레스를 미워하는 헤라는 이번에도 방해를 했다. 헤라는 헤라클레스와 아마조네스 사이에 불화를 조장하기 위해 아마존 여인으로 변장하여 "방금 도착한 이방인이 여왕을 납치하려 한다"고 헛소문을 퍼트렸다. 그러자 아마조네스 여인들이 무장을 하고 헤라클레스가 타고 있는 배 쪽을 향해 달려갔고 무장한 여인들을 본 헤라클레스는 여왕이 약속을 어겼다고 생각했다. 이에 히폴리테 여왕은 분노한 헤라클레스에 의해 죽임을 당했다.

또 다른 내용의 신화들

그러나 또 다른 이야기에 의하면 히폴리테가 헤라클레스와의 싸움에서 살아 남았다고 전하고 있다. 그 후 아마조네스를 공격한 테세우스는 히폴리테의 동생 안티오페를 유괴하여 아내로 삼아 히폴리토스라는 아들을 낳았다고 한다.

그러나 또 다른 이야기에 의하면 히폴리테는 동생 안티오페를 유괴한 테세우스에게 복수하기 위해 아테네를 공격했는데 실패하여 포로가 되었다고 한다. 이 전설은 테세우스의 아들 히폴리토스의 어머니가 안티오페가 아니라 히폴리테라 전하고 있다. 이처럼 히폴리테에 관한 이야기들은 안티오페와 혼동되어 전해지는 경우도 있다.

이외에도 히폴리테에 관해 서로 다른 많은 이야기들이 전해지고 있는데, 이 이야기들은 플루타르코스가 쓴 『영웅전』에서 소개되었다.

용감한 아마조네스 그러나 영웅들의 희생물

전쟁의 신 아레스의 후예로 용맹함으로 이름을 떨친 여전사 부족

아마조네스는 사냥과 전쟁에 능한 부족들로 알려져 있지만 신화 속에서 구체적인 사건 속에 등장할 때는 영웅들의 공격 대상 및 납치 대상으로 나타난다. 앞에서 언급한 히폴리테와 안티오페 외에도 훗날 트로이 전쟁에 참가한 아마조네스 여왕 펜테실레이아도 영웅 아킬레우스 손에 죽었다. 아킬레우스는 여왕이 죽어가는 순간에도 그녀의 아름다운 얼굴을 보고 사랑을 느꼈다고 한다.

히폴리토스 **Hippolytus**, 거인

요약

그리스 신화에 등장하는 기간테스 중의 한 명이다.

기간테스와 올림포스 신들 사이에서 벌어진 전쟁인 기간토마키아에서 자신의 모습이 눈에 보이지 않게 해주는 하데스의 투구를 쓴 헤르메스와 싸움을 하다가 목숨을 잃었다.

기가스의 모습
부조, 2세기경, 이스탄불 고고학박물관.
아프로디시아스, 터키에서 발굴
: 인간 모습의 상반신과 뱀 형상의 하반신

기본정보

구분	거인
외국어 표기	그리스어:Ἱππόλυτος
어원	'말'이란 뜻을 지닌 그리스어 hippos와 '묶여있지 않은' 이란 뜻을 지닌 그리스어 lytos의 합성어이다. 따라서 이름의 어원적 의미는 '묶여 있지 않은 말'이다.
관련 신화	기간토마키아
가족관계	우라노스의 아들, 가이아의 아들, 타르타로스의 아들

인물관계

『신들의 계보』와 『비블리오테케』의 조합에 따른 히폴리토스의 계보

　우라노스의 거세된 남근에서 흘러내린 핏방울이 대지, 즉 가이아(대지)에 스며들어 태어난다.

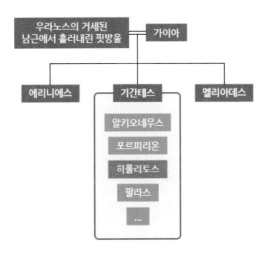

『이야기』 서문에 따른 기간테스의 계보

　어머니 가이아와 아버지 타르타로스 사이에서 태어난다. 이 전승문헌에서는 히폴리토스에 대한 언급이 없다.

신화이야기

히폴리토스의 탄생

기가스 히폴리토스는 대지의 여신 가이아의 자식들인 기간테스 중한 명으로 그리스 신화에서 가장 오래된 등장인물에 속한다. 엄청난 크기의 몸집을 가진 기간테스의 탄생과 관련하여 가장 대표적인 두 문헌이 있다. 그 중 오늘날 더 널리 받아들여지고 있는 것은 『신들의 계보』이다. 이 전승문헌에 따르면 기간테스는 크로노스가 아버지인 하늘의 신 우라노스를 거세할 때 잘린 남근에서 흘러나온 핏방울이 대지에 스며들면서 태어났다. 이때 기간테스뿐만 아니라 복수의 여신들인 에리니에스와 물푸레나무의 님페들인 멜리아데스도 태어났다. 따라서 에리니에스와 멜리아데스가 기간테스의 여자형제들이다.('기간테스' 참조) 그런데 『신들의 계보』에서는 기간테스의 이름과 그들의 행적이 구체적으로 언급되지 않기 때문에 기가스 히폴리토스에 대한 정보를 얻을 수 없다.

기간테스의 탄생과 관련하여 『비블리오테케』의 기술 내용은 『신들의 계보』와 차이가 있다. 『비블리오테케』에 따르면 가이아는 제우스가 티탄 신족들을 타르타로스에 감금한 것에 분노하여 기간테스를 낳았다. 이때 아버지 역할을 한 우라노스의 이름이 언급될 뿐이다. 따라서 가이아가 기간테스를 낳은 이유는 기간토마키아, 즉 기간테스와 제우스를 중심으로 한 올림포스 신들과의 전쟁을 위해서이다. 게다가 『비블리오테케』에서는 기간테스의 이름과 구체적인 행적이 비교적 자세히 기술되어 있다. 그래서 오늘날 우리에게 전해진 히폴리토스에 대한 정보 중 상당 부분은 『비블리오테케』에 근거한다.

히폴리토스의 죽음

『비블리오테케』에 따르면 기간토마키아 전쟁에서 헤르메스는 그것

을 쓴 사람의 모습을 보이지 않게 해주는 하데스의 투구를 착용하고
전투에 임했다. 그는 히폴리토스를 상대로 전투를 벌이고 그의 목숨
을 빼앗았다. 그러나 영생불멸의 신이 아니라 필멸의 인간만이 기간테
스를 죽일 수 있기 때문에 히폴리토스를 완전히 죽게 한 것은 헤라클
레스의 화살이라고 해석해야 할 듯하다.

> "헤르메스는 하데스의 투구를 쓰고 전투에 임한다. 그는 전투를 벌
> 이는 중 히폴리토스를 죽인다. […] 죽어가는 기간테스 모두를 향
> 해 헤라클레스가 화살을 쏜다."

히폴리토스 **Hippolytus, Hippolytos, 왕자**

요약

테세우스의 아들이다.

어머니는 아마조네스 여왕 히폴리테 혹은 히폴리테의 동생 안티오페이다. 아버지의 후처인 파이드라는 의붓아들인 히폴리토스를 보고 불가항력의 사랑을 느끼지만 히폴리토스에게 거절당했다. 이에 파이드라는 오히려 히폴리토스가 자신을 범하려 했다고 모함을 했고, 아버지에게 쫓겨난 히폴리토스는 전차에서 떨어져 죽었다.

기본정보

구분	왕자
상징	사냥, 순결
외국어	그리스어: Ἱππόλυτος+
어원	'말'이란 의미를 가진 'hippo'와 '묶여있지 않은'이란 의미를 가진 'lyto'의 합성어
관련 신화	말, 파이드라, 테세우스, 히폴리테

인물관계

테세우스의 아들이다. 어머니는 아마존의 여인으로 히폴리테, 혹은 안티오페 혹은 멜라니페이다.

신화이야기

출생

  히폴리토스의 출생에 관해서는 플루타르코스의 『영웅전』 테세우스 편에서 여러 다른 이야기가 소개되었다. 아마조네스를 공격한 테세우스는 히폴리테의 동생 안티오페를 유괴하여 아내로 삼아 히폴리토스라는 아들을 낳았다고 한다. 그런데 또 다른 이야기에 의하면 히폴리테는 동생 안티오페를 유괴한 테세우스에게 복수하기 위해 아테네를 공격했는데 실패하여 포로가 되었다고 한다. 이 이야기는 테세우스의 아들 히폴리토스의 어머니가 안티오페가 아니라 히폴리테라 전한다.

  그러나 한 가지 공통된 내용은 히폴리토스가 아마존의 후예라는 점이다. 어머니의 피가 흐르는 것인지 히폴리토스는 사냥과 순결의 여신 아르테미스를 숭배하여 사냥을 열렬히 좋아하고 여자에게는 관심이 없었다. 그런데 아버지 테세우스의 후처 즉 의붓어머니 파이드라가 히폴리토스를 사랑하게 되었다. 히폴리토스는 아르테미스 여신의 숭배자로서 순결을 추구했고 게다가 아버지의 아내인 파이드라의 사랑을 거절한 것은 당연한 일일 것이다.

  남편이 사실을 알까 두려워서인지 혹은 거절당한 것에 대한 모욕감

히폴리토스의 죽음
로렌스 알마 타데마(Lawrence Alma Tadema), 1860년, 개인 소장

때문인지 파이드라는 남편에게 반대로 히폴리토스가 자신을 욕보이려 했다고 모함을 했고, 히폴리토스는 분노한 아버지에 의해 추방당했다. 아버지에게 쫓겨난 히폴리토스가 전차를 타고 해변을 달리던 중에 갑자기 바다에서 소 한 마리가 나타나 말들이 놀라는 바람에 그는 전차에서 떨어져 비참하게 숨을 거두고 말았다. 오디세우스가 쓴 『변신이야기』는 히폴리토스가 죽는 장면을 상세하게 묘사하고 있다.

"히폴리토스는 전차에서 떨어지면서 다리가 고삐에 감겨 아직 살아있는 내장이 끌려가고 힘줄은 나무 밑동에 걸려 사지의 일부는 끌려가고 일부는 뒤에 그대로 있고 뼈가 부러지면서 둔중한 소리를 냈다."

그런데 『변신이야기』에 의하면 비참하게 죽음을 당한 히폴리토스는 아폴론의 아들인 의술의 신 아스클레피오스에 의해 다시 살아났다고 한다. 그리고 소생한 히폴리토스는 아르테미스 여신에 의해 신이 되어 '다시 살아난 영웅'이라는 뜻의 '비르비우스'라는 이름을 갖게 된다.

히폴리토스를 살린 의술의 신 아스클레피오스

아폴론의 아들인 의술의 신 아스클레피오스는 메두사의 피로 약을 만들었다고 하는데 이 약은 죽은 사람을 살릴 수도 있는 약이다. 이에 관해 『비블리오테케』는 다음과 같이 전하고 있다.

> "아스클레피오스는 의사가 되고 나서 기술을 고도로 갈고 닦아 그 누구도 죽지 않게 했으며 심지어는 죽은 사람들까지도 일으켜 세웠다. 그는 아테나 여신에게서 고르곤의 혈관에서 흘러나온 피를 받아서 왼쪽 혈관에서 흘러나온 피는 사람을 죽이는 데 이용하고 오른쪽 혈관에서 흘러나온 피는 사람을 살리는 데 사용했는데 심지어는 이 약으로 죽은 사람들까지도 일으켜 세웠다."

전차에서 떨어져 산산조각이 되어 비참하게 죽은 히폴리테스를 살린 아스클레피오스는 메두사의 피로 만든 약을 사용한 것이다.

에우리피데스가 전하는 히폴리토스

에우리피데스가 전하는 『히폴리토스』에 의하면 파이드라는 히폴리토스에게 사랑을 거부당하자 목을 매어 자살했다고 한다. 히폴리토스는 파이드라의 죽음 앞에서 아버지에게 조금도 부끄러운 일을 한 적이 없다고 맹세한다.

> "… 저는 결코 아버님의 혼인 침상을 더럽히지 않았으며 그런 짓을 원한 적도 없고 생각해본 적도 없습니다. … 저는 대체 무엇이 두려워 여기 이 여인이 목숨을 끊었는지 모르겠습니다. 저는 더 말할

히폴리토스와 파이드라와 테세우스
18세기

수가 없습니다. 여인은 불결함에도 불구하고 순결해졌고 저는 순결
함에도 불구하고 아무 짝에도 소용이 없군요."

그러나 테세우스는 아들을 믿지 못하고 일전에 소원을 들어주겠다
고 약속한 포세이돈에게 아들을 죽여 달라고 부탁하고 히폴리토스는
앞에서 언급한 바와 같이 비참하게 최후를 마친다. 테세우스는 아들
이 죽은 후에야 아르테미스 여신으로부터 진실을 알게 되었다.

아프로디테의 저주

히폴리토스는 아르테미스의 숭배자로서 사냥과 운동을 좋아하고 여
인들에게는 관심이 없고 여인들과의 사랑을 외면하였다. 사랑을 외면
한다는 것은 사랑의 여신 아프로디테를 모욕하는 것과 같은 일이었기
에 에우리피데스가 쓴 『히폴리토스』에 의하면 히폴리토스가 그토록
비참한 죽음을 당한 것은 모욕감을 느낀 아프로디테가 불만을 품고
계략을 꾸민 것이라고 한다.

힐라스 Hylas

요약

그리스 신화에 나오는 미소년이다.

헤라클레스의 사랑을 받아 함께 아르고호 원정에 참여했다가 그의 아름다운 미모에 반한 물의 님페들에게 유혹되어 연못 속으로 끌려 들어갔다.

기본정보

구분	왕자
상징	미소년, 납치
외국어 표기	그리스어: Ὕλας'
관련 신화	아르고호 원정대의 모험

인물관계

힐라스는 드리오페스족의 왕 테이오다마스와 오리온의 딸인 아름다운 님페 메노디케 사이에서 태어난 아들이다. 다른 이야기에서는 테이오다마스의 아내 메노디케가 헤라클레스와 정을 통해서 낳은 아들이라고도 한다.

신화이야기

헤라클레스와 힐라스

힐라스는 어머니인 님페 메노디케의 미모를 물려받아 대단히 아름다운 소년이었다. 그런데 헤라클레스가 배가 고파 힐라스의 아버지 테이오다마스 왕의 소를 잡아먹은 일 때문에 둘 사이에 싸움이 벌어지게 되어 헤라클레스가 테이오다마스 왕을 죽이는 사건이 벌어졌다. 헤라클레스는 이때 미소년 힐라스를 납치했다. 힐라스가 너무 아름다웠기 때문에 그를 사랑하여 곁에 두려고 그런 것이다. 힐라스는 헤라클레스가 아르고호 원정에 참가하자 창잡이로 따라나서 원정을 함께 했다.

또 다른 이야기에 의하면 힐라스의 아버지는 테이오다마스가 아니라 헤라클레스라고 한다. 테이오다마스의 아내이던 님페 메노디케가 헤라클레스와 바람을 피워서 낳은 아들인데 테이오다마

힐라스와 님페들
프란체스코 후리니(Francesco Furini), 1630년, 이탈리아 피티궁

스와 헤라클레스 사이에 싸움이 벌어진 것도 이 간통 사건 때문이라는 것이다. 이 이야기에 따르면 헤라클레스는 테이오다마스를 죽이고 친아들을 데려가 전사로 키운 것이 된다.

힐라스의 죽음

힐라스와 함께 아르고호 원정대에 참여한 헤라클레스는 미시아 해

안을 지날 때 그만 노를 부러뜨리고 말았다. 원정대 일행은 노를 다시 만들기 위해 육지에 배를 대야 했다. 힐라스는 헤라클레스가 숲으로 나무를 베러 간 사이에 식사를 준비하기 위해 연못으로 물을 길러 갔다. 그런데 물의 님페들이

힐라스와 님페들
프랑수아 제라르(Francois Gerard), 1826년

힐라스의 미모에 반해 불사의 몸으로 만들어 주겠다고 유혹하여 그를 물 속으로 끌어들였다. 힐라스가 사라진 것을 가장 먼저 알아차린 것은 두 사람과 함께 배에서 내렸던 폴리페모스였다. 그와 헤라클레스는 힐라스를 부르며 사방을 찾아다녔지만 소용이 없었다. 아르고호 원정대는 더 시간을 지체할 수 없어서 두 사람을 남겨둔 채 다시 배를 출발시켰다. 폴리페모스는 결국 그곳에 계속 남아 도시 키오스를 건설하게 된다.

　　헤라클레스는 미시아인들이 힐라스를 납치해 갔다고 생각하여 인질을 잡아 놓고 힐라스를 찾아올 것을 요구하기도 했다. 이 일은 미시아에서 해마다 반복되는 의식이 되어 매년 축제가 열리면 미시아인들은 숲을 향해 힐라스의 이름을 세 번씩 외친다.

힐라스와 님페들
존 윌리엄 워터하우스(John William Waterhouse), 1896년, 맨체스터 미술관

힐라에이라 Hilaera

요약

 그리스 신화에 나오는 메세네의 왕 레우키포스의 딸이다.
 린케우스의 약혼자였으나 디오스쿠로이 형제에게 유괴되어 카스토르의 아내가 되고 말았다.

기본정보

구분	공주
상징	유괴된 신부
외국어 표기	그리스어: Ἱλάειρα
별칭	힐라이라(Hilaera)
관련 신화	레우키피데스의 납치

인물관계

 힐라에이라는 메세네의 왕 레우키포스와 하신 아나포스의 딸인 팔로디케 사이에서 태어난 딸로 포이베와 자매지간이다. 힐라에이라와 포이베(레우키피데스 자매)는 디오스쿠로이에게 납치되어 스파르타로 가서 그들의 아내가 되었다. 힐라에이라는 카스토르와 사이에서 아노곤을 낳았고 포이베는 폴리데우케스와 사이에서 므네시레오스를 낳았다. 레우키피데스 자매와 디오스쿠로이 형제(카스토르와 폴리데우케스)는 사촌지간이다.

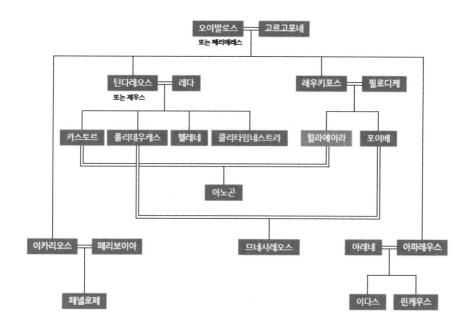

신화이야기

레우키피데스의 납치

　레우키피데스는 '레우키포스의 딸들'이란 뜻으로 포이베와 힐라에이라를 가리키는 말이다. 이 두 처녀는 아파레우스의 아들인 이다스와 린케우스 형제와 약혼한 사이였다. 아파레우스는 레우키포스와 친형제이므로 이들은 사촌남매지간이었다. 그런데 마찬가지로 이 두 처녀를 마음에 품고 있던 디오스쿠로이 카스토르와 폴리데우케스가 그녀들을 납치하여 스파르타로 데려가서는 아내로 삼아버렸다. 이들 사이에는 자식도 태어났다. 힐라에이라는 카스토르와 결혼하여 아들 아노곤을 낳았고 포이베는 폴리데우케스와 결혼하여 므네시레오스를 낳았다.

사촌형제들간의 싸움

이 일로 이다스 형제와 디오스쿠로이 사이에 싸움이 벌어졌다. 싸움은 함께 도둑질한 소떼의 분배 문제를 빌미로 시작되었다. 훔친 소를 한 마리 잡아서 넷이 함께 식사를 할 때 이다스가 갑자기 각자의 몫으로 주어진 소 4분의 1마리를 가장 빨리 먹어치우는 사람이 소떼의 반을 갖고 두 번째로 빨리 먹는 사

레우키포스 딸들의 납치
페테르 파울 루벤스(Peter Paul Rubens), 1617년
알테 피나코테크

람이 나머지 반을 갖도록 하자고 제안했다. 그런데 이다스의 제안은 거의 선언에 가까운 것이었고 식성에 관한 한 이다스와 린케우스를 도저히 따를 수 없었던 폴리데우케스와 카스토르 형제는 고스란히 소떼를 빼앗기고 말았다.

화가 난 폴리데우케스와 카스토르는 얼마 뒤 소떼를 이다스 형제에게서 다시 훔쳐 달아났다. 이들을 추격하던 이다스 형제는 린케우스의 뛰어난 시력을 이용해서 숲 속 동굴에 숨어 있는 디오스쿠로이 형제를 찾아냈고 사촌형제들 사이에는 목숨을 건 전투가 벌어졌다. 이 과정에서 카스토르가 기운 센 이다스의 창에 찔려 숨졌고 분노한 폴리데우케스는 린케우스를 죽였다. 폴리데우케스는 린케우스와 싸우는 과정에서 심한 부상을 당해 곧 이다스에게 죽임을 당할 처지에 빠졌지만 제우스가 개입하여 이다스를 벼락으로 내리쳐 죽였다. 폴리데우케스는 백조로 변신한 제우스가 레다와 정을 통해서 낳은 아들이었던 것이다.

별이 된 디오스쿠로이

이다스를 죽인 제우스는 아들 폴리데우케스를 천상으로 데려가 불사신으로 만들려고 했다. 하지만 폴리데우케스는 쌍둥이 형제 카스토르가 하계의 어둠 속에 갇혀 있는데 자기만 불사의 행복을 누릴 수 없다며 아버지 제우스에게 그들이 함께 있을 수 있게 해달라고 간청했다. 제우스는 아들의 청을 받아들여 형제가 함께 절반은 하계에서 지내고 절반은 올림포스에서 지낼 수 있도록 허락하였다. 나중에 제우스는 이들 형제를 하늘에 올려 보내 별자리로 만들었다.(쌍둥이자리)

스파르타의 레우키피데스 숭배

스파르타에서 레우키피데스 신화는 중요한 역할을 하였다. 스파르타의 처녀들은 결혼하기 전에 이 신화를 제의의 형태로 꾸민 일종의 성인식을 치러야 했다. 기원전 4~5세기에 제작된 도기에는 이들을 주제로 한 그림이 많이 그려졌고 스파르타에는 레우키피데스를 모신 신전도 건립되었다. 이 신전의 여사제들은 마찬가지로 레우키피데스라고 불렸다.

신화해설

디오스쿠로이는 '제우스의 아들들'이란 뜻으로 폴리데우케스와 카스토르 형제를 가리키는 말이고 레우키피데스는 '레우키포스의 딸들'이란 뜻으로 힐라에이라와 포이베를 가리키는 말이다. 그리스 신화에서는 이처럼 자주 한 묶음으로 묶여서 언급되는 형제나 자매들에게 '누구누구의 아들들, 혹은 딸들'이라는 복수형 공통 이름을 붙여서 언급할 때가 많다.

예를 들면 대양의 신 오케아노스의 3천명의 딸들은 '오케아니데스

포이베와 힐라에이라의 납치
대리석, 로마 석관의 전면 패널, 바티칸 미술관

(오케아노스의 딸들)'라고 불리고, 해신 네레우스의 딸들 50명은 '네레이데스(네레우스의 딸들)'라고 불린다.

그밖에도 하나의 신성을 여럿이 공유하고 있는 여신들을 통칭할 때도 이런 식의 복수형을 써서 언급한다. 예를 들면 우미의 여신 카리스 세 자매는 '카리테스(카리스의 복수형)', 예술과 학문을 관장하는 무사(뮤즈) 여신들 아홉 자매는 '무사이(무사의 복수형)' 등으로 불린다.

힐라이오스 Hylaeus

요약

그리스 신화에 나오는 반인반마족 켄타우로스의 하나이다.

처녀 사냥꾼 아탈란테를 겁탈하려다 그녀의 화살에 맞아 죽었다.
그의 죽음에 관해서는 여러 가지 다른 이야기가 있지만 대부분 처녀
사냥꾼 아탈란테와 연관이 있다.

기본정보

구분	켄타우로스(반인반마)
외국어 표기	그리스어: Ὑλαιος
관련 신화	아탈란테, 칼리돈의 멧돼지 사냥, 켄타우로마키아
가족관계	익시온의 아들, 네펠레의 아들, 로이코스의 형제

인물관계

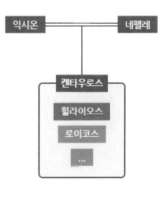

켄타우로스는 대개 테살리아의 왕
익시온이 헤라 여신을 겁탈하려 헤
라의 환영으로 변신한 구름의 님페
네펠레와 정을 통하여 낳은 자식들이
라고 알려져 있다. 로이코스와 힐라이
오스는 그 중 하나이다. 하지만 케이
론이나 폴로스 등은 다른 켄타우로스들과 태생이 다르다고 한다.

신화이야기

힐라이오스와 로이코스

　켄타우로스족인 힐라이오스와 로이코스는 함께 숲을 달리다 우연히 처녀 사냥꾼 아탈란테와 마주쳤다. 아탈란테는 홀로 숲 속에서 사냥을 하고 있었다. 두 켄타우로스는 아름다운 아탈란테에게 반해서 그녀를 겁탈하려 했다. 하지만 아탈란테는 펠리아스의 장례 경기에서 아킬레우스의 아버지 펠레우스를 이기고 우승을 차지했을 정도로 날래고 힘이 센 장사였다. 아탈란테를 뒤쫓던 두 켄타우로스는 어느새 오히려 쫓기는 신세가 되어 둘 다 그녀의 화살에 목숨을 잃었다.

힐라이오스의 죽음에 관한 여러 가지 이야기

　하지만 다른 이야기에 따르면 힐라이오스는 아탈란테의 구혼자들 중 한 명이었던 멜라니온에게 심한 상처를 입혔다가 그를 사랑하게 된 아탈란테의 화살에 목숨을 잃었다고 한다.

　또 다르게 전해지는 이야기에서는 칼리돈의 멧돼지 사냥에 참가한 힐라이오스가 아탈란테를 겁탈하려다 그녀를 마음에 품고 있던 멜레아그로스의 손에 죽임을 당한 것으로 이야기되기도 한다.

　그밖에도 힐라이오스는 켄타우로스족과 라피타이족 사이에 싸움이 벌어졌을 때 테세우스의 손에 살해되었다고도 하고

멜레아그로스와 아탈란테
페테르 파울 루벤스(Peter Paul Rubens)
1640년, 리버풀 워커 미술관

516

('페이리토오스' 참조), 폴로스의 집에서 헤라클레스와 켄타우로스 사이에 싸움이 벌어졌을 때 헤라클레스의 손에 목숨을 잃었다고도 한다.('폴로스' 참조)

라피타이족과 켄타우로스족의 싸움
루카 조르다노(Luca Giordano), 1688년, 국립 러시아박물관

힐로스 Hyllus, Hyllos

요약

헤라클레스의 아들이다.

헤라클레스가 죽은 후 힐로스를 비롯하여 헤라클레스의 자식들은 에우리스테우스 왕에 의해 고향인 펠로폰네소스로부터 쫓겨났다.

힐로스는 형제들을 이끌고 귀환을 위해 노력하다 전투에서 목숨을 잃었다.

기본정보

구분	영웅
상징	헤라클레이다이, 영웅의 직계후손
외국어 표기	그리스어: "Υλλος
관련 신화	헤라클레스, 데이아네이라, 이올레, 테메노스

인물관계

헤라클레스와 데이아네이라 사이에 태어난 아들이다. 오이칼리아 왕 에우리토스의 딸 이올레와 결혼하여 클레이다이오스와 에우아이크메를 낳았다.

신화이야기

헤라클레이다이의 지도자 힐로스

　헤라클레이다이는 헤라클레스의 아들들을 의미하고 넓은 의미에서
는 헤라클레스의 후손들을 의미하는데, 신화에서는 특히 헤라클레스
와 데이아네이라의 직계자손들로 헤라클레스가 죽은 후에 펠로폰네
소스에 정착한 사람들을 지칭하는 용어이다. 힐로스는 헤라클레스와
데이아네이라의 장남으로 헤라클레스의 정식 후계자이자 헤라클레이
다이의 지도자이다.

　헤라클레스가 죽은 후 헤라클레스의 자식들은 에우리스테우스에
의해 펠로폰네소스로 쫓겨났다. 힐로스는 형제들, 즉 헤라클레이다이
를 이끌고 트라키스 왕 케익스에게도 가지만 케익스는 에우리스테우
스의 협박 때문에 그들을 돌려보냈다. 그러자 힐로스는 형제들과 함

께 헤라클레스와 친분이 있는 테세우스의 나라인 아테네로 가고 이에 에우리스테우스는 아테네 사람들에게 전쟁을 선포했다. 이 전쟁에서 에우리스테우스는 추격을 피해 도망가다가 힐로스에게 죽임을 당한다. 이에 『비블리오테케』는 다음과 같이 전하고 있다.

> "에우리스테우스는 전차를 타고 도망갔지만 말을 타고 스케이론 바위를 지나갈 때 뒤를 쫓던 힐로스가 그를 죽이고 목을 베었다."

이렇게 해서 힐로스를 중심으로 한 헤라클레이다이는 평생 동안 헤라클레스를 괴롭혔던 에우리스테우스에게 복수를 하게 되었다.

힐로스의 아내

힐로스의 아내 이올레는 오이칼리아의 왕 에우리토스의 딸로 원래는 헤라클레스의 몫으로 정해진 여자였다. 에우리토스는 궁술대회를 열고 대회에서 이긴 사람에게 딸 이올레 공주를 주기로 약속했지만 왕은 대회에서 우승한 헤라클레스에게 약속을 지키지 않았다. 이에 대해 『비블리오테케』는 다음과 같이 전하고 있다.

> "장남 이피토스는 헤라클레스에게 이올레를 주어야 한다고 했으나 에우리토스와 다른 아들들은 헤라클레스가 아이를 낳게 되면 또 다시 자식들을 죽일까 두려워 허락을 하지 않았다."

이에 대한 보복으로 헤라클레스는 훗날 오이칼리아를 침공하여 에우리토스와 그 아들들을 죽이고 이올레를 포로로 끌고 왔다. 헤라클레스의 아내 데이아네이라는 이올레에게 헤라클레스를 빼앗길까 두려워 그에게 사랑의 묘약이 묻은 옷을 보냈는데 데이아네이라가 사랑의 묘약이라고 생각한 약은 바로 독약이었다. 그 옷을 입은 헤라클레스는 독이 온 몸에 퍼져 서서히 비참하게 죽어갔다. 헤라클레스는 죽어가면서 장남 힐로스에게 어른이 되면 이올레와 결혼하라고 당부하였다. 힐로스는 아버지의 뜻에 따라 이올레와 결혼하여 클레오다이오스와 에우아이크메를 낳았다.

세 번째 수확

에우리스테우스가 죽은 후 힐로스는 헤라클레이다이를 이끌고 헤라클레스가 생전에 조국으로 생각했던 펠로폰네소스로 진격하여 그곳의 도시들을 점령했다. 그러나 돌아온 지 1년 만에 나라에는 전염병이 엄습하는데 신탁에 의하면 이는 헤라클레스의 자식들이 때가 되기도 전에 돌아왔기 때문이라는 것이다. 이에 힐로스는 형제들을 이끌고 펠레폰네소스를 떠나 마라톤으로 가서 정착했다. 아버지의 뜻에 따라 이올레와 결혼한 힐로스는 헤라클레이다이의 귀환을 위해 노력하다 델포이 신전에서 어떻게 하면 돌아갈 수 있는지에 대해 신탁을 구했다. 그러자 세 번째 수확을 거두고 나서야 돌아갈 수 있다는 신탁이 내렸다. 이에 힐로스는 세 번째 수확의 시기가 3년이라고 생각하고 3년 후에 펠로폰네소스를 공격하지만 패배하고 말았다. 그는 이 원정 중에 아르카디아의 왕 에케모스와 싸우다 전사했다. 헤라클레이다이의 지도자인 힐로스는 에케모스에게 일대일 결투를 청하면서 만일 에케노스가 이기면 앞으로 50년 동안 펠레폰네소스를 침략하지 않기로 했는데 바로 이 싸움에서 힐로스가 전사한 것이다.

힐로스의 죽음으로 펠레폰네소스 원정도 일단은 끝이 났다. 결국 힐로스는 그렇게 소망했던 헤라클레이다이의 귀환을 이루지 못하고 힐로스의 증손자 테메노스에 의해 그 소망이 이루어졌다.

힙노스 Hypnos

요약

그리스 신화에서 잠이 의인화 된 신이다.

밤의 여신 닉스가 혼자서 낳은 자식이라고도 하고 닉스와 어둠 의 신 에레보스의 결합으로 태어 난 자식이라고도 한다. 죽음의 신 타나토스와 쌍둥이 형제다. 트로이 전쟁 때 그리스군을 편드 는 헤라 여신의 부탁으로 제우 스를 잠들게 만들어 전세를 그 리스군 쪽으로 기울게 하였다.

잠의 신 힙노스
헨리 베아우챔프(Henry Beauchamp), 1915년,
영국 박물관

기본정보

구분	개념이 의인화된 신
상징	잠, 휴식
외국어 표기	그리스어: ῞Υπνος
어원	'잠'
로마신화	솜누스(Somnus)
관련 신화	트로이 전쟁, 알키오네
가족관계	에레보스의 아들, 닉스의 아들, 타나토스의 형제, 네메시스 의 형제

인물관계

힙노스는 밤의 여신 닉스가 혼자서 혹은 어둠의 신 에레보스와 결합하여 낳은 아들로 케레스, 모로스, 타나토스, 모이라이, 네메시스, 아파테, 필로테스, 게라스, 에리스, 헤스페리데스 등과 형제다.

힙노스는 우미의 여신 카리테스 자매 중 한 명인 파시테아와 결혼하여 '오네이로이'(꿈의 신)라고 불리는 형제 모르페우스, 포베토르, 판타소스 등을 낳았다. 모르페우스는 꿈에서 인간의 모습으로 나타나고 포베르토와 판타소스는 각각 동물과 사물의 형태를 취하여 나타난다고 한다. 힙노스에게는 그밖에도 꿈의 신으로 불리는 자식들이 수천 명이나 있다.

신화이야기

밤의 여신 닉스의 자녀들

『신들의 계보』에 따르면 태초에 세상을 감싸고 있던 기오스(혼돈)에서 생겨난 밤의 여신 닉스는 마찬가지로 카오스에서 곧바로 생겨난 어둠의 신 에레보스와 결합하여 창공의 밝은 대기 아이테르와 환한

대낮 헤메라를 낳은 뒤에 남성의 도움 없이 혼자 힘으로 힙노스(잠)를
비롯하여 케레스(죽음, 파멸), 모로스(숙명), 타나토스(죽음), 모이라이(운
명), 네메시스(복수), 아파테(기만), 필로테스(우정), 게라스(노화), 에리스
(불화), 헤스페리데스(석양) 등 여러 개념이 의인화된 신들을 낳았다.

  힙노스는 죽음의 신 타나토스와 쌍둥이 형제로 모든 신과 인간과
동물을 깊은 잠에 빠뜨리는 힘을 지녔다. 힙노스의 거처는 타나토스
와 마찬가지로 하데스의 나라다.(호메로스는 힙노스가 렘노스 섬에 산다고
하였다) 힙노스는 망각의 강 레테가 돌아서 흐르고 낮과 밤이 서로 만
나는 동굴에서 살았는데 동굴 입구에는 잠들게 만드는 효능이 있는
풀들이 자라고 있으며 동굴 안으로는 아무런 빛이나 소음도 들어갈
수 없다.

힙노스와 타나토스 형제
존 윌리엄 워터하우스(John William Waterhouse), 1874년, 개인 소장

눈을 뜨고 자는 엔디미온

힙노스는 엔디미온의 아름다운 눈동자를 너무나 사랑하여 그가 잠들었을 때도 눈을 뜨고 있게 했다고 한다. 다른 이야기에 따르면 엔디미온은 달의 여신 셀레네의 연인이었는데 셀레네가 연인의 아름다움을 영원히 간직하기 위해 제우스(혹은 힙노스)에게 부탁하여 그를 잠들게 했다고 한다. 힙노스는 엔디미온이 잠을 자면서도 셀레네를 볼 수 있도록 눈을 뜨고 잠들게 하였다.

제우스를 잠재운 힙노스

트로이 전쟁 때 헤라 여신은 자신이 포세이돈과 함께 그리스군을 돕는 것을 제우스가 알아채지 못하도록 그를 잠들게 해달라고 힙노스에게 부탁하였다. 제우스가 모든 신들에게 트로이에서 벌어지는 인간들의 싸움에 가담하지 말 것을 명했기 때문이었다.

헤라는 부탁을 들어주면 헤파이스토스가 만든 영원히 멸하지 않는 아름다운 황금 보좌를 주겠다고 했지만 힙노스는 그녀에게 과거의 일을 상기시키며 거절했다. 힙노스는 헤라클레스를 골탕 먹이려는 헤라의 부탁으로 잠시 제우스를 잠들게 했다가 분노한 제우스의 손에 죽을 뻔한 적이 있었기 때문이다. 당시 그는 어머니 닉스의 도움으로 간신히 화를 면했다.

> "그리하여 그(제우스)가 나를 대기에서 바닷속으로 내던져 죽게 했을 것이나 마침 이때 신과 인간을 정복하는 밤의 여신이 나를 구해주었습니다.
> 그녀에게 내가 달아나 구원을 청하자 그는 화가 났지만 나를 쫓기를 그만두었습니다. 날랜 밤의 여신의 비위를 건드리기가 두려워서 말입니다."

그럼에도 불구하고 힙노스는 결국 아름다운 카리테스(우미의 여신) 자매 중 하나인 파시테아를 신부로 맞게 해 주겠다는 헤라의 유혹에 넘어가 제우스를 잠들게 하였고 그 사이 포세이돈은 전세를 그리스군에 유리하게 바꾸어 놓는데 성공하였다. 하

사르페돈의 시체를 나르는 힙노스와 타나토스
아티카 적색상 도기, 기원전 515년
메트로폴리탄 미술관

지만 헤라와 힙노스는 이번에는 제우스에게 들키지 않고 무사히 넘어갈 수 있었다.

힙노스는 주로 날개가 달린 모습으로 등장하는데 한 번은 아폴론의 부탁을 받고 트로이 전쟁에서 전사한 제우스의 아들 사르페돈의 시체를 타나토스와 함께 리키아까지 운반해주기도 하였다.

알키오네의 꿈

헤라는 사랑하는 남편 케익스가 이미 바다에서 죽은 줄도 모르고 날마다 자신의 신전을 찾아와 간절히 기도하는 알키오네가 가여워 잠의 신 힙노스를 시켜 그녀에게 남편 소식을 전하게 하였다. 무지개의 여신 이리스로부터 헤라의 지시를 전해 받은 힙노스는 지체 없이 아들 모르페우스를 알키오네의 꿈 속에 들여보냈다. 힙노스의 자식들 중에는 수많은 꿈의 신들이 있었지만 모르페우스는 그들 중에서도 특히 인간의 모습으로 변하는 데 능했기 때문이다. 그는 걸음걸이, 용모, 말씨, 옷차림, 자세에 이르기까지 감쪽같이 흉내 낼 수 있었다.

모르페우스는 소리 없는 커다란 날개로 눈 깜짝할 사이에 알키오네가 있는 곳으로 가서 케익스의 죽은 모습으로 변신했다. 익사한 시체답게 창백한 얼굴에서는 물방울이 뚝뚝 떨어졌다. 케익스로 변한 모

르페우스는 알키오네의 꿈 속으로 들어가 그녀에게 자신은 이미 죽었으니 이제 그만 헛된 희망을 버리고 죽은 지아비를 애도해달라고 말했다. 잠에서 깨어난 알키오네는 남편이 죽은 줄을 알고 가슴을 치고 옷과 머리를 쥐어뜯으며 애도의 눈물을 흘렸다.

알키오네에게 나타난 케익스(모르페우스)
비르길 졸리스(Virgil Solis), 1581년, 오비디우스 『변신이야기』의 삽화

힙시필레 Hypsipyle

요약

그리스 신화에 나오는 렘노스 섬의 여왕이다.

남자들이 모두 살해당해서 여자들뿐인 섬에 아르고호 원정대가 도착했을 때 이아손과 사랑을 나누어 두 아들을 낳았다. 렘노스 섬에서 추방된 뒤 네메아 왕 리쿠르고스의 아들 오펠테스를 돌보는 유모가 되어 '테바이 공략 7장군'의 이야기에 등장하게 된다.

이아손의 첫 번째 부인 힙시필레
1496~1498년
오비디우스의 『헤로이데스(Heroides)』 삽화

기본정보

구분	여왕
외국어 표기	그리스어: Ὑψιπύλη
관련 신화	아르고호 원정대의 모험, 테바이 공략 7장군

인물관계

힙시필레는 렘노스 섬의 왕 토아스와 미리나의 딸이다. 부계로는 디오니소스와 아리아드네의 손녀가 되고 모계로는 아이올로스의 후손이다. 힙시필레는 아르고호 원정대를 이끌고 섬에 도착한 이아손과 사이에서 두 아들 에우네오스와 네브로포노스(혹은 토아스)를 낳았다.

신화이야기

렘노스의 여왕이 된 힙시필레

힙시필레는 렘노스를 다스리던 토아스 왕의 딸이다. 그런데 토아스 왕의 치세에 렘노스 섬의 남자들이 섬의 여자들과 동침을 거부하는 사태가 발생한다. 렘노스 섬의 여인들이 아프로디테의 숭배를 게을리 한 벌로 입에서 몹시 심한 악취가 풍기게 되었기 때문이다. 섬의 남자들이 자신들을 외면하고

아버지 토아스의 목숨을 구하는 힙시필레
보카치오의 『뛰어난 여성들에 대하여』에
실린 삽화, 14세기

포로나 다른 섬의 여자들과 동침하자 분노한 렘노스 섬 여자들은 남자들을 모조리 죽이기로 결정했다. 대학살이 벌어진 날 밤에 힙시필레는 아버지 토아스를 궤짝에 숨겨 바다에 던졌고 그 덕에 토아스는 목숨을 건진다. 그 후 선왕의 딸인 힙시필레는 렘노스의 여왕으로 추대되었다.

아르고호 원정대의 도착

그 무렵 아르고호 원정대가 섬에 도착했다. 남자들이 없어 쓸쓸했던 섬의 여자들은 그들을 환대했고 힙시필레는 이아손과 사랑을 나누었다. 또 다르게 전해지는 이야기에서는 섬의 여자들이 원정대를 1년 동안이나 놓아주지 않았다고 하지만 이는 전체 원정 기간을 넉 달로 전하는 줄거리와는 맞지 않는다. 아무튼 그 후로 섬에는 다시 남자들이 많아지게 되었다고 한다. 힙시필레도 이아손에게서 두 아들 에우네오스와 네브로포노스(혹은 토아스)를 낳았다. 에우네오스는 호메로스의 『일리아스』에도 이름을 올렸다.

이아손과 작별하는 힙시필레
오비디우스 작품 속 삽화

토아스의 귀환과 힙시필레의 추방

아르고호 원정대가 섬을 떠난 뒤 노왕 토아스는 다시 섬으로 돌아와 왕국을 재건했다. 하지만 토아스가 힙시필레에 의해 목숨을 건질 수 있었다는 사실을 알게 된 섬의 여자들은 배신자 힙시필레를 죽이려 했고 힙시필레는 밤중에 몰래 섬에서 도망쳤다. 그 후 해적들에게 붙잡힌 힙시필레는 네메아의 왕 리쿠르고스에게 팔려가 그의 아들 오펠테스를 돌보는 유모가 되었다.

테바이를 공격하는 7장군과 힙시필레의 귀향

그러던 어느 날 테바이를 공격하러 가던 7장군 일행이 네메아를 지나는 길에 힙시필레에게 마실 물을 부탁했고 그녀는 일행을 샘물로 안내하게 되었다. 그런데 그녀가 자리를 비운 사이에 오펠테스가 커다란 뱀에게 물려 죽고 말았다. 7장군의 한 명인 암피아라오스는 이것을 7장군의 운명에 어두운 그림자를 던지는 징조로 해석하였다.

뱀에 의해 죽은 오펠테스
2세기

아들 오펠테스의 죽음에 화가 난 리쿠르고스 왕과 그의 아내 에우리디케는 힙시필레를 처형하려 했지만 암피아라오스의 변호로 목숨을 구했다. 그리고 때마침 네메아에 도착한 두 아들과도 상봉하여 마침내 그녀는 렘노스 섬으로 돌아갈 수 있게 되었다.

•참고문헌•

게롤트 돔머무트 구드리히; 〈신화〉

게르하르트 핑크; 〈그리스 로마 신화 속 인물들〉

괴테; 〈파우스트 II〉, 〈가니메드〉

논노스; 〈디오니소스 이야기〉, 〈디오니시아카〉

단테; 〈신곡 지옥편〉

디오니시오스; 〈로마사〉

디오도로스 시켈로스; 〈역사 총서〉

레싱; 〈라오코온〉

로버트 그레이브스; 〈그리스 신화〉

루키아노스; 〈대화〉

리비우스 안드로니쿠스; 〈오디세이아〉

리코프론; 〈알렉산드라〉

마르쿠스 바로; 〈농업론〉, 〈라틴어에 관하여〉

마리 셸리; 〈프랑켄슈타인〉

마이어스 백과사전, '바실리스크'

마이클 그랜트; 〈그리스 로마 신화사전〉

마크로비우스; 〈사투르날리아〉

몸젠; 〈라틴 명문 전집〉

밀턴; 〈실락원〉, 〈코머스〉

베르길리우스; 〈농경시〉, 〈목가〉, 〈아이네이스〉

보카치오; 〈데카메론〉

비오 2세; 〈비망록〉

세네카; 〈파에드라〉

세르비우스; 〈베르길리우스 주석〉

셰익스피어; 〈한여름 밤의 꿈〉

소포클레스; 〈오이디푸스 왕〉, 〈콜로노스의 오이디푸스〉, 〈안티고네〉, 〈수다(Suda)
　　　　　　백과사전〉, 〈에피고노이〉, 〈트라키아의 여인〉, 〈텔레포스 3부작〉, 〈필
　　　　　　록테테스〉, 〈테레우스〉, 〈엘렉트라〉, 〈아이아스〉

솔리누스; 〈세계의 불가사의〉

수에토니우스; 〈베스파시아누스〉

스테파누스 비잔티누스; 〈에트니카〉

스트라본; 〈지리지〉

실리우스 이탈리쿠스; 〈포에니 전쟁〉

아라토스; 〈천문〉

아르노비우스; 〈이교도들에 대해서〉

아리스타르코스; 〈호메로스의 일리아스 주석〉

아리스토파네스; 〈개구리〉, 〈여자의 축제〉, 〈정치학〉, 〈벌〉, 〈아카르나이 사람들〉,
　　　　〈여자들의 평화〉

아리안; 〈알렉산더 원정〉

아엘리안; 〈동물 이야기〉

아우구스투스; 〈아우구스투스 업적록〉

아우구스티누스; 〈신국〉

아이소푸스; 〈우화〉

아이스킬로스; 〈아가멤논〉, 〈자비로운 여신들〉, 〈결박된 프로메테우스〉, 〈오레스테
　　　　스 3부작〉, 〈자비로운 여신들〉, 〈제주를 바치는 여인들〉, 〈탄원하
　　　　는 여인들〉, 〈테바이 공략 7장군〉, 〈오이디푸스 3부작〉, 〈페르시아
　　　　여인들〉

아테나이오스; 〈현자들의 식탁〉〈현자들의 연회〉

아폴로니오스 로디오스; 〈아르고나우티카〉, 〈아르고호의 모험〉, 〈황금양피를 찾아
　　　　떠난 그리스 신화의 영웅 55인〉

아폴로도로스; 〈비블리오테케〉, 〈원전으로 읽는 그리스 신화〉, 〈아폴로도로스 신
　　　　화집〉

아풀레이우스; 〈황금의 당나귀〉

안토니누스 리베랄리스; 〈변신이야기 모음집〉

안티클레이데스; 〈노스토이(귀향 서사시)〉

알베르트 카뮈; 〈시시포스의 신화〉

에리토스테네스; 〈별자리〉

에우리피데스; 〈레수스〉, 〈안드로마케〉, 〈크레스폰테스〉, 〈안티오페〉, 〈크레스폰테스〉, 〈알케스티스〉, 〈메데이아〉, 〈감금된 멜라니페〉, 〈현명한 멜라니페〉, 〈이피게네이아〉, 〈헤리클레스의 후손들〉, 〈오레스테스〉, 〈힙시필레〉, 〈박코스 여신도들〉, 〈트로이 여인들〉, 〈멜레아그로스〉, 〈키클롭스〉, 〈페니키아 여인들〉, 〈헬레네〉, 〈화관을 바치는 히폴리토스〉

에우세비우스; 〈복음의 준비〉

에우스타티우스 〈호메로스 주석집〉

오비디우스; 〈변신이야기〉, 〈헤로이데스〉, 〈달력〉, 〈로마의 축제일〉, 〈사랑의 기술〉

요한 요하임 빙켈만; 〈박물지〉

월터 카우프만; 〈비극과 철학〉

이시도루스; 〈어원지〉

이진성; 〈그리스 신화의 이해〉

임철규; 〈그리스 비극, 인간과 역사에 바치는 애도의 노래〉

작자 미상; 〈아르고나우티카 오르피카〉

작자 미상; 〈호메로스의 찬가〉

제프리 초서; 〈캔터베리 이야기〉

존 드라이든; 〈돌아온 아스트라이아〉

존 키츠; 〈라미아〉

최복현; 〈신화, 사랑을 이야기하다〉

카를 케레니; 〈그리스 신화〉

카시우스 디오; 〈로마사〉

칼리마코스; 〈데메테르 찬가〉, 〈제우스 찬가〉

퀸투스 스미르네우스; 〈호메로스 후속편〉

크리스토퍼 말로; 〈포스터스 박사의 비극〉

크세노폰; 〈헬레니카〉, 〈테로크리토스에 대한 주석집〉

클라우디우스 아에리아누스; 〈다채로운 역사(varia historia)〉

키케로; 〈신에 관하여〉, 〈의무론〉

토마스 불핀치; 〈그리스 로마 신화〉

투키디데스; 〈펠로폰네소스 전쟁사〉, 〈역사〉

트제트제스; 〈리코프론 주석집〉

티투스 리비우스; 〈로마건국사〉

파르테니오스; 〈사랑의 비애〉

파우사니아스; 〈그리스 안내〉

파테르쿨루스; 〈로마사〉

포티우스(콘스탄티노플); 〈비블리오테카〉

폴리아이누스; 〈전략〉

프로페르티우스; 〈애가〉

플라톤; 〈국가론〉, 〈향연〉, 〈고르기아스〉, 〈프로타고라스〉, 〈파이드로스〉, 〈티마이
　　　오스〉, 〈파이돈〉

플루타르코스; 〈모랄리아〉, 〈사랑에 관한 대화〉, 〈로물루스〉, 〈사랑에 관한 대화〉,
　　　〈영웅전-로물루스편〉, 〈영웅전-테세우스편〉, 〈강에 대하여〉

플리니우스; 〈박물지〉

피에르 그리말; 〈그리스 로마 신화사전〉

핀다로스; 〈네메이아 찬가〉, 〈올림피아 찬가〉, 〈피티아 찬가〉

필로스트라토스; 〈아폴로니오스의 생애〉

헤라클레이토스; 〈단편〉

헤로도토스; 〈역사〉

헤시오도스; 〈신들의 계보〉, 〈여인들의 목록〉, 〈헤라클레스의 방패〉, 〈일과 날〉

헤시키오스; 〈사전〉

호라티우스; 〈서간문〉

호메로스; 〈일리아스〉

히기누스; 〈이야기〉, 〈천문학〉

히에로니무스; 〈요비니아누스 반박〉

그리스 로마 신화 인물사전 10

1판 1쇄 인쇄 2021년 9월 13일
1판 1쇄 발행 2021년 9월 27일

지은이 박규호, 성현숙, 이민수, 김형민

디자인 씨오디
지류 상산페이퍼
인쇄 다다프린팅

발행처 한국인문고전연구소 발행인 조옥임
출판등록 2012년 2월 1일 (제406-251002012000027호)
주소 경기 파주시 가람로 70 (402-402)
전화 02-323-3635 팩스 02-6442-3634 이메일 books@huclassic.com

ISBN 978－89－97970－65－0 04160
      978－89－97970－55－1 (set)